"十四五"普通高等教育国际经济与贸易专业核心课程教学案例丛书

国际货物运输
教学案例

方韵诗 李勤昌 柴虎虎　主编

GUOJI HUOWU YUNSHU

JIAOXUE ANLI

东北财经大学出版社
Dongbei University of Finance & Economics Press

大连

图书在版编目（CIP）数据

国际货物运输教学案例 / 方韵诗，李勤昌，柴虎虎主编．—大连：东北财经大学出版社，2023.12

（"十四五"普通高等教育国际经济与贸易专业核心课程教学案例丛书）

ISBN 978-7-5654-4705-1

Ⅰ.国⋯　Ⅱ.①方⋯②李⋯③柴⋯　Ⅲ.国际货运–教案（教育）–高等学校　Ⅳ.F511.41

中国国家版本馆CIP数据核字（2023）第221146号

东北财经大学出版社出版

（大连市黑石礁尖山街217号　邮政编码　116025）

网　　址：http://www.dufep.cn

读者信箱：dufep@dufe.edu.cn

大连永盛印业有限公司印刷　　　东北财经大学出版社发行

幅面尺寸：170mm×240mm　字数：352千字　印张：17.5　插页：1

2023年12月第1版　　　　　　　2023年12月第1次印刷

责任编辑：李　彬　王芃南　　　　　责任校对：一　心

封面设计：原　皓　　　　　　　　　版式设计：原　皓

定价：53.00元

"十四五"普通高等教育国际经济与贸易专业核心课程教学案例丛书

丛书主编：李勤昌

丛书编委（按姓氏笔画排序）

方韵诗　关建波　何　芬　袁　柳

常　崑　鲁朝云　曾莉婷　潘银坪

总序

　　教材是体现教学内容和教学要求的知识载体，是教与学的基本工具，是提高人才培养质量的重要保证。为进一步贯彻落实《教育部关于加快建设高水平本科教育全面提高人才培养能力的意见》（教高〔2018〕2 号）、《教育部关于一流本科课程建设的实施意见》（教高〔2019〕8 号）、《高等学校课程思政建设指导纲要》（教高〔2020〕3 号）和《普通高等学校教材管理办法》（教材〔2019〕3 号）等文件精神，更好地服务于学校全面深化教育改革、提升教育教学水平和人才培养质量，支持一流本科专业和一流本科课程建设，我们组织编写了"'十四五'普通高等教育国际经济与贸易专业核心课程教学案例丛书"。

　　根据应用型人才培养目标，运用 OBE 理念下的"多元组合教学法"，包括问题导向教学法（PBL）、合作学习、自主课堂、研讨式教学、探究式教学、翻转课堂、对分课堂等，抓住"一个中心三个基本点"（以学生为中心，问题导向、课程思政、能力培养），实现为党育人、为国育才的教学目的，应该是普通高等教育高质量发展的总体趋势和重要内容。

　　多元组合教学法的要义还是 PBL 教学法（也可称为案例教学法），就是倡导学生通过自主学习培养主动学习的能力和运用知识解决实际问题的能力，其他的方法只是侧重点不同而已。PBL 教学法是根据以学生培养为中心的理念，老师按照教学计划，给出特定的问题，让学生课前通过自主学习，准备问题解决方案，再通过翻转课堂等方式，通过课上的学生变老师、老师变导师的生生互动、师生互动、审辩创新，优化解决方案，由此激发学生学习的主动性，培养自学能力、创造能力、团队精神的一种教学方法。PBL 教学法应该具备以下要素：一是要具有真实的带有普遍性的特定问题，作为学生学习的起点；二是要建立学习小组，以便小组合作，自主学习，培养学生自学能力和协作能力；三是要有课上讨论，让学生在讨论中优化解决方案，培养思辨能力、挑战精神和沟通能力；四是要有具备教练能力的教师，维持学习秩序和指引方向；五是要有课后的自我评价，观察学生的知识、能力升华状况，反馈至课程的初始设计。

　　与传统的讲授式教学法相比，PBL 教学法是颠覆性的。在这种教学方式下，课堂的主体是学生，由学生通过对思考题的讨论，锻炼前述各项能力，教师只是课堂的组织者和学习的促进者。为了解决来自现实世界的特定问题，学生必须在课堂讨论之前主动搜集和学习相关理论知识，运用自己的智慧分析特定问题并提出解决问题的方案，由此提高学生学习的主动性和自觉性，培养学生的知识运用能力和决策能力。正因如此，自美国哈佛商学院在1921年正式采用案例教学法后，这一方法在全球商学院迅速传播开来，我国的相关专业也在大力推行这一教学方法。

实施PBL教学法的一个先决条件是要有好的教学案例。这里所说的教学案例不是传统教学中使用的简短的说明性案例，一个标准的教学案例应当包括案例正文和案例使用说明两个部分。案例正文是对某个企业所发生的需要解决的问题的客观情景描述，有时间、地点、人物、事件发生过程和所遇困惑的交代，结构通常包括背景、情景描述、思考题和参考资料等，其编写目的是让学生能够识别案例所设置的问题，然后通过主动学习相关理论知识，提出解决这些问题的方案。案例使用说明是为教师组织和引导学生课堂讨论提供指导，通常包括教学目的、分析思路、理论指导、教学组织等内容。

案例教学的实施过程也是颠覆性的。在经典的案例教学课程中，教师应当指定课前阅读材料，包括案例正文、思考题、相关教材和理论文献等。学生必须在课前阅读所有材料，识别和认真分析案例中设置的特定问题，提出问题的解决方案。在进入正式课堂讨论前，学生还应当进行小组讨论，通过相互学习，完善自己的决策方案。在课堂讨论中，教师是学习的组织者和促进者，而不是简单的知识灌输者。教师应当努力将教室营造成为一个合作性的讨论场所，围绕特定问题，组织和动员每个学生有序地参与各个具体问题的讨论，通过讨论让学生发现知识、运用知识，使课堂成为自主学习和锻炼合作决策的场所。

正是基于上述认识，本教学团队近些年来在积极尝试推行国际贸易和国际商务专业的PBL教学法和案例编写工作，《海上货物索赔教学案例》已于2016年由东北财经大学出版社出版，其中3个教学案例被中国专业学位教学案例中心收录。现在呈现给大家的教学案例丛书目前暂定7本，为国际经济与贸易本科专业核心课程的PBL教学改革而编写，包括《经济学教学案例》《世界经济概论教学案例》《国际贸易教学案例》《国际贸易实务教学案例》《国际货物运输教学案例》《国际商法教学案例》《国际结算教学案例》。

各分册采用统一编写体例。总体架构采用盯住主教材架构的方法，章、节、目名称总体上与其服务的主教材的章、节、目保持一致。原则上，每一章编写综合性的引导案例，涵盖该章的主要知识点。主要节、目（若目下有若干个知识点，则包括每一知识点）编写随堂案例，每一章（包括主要的节）编写若干综合案例，供该章（节）的学习总结与能力培养效果检验之用。各类型案例有中文表达的，也有全英文表达的。

各类案例原则上采用哈佛商学院的案例编写框架与构成要素。

引导案例是在讲授新的章节之前引出主题，激发学生兴趣，启发学生思考的短篇案例。其正文应当是涵盖该章、节、目的知识点的，综合性的或单一性的短篇案例，可以不编制案例使用说明。

随堂案例是针对本次课程的核心知识点，在课堂上发放、现场阅读、即时展开讨论的短篇案例，讨论时间一般为10~15分钟。该种案例短小精悍，主要预埋有特定问题的故事情节、讨论思考题等。为加强课程思政建设，还编有较为丰富的课程思政类教学案例。

综合案例通常是针对一次或几次课程的内容，需要学生课前或课后自行阅读、认真准备，课上以小组为单位作案例分析报告，并进行自由讨论的长篇案例。该种案例正文包括时间、地点、人物、预埋有特定问题的跌宕起伏的故事情节、讨论思考题、参考文献、附录等。

各分册主编和参编人员均具有长期专业或课程教学经验，成果丰富，从而保证了本丛书的先进性、创新性和挑战度。各分册既包括编者自己开发的教学案例，也包括对国内外权威机构公开发布和其他学者编写的案例改编形成的教学案例，在此谨向这些机构和学者表示衷心的感谢。为多门课程编写系统的教学案例乃首次尝试，不妥之处欢迎广大读者和使用者提出宝贵修改意见。

本教学案例丛书为"广州工商学院2021年度校级教材建设项目"成果。

李勤昌

前言

"国际货物运输"是国际经济与贸易专业的重要实践课程之一，课程目标是为中国的国际货物运输事业培养应用型人才。国际货物运输课程知识体系基本上以各类运输合同为构建模块，在各模块中讲授合同基本条款、相关法律立场、履约技能，培养学生处理运输纠纷的综合能力。为提高为党育人、为国育才效果，全国都在推动一流课程建设，其核心内容之一就是改革课程教学方式。推行 PBL 教学方式是课程教学改革的重要内容，而 PBL 教学离不开好的教学案例。因此，为满足国际货物运输课程推行 PBL 教学方法需要，特编著《国际货物运输教学案例》。

本教材总体框架采用钉住李勤昌教授编写的"十二五"普通高等教育本科国家级规划教材《国际货物运输》的章节目框架而编写，为该教材的主要知识点对应性地配备教学案例。每一章编配有引导案例，让学生体会本章主要学什么，为什么学。主要节、目编配了短小精悍的解释性案例，帮助同学们理解知识点、运用知识点。每章最后编配有综合案例，其编写方法基本采用哈佛商学院的教学案例编写范式，内容较长，故事情节曲折复杂，其间隐含了本章涉及的多个重要知识点，启发学生自主地运用所学知识和网络知识解决案例中遇到的问题，具有高阶性和挑战性，能够培养学生独立思考习惯和运用知识解决复杂问题的能力。为落实课程思政育人任务，每章单独编有适当的思政案例，其他案例中也含有思政元素，使用者可根据具体情况选择使用。

本教材由方韵诗、李勤昌、柴虎虎主编，赖世家荣、陈梦婷和郭静参与了部分案例编写和文字整理工作。教材部分引用了法院判例、公开出版的案例集、主流媒体相关事件报道中的资料，我们尽量给出资料来源，在此对相关权利人表示衷心感谢。尽管编写中付出了极大努力，但仍难免存在瑕疵，衷心期望读者和使用者提出宝贵修改意见。

《国际货物运输教学案例》编写组

2023 年 3 月 1 日

目 录

第1章 绪论 / 1

第2章 海上货运基础知识 / 16

第3章 班轮货物运输合同 / 33

第4章 航次租船合同 / 92

第5章 定期租船合同 / 122

第1章 绪论

开篇案例

【案例正文】

某年2月，中国的K贸易公司（以下简称K）与德国G公司在洽商一整集装箱轴承出口合同，发货地为中国大连，目的地为德国慕尼黑。德方建议K安排运输和保险事宜。在谈判期间，K的业务主管无法确定该箱货物运输究竟以亚欧大陆桥集装箱铁路联运方式运输还是按照传统的海运方式运输，更无法进行对外报价核算。由于缺乏运输相关知识，K的业务主管一度不准备承担货物运输责任。

某年6月23日，K的另一业务部与新西兰买方X进口公司（以下简称X）以CFR条件签订了不同型号的不锈钢丝网出口合同，运输保险由买方安排。货物生产完成后，K将该批丝网从河北工厂运抵货运代理人指定的天津东疆港区S经营的货场，经海关查验后装入集装箱等候装船。然而，3天后，即8月12日，距离该货场仅600米的危险品货场发生了天津港"8·12"瑞海公司危险品仓库特别重大火灾爆炸事故，致使该批出口不锈钢丝网全部炸毁。K在事故发生后告知X详情，并声明此事件为不可抗力，欲终止合同义务。X立即回复拒绝接受K的主张，要求K继续履行合同。

【涉及的问题】

K在轴承出口案中遇到的问题涉及国际贸易运输方式的选择以及不同运输方式下的合同义务、合同履行、运输成本核算，这是任何国际货物贸易都无法回避的问题。

K在金属丝网出口案中遇到的问题，表面看它涉及贸易术语的选择问题，但实际上它涉及的是运输方式的选择问题。如果选用CPT或CIP贸易术语，将河北产地到新西兰的运输联合起来，情况会有所不同吗？

事实上，K遇到的以上问题通过本课程的学习都可以解决，上述案例揭示了学习国际货物运输知识的重要性。

思政案例："上海价格"正在成为全球航运市场风向标

在建设国际航运中心的过程中，以"上海航运指数"为基础的"上海价格"正在全球航运市场逐步形成。1998年，上海航运交易所（以下简称上海航交所）首次发布中国出口集装箱运价指数；2009年，为满足国际集装箱衍生品交易需要，开发了上海出口集装箱运价指数；如今，上海航交所的航运类指数已覆盖集装箱、干散货、油轮、买卖船、"一带一路"、船员薪酬、航运企业景气度等各大航运相关细分市场领域，形成了全面、权威、综合的指数体系。

"上海航运指数系列发出的'上海声音'全面反映国际国内航运市场，不仅成为航运市场的'晴雨表'和'风向标'，还被纳入了国家统计局大数据平台。"通过创新海运业定价、交易模式，我国努力为上海国际航运中心争取更多定价权和话语权，这有利于推进我国从航运大国走向航运强国。

到2020年，上海已经基本建成航运资源高度集聚、航运服务功能健全、航运市场环境优良、现代物流服务高效，具有全球航运资源配置能力的国际航运中心。包括航运指数和衍生品在内的现代航运服务业正在逐步成为上海国际航运中心建设的重点。10多年来，中国与世界港口连接频次最多，这反映了中国港口大规模的吞吐量、世界制造中心和贸易大国地位。

"上海价格"的背后是中国世界经济大国、贸易大国、航运大国的崛起，是民族复兴，是几代中国人艰苦奋斗、拼搏进取的结果。

1.1　国际货物运输的产业性质与作用

1.1.1　国际货物运输的特点

------------------------------ 案例 ------------------------------

海空运市场规模加速萎缩背后原因是什么

【案例正文】 ■

全球经济的许多不确定性导致海空运需求大幅下降，海空运市场在随后的2023年也将缺乏活力。丹麦马士基航运集团在2022年11月3日对运输和物流领域的需求下降表示警惕。马士基预计，经济增长急剧放缓且这一趋势或将持续到2023年，2022年全球集装箱需求将下降2%至4%。其分析师明确指出："随着俄乌冲突、欧洲能源危机、高通胀和全球经济衰退逼近，这对消费者的购买力造成了压力，从而对全球运输和物流需求产生了影响。"在2022年第三季度，全球集装箱需求就已经整体下降了3%，加速了集装箱预订价格的暴跌，至少对未事先商定的现货价格来说是如此。

此外，航空运输市场方面，随着全球经济增长放缓，消费者在服务支出方面占比增加的同时收紧了钱包。虽然航空业已进入典型的旺季，然而航运活动并未增加，往常应该上涨的需求和运费都在下降。市场情报公司 Xeneta 的报告给出了更直观的数据，空运市场 2022 年 10 月份的货运量较去年同期下降 8%，这是需求连续第八个月下降。下降趋势从 9 月份就开始加剧，货运量同比下降 5%，较 3 年前下降 0.3%。受与疫情相关的短缺和供应链中断的推动，2019 年也是航空货运疲弱的一年，运力复苏停滞不前。

【讨论问题】 ■————————————————————————————

海空运市场规模加速萎缩背后原因是什么？

【参考答案】 ■————————————————————————————

任何经济活动萎缩的原因都与其自身特点密切相关。国际货物运输的显著特点一个是运输环节多，二是政治、法律环境复杂。在如此多的经济和地缘政治的不确定性下，国际货物运输的市场规模会直接受到影响。具体而言，俄乌冲突、欧洲能源危机、高通胀和全球经济衰退逼近是导致海空运市场价格下跌的主要原因，而新型冠状病毒感染造成的供应链中断更是造成海空运市场规模加速萎缩的直接原因。

1.1.2　国际货物运输对国际贸易的影响

——————————————— 案例 ———————————————

"翻船"事故会给贸易合同进展带来什么影响

【案例正文】 ■————————————————————————————

根据国际船舶网的报道，2020 年 12 月 7 日，一大型集装箱船 "ONE APUS" 号，在从中国盐田前往美国长滩的途中，于夏威夷西部的北太平洋附近遭遇恶劣天气，船舶发生严重颠簸导致近 2 000 个集装箱位移并落水，有货物配载在该轮却没买保险的货主损失更大。按照每箱 2.5 万美元的离岸价格（FOB）计算，货物索赔金额约为 4 750 万美元，再加上租赁、维修等其他项目索赔，"ONE APUS" 号保险账单超过 5 000 万美元。

【讨论问题】 ■————————————————————————————

1. 掉入海中的集装箱谁来赔偿？

2. "ONE APUS" 号 "翻船" 事故会给贸易合同进展带来什么影响？

【参考答案】 ■————————————————————————————

1. 遇到大风浪导致的事故属于不可抗力，保险公司可以赔付，如果没有投保，面临的不仅是货物丢失，还可能会被要求承担共同海损。

2. 翻船事故的发生导致货物灭失，无法在约定时间送达目的地，直接导致收货人不能在合适的时机销售货物，导致贸易合同的终止。"ONE APUS" 号属于班轮运输经营方式，这种经营方式在一定程度上能降低如本案中事故发生的概率，一旦发生意外事故，也会对国际贸易合同顺利开展带来影响。

1.2 国际货物运输的研究对象

1.2.1 BDI指数

------ 案例 ------

散货船市场运费三月底前上涨无望，BDI指数研究的意义在哪

【案例正文】■

根据波罗的海国际航运公会（The Baltic and International Maritime Council，BIMCO）官网数据分析，大型散货船运价自2021年高峰下跌已经超过90%。分析师预期至少在2022年3月前运价都将维持低迷。

好望角型散货船现货价格在2022年1月底跌至每日5 826美元，为20个月最低，远低于2021年10月时每日超过80 000美元的12年高点。而从巴西运输铁矿砂到中国大陆的好望角型船运费已比2021年10月跌六成，波罗的海干散货指数（BDI）同比跌75%。

从微观角度分析，运费出现下行压力的原因是航运需求疲软。自2021年7月起，中国粗钢产量一直无法超过2020年，根据世界钢铁协会（WSA）的统计，2021年中国粗钢产量是6年来首次下滑。此外，中国的铁矿砂进口量也出现首次下降。日本邮船相关人士表示"在新型冠状病毒感染的背景下散货船运价飙升，但2022年的高峰不可能达到这种水准，现在市场上所有的目光都集中在中国对铁矿砂的需求上"。每年12月到第二年2月之间的航运需求都会因为农历春节放缓，而且近期铁矿砂运输因主要出口国巴西大雨不断已经中断，运费至少在3月份之前都保持低位。

【讨论问题】■

什么是BDI指数？作为海上货物运输的研究对象，研究BDI指数的意义是什么？

【参考答案】■

BDI指数一向是散装原材料的运费指数，散装船以运输钢材、纸浆、谷物、煤、矿砂、磷矿石、铝矾土等民生物资及工业原料为主。干散货航运业营运状况与全球经济景气度、原材料行情息息相关。故波罗的海干散货指数可视为经济领先指标。如果BDI指数出现显著上扬，说明各国经济情况良好，国家间贸易火热。

1.2.2 国际货物运输的复杂法律环境

--------------------------- 案例 ---------------------------

提单首要条款应适用《海牙规则》还是《海商法》

【案例正文】■━━━━━━━━━━━━━━━━━━━━━━━━━━

广东省某食品公司（以下简称"食品公司"）与LM公司签订了一份销售合同，约定：由LM公司向食品公司出售12 000吨散装印度片状黄豆粕，价格为每吨277美元，CFR中国某港；付款方式为买方须经银行开立100%货款的不可撤销及卖方接受的信用证。10天后，食品公司通过GN公司向南洋银行申请开立信用证，受益人为HD公司，货物为印度产优质黄豆粕12 000吨，价格为每吨277美元。第二年1月18日，买卖双方签订了一份确认书，同意将货物的单价改为每吨261美元，贸易术语及港口不变。3天后，信用证进行了修改，货物价格修改为每吨261美元。

船舶到达目的港后，食品公司派人专门登船检查标的物质量发现货损。应食品公司的申请，第二年2月27日，中国船级社（China Classification Society，CCS）在港口8号锚地和402号泊位，登上A轮，对该轮发生的货损情况进行了检验。3月12日，中国船级社出具了检验报告。该报告记载：货物状况为第1货舱（二层舱）底舱前部发现有分散性小块黑色货物，后部有少量结成大块变成褐色的货物；第2货舱（二层舱）底舱前部右侧货物断层，有层状褐色货物，右舷前舱壁进入货舱梯口位置，顶层有少量潮湿变质货物，货物积载堆高至二层甲板纵骨，其余位置可见分散性褐色货物；第3、4货舱（二层舱）底舱均可见分散性褐色货物，货物积载堆高至二层甲板舱口边缘；第5货舱（二层舱）底舱前部右侧靠近机舱后舱壁附近可见堆状褐色货物，其余位置也分布着褐色货物，后部舱底有少量潮湿变质货物，货物积载堆高至二层甲板舱口边缘。

3月25日，相关商检机构出具了检验证书（验残）。该证书记载：报验重量2 931.737吨，全批货物实际损失净重1 072.764吨。该证书认为货损的原因是：①该轮各舱内的货物积载过满，造成货物表面没有足够的连续通风空间，而且货物将部分通风导管埋没，堵塞了通风导管的通风口和通风窗，致使舱内货物无法正常通风散热，在装运过程中，货物散发出的热量无法及时排至舱外，加之该轮装运时间过长（共57天），造成热量积蓄于货物中逐渐升温，将货物严重烧伤。②由于机舱内温度较高，加之紧靠后舱壁的油柜在航行途中需人为加热，而机舱舱壁与货物之间既没任何隔热装置，又没留出通风道，大量热量直接经舱壁传至第5货舱内货物中，造成该舱内的货物受损特别严重。

对此，买卖双方进行上诉，一审判决称，本案是涉外海上货物运输合同货损、货差赔偿纠纷，由于合同双方当事人没有约定处理争议适用的法律，中国是与合同具有最密切联系的国家，因此，处理本案实体争议可以适用中华人民共和国法律。

涉案公司认为，根据本案所涉提单的背面条款，结合货物起运地印度把《海牙规则》并入本国法律的事实，完全可以得出提单约定的适用法律是《海牙规则》及《海牙-维斯比规则》。一审法院称合同没有约定法律适用是错误的。本案应根据《海牙规则》及《海牙-维斯比规则》处理。

【讨论问题】 ■━━━━━━

为何在提单首要条款约定适用《海牙规则》，最后仍适用《中华人民共和国海商法》（以下简称《海商法》）？

【参考答案】 ■━━━━━━

本案是海上货物运输合同货损货差赔偿纠纷。本案所涉提单背面第二条首要条款约定《海牙规则》《海牙-维斯比规则》适用本提单，但纳入首要条款的《海牙规则》和《海牙-维斯比规则》并不是法律适用条款，而是当事人协商的合同条款，因此，原审法院依据最密切联系原则选择中华人民共和国法律为所涉合同的准据法正确。双方当事人关于首要条款的约定不得与准据法中的强制性规范相抵触，合同包括首要条款未规定事项，应依准据法解决。关于实际承运人的责任问题，双方当事人未作出规定，因此，应依合同的准据法处理。《海商法》第四章中对实际承运人及其责任作出了明确规定，且属于强制性规范。故原审法院依照《海商法》确定实际承运人应承担连带责任是正确的。涉案公司关于原审法院在实际承运人责任问题上适用法律错误的主张缺乏法律依据，本院不予支持。

对提单首要条款问题，其法律性质不同于法律适用条款。首要条款（paramount clause or clause paramount）是指在提单中约定本提单适用某一国际公约（如《海牙规则》）或公约相应的某一国内法的提单条款。首要条款目的是将指定的国际公约或其相应的国内法并入提单，使之成为提单条款的内容之一。它与提单法律适用条款的性质完全不同，也不能称之为特殊提单法律适用条款。之所以冠以"首要"一词，意在表明该条款的重要地位，除了不得违反提单所适用的法律中的强制性规定，其他普通提单条款与之相抵触的，原则上以首要条款为准。所以说，首要条款不等于法律适用条款，且不具有排除法律强制规定的效力。

如果一国（例如，我国）没有签署加入国际公约，那么从国际公法的角度，一国国民是无权代表国家选择适用该法律的。所以，这也是为何提单选择"首要条款"适用《海牙规则》，而非"法律适用条款"选择适用《海牙规则》。

1.3　国际货物运输市场分类及经营方式

船舶按照航线行驶为什么还会发生碰撞

【案例正文】

根据航运界的新闻报道，2018 年 1 月 6 日北京时间 19 时 50 分，巴拿马籍油船"桑吉"轮（SANCHI）与中国香港籍散货船"长峰水晶"轮（CF CRYSTAL）在东海海域发生碰撞，造成"桑吉"轮燃爆并最终沉没，船上 3 名人员死亡，29 名人员失踪，"长峰水晶"轮严重受损。这起发生在开阔水域、良好水文气象条件下的特大水上交通事故引起了广泛的社会关注，尤其是事故原因及双方责任等问题一直是航运界热议的话题。

根据事故发生时附近经过的渔船船长郑某现场观察获得的直观信息："我船路经该条北向的 18 万吨事故船——油船"SANCHI"与另一条南向的中国香港船（"CF CRYSTAL"）相撞地。从船载的 GPS 上发现，它们都没有避开（对方），大货轮往北方向 230 多度，中国香港船往南 19 度，结果发生了碰撞。"

从碰撞的结果看，油轮"桑吉"是右边前货舱遭受撞击，两船的相对位置是"桑吉"轮是绿灯船，"长峰水晶"轮显示的红灯态势。如果是这样，根据《国际海上避碰规则》的规定，"桑吉"轮应该是让路船，而"长峰水晶"轮是直航船。无论是直航船还是让路船，都有责任根据当时的环境和情况作出判断并采取有效行动来避免碰撞。当直航船认为其他船对自己有碰撞危险时，也得作出避让其他船的行动……显然"长峰水晶"轮没有做到！最后用船头去撞击"桑吉"轮的第三货舱的软肋，从而灾难笼罩在"桑吉"轮上。

【讨论问题】

大船有先进的导航仪器在大海中按照涉及航线航行为什么还会发生碰撞？

【参考答案】

陈述这个问题，我们首先联想到在道路上行驶的车辆也有行驶的交通法规。"红灯停、绿灯行"每个驾驶员都熟知。如果不遵守法规，那么在宽敞的公路上也会发生碰撞。

同样，在某一个海区，到某一个港口都有基本的航线设计，免不了与其他船舶航线发生交叉、相向对遇。除非法定的分道通行制，各走各的道，但是也有如同道路一样的十字路口。海上船舶航行还是有相互接触的点，只要时间、距离都不在一个节点上，两船或多船都相安无事。或者虽然在节点上，但是驾驶员采取适当的避让行动，也可以避开紧张局面甚至紧迫危险。如果恰恰同一时间到节点，两船都没有采取应对措施，"桑吉"轮和"长峰水晶"轮的惨案就不可避免了。

所以，国际航行船舶在《国际海上避碰规则》适用的任何海域都必须遵守"红绿灯"规则。开车不讲规则的驾驶员会被警察惩罚扣分，而开船同样要遵守"规则"，否则祸害无穷。同时，还要有避让的"礼节"，虽然对方是让路船，但观察和沟通后仍然对自身安全产生影响，自己也必须采取合理的背离规则的行动去避免碰撞，如果大家都僵持了，最后的结局是相互承担，任何人都得不到便宜，发生事故后也是难买到后悔药的。发生的海上事故对涉事双方或多方都是灾难。"桑吉"轮和"长峰水晶"轮将在航海史留下悲惨的一页。肇事者也将耻辱一辈子！除了依靠辅助的导航仪器，最主要的还是驾驶员维持正规的瞭望，关注四周来往的船舶，对影响自身船舶的来船进行有效沟通，尽早采取避让行动。每一位船舶驾驶员，都必须注意肩上承担的是生命和财产的责任。

1.4 国际货物运输合同形式

------ 案例 ------

在运输合同中如何应对新型冠状病毒感染对货物运输的影响

【案例正文】

2020年年底，某市突发境外输入型新型冠状病毒感染，KY公司通过马士基公司海运进口的10个集装箱冷冻海产品，滞留港口数月，超过了马士基公司提供的集装箱免费使用期。KY公司在办妥各项手续主张提货时，马士基公司要求其支付滞箱费189万余元，否则拒绝交货。KY公司向当地海事法院申请海事强制令，请求责令马士基公司立即向其交付货物。海事法院审查认为，KY公司提交了人民币200万元的现金担保，海事强制令申请符合法律规定。裁定准许海事强制令申请，责令马士基公司立即向KY公司交付案涉集装箱货物。为了防止后续出现更多类似纠纷，班轮公司和租船公司纷纷对已草拟的格式合同进行部分修订，针对疫情影响补充了滞箱费的条款说明。航空运输公司也在航空货运单中增加受疫情影响的货物滞留处理办法。

【讨论问题】

在运输合同中如何应对新型冠状病毒感染对运的影响？

【参考答案】

新型冠状病毒感染对国际贸易和海上货物运输产生了重大影响，滞留港口的货物出现爆炸式增长，导致承运人与收货人之间的滞箱费纠纷频发。国内海事法院受理很多关于集装箱滞箱费的海事强制令申请。法院灵活运用海事强制令，加速了滞港集装箱及所载货物的流转，将船货双方的损失降至最低，并通过要求申请人提供担保保护了航运公司的合法权益。后续相关纠纷多数通过和解或者法院调解的方式得到了圆满解决。由此看来，新型冠状病毒感染也会影响运输合同格式以及合同背后的主要条款内容。

1.5　国际货物运输市场合同洽商

------ 案例 ------

咖啡馆里的大生意——合同洽商的航运交易所

【案例正文】

18 世纪的英国，海运业蓬勃发展，伦敦是当时的国际航运中心。1744 年，位于伦敦 theradneedle 街的维吉尼亚-马里兰咖啡馆，每周一上午都聚集众多的船东和贸易商，他们在这里讨论商业问题、拟定运输合同、解决行业纠纷。由于大家主要研讨波罗的海沿岸海运的问题，咖啡屋为了增加商业集聚效益，改名为维吉尼亚-波罗的海咖啡馆。

最初咖啡馆的会议是开放的，但与会人员大都是对动物油脂、油料、亚麻制品、大麻和种子贸易感兴趣的商人。1823 年，一些常在咖啡馆聚会的资格较老、地位较高的商人为了抗衡投机和欺诈行为，成立了委员会，最初成员 23 个，包括制造商、贸易商和经纪人。委员会制定了规章制度和入会手续，开放会议变成了闭门会议，除会员之外只针对付费用户并有 300 人上限要求。这就是当今国际海运业最重要的交易市场——波罗的海交易所的雏形。经过多年的发展，并且经历了与其他交易所的合并，波罗的海交易所逐渐成为全球最主要的散货海运租船交易市场。除此之外，在波罗的海交易所还可以从事商品交易（主要是大宗散货）、船舶买卖及空运租机交易等业务。

波罗的海交易所现有公司会员超过 600 家、个人会员约 1 400 人。会员来自 46 个国家，不仅有经纪人、租船人和船东，还有金融机构、海事律师、教育机构、保险公司和其他相关组织。世界上大部分租船和船舶买卖业务的完成都由波罗的海交易所的会员谈判完成。波罗的海交易所雇用的员工不过二三十人。

【讨论问题】

1.为什么海运合同洽商如此重要？

2.波罗的海交易所在现代航运市场发展中扮演什么角色？

【参考答案】

1.一个起源于咖啡馆的大生意，每年创造了几百亿美元的交易额，至今仍是市场的风向标和晴雨表，见证着众多企业的辉煌和没落，对行业发展产生了深远影响。

这个故事涉及的行业与我们的生活并不密切，和普通人的生活比较遥远，但与我们每个人却密切相关，这个行业就是海运。海运并不像高铁、飞机、高速公路那样贴近我们的生活，但我国90%以上的外贸物资都是通过海运完成的，包括与我们生活休戚相关的石油、天然气、粮食、铁矿石等重要物资，离开了海运，我们就要承受粮食危机、能源危机，我们的社会化大生产就要面临停滞的风险。

2.随着电话、电报、互联网等通信技术的发展，波罗的海交易所为交易提供场所的功能逐步退化，也需要与时俱进发展和创新。波罗的海交易所于1985年开始发布运价指数，并不断对运价指数进行革新，其中1999年发布的波罗的海干散货指数（BDI）取得了非常好的市场反响，成为代表国际干散货运输市场走势的晴雨表。

以BDI为标的的远期运费协议（forward freight agreements，FFA）也形成了市场规模，并被广泛使用。FFA有套期保值的作用，每年的交易金额达到几百亿美元。通俗来讲FFA是买卖双方达成的一种远期运费协议，协议规定了具体的航线、价格、数量等，且双方约定在未来某一时点，收取或支付依据波罗的海官方运费指数确定的价格与合同约定价格的运费差额。可以说现在运费已经成为变动的、流动性较好的、可以交易的商品。

综合案例："长赐"号苏伊士运河搁浅事件揭示国际海运复杂性

【案例正文】

"长赐"号全长近400米，宽59米，排水量达22万吨，载箱量20 388TEU（国际标准箱单位），是目前最大型巨型船舶（mega ships）之一。船东为日本爱媛县的正荣汽船公司，由中国台湾地区长荣海运集团（Evergreen Marine Corporation）负责运营，主要往返于亚欧贸易航线。

2021年2月22日，"长赐"号从中国台湾高雄市启航，满载着1.83万个集装箱，总货值达35亿美元。3月8日从中国盐田港出发通过亚欧航线驶往鹿特丹港，原计划4月1日到港。3月23日在苏伊士运河搁浅，卡住航道长达6天时间，在3月29日脱困后长期被扣押在埃及，等待船东正荣汽船和保险公司与埃及方面就责任和赔偿问题达成协议。经历了3个多月的谈判，各方终于达成一致，"长赐"号于7月7日起航离开埃及前往欧洲，最终在7月29号到达鹿特丹港。

一、"长赐"号苏伊士运河搁浅事件回顾

2021年3月23日，"长赐"号在从南向北驶入苏伊士运河后不久搁浅，致使苏伊士运河双向交通阻塞。

2021 年 3 月 29 日，经过多轮营救行动后，利用满月潮汐之力，"长赐"号重新浮起，移至大苦湖锚泊，苏伊士运河恢复通行。

2021 年 4 月 1 日，"长赐"号船东日本正荣汽船宣布共同海损。

2021 年 4 月 7 日，苏伊士运河管理局向"长赐"号船东提出 9.16 亿美元的赔偿要求，双方多次协商未果。

2021 年 4 月 13 日，由于船东拖延缴纳赔偿款，伊斯梅利亚经济法院批准扣留该货轮。苏伊士运河管理局向埃及法院申请司法扣留"长赐"号并获批准，"长赐"号一直被扣留在运河两条水道之间的大苦湖中。

2021 年 4 月 14 日，长荣海运发布声明，希望能够通过"船货分离"处理方案，将船上货物早日送达目的地。

2021 年 4 月 20 日，上述方案被苏伊士运河管理局拒绝。

2021 年 4 月 23 日，"长赐"号保险公司英国保赔协会（UK P&I Club）就苏伊士运河管理局扣留"长赐"号一事向埃及法院提起上诉。

2021 年 5 月 4 日，埃及伊斯梅利亚经济法院驳回"长赐"号船东方提出的解除扣押的上诉请求。

2021 年 5 月初，运河方将索赔金额减少三分之一，从 9.16 亿美元减少到 5.5 亿美元。

2021 年 5 月 23 日，埃及法院再次驳回"长赐"号船东方提出的解除对"长赐"号扣押的上诉请求。

2021 年 5 月底，苏伊士运河管理局公布"长赐"号事故调查报告。报告称，事故责任由"长赐"号船长负责。

2021 年 6 月下旬，运河方和船东方就赔偿金额原则上达成协议。

2021 年 6 月 24 日，长荣海运发布公告，提醒相关货主尽快完成共同海损担保作业，以便在货物抵港后办理提货事宜。

2021 年 7 月 4 日，"长赐"号船东及英国保赔协会代理律所 Stann Marine 表示，与苏伊士运河管理局已就赔偿问题达成协议，埃及伊斯梅利亚经济法院 6 日同意解除对"长赐"号的扣押令，并允许其应苏伊士运河管理局要求于 7 日离开运河，继续前往荷兰鹿特丹港。该轮获准于 7 月 7 日起航离开。

美国船级社（ABS）在该船离开埃及之前对其进行了初步评估，指出了今后需要维修的项目。ABS 与船旗国一起为该船签发了前往鹿特丹的短期证书。按照美国船级社出具的适航证明要求，该船必须以较低的安全速度航行，且只能停靠荷兰鹿特丹和英国费利克斯托两个港口。"长赐"号于 2021 年 7 月 25 日抵达欧洲最大的港口鹿特丹；8 月 2 日停靠鹿特丹 Euromax 码头；8 月 3 日停靠费利克斯托港，卸载当地进口集装箱。"长赐"号最终进入法国敦刻尔克港干船坞。长荣海运派出加班船"长实"号紧急救援，前往鹿特丹 Euromax 码头，将"长赐"号卸载的汉堡港集装箱转运至汉堡港。"长实"号于8月8日停靠汉堡港,卸载当地进口和转口集装箱。

2021年10月4日,在青岛海事部门保障下,"长赐"号靠泊武昌船舶重工集团有限公司青岛北海船舶重工修船分厂,开始进行维修工作。11月13日,"长赐"号货轮在青岛完成了为期一个多月的维修后,开始在山东青岛港进行修复后的首次货物装载,青岛港装箱5 147TEU,随后还将前往上海、宁波装载货物,然后离开中国前往马来西亚,正式开启修复后的首次载货远航。

二、"长赐"号搁浅的影响

"长赐"号堵塞苏伊士运河6天,造成400多艘船舶被迫延误,对全球航运造成重大影响,引发国际油价、海运价格尤其是欧亚间航线价格暴涨。堵塞期间,埃及每天损失1 200万至1 500万美元。这是自2004年利比亚籍10万吨油轮搁浅导致苏伊士运河中断3天以来,苏伊士运河遭受的最严重的事故。作为世界上最繁忙的航道之一,苏伊士运河的堵塞可能给全球贸易每周带来60亿美元至100亿美元的损失。

三、调查过程中运河当局和船东争论的焦点

(一)对是否由天气等不可抗力因素造成的后果的争论

运河管理局方面:苏伊士运河管理局调查组负责人赛义德·舒爱沙表示,对"长赐"号的调查是由专业机构根据国际标准进行的,调查结果也已经提交给国际海事组织、船东、船长以及船籍国等相关各方。通过分析货轮的航行数据,调查组认定船长的错误指令是货轮搁浅的主要原因,运河管理局派出的领航员的建议"不具有强制性"。管理局导航控制主管穆罕默德·赛义德否认了天气状况对货轮搁浅造成了影响,并表示在"长赐"号货轮之前已有吨位类似的多艘货轮在相同天气条件下顺利通过运河。

船东方面:"长赐"号货轮船东代理律师5月23日曾表示,苏伊士运河管理局在恶劣天气条件下允许货轮进入运河,在"长赐"号货轮之前已有3艘吨位类似的货轮成功通过运河,并且未能证明货轮船长在搁浅事故中有任何过错,因此该管理局应对事故负责。

(二)船东和货主对是否造成共同海损的争论

"长赐"号上装的集装箱大概有23 000条,货值超35亿美元,折合人民币245亿元。按照埃及当局提出的9.18亿美元的赔偿,每个集装箱大概要承担4万美元将近30万元人民币的共同海损费用。其中部分货主选择弃货,因为如果仅仅是船期延期,大部分货主还是可以等待,但面对高昂的共同海损费用,有的货主就弃货了。

"长赐"号船东是正荣汽船,船公司是长荣海运,即长荣海运向正荣汽船租的船,而且是定期租船。船东在船被拖起来之后就宣布共同海损了。共同海损的意思就是在海运途中,船、货和其他财产遭遇了共同危险,为了共同的安全,有意地采取合理的救难措施所直接造成的特殊牺牲和支付的额外费用(救援队的费用和特殊牺牲的赔偿金都算共同海损)。

最终，共同海损费用由船舶、货主和运费三个主要利益方按比例分摊。分摊的比例即总损失金额和总保险额的比值。

【案例使用说明】▇━━━━━━━━━━━━━━━━━━━━━━

一、教学目的与用途

本案例适用于国际货物运输课程中关于国际货物运输研究对象、经营方式等部分知识的教学，通过案例讨论，使学生对国际货物运输的产业性质、研究对象、市场运营以及经营方式有更深刻的认识和理解。

二、讨论思考题

1.案例中"长赐"号在本航次中属于租船运输还是班轮运输？

2.为什么共同海损会成为本案例争议焦点？

三、分析思路

分析本案例应当根据讨论思考题，到案例中找出与其相对应的素材，认真阅读案例相关材料，挖掘提炼出案例材料的基本事实，然后再运用所学专业知识对相关事实反映的问题进行判断。

四、理论依据及分析

（一）不定期船的经营方式

在不定期船运输市场上，运输的经营人笼统地被称为船东或船舶出租人（owners），泛指有权出租船舶的人（仅涉及财产权中的使用权），包括注册船东（registered owners，法律上真正的船舶拥有者）、二船东（disponent owners，受委托的船舶经营管理者）和期租船东（time charterers，具有合同转租权的期租承租人，也称转租出租人）或者是光船租赁人（bare boat charterers）。自有船舶的所有人及光船租船的经营人对船舶具有占有权和支配权，而期租租船人对船舶只有使用权和调度权。这些不同船舶出租人对船舶适航性的保证及对第三人的责任是不同的。

由于不像班轮运输那样固定，不定期船舶经营人需要对全球的货运市场具有丰富的知识和信息来源，以便最大限度地保证船舶的运营效益。根据对货源的掌握及市场需求的不同，它们常采用下述方式经营船舶。

1.航次租船

（1）航次租船的概念。

航次租船（voyage charter），简称程租船，它是由出租人负责提供船舶，承租人支付运费，在承租人（charterer）指定的港口间进行一次或多次运输的租船运输方式。航次租船中的船舶出租人可以是船舶所有人、二船东、期租租赁人或是光船租赁人。

（2）航次租船的特点。

第一，出租人根据租船合同负责船舶的营运调度、船舶的固定成本及所有航次营运成本，包括燃料费、港口使费等。承租人负责按照租船合同支付运费及相关费用。

第二，航次租船的"租金"称作运费（freight），它是依据同类船舶市场租金水平、预计总航次时间、下航次货载是否便利及货物的特点等因素由合同双方商定的。也有的实行包干运价（freight in lump sum），即规定租用船舶的总运价。

第三，每一个航次的"租期"取决于完成该航次所需要的时间，航次结束，"租期"终止。因此，在航次总运费收入既定的条件下，航次所用时间越短，对出租人越有利。所以，航次租船合同中一般都有装卸时间及滞期费的相关约定。

（3）航次租船的方式。

①单航次租船，即只租用一个单航次的租船方式。船舶出租人负责将指定的货物由装运港运到目的港，在目的港卸完货后航次即告结束。大多数航次租船采用的都是单航次租船。

②往返航次租船，即只租用一个往返航次的租船方式。船舶在完成一个单航次后，紧接着上一航次再在卸货港或其附近港口装货运回原装运港或其附近港口，租船合同才告结束。承租人在有返程货物情况下常会采用这种租船方式。

③连续单航次或连续往返航次租船，即连续若干个单航次或若干个往返航次的租船方式，在完成规定的航次后租船合同即告结束。

在上述租船方式下，可以按每一个单航次或往返航次订立一个租船合同，也可以只订立一个包括了全部航次的租船合同。合同中只需订明第一个航次的受载期和航次次数，而无须订明以后各航次的受载期。在连续单航次租船合同下，经承租人同意，船东可为各回程航次自己揽货，否则，必须自费空驶回原装运港，装运下一航次货物。

2.包运合同

包运合同（contract of affreightment，COA）是指包运人承诺将一批货物分期、分批包运至指定目的港，由承租人支付运费的合同。

包运合同与航次租船有所不同，它适用于大批货物的运输。合同中只规定货物品种和数量、装卸港口、装卸速度、承运期限、具体的航次数、运费等。它一般不限制具体的船舶，承包人可以选择合适的船舶来完成包运任务。承包人可以是船东，也可以是期租租船人或是货运公司，货运公司靠在租船市场上租船完成承包任务。承包人必须将每一航次使用的具体船舶事先通知货方。包运合同类似连续单航次租船，但区别在于承包人可以使用不同的船舶来运输。它的优点是承运人能在一定时期内获得充分的货源，对托运人或收货人来说，也具有舱位确定、运价低廉等好处。

（二）共同海损

共同海损指在同一海上航程中，当船舶、货物和其他财产遭遇共同危险时，为了共同安全，有意地、合理地采取措施所直接造成的特殊牺牲、支付的特殊费用，由各受益方按比例分摊的法律制度。只有那些确实属于共同海损的损失才由获益各方分摊，因此共同海损的成立应具备一定的条件，即海上危险必须是共同的、真实的；共同海损的措施必须是有意的、合理的、有效的；共同海损的损失必须是特殊的、异常的，并由共损措施直接造成。

五、关键要点

阅读本案例并正确回答讨论思考题，需要学生把握以下要点：

1.了解国际货物运输的性质与特点。

2.了解运输对贸易合同履行的重要作用、国际货物运输研究的对象和主要内容。

3.重点掌握各类国际货物运输市场的特点并从案例中学会判断。

4.了解各种国际货物运输合同的形式以及后续赔偿方案的洽谈要点。

第2章 海上货运基础知识

【案例正文】

某年6月，中国的S贸易公司与巴西的C矿业公司签订了一笔铁矿粉进口合同，贸易条件为FOB，数量为10万公吨10%增减，卖方选择。交货期为当年8月，即期信用证结算。公司经理将该笔业务的具体操作分配给了入职半年多的业务员小张。小张本科专业为国际贸易，在校学过国际贸易实务，来公司后一直跟着老业务员实习，积累了一定的业务经验，但从来没有独立操作业务，因此对公司的这次安排十分高兴和重视。小张仔细研究了合同条款，将公司的合同义务以及履行时间制作了一张表格，以便持续了解情况。七月初，小张向若干船东发出询盘，当他整理船东报盘时发现，有的船舶吨位为载重吨（DWT）97 000公吨，有的为DWT110 000公吨，其他的介于两者之间。小张发愁了，单就吨位大小而言，选择哪一条才合适呢？因为他知道，选小了，将发生货物退关，选大了，通常要向船东支付亏舱费，他一时没了主张，后来还是老业务员帮助他解决了这一问题。

同案中，当船舶抵达巴西装货港口装货时，船长告知小张，前几天当地的大雨导致堆存于露天的矿粉含水量严重超标，为了保证航行安全，拒绝装货。船长的这一通知让小张吃了一惊，因为如果船舶不能在租船合同规定的装卸时间内完成装货，将会产生一大笔滞期费，那怎么办？

【涉及的问题】

小张遇到的第一个问题是租船运输首先需要考虑的问题，也涉及买卖合同中对溢短装条款的选择权问题。具体来说，DWT是什么含义？与净载重量是什么关系？如果卖方选择按照上限交货怎么办？他遇到的第二个问题涉及运输安全问题，铁矿粉含水量超标会发生什么？这些问题都是国际货物运输课程能够解决的。本章是国际货物运输的基础，掌握了本章知识，小张遇到的上述问题就有了答案。

思政案例：青岛港"无人"码头 彰显"智能高效"中国智慧

港兴通天下，始建于1892年的青岛港是世界第七大港，中国第二大外贸口岸。

近年来，青岛港和上合国家海向和陆向贸易往来不断加强。每年通过海洋向上合国家（成员国、观察员国、对话伙伴国）出口约 50 万标准箱。

2018 年 6 月 8 日，已经进入"上合时间"的美丽青岛吸引着全世界的目光，而走过 120 多年历程的青岛港作为全球经济贸易最重要的枢纽，彰显出"智能高效"的中国智慧。"青岛港自动化码头是世界领先、亚洲首个全自动化的无人码头，也是全球最安全环保、智能高效的码头之一。"青岛新前湾集装箱码头有限公司副总经理杨杰敏向记者介绍，码头正式投入商业运营，多次刷新了集装箱作业世界纪录。

继青岛之后，上海洋山港自动化集装箱码头投入运营。十几年来，中国事实上已经成为世界航运中心。

2.1　货船基础知识

案例

超过船检证书记载的参考载货量是否构成超载

【案例正文】

A 公司所属某轮装载 1 200 吨不锈钢从出发港启航，途经某海域时触碰不明物体，导致船底破损进水，所载货物部分被海水浸泡受损，货损金额约为 47 万元。A 公司在赔偿货主后，向保险公司主张保险责任。保险公司认为该轮本次航行实际载货量超过船舶检验证书上登记的参考载货量，处于超载状态是导致事故发生的原因，因超载属于保险预约协议及保险条款约定的免责情形，故拒绝理赔。后 A 公司诉至海事法院，请求判令该保险公司支付保险赔偿金。

【讨论问题】

超过船舶检验证书记载的参考载货量是否构成超载？

【参考答案】

海事法院经审理认为，该轮船舶检验证书记载船舶满载排水量 1 310.5 吨、参考载货量 950 吨。事故发生时，船舶装载了 1 200 吨，超出了参考载货量，但仅凭载货量超过船检证书记载的参考载货量数值不足以判定船舶超载。双方当事人事后曾现场试验涉案船舶装载与事故发生时相同重量货物，船舶并未超过载重线。事故发生后，海事部门仅对海事声明准予备查，并未认定船舶超载，保险公司在报险后亦未进行调查了解，无证据证实船舶超载，遂判决保险公司应对该轮本次事故承担保险责任。

综上所述，船舶超载会降低船舶抗沉性和航行稳定性，增大船舶倾覆风险，易诱发重大交通安全事故，是水上交通安全治理的一大"顽疾"。本案指出船舶超载是船舶的实际排水量超过了核定的满载排水量，载重线被水浸没，船舶应根据不同的航行区域和季节选择适用相应的载重线。同时船舶检验证书中记载的参考载货量仅是船舶设计时针对某类积载因数的货物计算出的近似值，只对船舶装载某些货物的重量具有一定的参考作用，并不能直接作为认定船舶超载的依据。本案所采用的船舶核定载重线标准，既是当前船舶安检执法的通行规则，也将进一步提升行政执法部门对超载船舶执法检查的指向性和精准性，提高船舶运输经营主体的安全意识和守法意识。

2.2 海运货物基础知识

2.2.1 运输货物分类及注意事项

------------------------------ 案例 ------------------------------
危险货物泄漏导致集装箱发生大爆炸

【案例正文】

2021年5月15日，载有1 486个集装箱、装有25吨硝酸和一些化学品的集装箱船"X-Press Pearl"号从印度的Hazira港口出发，5月19日抵达距离科伦坡港约9.5海里的锚地，等待泊位的第二天因泄漏发生了火灾并引发爆炸，大火吞没了整艘船，船身结构受损严重，导致全船沉没海底。事故发生后，方圆80公里的事发海域全面禁渔，死去的鱼、海龟、海豚和鲸鱼被冲到海滩上，当地海岸线飘满了聚乙烯塑料颗粒。事件检验结果表明，这些样本的构成与船上货物一致，IPEN和CEJ联合发布的后续报告也显示这艘船载有1 680吨塑料颗粒。聚乙烯塑料颗粒是重要的塑料加工原料，最常见的用途就是一般民生用的塑料袋。鱼类、海龟、海鸟如误食塑料颗粒会死亡，且被小型鱼类吃下的塑料颗粒，又会被分解成更小的塑料微粒进入食物链，对更大型的鲸豚甚至人类，造成无法根除的恶性循环伤害。

【讨论问题】

装载危险货物有什么特别需要注意的事项呢？

【参考答案】

此次事故的原因是船上承载的化学药品因为包装劣质而泄漏，之后起火又引发爆炸，带来了严重的海洋环境污染和经济损失。这些污染物不仅会有物理危害，还伴随着化学危害。不同的化学品、金属和塑料对健康和环境有不同的影响，可能会有腐蚀性、致癌和引起内分泌紊乱。因此，装载危险货物务必使用正确的包装方法，合理地按照程序进行装载才能最大程度避免发生安全事故。

2.2.2　货物的包装

案例 1

化学物品混装风险到底有多大

【案例正文】 ▮━━━━━━━━━━━━━━━━━━━━━━━━━━━

托运人 A 公司委托 B 公司经营的 C 轮托运价格条件为 CIF 马来西亚槟城 307 美元/吨的钢板 1 506.161 吨（计 263 捆），303 美元/吨的钢卷 1 992.02 吨（计 172 卷）。B 公司将该批钢材装载在 C 轮二、三号舱底部；随后又在钢材上配载了到马来西亚巴生港的磷矿粉 14 000 袋计 712.977 吨，到马来西亚巴西古丹港的氯化铵 66 050 袋计 3 309.101 吨。同月，B 公司委托代理公司签发了抬头为 B 公司的两套已装船清洁提单，且两套提单正面记载发货人 A 公司。A 公司就上述货物向保险公司投保海上货物运输一切险，保险公司签发货物运输保险单两份。保险单正面载明：被保险人为 A 公司，赔付地为马来西亚槟城，运输工具为 C 轮，承保条件适用中国人民保险公司"仓至仓"条款。

收货人付款后获得两套经完整空白背书的提单及所附保险单等单证。在凭提单向 C 轮提取钢材时，发现由该轮承运的钢材被严重腐蚀。随即收货人会同保险公司进行货物检验。经查勘发现，该批钢材遭到不同程度的腐蚀，钢材上残留了白色晶体状物质和橘红色物质，并对此进行了取样送检。收货人随即向 B 公司在马来西亚的船务代表和 C 轮船长递交了一份书面索赔函，船长和船方代理拒收。于是，保险公司向 B 公司提出索赔请求。

【讨论问题】 ▮━━━━━━━━━━━━━━━━━━━━━━━━━━━
本案件中，C 轮承运的钢材被严重腐蚀的赔偿责任应由谁来承担？

【参考答案】 ▮━━━━━━━━━━━━━━━━━━━━━━━━━━━
原告作为海上货物运输保险人，按法律规定和保险合同约定，向保险权益受让人赔偿属于保险事故范围内货物的损失，并取得权益转让书，依法享有向责任人追偿的权利。

原告凭经托运人空白背书的指示提单和收货人的权益转让书，向被告提起诉讼，具有适格的诉权。被告在船舶受载时，接受托运人保函，对所受载钢材的状况在提单上不作真实客观的批注，侵害了收货人的权益，应承担由此产生的被收货人索赔损失的风险。在船舶受载的过程中，将钢材和有包装缺陷的具有腐蚀性的化学物质混装属配载不当，这是造成钢材遭受腐蚀锈损的直接原因。被告提出的承运船舶具备了相应的一切证书，配备了合格船员，航程中气象海况良好等不可能造成货损的抗辩理由，不能成立。

------案例 2------

集装箱内货物因包装不当发生货损谁之过

【案例正文】 ■▶

A 公司托运的危险货物环氧氯丙烷 32 个集装箱计 2 560 桶，在装货港青岛港装上全集装箱船 B 轮。该 32 箱环氧氯丙烷积载于该轮的第二舱内，载明目的港为荷兰鹿特丹港，并且负责该轮的外运总公司出具了提单。托运人 A 公司负责环氧氯丙烷的包装、集装箱装箱、铅封，并负责申请出口商品检验等事项。每个集装箱装有 80 桶环氧氯丙烷，铁桶分上下两层积载于集装箱内。B 轮驶离青岛港后，在上海港加载了一批危险货物乐果，共 3 个集装箱计 720 桶。该 3 箱乐果也积载于 B 轮的第二舱，目的港是德国汉堡港。同样，负责该轮的外运总公司出具了提单。加载货物的货主 C 公司负责乐果的包装、集装箱装箱、铅封，并负责申请出口商品检验、出口报关等事宜。每个集装箱装有 240 桶乐果，铁桶分上下两层积载于集装箱内。B 轮离开上海港，在中国香港至新加坡的航行途中，船上值班人员发现第二舱有化学气体泄漏。该轮抵达新加坡时，该船的船东委托化学检验师登轮对第二舱进行了检验，检验结果证实该舱泄漏的化学气体为环氧氯丙烷气体，同时发觉有乐果气味。经测定，舱盖以下 3 米处环氧氯丙烷气体的浓度在 80ppm ~ 150ppm。针对上述情况，考虑到鹿特丹港处理费用较高，外运总公司决定并指示 B 轮从新加坡港驶回青岛港，并在该轮驶离新加坡港前，向第二舱内注入一定量的二氧化碳。

该轮随即离开新加坡港，于同月抵达青岛港锚地。后由青岛港当地相关检验机构对 B 轮开展除毒、抢险、检验工作。检验人员在验舱时发现第二舱舱底约有 100 平方米的糊状残留物，经鉴定系渗漏的乐果，内含微量的环氧氯丙烷。拆箱检验环氧氯丙烷集装箱，发现货桶的小孔盖普遍松动，大孔盖部分没拧紧；将货桶放倒滚动，发现桶内液体偶尔从大孔盖四周处外流，小孔盖也有这种现象。对乐果进行检验时发现：在乐果货箱卸至货物堆放处的过程中，仍有胶状物自货桶漏出，经开箱查验，乐果货桶在箱内均未加固，部分货桶歪斜、变形，桶盖开启，锈蚀严重。B 轮因第二舱受环氧氯丙烷和乐果的污染，必须作洗舱清洁处理，然后重新启航。

【讨论问题】 ■▶

本案例中，因包装不善和加固不良导致的危险货物泄漏引发的货损赔偿由谁来承担？

【参考答案】 ■▶

青岛法院认为：从 B 轮在青岛港的卸货检验来看，集装箱本身状况良好，排除了船舶在航行途中发生海事或其他事故的可能性，环氧氯丙烷的泄漏主要是包装桶盖没有做到气密所致，乐果泄漏亦是因为包装不善和加固不良所致。事实证明两被告在包装问题上没有符合《国际海运危险货物运输规则》的有关规定。所以，按照此次货物运输提单条款第二十三条的规定，若集装箱非承运人填装、装箱或积载，则承运人对集装箱内货物的损失不负责任，托运人要对承运人因此而受到的损失负赔偿责任。所以，A 公司和 C 公司均没能做到恪尽职责使包装符合《国际海运危险货物运输规则》的有关规定，对本次事故负有责任。

2.3　货船积载基础知识

------- 案例 -------
积载不当主要表现在哪

【案例正文】

2002 年 4 月 25 日，深圳 A 化工企业与荷兰 B 公司签订订单确认书，将 28 800 公斤二氧化硫出售给荷兰 B 公司，价格条款 CIF 鹿特丹每吨 1 683 美元，总价 48 470.40 美元。5 月 27 日，A 化工企业向日本 C 船公司出托运单，同时申请危险品舱位。6 月 6 日，日本 C 船公司作为承运人向深圳 A 化工企业签发了指示提单一式三份。提单记载如下：720 桶二氧化硫装于其中两个 20 尺集装箱，承运船舶为 C 船公司的 MP 轮，收货地深圳，装货港中国香港，卸货港为鹿特丹，托运人负责装箱。在 A 化工企业提供的订舱单和《危险货品申报单》以及承运人签发的提单中，均记载涉案货物二氧化硫是危险品，属于"联合国危险货物编号：3341；国际危规类别：4.2/Ⅱ；船舶载运危险货物应急措施：4.2/Ⅱ；类别：4.2"的内容。二氧化硫的特性是：白色至淡黄色结晶粉末，几乎无味，强还原剂，在 100℃以上时强烈放热分解，释放大量的氧化硫、氨、一氧化碳、二氧化碳、氧化氮和硫化氢气体。在 50℃以上时，水可能使其明显分解。上述货物经中华人民共和国衡阳出入境检验检疫局检验，认为储存二氧化硫的开口塑料圆桶符合Ⅱ类包装要求，运输包装符合《国际海运危险货物规则》的要求。2002 年 5 月 31 日，A 化工企业就本案货物向中国人民保险公司深圳分公司投保，保险金额为 53 317.44 美元。6 月 12 日，MP 轮在运输途中发生海事事故，由于两个集装箱是跟 8 个冷藏箱积载在同一排，涉案货物全损。

【讨论问题】

1.深圳 A 化工企业在货物包装、积载和储存方面是否存在过失？

2.承运人日本 C 船公司在涉案集装箱的积载方面是否存在过错？

【参考答案】

1.由《国际海运危险货物规则》对涉案货物特性的描述来看"货物在 50℃以上可能产生化学作用，100℃以上会发生强烈的分解"，深圳 A 化工企业用普通集装箱装载货物也不必然会导致事故的发生，A化工企业没有采用冷柜储存货物没有过错。承运人关于A化工企业没有提供装箱证明，可能是箱内货物积载不当，导致一个或几个塑料桶破裂货物泄漏，货物自身的摩擦反应引起灭失的主张，缺乏有效证据，不予支持。

2.托运人作出了合理告知，《国际海运危险货物规则》中也已进行了规定，承运人已经知道货物高温会分解这一特性，因此承运人应该考虑到该特性将货物积载在远离热源的地方。事实表明涉案的两个集装箱是跟8个冷藏箱积载在同一排，冷藏箱压缩机产生的热量可能导致涉案的两个集装箱外部温度不断升高。在承运人不能证明是货物本身自然特性引起货损的情况下，结合上述事实，可以推定承运人在积载方面存在过错，应当对货损承担赔偿责任。

综上所述，此案件争论的焦点在于：托运人在货物包装、积载和储存方面是否存在过失和承运人有关集装箱的积载是否存在过错。对船舶配积载原则和特殊货物的配积载说明作如下总结：

合理配积载，对保证船舶安全，货物完整无损，具有极其重要的作用。为保证船舶安全，对各舱载货数量的分配方案确定以后，接下来就是具体向各舱分配货物。这一步，是决定货运质量能否得到充分保证的至关重要的中心环节，对于初次涉及配积载工作的人员来说，往往也是矛盾最多，情况最为复杂的一步。

综合案例：福州"HX107"轮自沉事故

【案例正文】 ▰━━━━━━━━━━━━━━━━━━━━━━━━━━━━━

一、事故及调查概况

（一）事故概况

2016年1月8日约16时10分，福州YH船务有限公司所属"HX107"轮载运钢材由上海开往福州途中，在福州连江北茭东北约4.8海里附近水域（概位：26°26′.99N/119°59′.56E）沉没，造成船上5名船员中3人死亡、2人失踪，构成较大水上交通事故。

（二）调查概况

事发后，福建海事局于2016年1月9日成立事故调查组，依法开展了以下调查工作：

（1）书证收集。从船舶管理系统、海船船员管理系统收集该轮船舶登记、安检、进出港签证及船员资料等；从中国船级社福州分社收集"HX107"轮船舶技术资料以及最近一次船舶检验相关资料；从福州YH船务有限公司收集该轮船舶、船员及货物保险资料，公司管理相关资料；从福州市气象局收集事故当日气象资料等。

（2）物证收集。现场收集并查证"HX107"轮的部分木板、煤气罐等。

（3）视听资料和电子证据收集。通过福州船舶交通管理系统（vessel traffic service，VTS）中心、船讯网、福建海事局综合执法系统等提取该轮船舶自动化识别系统（AIS）轨迹和雷达回波记录资料；委托上海海事局提取该轮 VTS、闭路电视监控系统（CCTV）记录资料。

（4）证人证言及当事人陈述证据收集。分别对公司管理人员、船员家属、原船东、货主、装货码头、"畅达 235"轮（承运"HX107"轮原有部分钢线材）、"高州海"轮等事发前后四艘过往船舶、船舶检验机构、救生筏站等相关人员进行询问并作笔录。

（5）现场勘验。对事故现场进行现场勘验，并委托正力海洋工程有限公司对沉船进行水下探摸。

（6）鉴定意见。委托福建船政交通职业学院对"HX107"轮稳性进行计算分析。

（7）委托调查。委托上海海事局、江苏海事局调查该轮本航次装货情况以及船舶动态、报告、签证及配员等情况。

调查共获得：书证 26 份，物证 4 份，电子证据 4 份，证人证言及当事人陈述 25份，勘验（检查）笔录 1 份，其他资料 10 份。

二、船舶、船员和公司概况

（一）船舶概况

1.船舶主要技术数据

船名：HX107　　曾用名：QL7　　国籍：中国　　船籍港：福州

船舶种类：干货船　　初次登记号码：080104000123

总吨：495　　净吨：277　　总长：52.8米　　型宽：8.8米

型深：4.15米　　夏季满载吃水：3.52米

满载排水量：1 224吨　　参考载货量：960吨　　空船排水量：242吨

航区：沿海　　船体材料：钢质　　货舱数量：2个　　主机功率：218千瓦

MMSI：412449880　　建造厂家/完工日期：温岭市清港船舶修造厂/2004-06-24

船舶所有人/地址：福州 YH 船务有限公司占 70% 股份，郑××占 30% 股份/福州市闽侯县竹岐乡竹岐村

船舶经营人/地址：福州 YH 船务有限公司/福州市闽侯县竹岐乡竹岐村

2.船舶买卖情况

该轮原船名为"QL7"，转卖之后船名变更为"HX107"轮，船籍港未变更。2013年9月至2015年该轮因运输合同纠纷被海事法院扣押，2015年6月该轮进行船舶买卖，原船东郑××以88万元卖给现船东福州 YH 船务有限公司，但因当时船舶未解押及买卖款项未清等，福州 YH 船务有限公司又将 30% 股份作价转让给郑××。

3. 检验登记情况

该轮于 2015 年 9 月因检验证书过期在宁德特检，12 月 12 日由中国船级社福州分社（以下称福州 CCS）在福州连江进行年度检验，12 月 22 日取得最新的船舶检验证书，该轮于 2015 年 12 月 8 日在福州海事局登记取得所有权证书，2016 年 1 月 5 日取得船舶国籍登记证书和最低安全配员证书，事发时该轮所有船舶法定证书齐全、有效。

4. 船舶安检及签证情况

该轮自 2015 年 6 月进行买卖后至事发当日期间均无船舶安检和进出港签证记录。

5. AIS 船名显示及航次运行情况

该轮 AIS 设备未显示新船名"HX107"轮，至事故发生时，AIS 仍显示原船名"QL7"。该轮自 2015 年 6 月转卖后至事发时共运营 6 个航次，航线为福州内河（乌龙江）至江苏、上海等地，载运货物主要为粮食或钢材。

6. 船舶救生设备情况

该轮配备救生圈 6 只，救生服 7 件，救生衣 17 件；救生筏 1 艘，型式 HAF-B15，编号 432，救生定员 15 人；配有应急无线电示位标（emergency position indicating radio beacon，EPIRB），型号 RLB-38，事故发生后，该轮 EPIRB 设备未发出遇险报警信号。经查，福州 CCS 于 2015 年 12 月 12 日登轮检验时，该轮救生筏安装正常，但超期未检修；16 日该轮将救生筏送至岸上由福州 HC 救生设备有限公司（以下称筏站）进行检修，并取得《气胀救生筏检修证明》和《静水压力释放器检修证明》；17 日筏站对救生筏作压力检查后进行打包；23 日筏站在船边交付救生筏，双方协议由船方自行安装。

（二）船员情况

该轮《船舶最低安全配员证书》要求其最低配备船员 7 人，分别为船长、二副、三副、轮机员、值班机工各 1 名，值班水手 2 名，兼职操作员 1 名。该轮本航次实际在船 5 人、其中仅轮机长 1 人持有有效船员适任证书，2 人持有基本安全培训证书，其余 2 人未持任何船员证书，船员配备情况不满足最低安全配员要求。

根据船公司相关人员及船员家属询问笔录，船舶驾驶由林×负责。

（三）公司情况

该轮船舶所有人及经营人均为福州 YH 船务有限公司。该公司于 2010 年 10 月 13 日在福建省闽侯县注册成立，法人代表为林××，经营许可证编号为：交闽 XK0214，有效期至 2019 年 6 月 30 日，经营范围为国内沿海及长江中下游普通货船运输。公司现经营管理 6 艘 500 总吨以下的沿海干货船，为非体系公司。经查，福州 YH 船务有限公司未履行船舶安全管理主体责任，放任船员林×实际经营管理船舶，公司未能有效掌握"HX107"轮配员、装货、船舶动态和维护保养等情况，也未能出示对该轮的相关安全管理活动记录。

（四）其他情况

1.船舶、船员及货物保险情况

该轮在中国人民财产保险股份有限公司广东省分公司投保船舶一切保险，全损免赔率15%。船员在中国人民财产保险股份有限公司厦门市分公司投保雇主责任险，每人死亡责任限额为50万元。

货物在天安财产保险股份有限公司投保水路货物运输保险，保额220.8万元。以上保险均在有效期内。

2.沉船探摸情况

根据正力海洋工程有限公司提供的《"HX107"轮难船探摸报告》，沉船有关情况如下：

船名：HX107；

位置：26°26′.99N/119°59′.56E；

沉态：左倾约50度；

货物：钢材，部分钢材倾倒在海床；

舱盖：未关闭；

救生筏情况：在救生甲板发现一个气胀式救生筏，绑定在救生甲板架子上，后由潜水员解开绑定的绳子把救生筏打捞出水；

紧急无线电示位标：驾驶台及罗经甲板等处未发现紧急无线电示位标；

破损情况：暂未发现破损；

船体最高点与水面距离：约30米（1月16日14时30分高平潮测，潮高605cm）；

海底底质：泥；

淤埋情况：船艏插入泥地。

三、货物及装载情况

（一）货舱情况

根据船舶检验证书，该轮共2个货舱，舱盖为钢质风雨密舱盖。

（二）货物情况

2015年12月28日，该轮靠江苏江阴黄田港长宏国际1号泊位码头，装载74.840吨钢型材（H钢）。

2016年1月1日至2日，该轮在上海长航吴淞船厂有限责任公司交船基地码头2号泊位由码头岸吊从"新强莲"轮过驳钢线材497.380吨。

1月5日至6日，该轮靠上海渔轮厂码头，卸20件钢线材，重约41吨（后由"畅达235"轮于7日转运回福州），装钢板材（镀锌合板）108件，重489.484吨。综上，本航次该轮装载钢型材74.840吨、钢线材456.380吨、钢板材489.484吨，货物总重为1 020.704吨。此外该轮日常运营期间船上货舱甲板附近常备木板70～80块（长4米、宽40～50厘米、厚4厘米、每块重约0.020吨）；船上油水重约2吨。

（三）货物积载情况

钢型材积载情况。钢型材装于前舱后部，未绑扎。

钢线材积载情况。前舱装在钢型材上，后舱装前部，货物最高点超出舱口围约30厘米；货物未绑扎。

钢板材积载情况。货物装在前舱前半部以及后舱后半部，每排3垛（每垛长约1.8米、宽约1.2米），每垛之间有约30厘米的空隙，完货后未绑扎，空隙未填充垫料。

四、气象海况和通航环境

（一）气象海况

根据福州市气象台提供的天气资料以及事故水域附近锚泊船"高州海"轮船员陈述，事发水域气象海况如下：阴，东北风6~7级，轻到中浪、浪高1~1.5米、涌高3米、涌向东北偏东，事发时为涨潮流、流向西、流速约0.5节。

（二）通航环境

事发水域位于福州连江北茭东北约4.8海里处，为福建沿海中小型船舶习惯航路，该水域较为开阔、无遮挡，水深30~40米，为我国沿海高风浪区域。

五、事故基本事实分析认定

（一）事故时间

根据AIS轨迹及雷达回波记录资料，2016年1月8日16时9分，该轮航向183.6度，航速5.9节；16时10分，该轮航向201.4度，航速5.5节，此时AIS信号和雷达回波同时消失。综上，认定该轮事故发生时间为1月8日16时10分。

（二）事故地点

根据AIS轨迹及雷达回波记录资料，该轮最后（16时10分）雷达回波消失位置为26°26′.99N/119°59′.56E，正力海洋工程有限公司沉船探摸报告的沉船位置与上述位置基本一致。综上，该轮事故地点为26°26′.99N/119°59′.56E。

（三）该轮货物积载不当

该轮所装货物最高点超出舱口围约30厘米，航行途中货舱未盖舱盖、仅用帆布遮盖。根据码头装卸工人笔录以及上海海事局提供的码头装货CCTV资料，该轮装载以及完货全程均无绑扎，未加衬垫，货物之间的空隙未加楔块，无配载图，该轮货物积载不当。

（四）事发前受横向涌浪影响船舶横摇剧烈

该轮本航次在宁德至福州水域的航行轨迹与其近半年的航行习惯航线无太大偏差。该轮事发前15分钟（15时55分至16时10分）AIS轨迹显示，其航速明显下降，航向在155.1度至208.9度之间多次、反复、较大幅度地发生变化，推断期间该轮受横向涌浪影响较大，船舶保向性差、难以操纵，船舶横摇剧烈。

（五）该轮稳性满足要求

根据《福建船政交通职业学院关于"HX107"轮稳性分析》及该轮《各种装载

状况稳性总结表》，该轮满载出港各项稳性指标均满足要求时，初稳性高度 GM 值为 0.731 米，而本航次计算的初稳性高度为 1.25 米，本航次稳性满足《船舶与海上设施法定检验规则》的有关规定。

六、事故经过

根据船舶 AIS 轨迹和雷达回波记录、相关人员询问笔录等综合分析事件经过如下：

2015 年 12 月 28 日，该轮在江苏江阴黄田港装载钢型材。

2016 年 1 月 1 日约 11 时 40 分，该轮靠泊长航吴淞船厂交船基地码头，靠泊在"新强莲"轮外档；约 17 时至 21 时 30 分，该轮从"新强莲"轮上过驳 240 件（总重 497.38 吨）钢线材至本船。完货后开往上海渔轮厂码头。

1 月 2 日约 2 时，该轮抵上海渔轮厂码头附近水域，停泊于码头外档江中直至 4 日。

1 月 4 日约 13 时 40 分，该轮靠泊上海渔轮厂码头。5 日约 7 时开始装、卸货，共卸钢线材约 41 吨、装钢板材 489.484 吨。

1 月 6 日 10 时，该轮装货完毕，驶离上海渔轮厂码头。约 16 时 42 分，该轮驶出长江口后南下航行。

1 月 7 日至 8 日，该轮在浙江沿海水域保持不间断航行。8 日 3 时 41 分，该轮位置 27°29′.13N/120°53′.27E，航向 218.3 度，航速 6.7 节，驶至福建宁德辖区。

1 月 8 日 10 时 44 分，该轮位置 26°55′.42N/120°16′.09E，航向 198.4 度，航速 7.8 节，驶至福建宁德霞浦水域，过崳山岛。

1 月 8 日 15 时 21 分，该轮位置 26°31′.56N/120°01′.67E，航向 215.6 度，航速 7.3 节，驶至福建宁德西洋岛水域。

1 月 8 日 15 时 41 分，该轮位置 26°29′.74N/120°00′.52E，航向 215.7 度，航速 6.4 节，该轮与"敏捷 108"轮在该水域交会，此时风浪较小，该轮航行正常。

1 月 8 日 15 时 55 分，该轮位置 26°28′.37N/119°59′.80E，航向 171.5 度，航速 5.9 节，驶至可门口以东、福州连江北茭东北水域。

1 月 8 日 15 时 56 分，该轮位置 26°28′.27N/119°59′.77E，航向 208.9 度，航速 6.7 节。

1 月 8 日 16 时，该轮位置 26°27′.89N/119°59′.56E，航向 181.7 度，航速 6.2 节。

1 月 8 日 16 时 1 分，该轮位置 26°27′.80N/119°59.57E，航向 198.6 度，航速 6.1 节。

1 月 8 日 16 时 4 分，该轮位置 26°27′.58N/119°59′.52E，航向 173.7 度，航速 5.1 节。

1 月 8 日 16 时 8 分，该轮位置 26°27′.22N/119°59′.59E，航向 155.1 度，航速 5.4 节。

1 月 8 日 16 时 9 分，该轮位置 26°27′.13N/119°59′.60E，航向 183.6 度，航速

5.5 节。

1 月 8 日 16 时 10 分，该轮位置 26°26′.99N/119°59′.56E，航向 201.4 度，航速 5.5 节，该轮 AIS 信号、雷达回波同时消失，船舶沉没。

七、搜救应急情况

2016 年 1 月 8 日 21 时 20 分，福州省海上搜救中心接船员家属报"HX107"轮失去联系后，立即启动海上搜救应急预案，组织"东海救 113"、救助直升机等专业救助力量，以及海事、海警、渔政等沿海海上搜救力量开展搜救行动；同时不间断播发航行警告，提醒过往船舶在附近水域协助搜寻；协调连江县政府、中国台湾中华搜救协会组织力量对沿岸滩涂和岛礁进行搜寻。

1 月 11 日扫测发现疑似沉船，经水下探摸确定为"HX107"轮。12 日、23 日分别在连江县苔菉镇后湾海域、连江北茭水域搜寻时发现 2 具遗体，经家属辨认为该轮船员林×和叶××；29 日在难船生活区二层探摸搜寻时，发现一具遗体，经家属辨认为该船船员王××。

八、事故损害情况

事故造成"HX107"轮及所载货物沉没，3 人死亡、2 人失踪，直接经济损失约 300 万元，未造成海域污染以及其他次生事故。

由于本事故当事船员全部失踪或死亡，沉船经过也无其他相关目击证人，根据现有证据，推断事故原因如下：

（1）该轮事发航次货物积载不当，未对货物进行绑扎系固，未关闭舱盖航行；航至福州连江北茭东北水域时受横向涌浪影响，船舶横摇剧烈致使船上货物移位并导致船舶横倾，在失去恢复力矩情况下甲板上浪、货舱进水，船舶丧失储备浮力后快速沉没，以上可能是事故发生的直接原因。

（2）事发水域较为开阔、无遮挡，为我国沿海高风浪区域，事发时涌浪高 3 米，海况恶劣，以上是事故发生的客观原因。

（3）该轮配员不足、船员不适任，船公司未能有效履行安全生产主体责任，对船舶安全管理不到位，未配备足以保证船舶安全的合格船员，导致在船舶操纵、货物积载及应急处置等方面不能满足安全要求，以上是事故发生的间接原因。

综合上述原因分析，判定本起事故属单方责任事故，"HX107"轮负事故全部责任；该轮船舶驾驶员林×为事故直接责任人。福州 YH 船务有限公司未落实安全生产主体责任，公司法人代表林××是事故主要责任人。

相关责任人和责任单位处理建议如下：

（1）责任人处理建议

① 林×，事发时负责驾驶船舶，在该轮货物积载不当情况下冒险开航，其行为涉嫌交通肇事罪，鉴于在事故中失踪，建议暂不追究责任。

② 林××，作为公司安全生产主要责任人，对公司安全管理严重缺位负有全面管理责任，对事故发生负有主要责任，其行为涉嫌构成重大责任事故罪，建议移交

司法机关追究刑事责任。

（2）责任单位处理建议

福州 YH 船务有限公司未配备足以保证船舶安全的合格船员，未掌握船舶载货和船舶动态等情况，未尽到船舶安全管理责任，建议福建省交通运输厅依法对其进行处理。

安全管理建议如下：

（1）经查，福州 YH 船务有限公司未落实安全生产主体责任，未对船舶实施有效的安全监控和管理；建议交通运输主管部门加强航运公司尤其是非体系公司安全管理，确保海上运输船舶适航、船员适任。

（2）经查，该轮所装货物最高点超出舱口围约 30 厘米，装载以及完货全程均无绑扎，船舶货物积载不当，建议长航吴淞船厂交船基地码头、上海渔轮厂码头严格遵守货物装船安全作业规程，确保货物适载。

（3）经查，该轮取得船舶检验证书时救生筏未装船，营运期间 AIS 仍显示旧船名；建议船舶检验机构严把船舶检验关，特别应加强对救生、消防等重要设备的检验，必要时登轮复核相关技术状况，切实消除安全隐患。

案例来源：编者根据中华人民共和国福州海事局网站相关资料整理。

【案例使用说明】◼━━━━━━━━━━━━━━━━

一、教学目的与用途

本案例适用于国际货物运输课程中关于海上货运基础知识的教学，通过案例讨论，使学生对国际货物运输的产业性质、研究对象、市场运营以及经营方式有更深刻的认识和理解。

二、讨论思考题

1.什么是货船的载重性能？什么是总载重吨和净载重吨？

2.船舶航次装载能力和保障航次安全的重要原则分别是什么？

三、分析思路

分析本案例应当根据讨论思考题到案例中找出与其相对应的案例素材，认真阅读案例相关材料，挖掘提炼本案例材料的基本事实，然后再运用所学专业知识对相关事实反映的问题进行判断。

四、理论依据及分析

（一）货船的载重性能

船舶装载货物重量的能力称为船舶的载重性能，它是船舶配载和货主租船时考量的重要指标之一。船舶的载重性能可以直接用船舶载重量这一指标来表示，分为总载重吨和净载重吨。

1.总载重吨（dead weight ton，DWT）

总载重吨，也称总载重量，是指船舶在一定吃水情况下船上所有装载物的总重量，通常用公吨来表示，为货物重量、总储备重量和船舶常数重量之和，即：

$$DWT=NDWT+\sum G+C \ (MT)$$

总载重吨也等于该吃水时的装载排水量和空船排水量之差。

在考核某船的总载重量时，我们主要考察它在达到某一规定的满载吃水线时的最大装载能力。因为各满载吃水线是一个定值，所以该船舶的各对应总载重量也是定值。这些数值可在船舶资料中查得。我们通常说某船的总载重量有多大，如无特别说明，指的是船舶吃水达到夏季载重线时的总载重量。

船舶的满载总载重量的作用主要有：表示船舶的大小；统计一国或某船队的船舶拥有量；在定期租船合同中作为计算租金的依据；是班轮航线配船、货主订舱配载和船舶积载等项工作的重要依据。

2.净载重吨（net dead weight ton，NDWT）

净载重吨，也称净载重量，是指船舶某个具体航次中所能装载货物的最大重量，因此也称为净载货量（dead weight cargo capacity，DWCC），常用公吨来表示。它的数值等于总载重吨减去航次总储备重量和船舶常数，即：

$$NDWT=DWT-\sum G-C \ (MT)$$

因同一船舶各航次的总储备不同，所以其各航次的净载重量是变化的。一旦航次确定，总储备量便可确定，因而净载重量，亦即最大载货量便可确定。可见，对于特定船舶，航次确定之后，净载货量的大小取决于航次总储备量的大小。

（二）船舶的稳性

船舶的稳性（stability）是指船舶受外力作用发生倾斜，当外力消失后能够回到原来平衡位置的能力，国际上用GM值来表示船舶稳性的大小。船舶稳性分为纵稳性和横稳性，因横稳性与航行安全关系更密切，所以我们应着重掌握有关船舶横稳性的相关知识，我们平时所说的船舶稳性好坏通常是指横稳性。

船舶稳性的好与坏实质是船舶总重心的高度问题。船舶总重心距船舶基线高度越低，船舶恢复原来平衡位置的能力越强，船舶越不容易倾覆；相反，船舶总重心距船舶基线高度越高，船舶恢复原来平衡位置的能力越弱，船舶越容易在外力作用下倾覆。稳性的调整是通过轻重货物在货舱的高度上的合理配置实现的，在货物配置调整困难时，如条件允许，还可以通过调整压载水来调整稳性。

为防止船舶倾覆，船舶必须保持足够的稳性。国际海事组织对不同类型船舶规定了不同的稳性最低标准，船舶在作出确定的配载计划后必须进行稳性计算，保证船舶在整个运输航程中的稳性满足稳性最低标准。特别是在多港装卸情况下，除考虑各港口货物顺利装卸因素外，更应注意稳性计算，以保证在每一个港口船舶载荷变动后，船舶的稳性均符合最低要求。为避免剧烈的横摇对船舶结构和舱内货物产生不利影响，稳性也不宜过大。

（三）货物积载的基本原则

为了货物及运输安全，加快周转，货物积载应遵守以下基本原则。

1.合理安排配载顺序

在货物种类多、包装规格繁杂、批量大小不一、有多个装卸港的情况下，配置货物时，必须按合理顺序配载，保证货物装卸顺利，避免因配载顺序不合理导致装卸延迟、倒载及由此产生的货损、货差。

2.合理安排货物舱位

除满足卸货港序要求外，配舱时还应考虑各类货物的性质、包装情况，从而为货物安排一个合理的舱位。舱位安排应当按照以下原则：上轻、清，下重、污；上脆弱，下牢固；包装小、软的货物配在舱的艏艉，大、硬、坚的货物配在中部；考虑装卸条件和工艺。

3.合理隔离忌装货物

所谓忌装货物，是指那些因理化性质相互抵触，或对运输条件有不同的特殊求，不宜混装在同一货舱，或者不能相邻堆积的货物。违反忌装原则，轻者会降低或丧失其使用价值，严重者还会引起燃烧、爆炸等重大事故。

4.合理堆码

合理堆码对保证货运质量意义重大。不同货物堆码时应遵守以下原则。

（1）袋装货物。袋装货物堆码时应注意：第一，货物通风。对大宗粮食等需通风的货物，在堆码时应根据需要打通风道，以利于通风。第二，货垛稳固。为防倒垛，可采用压缝堆码或纵横压缝方式。必要时还可采用每隔若干层加夹木板勾垛的方法。对吨袋货物必要时还应适当绑扎。第三，充分利用舱容。小袋货物堆码时可不必考虑货垛的整齐规范，尽量填充不规则舱位，吨袋货物则应尽量放置在规则的舱位，垂直堆码，避免浪费舱容。

（2）箱装、桶装货物的堆码。箱装、桶装货物堆码时应注意：第一，货堆稳固。为使货堆稳固，底部应平整，垛码应压缝，必要时使用木板勾垛或进行绑扎。第二，防止压损。大、重箱应置于底部，小、轻箱置于上部，必要时应使用木板铺垫以使下层箱受力均匀。注意货物堆高限制，特别是桶装货物。第三，注意"请勿倒置"、吊装点等警告标志。

（3）捆包货物的堆码。捆包货物种类很多，性质各异，应分情况合理堆码捆装钢材、金属锭类，单件重，又不怕挤压，应平铺舱底，但不能横向堆码，以免船舶横摇时撞坏船体。卷钢、盘圆、电缆等捆卷货物应使其滚动方向与船舶艏艉方向一致地靠紧堆码并固定塞紧；其他不怕挤压的轻捆包货物可放置在不规则的舱位。

（4）大型机械、设备、车辆的堆码。拖拉机、推土机、载重车、汽车、机车、重型容器等堆码时应注意：第一，舱位尺寸足够。第二，安全负荷足够。第三，绑扎足够。

5.合理衬垫

合理衬垫是保证船货安全的重要措施之一，承运人需对衬垫不当导致的货物损失承担责任。衬垫材料和衬垫方法应根据货物品种、包装性质、航线条件等情况确定。

6.合理隔票

隔票是为加快装卸速度、防止错卸漏卸事故而对不同卸港、不同提单下的同种包装货物采取的分隔措施。隔票可以使用绳网、帆布、草席或其他标记方法。

五、关键要点

阅读本案例并正确回答讨论思考题，需要学生把握以下要点：

1.货船各主要结构对货运安全有何影响？

2.如何充分利用船舶航次装载能力，既能保障船舶安全行驶又能提高经济效益？

3.船舶配载的安全保障应如何体现？

4.重点掌握船舶航次装载能力的核算方法以及保障航次安全的重要原则。

第3章 班轮货物运输合同

开篇案例

【案例正文】

荷兰 K 公司与 H 海运公司签订运输合同，约定承运船舶为 H 所属的 G 轮，货物为不同规格的花岗岩产品，部分散装、部分捆装，目的港为意大利的马里纳迪卡拉拉和荷兰的鹿特丹，装货港口为中国烟台。装卸条件为 FIO。G 轮为载重吨 16 100 吨的钢质杂货船，船舶的各项法定证书显示该轮处于适航状态。

同年 6 月 26 日，G 轮抵达马里纳迪卡拉拉港卸货，7 月 9 日抵达鹿特丹港。G 轮在鹿特丹港靠泊后，发现 3 个货舱的上层货物表面大面积被锈水污染，捆装货物倒垛位移，部分货物散捆、折断。进一步检查发现，底层货舱积水达 20 多厘米，底层货物浸泡在锈水之中，受到严重污染。于是，收货人依法扣押了 G 轮，要求船东提供 33 万美元的担保。此后，收货人与 H 海运公司就货物损坏赔偿陷入了长达 9 年的纠纷。

【涉及的问题】

本案中，涉案双方在长达 9 年的时间里争论的关键问题是在提单合同项下，承运人与托运人的主要义务是什么？承运人能否对货物损坏免除赔偿责任？如果不能，能否限制承运人的赔偿责任？这些问题在本章的学习中均可找到答案。此外，本案的纠纷还涉及货物索赔的其他问题，对于这些问题，也可以在本书找到答案。

思政案例："长赐"号苏伊士运河搁浅案背后的国际规则

2021 年 3 月 23 日，作为当时全球最大集装箱货轮之一的"长赐"号在苏伊士运河新航道搁浅，堵塞航道 6 天后于 3 月 29 日成功起浮脱浅，后因赔偿事宜遭埃及苏伊士运河管理局扣留了 106 天。在船东和保险公司就赔偿事宜与运河管理局达成正式协议后，7 月 7 日，"长赐"号终于驶离苏伊士运河，继续其已延误 3 个多月的行程，搭载超过 1.8 万个货柜的商品前往欧洲。

"长赐"号搁浅一度令 400 多艘船滞留，对全球航运造成重大影响。堵塞期间，运河当局每天损失 1 200 万至 1 500 万美元收入。消息人士透露，双方折中后的赔偿金额约为 2 亿美元。船上运载的 1.8 万个集装箱中，有的是最终消费品，有的是制造加工业的中间品。据称，由于被扣时间太久，服饰等部分商品已过季，到货后只能以低价抛售；有的收货人临时进行当地高价替代性采购，增加了不少成本；中间品的延迟抵达造成工厂待工，交货延迟，损失巨大。

一个看似简单的船舶搁浅案，包含了复杂的多重利益关系和索赔关系：有承运人与托运人或收货人之间的，有船东、船舶经营人与运河当局之间的，有船舶经营人与船东之间的，有船东、货主与保险人之间的，甚至有货主与运河管理局之间的，涉及调整不同性质法律关系的不同法律。

欧洲卸货后，"长赐"号没有在欧洲修理船舶受损部位，而是千里迢迢地开到中国青岛港维修。11 月 13 日，"长赐"号货轮在青岛完成维修后，在青岛港进行修复后的首次货物装载，随后还将前往上海、宁波装载货物，然后便离开中国前往马来西亚，正式开启修复后的首次载货远航。

"长赐"号苏伊士运河搁浅案带给人们很多启示，一起复杂的航运事故如果没有明确的国际性法律准则，想要获得圆满解决是不可想象的。推而广之，依法治国、依法经商、依法运输是维护国际货物运输正常秩序的根本保证，学法用法就是国际货物运输课程学习的重要内容。此外，如此大型现代化船舶不在欧洲维修而是花费很大成本返回中国修理，说明什么？

3.1 合同双方的法定权利与义务

3.1.1 承运人的法定义务

3.1.1.1 承运人谨慎处理保证船舶适航义务

案例 1

船舱渗水是导致船舶不适航的直接原因吗

【案例正文】

某轮载货前往意大利和比利时，在通过印度洋时，恰逢西南季风季节，甲板大量上浪。在目的港开仓卸货时，发现货物表面有大量锈迹，底舱下部货物约半米浸在锈水中。经检验发现，该轮货舱舱盖侧面板存在若干大小不同的锈洞，舱盖水密胶条严重老化且丧失弹性，紧固器多数缺失。收货人以船舶不适航为由，扣押了船舶，索赔 30 万美元。

【讨论问题】

船舱渗水是导致船舶不适航的直接原因吗？

【参考答案】

　　船舱渗水说明船舶不适宜装货，这说明船舶缺乏基本的载货能力，这是船舶不适航的一个表现。因此，船舱渗水是导致船舶不适航的直接原因。《海商法》第四十七条规定，承运人在船舶开航前和开航当时，应当谨慎处理，使船舶处于适航状态，妥善配备船员、装备船舶和配备供应品，并使货舱、冷藏舱、冷气舱和其他载货处所适于并能安全收受、载运和保管货物。其中，The ship's structure must be sufficiently strong to withstand the weather and sea conditions likely to be encountered on the voyage and her hull plating and hatch covers must be sufficiently watertight to protect the cargo from the risk of seawater damage。船舶的船体、机器、设备在设计、结构和状态上能够抵御航次中通常出现的或能够合理预见的风险。本案例中，收货人完全可以通过船舱渗水和货舱舱盖侧面板存在锈洞进而导致船舶不适航为由申请货损赔偿。

案例 2

承运人对船舶适航是否做到恪尽职责

【案例正文】

　　某轮从美国的波特兰装小麦去印度孟买。船舶到达离檀香山约 90 海里的位置时，由于主机的减速齿轮断裂失去动力，雇用救助拖轮将船拖至日本的神户。在该港将小麦转运至孟买。收货人提出索赔损失，同时拒绝共同海损分摊。收货人的理由是：减速齿轮鼓轮上的螺旋轮箍安装不合适，或该轮箍使用过久已有裂纹，导致事故发生。这一缺陷在船舶在波特兰开航前就已存在，即已经构成船舶不适航。

【讨论问题】

　　本案例中，承运人能否以为恢复船舶适航性尽到"恪尽职责"为由降低赔偿？

【参考答案】

　　本案中船东承认船舶不适航，但辩解道，他们已经做到了"恪尽职责"。该金属疲劳裂缝是从内部逐步扩大的，属潜在缺陷，验船师根本无法发现。事实上，劳合社的验船师曾对该部分进行检验，并没发现缺陷。因此，法院判决：承运人已经做到恪尽职责，此种检验应以官方的、合理的方法为准。

----------------------------- 案例3 -----------------------------

船舶不适航只能针对船舶本身的"特性"吗

【案例正文】■━━━━━━━━━━━━━━━━━━━━━━━

某年5月18日，C轮在装货完毕驶离厦门港途中发生搁浅，该搁浅事故导致产生救助费用，船东此后宣布共同海损并向货方主张共同海损分摊。其中，92%的货方同意分摊共同海损并向船东支付了相应分摊金额，但有8%的货方不同意承担共同海损分摊。因此，船东向不同意承担共同海损分摊的货方提起诉讼。货方抗辩称，船舶开航前制作的航行计划（passage plan）存在瑕疵，船东未尽到谨慎义务导致船舶不适航（违反了《海牙规则》第三条第一款关于适航的规定），且事故系船舶不适航导致的船长航行过失所致，故船东无权要求货方承担共同海损分摊。而船东则主张，航行计划存在瑕疵是航行过失的结果，与船舶的适航性无关，搁浅事故系因常用海图上未标明浅滩位置（对于厦门港海域的制图深度，2010年12月发布的 Notice to Mariners 6274（P）/10（NM 6274（P）/10）中警告，海图上显示的多处厦门港航道外水域深度不具有可依赖性，实际水深要浅于海图上的制图水深。然而，涉事船舶所载航行计划中却并未将 NM 6274（P）/10中的警告内容标注在海图之上），系船长航行过失所致，故货方应当承担共同海损分摊。

【讨论问题】■━━━━━━━━━━━━━━━━━━━━━━━

不适航是否必须是船舶本身的"特性"？检验适航性的标准是什么？

【参考答案】■━━━━━━━━━━━━━━━━━━━━━━━

承运人主张，不适航的认定存在一个"特性门槛"（attribute threshold），即不适航要求船舶有一个威胁到船舶或其货物安全的特性。但是，众多先例均表明，船舶适航性并未限制在船舶及其设备的实际缺陷上。它还包括船舶是否配备了应有的文件，船员是否有相应的知识和技能，船上的货物是否会影响船舶的安全，甚至包括了船舶的航行历史是否有问题。本案中，涉事航次的航行计划是由该船二副准备的，航行计划上记载，船东于5月17日批准同意该航行计划。该航行计划由两份文件组成，一份是船东提供的记载航行计划的文件，另一份是船舶的常用海图（working chart）。该常用海图上有一根用蓝线标注的航线，该蓝色标注的航线在航道以内，且在航道两侧并未以阴影标注禁行区域（no-go areas）。在事故航次的航行过程中，船长根据常用海图判断蓝色航线东面水深可能不够，而航线以西海图的制图深度显示约为30米，故船长决定靠蓝色航线以西航行。然而，蓝色航线以西的实际水深比海图上的制图深度浅，船舶在航行过程中偏离了浮标航道并最终导致搁浅。

英国法院确认了长久以来一直使用的"谨慎承运人标准"在绝大多数案件中都是检验船舶适航性的适当法律标准：谨慎的承运人如果知道相关的缺陷，是否会在将船舶派遣出海前修复缺陷。如果会，那么船舶就是不适航的。这是一个能适应不同和不断变化的情况的检验标准。而且，这一检验标准进一步证实，如果可以合理预期在缺陷对船舶或货物产生任何危险之前就将其修复，船舶的适航性可能不受影响，但如果不修复，船舶可能就会不适航。

3.1.1.2　承运人妥善和谨慎地管理货物义务

------ 案例 ------

货损是承运人未尽妥善管货义务导致的吗

【案例正文】■━━━━━━━━━━━━━━━━━━━━━━━━━━━━━━━━━

A航运公司和B船务公司签订《租船合同》，约定B作为货轮船东，将配备船员的船舶租赁给A从事国内沿海货物运输，租期5个月。合同签订后第5天，轮船载满货物开启了深圳至珠海、泉州、太仓等港口的夏日航程。然而在第一个履约航次中，货轮便遭遇了台风天气。中央气象台发布台风红色预警，台风中心经过的附近海面或地区风力可达14~16级，阵风17级或17级以上。为躲避台风影响，货轮驶往惠州大亚湾锚地进行抛锚避台处置。抛锚期间，台风影响依然不小，船舶摇摆剧烈，导致货舱内集装箱及箱内货物受损。

损害发生后，A委托保险公估公司登船现场查勘。《公估报告》记载，检验师在查验时未发现舱内集装箱放置定位锥，无法有效防止集装箱位移摇晃，30多个集装箱内的货物受损，近50个集装箱发生箱损。

对此，A根据双方协议管辖约定，将B诉至海事法院，请求法院判令被告就原告遭受的损失承担赔偿责任。

庭审中，双方围绕"谁应承担绑扎系固的合同义务及由此产生的相应责任""遭遇台风是否构成不可抗力"这两大争议焦点展开激烈的辩论。

A诉称，根据合同约定，B作为船舶出租人，应当负责集装箱绑扎系固作业，因被告未能按约履行相关义务，应就A遭受的损失承担赔偿责任；尽管船舶遭遇台风，但货损是B未履行绑扎系固的义务造成的，不认可B所采取的防台准备及抗台措施。

B船务公司辩称，作为定期租船合同的船舶出租人，仅负责向A提供符合配员要求的适航船舶，船舶的日常营运及货物的装卸绑扎等货物运输事宜应当由A负责，与自己无关；货损系遭遇超强台风所致，属于不可抗力，船长船员已经在当时情况下采取了最为合理可行的避台措施，不存在过失。

【讨论问题】■━━━━━━━━━━━━━━━━━━━━━━━━━━━━━━━━━

海运途中发生货损是否因承运人未尽到妥善管货义务？

【参考答案】■━━━━━━━━━━━━━━━━━━━━━━━━━━━━━━━━━

法院经审理后认为，该案系当事人在履行定期租船合同过程中引起的货物损失纠纷。双方订立的租船合同依法成立、有效，B应当按合同约定履行船舶出租人义务，妥善绑扎系固集装箱，定期检查集装箱及绑扎牢固情况。法院同时认为，根据法律规定，"不能预见""不能避免""不能克服"三个条件必须同时具备，才能构成不可抗力。该案中，B未举证证明对集装箱进行了有效的绑扎系固，未举证证明绑扎系固充分到位的情况下台风的影响力和破坏力，未举证证明其已尽到善良管理人的注意义务。因此B应承担举证不能的法律后果，其主张适用不可抗力免责的理由不能成立。

综上所述，每年夏季，我国东部及南部沿海地区常常面临台风侵袭的考验。对航运业而言，因台风引发货损、箱损而诉至法院的情况屡见不鲜。界定租船合同项下的权利义务、明确台风免责抗辩理由能否成立是审判中的重点、难点。

定期租船合同的特点之一是由船舶出租人提供配备船员的船舶，这是定期租船合同与光船租赁合同的主要区别。在定期租船合同中，船舶的营运与调度通常由船舶承租人安排，有关航海方面的指示则由船舶出租人通过船长控制。定期租船合同中的当事人享有订约自由，本案货物绑扎系固的责任归属，应当取决于双方租船合同的特别约定。合议庭对涉案合同进行了充分审查，认定该案中对集装箱进行有效绑扎系固是被告的合同义务。

在台风引起的货损事故中，承运人、船舶出租人或码头经营人作为不同的主体一般都会援引台风免责抗辩。通常情况下，台风系气象部门已经预测并正在蔓延的自然灾害，除非实时风力已超越气象部门预报，否则难以认定不可预见。除此之外，定期租船合同项下负有绑扎系固义务主体的船舶出租人还欲援引此项免责，须举证证明涉案船舶开航前按照合同约定对集装箱进行了有效的绑扎系固，并举证证明其已尽到善良管理人的注意义务等，否则应承担举证不能的法律后果，适用不可抗力免责条款的理由不能成立。

3.1.1.3　承运人保证避免不合理绕航义务

-------------------------------- **案例** --------------------------------

海运途中船员换班是否构成船东有意绕航

【案例正文】

某船在约定的装货港装载钢坯货物，然后按照约定绕航至越南H港换班。绕航期间消耗的时间和燃油已由双方商定。但离港时，该船遭遇恶劣天气，航速下降。这导致船舶到达卸货港的时间比船长提供的预计抵港时间晚了1.05天。该船不得不在锚地等待泊位。在抵达后5天开始卸货，并在9天后还船，即在交船约40天后还船。最终，承租人因本港出发后遭遇恶劣天气造成的延误，扣减1.05天的租金。相关绕航条款如下：Charterers allowed Owners change crew at Vietnam port after loading at sole load port...and directly before discharging port：...But the deviation time/

bunker/costs to be at Owners' time/account...（意为：承租人同意船舶在唯一的装货港装货后，径直抵达卸货港前绕航到越南，并在越南某港口进行船员换班，但绕航期间消耗的时间和燃油费用由船东承担）。

　　船东根据伦敦海事仲裁员协会（London Maritime Arbitrators Association, LMAA）小额索赔程序（SCP）提起仲裁，索赔 17 381.92 美元，其中包括承租人扣除 1.05 天的租金和消耗的燃油相关成本。船东认为，承租人的扣除是非法的，违反了租船合同，因为其中的绕航条款是明确的，额外的绕航成本并不应该由船东承担。承租人则辩称，他们允许绕航，船东同意对因绕航而产生的任何额外时间、燃油和费用负责，而具体到该轮，绕航是船舶从装货港经 H 港驶往卸货港，不是直接驶往卸货港，并且到船员更换完成时，只发生了部分绕航，因此，后续在该航线上因绕航产生的一切责任也应该由船东承担。

【讨论问题】■
该轮海运途中船员换班是否构成船东有意绕航？

【参考答案】■
　　在该案中，承租人的主张是，合约中"绕航"的定义应该是船舶从装货港经 H 港驶往卸货港，而不是直接驶向卸货港。因此，在该绕航范围内发生的任何事情都由船东承担风险。在船员换班完成后，绕航并没有完全结束，只是阶段结束。

　　船东的主张是，条款"绕航时间"（或"绕航……燃油"或"绕航……成本"）的通常含义是，只有船舶实际绕航的时间才应被视为"绕航时间"。仲裁庭倾向于船东的解释。绕航是在航行期间暂时偏离航行路线，当航行重新开始时，绕航就结束了。本案涉及的船舶，在 H 港船员换班后恢复航行。绕航 H 港的时间和船员更换所花费的时间都在最终的租金账单中进行了说明。船东在这两个方面的扣除没有争议。仲裁庭认为当该船在 H 港完成船员换班时，绕航结束。

　　离开 H 港后因恶劣天气延误，船东应对此负责。承租人认为即使恶劣天气延误发生在绕航之后，时间损失及延误期间消耗的燃油属于绕航条款"绕航时间/燃油/成本"之内，因此应该由船东承担。这是因为，绕航条款应被解释为船东同意"对因绕航而产生的任何额外时间、燃油和费用负责，如果没有发生绕航就不会产生这些费用"这一观点。

3.1.1.4　承运人合理速遣船舶义务

---------------------------- 案例 ----------------------------

未明确约定交货时间是否可以让承运人免责

【案例正文】■
进口商从墨西哥分批购买新鲜水果至上海。货物在产地装入冷藏箱后，由承运人先经陆路运至墨西哥 M 港，再经海路运至上海港。因不同原因，各批次货物到港时间不等，最快约 30 天，最慢约 45 天。但无一例外的是，到货的水果均出现了不同程度的腐烂、变质，丧失了全部或部分销售价值。进口商在中国某海事法院对承运人提起诉讼。通常从墨西哥海运水果至上海需要 3 周时间，因此进口商主张造成货损的主要原因之一是"迟延运输"（冷藏箱是否合格是双方关于货损原因的另一重大分歧）。承运人在庭审中极力抗辩在没有明确约定交付时间的情况下，不存在归属于承运人的迟延运输责任，且承运人援引《海商法》第五十一条第九款主张系水果的自然特性或固有缺陷造成了货损，因此承运人可以免责。

【讨论问题】 ■

在本案中，未明确约定交货时间情况下承运人无责吗？

【参考答案】 ■

案例中，承运人主张在没有"明确约定交货时间"时，就不存在"迟延交付"是成立的。但承运人违反海上货物运输合同基本义务或具有其他不能免责的过失而不能在合理的时间内交付货物，进而导致货物灭失或损坏的，虽不构成《海商法》下规定的狭义迟延交付，也应承担违约赔偿责任。此外，《海商法》第四十七条、第四十八条及第四十九条规定了承运人适航、妥善谨慎地运输货物以及不得不合理绕行及合理速遣义务。

因此，合理时间下的迟延交付责任虽然没有在《海商法》第五十条予以明确规定，但应是第四十八条的题中之义。从义务与责任的关系来看，承运人违反上述义务或具有其他过失而不能在合理时间内交付货物的，虽不构成《海商法》下规定的狭义迟延交付，也应承担违约赔偿责任。

3.1.2 承运人的法定权利

------------------------------ **案例 1** ------------------------------

运输公司能否以台风为由申请免责

【案例正文】 ■

深圳 HT 海船务公司（以下简称 HT 海公司）于某年 9 月 23 日与 JA 航运公司（以下简称 JA 公司）签订航次租船合同，HT 海公司委托 JA 公司从深圳运输 5 000 吨散装小麦至湛江。JA 公司"JA 顺"轮到达湛江后，遭遇台风"彩虹"，船舶走锚，在"JA 顺"轮锚泊防台过程中，承租人针对货物仅采取加盖三层帆布并用绳子加固舱盖的防台措施，没有对舱盖的缝隙进行及时有效处理，不足以保证货舱的水密性，也不足以保证货物的安全，由此导致海水和雨水从舱盖的缝隙处流入舱内，货物受损，HT 海公司请求 JA 公司赔偿货物损失，JA 公司辩称本案是由于不可抗力所导致，并反诉 HT 海公司要求赔偿船体损失。庭审中，HT 海公司作为承租人，既未操纵驾驶船舶，亦不负责采取防台措施，仅凭其迟延卸货的事实，不足以导致"JA 顺"轮的损害。判决 JA 公司赔偿 HT 海公司货物损失及利息，并驳回 JA 公司反诉请求。JA 公司不服一审判决，提起上诉。

【讨论问题】

该案中承运人可否主张不可抗力免责？

【参考答案】

海事法院一审认为，判断台风是否属于不可抗力需要结合案情具体分析。中央气象台、广东海事局网站发布了台风"彩虹"在海南琼海到广东湛江一带沿海登陆的预报，JA 公司疏于履行对天气预报的注意义务，并怠于履行采取防台措施的义务，其仅基于台风"彩虹"实际强度与预报强度不符，从而认为台风"彩虹"属于不可预见的抗辩主张没有事实依据，不予支持。

综上所述，在海上货物运输实务中，台风是一个较为常见的自然灾害，因台风引发货主、码头、船舶损失进而诉至法院的情况屡见不鲜，责任方往往抗辩台风构成不可抗力而主张免责。如果责任人以台风预报误差为不可抗力理由，应举证证明其基于不同级别的台风采取了何种防台措施，以及台风实际强度与预报强度之间的差异足以影响其防台措施的效果。高级人民法院二审认为，JA 公司是专业运输公司，每日关注案涉船舶拟将航行相关海域天气情况系其基本工作要求，因台风来临前两天中央气象台、广东海事局网站已经对台风"彩虹"进行预报，此后于台风登陆前两天仍不断地对台风强度和路径予以修正，故一审法院认定台风"彩虹"对 JA 公司而言属于可以预见的客观情况故未支持 JA 公司关于不可抗力的主张并无不当，判决驳回上诉，维持原判。在航运实践中，因台风造成货损的情况下，往往还同时存在承运人管货过失的因素，法官应正确区分管货过失与不可抗力之间就造成货损的原因比例与作用大小，从而准确区分责任。

---------------------- 案例 2 ----------------------
承运人需要对独立合同人的过失负责吗

【案例正文】

某轮在加拿大的哈利法克斯港装货，其间，船员发现船舶的排污水管因天气寒冷被冰冻。船长于是雇用岸上工人解冻。岸上工人使用喷灯（Torch）烧烤污水管，结果导致污水管的软木部分烧着而酿成火灾，最后严重到要把船舶在港内凿沉才成功将火扑灭，船上货物全部被毁。

【讨论问题】

承运人能否援引《海牙规则》下的火灾免责拒绝赔偿？

【参考答案】

法官判：船舶不适航；承运人未恪尽职守、谨慎妥善地完成义务（承运人对独立合同人过失需要承担责任）；事故在开航前发生，所以，承运人不能以火灾为由提出免责。

------ 案例3 ------

承运人引用火灾事故要求免责能否成立

【案例正文】

某年11月1日，原告中国人民财产保险股份有限公司上海市分公司承保的L公司价值21 137.40美元的台灯装载于HJ轮，自上海港运往匈牙利布达佩斯港，被告HJ海运（中国）有限公司签发了清洁提单。

11月11日，承载涉案货物的HJ轮在航行于斯里兰卡南部印度洋海域途中，第4舱突然发生爆炸进而引发船上大火。第二天，由于船员无法控制火势选择弃船。11月15日，在对该轮的救助过程中，该轮第6舱又发生剧烈爆炸，造成船舶第二次失火。11月25日，船上火势才最终得到了控制。

HJ海运（中国）有限公司告知货方L公司，船舶发生了爆炸及火灾事故，货物没有交付给收货人。原告作为涉案货物保险人依保险合同的约定对L公司进行了赔偿，并取得了代位求偿权。原告认为涉案货物应当被推定为灭失，认为两被告：韩国HJ海运公司、HJ海运（中国）有限公司应当赔偿有关货物损失及利息损失，并承担本案诉讼费。

被告HJ海运（中国）有限公司认为，其作为承运人的签单代理人，不应承担涉案货损责任。被告韩国HJ海运公司辩称，涉案提单适用《海牙规则》，没有关于推定灭失的规定；依据中国法律，运输合同的双方当事人也没有约定交付货物的时间，所以对原告的诉请不应予以支持；承运人有权就火灾事故要求免责；原告的赔付有瑕疵，后果应自负。随后，评估机构受海运公司的委托，出具了HJ轮于11月11日发生爆炸和火灾的原因的初步调查报告。该报告称，涉案船舶4号和6号舱发生多次严重爆炸，大范围地损坏了货舱和舱内货物，火灾使舱内许多集装箱遭受大范围损坏；爆炸的起源是装有镁基的集装箱。

【讨论问题】

承运人引用火灾事故要求免责能否成立？

【参考答案】

本案运输合同关系中，海事法院认为，L公司为HJ海运提单记载的收货人，韩国HJ海运公司作为提单抬头人，系本案海上货物运输合同的承运人。按照运输合同的法律关系和实践，作为收货人的L公司与该提单所证明的海上货物运输合同的承运人韩国HJ海运公司是本案运输合同关系的当事人。HJ海运（中国）有限公司作为 HJ 海运的签单代理人，与 L 公司之间无海上货物运输合同关系。原告的被保险人 L 公司与韩国 HJ 海运公司之间的海上货物运输合同关系依法成立。

涉案货物的承运船舶 HJ 轮因第 4 舱发生爆炸进而引发大火造成船舶和所承载的部分货物严重损坏，这已经是一个不争的事实。由于涉案遭损的货物所处的舱位是在第 4 舱，海事法院认为涉案货物损失的直接原因是船上发生火灾，被告作为涉案货物的承运人可以根据《海商法》第五十一条第一款第（二）项的规定不负赔偿责任，除非原告可以证明火灾是由于被告本人的过失造成的，而在本案中原告显然未能证明此点。

综上所述，某海事法院依照《中华人民共和国民事诉讼法》第六十四条第一款、《最高人民法院关于民事诉讼证据的若干规定》第二条、《海商法》第五十一条第一款第（二）项及第二款的规定，驳回原告中国人民财产保险股份有限公司上海市分公司的诉讼请求，案件受理费人民币 5 018.80 元，由原告负担。

---------- 案例 4 ----------

承运人"谨慎处理"义务在船员素质中如何体现

【案例正文】 ■

M 轮在装货期间，船员依船长的命令用吹管烘烤以融化水管中的冻冰，结果引起火灾，不得不将船舶凿沉但也使货物严重受损。货主向法院提起诉讼，请求赔偿损失。承运人主张依照《海牙规则》中的火灾免责条款免除责任。

【讨论问题】 ■

本案中，承运人援引火灾免责条款免除责任能否生效？

【参考答案】 ■

在该案中，法院认为承运人没有"谨慎处理"在开航前和开航时使船舶适航，因此，不能依《海牙规则》免责。本案是一起典型的海上货物运输合同纠纷案。案件主要涉及火灾免责与船舶适航责任这两个问题。

《海牙规则》第四条第二款规定了承运人的 17 项免责事由，其中就有一条是关于火灾免责的规定，即"火灾，但由于承运人的实际过失或私谋所引起的除外"。根据这一规定，承运人在开航以前和开航当时做到了谨慎处理使船舶适航的前提下，只要不是承运人本人的过失或指使，或知情而不制止，承运人对因原因不明或船员疏忽而引起的火灾所造成的货物灭失或损坏免责，而且可以对火灾发生的原因不负举证责任。如果要求承运人承担火灾损害责任，则应由索赔人负责举证证明引起火灾的原因是承运人的过失所致。这里的"承运人"是指承运人本人，承运人的雇用人有过失的，承运人仍可以免责，只有在承运人本人有过失或私谋的情况下才不能免责。

本案中的货物损失是由于装货期间，船员依船长的命令用吹管烘烤以融化水管中的冻冰，结果引起火灾，不得不将船舶凿沉而产生的。可见，火灾是由于船长发出的错误命令造成的，虽然船长并非承运人本人，仅是其雇用人员，但是一般认为，承运人在雇用船员时就应对其业务水平有所把握，因此，可以认为承运人没有做到"谨慎处理"。

综上所述，本案中的承运人对火灾的发生及之后的救火行为存在过失，不能适用《海牙规则》第四条第二款规定的免责事项，其应当对货损承担赔偿责任。

3.1.3 托运人的法定义务

---------- 案例1 ----------
承运人和托运人合谋对货物虚假申报谁之过

【案例正文】 ■━━━━━━━━━━━━━━━━━━━━━━━━━━━━

某年6月17日至28日，B公司（被告）员工宋某向A公司（原告）卢某订舱托运二苯醚，卢某提出用该化学名称可能报关通不过，建议用清洁剂报关。卢某回复说：只要能清关就行，这问题不可能问船公司。于是6月22日，订舱托运1个20英尺集装箱的液袋，从中国某港运往墨西哥目的港，运费预付。该批货物由B公司负责装入集装箱后，由A公司派车运到装运港装船。6月29日，B向A申请更改目的港，经双方协商同意将目的港更改为墨西哥另一港口。7月1日，A公司将提单传真给B公司确认，提单上的托运人为××贸易公司，货物为液袋，运费预付，运输方式为场到场。B公司于7月4日在提单上签上"OK"并加盖××贸易公司印章。

7月4日，A公司接海运公司的通知，该集装箱货物发生泄漏，要求A说明该箱装的是什么货物。同日，B公司向A公司出具1份××贸易公司的保函，内容为：该集装箱所装货物为清洁剂，并非危险品，此箱在中转港发现有渗水现象特向船公司申请卸箱至码头，以作进一步处理，由此产生的一切责任由该司承担。7月6日，A公司向B公司发出电子邮件，通知该集装箱货物将由深圳某环保公司开箱检验，请B公司务必在第一时间带齐货物真实说明、成分及详细资料到深圳海事局进行处理和解释，并速将真实准确的货物品名及化学品安全技术说明书发给原告。B公司按A公司要求将该批货物的货物品名及化学品安全技术说明书提交给原告，证实本案货物的品名实为苯乙酸乙酯。

事故发生后，现场照片显示，装载本案货物的集装箱未发现损坏，B公司在装载货物时亦未对集装箱适货提出异议，也没有证据证明货物泄漏是由于货物在运输途中遭受外力作用导致，而且在事故处理过程中B公司亦承诺愿意承担本案的事故处理费，因此，可以认定本案货物的液袋破损泄漏不是因为集装箱受外力作用或不适货所致，而是包装货物的液袋不符合运输条件，即货物包装不良所致。B公司在事故处理过程中也未提出是本案集装箱的原因致使货物液袋损坏。另据查，本案集装箱装运的苯乙酸乙酯并非《国际海运危险货物规则》中记载的危险货物。

【讨论问题】

承运人与托运人合谋因虚假申报发生货损哪一方负主要责任？

【参考答案】

A公司作为本案货物的承运人，在与作为托运人的被告协商运输本案货物时，同意被告虚假申报货物，且在明知被告虚假申报本案货物品名的情况下，仍按照虚假的货物品名接受运输委托，并按照虚假的货物品名安排货物运输，这也是当本案货物发生泄漏时不能得到及时处理及加大处理难度和费用的原因，A公司对本案货物泄漏造成的损失存在一定的过错，应对自己的过错造成的损失承担赔偿责任，不能请求被告赔偿。

综上所述，厘清造成损失的各种原因后，应科学合理认定各方应承担的责任。本案事实特别之处在于作为货物承运人的原告，在被告向其订舱时，已经披露了货物的真实品名，原告的员工为了揽下这票货物运输，建议被告员工不要用真实货物品名进行申报，否则实际承运人可能不会接受该票货物的运输。从本案损失的构成来看，本案部分损失发生的直接原因是货物包装不良所致，另外的损失是由于货物申报不实，致使实际承运人和相关机构不能及时采取适当措施处理事故。货物包装不良所致损失完全是被告原因造成，应该由被告承担，因货物申报不实而扩大的损失是由于原告和被告共同造成，原、被告应该各自承担。在航运实务中，出于业绩的考虑，经常会发生承运人特别是契约承运人的员工与托运人的员工合谋进行虚假申报，以揽下业务提高业绩。事故发生后，双方因损失的承担争执不休，本案成功处理该纠纷，值得类似案件借鉴。

------------------------------ 案例 2 ------------------------------

托运人未将货物进行妥善包装是否需要负责

【案例正文】

8月15日，A公司接受B公司订舱，开具一份已装船正本提单，该提单注明货物的品名为二氧化硫，船名EY号，起运港中国青岛港，卸货港美国某港，托运人为B公司。8月19日晚，当EY轮停泊在上海港时，船上发现二舱冒烟，经消防部门及港务公司共同检测，将货物自燃冒烟的集装箱卸下船并堆放在港区的危险品码头，因该箱散发浓烈的气味，开箱检查时，有6名工人发生轻微中毒。经环境监测站现场检查，认定为该集装箱内装载的二氧化硫脲自燃，EY轮将集装箱滞留在码头，其他集装箱装船后于8月21日起航，8月23日到达日本某港，A公司聘请HO海事公司对船上的污染进行检查，结论是装载货物的集装箱二舱有污染，25个集装箱表面有化学污染痕迹。船上的集装箱在日本港口进行倒箱和清洗。船舶开航后，船员又对船舱进行了清洗，货物到达目的港后，发生了多起收货人因货物受损索赔，A公司聘请美国某理赔公司处理索赔事宜，发生了大量的费用。事故发生后，A公司委托一家中方咨询公司于当年8月26日和第二年8月对出事的集装箱进行两次检验，几份检验报告的一致意见是货物是由于装载不当引起自燃的。（注：涉案货物二氧化硫脲在事故发生时未载入《国际海运危险货物规则》，但托运人仍负有将货物妥善包装并装箱的义务。）

【讨论问题】

托运人未将货物进行妥善包装是否需要负责？

【参考答案】

在涉案事故发生时，二氧化硫脲尚未被载入《国际海运危险货物规则》，托运人并不需要进行危险品货物的申报，承运人也无须将货物装载在舱面。但这并不能免除托运人对涉案货物仍应承担的妥善包装和装箱的义务。根据《海商法》第六十六条的规定，托运人对托运的货物应当妥善包装。由于包装不良，对承运人造成损失时，托运人应当负赔偿责任。提单又注明是托运人装箱，承运人接收的是整箱货物，对集装箱的内部情况并不了解。海事法院认为，B公司作为涉案海上货物运输合同的托运人，违反了《海商法》关于托运人应将货物妥善包装并装箱的规定，应对由于其过失而造成的承运人损失负赔偿责任。同时A公司对其诉讼请求应当负举证责任，应提供证据证明其费用发生和对外赔偿的必要性与合理性。对于完成举证责任的部分诉讼请求，法院可依法予以支持。遂判决B公司赔偿A公司因货物自燃造成的损失。

3.1.4 海上货物运输合同的解除

------ 案例 ------

发生不可抗力事件是否必然构成海运合同的解除

【案例正文】

2004年毛里求斯遭受H气旋袭击，造成货船起重机的上半部分掉落，结果砸到旁边的建筑及房屋。起重机的运营商认为台风属于不可抗力，试图依赖不可抗力条款来寻求免责。事实查证，1960年毛里求斯遭遇两个气旋袭击，1961年、1962年、1964年、1966年、1967年、1970年、1972年、1975年、1978年、1979年各遭遇一个，1980年3个，1981年、1983年、1989年各一个。风力风速各有差别，但法官们认为风速超过200公里每小时的气旋在毛里求斯是可预见的。

【讨论问题】

本案中，发生可预见的台风能否以不可抗力为由双方解除合同互不承担责任？

【参考答案】

判决中法官认为不可预见和不可抗拒两要素必定是相互交叉存在的。如果它是不可预见和不可抗拒的，毫无疑问，这是不可抗力的。但是，可能会发生一个事件，这个事件在它发生时是可预见的，但这是不可抗拒。在这种情况下，它可被认定为不可抗力。因此，如果事件是可预见的但不可抗拒的，则可归于不可抗力，可以证明为使事件具有抗拒力而采取的所有措施都无济于事。最终，毛里求斯法官们认为气旋的发生或强度并非不可预见，因此不构成不可抗力事件。上诉人因此被判承担赔偿责任。

综上所述，在本案中，仅凭不可预见性不足以认定气旋为不可抗力，还必须是不可抗拒的。如果某件事是可预见的，其当时也是可避免的，那么它就不是不可抗拒的；但是如果是不可抗拒的，那么将被认为是不可抗力。但是在这种情况下，还必须举证已经采取了一切合理的可能的措施，按照审慎的现行做法合理行事来减少不可抗力所造成的后果。

3.2　班轮货物运输合同条款

3.2.1　提单的正面内容及条款

案例

承运人是否应对案涉货物品质问题进行提单批注

【案例正文】

某年 2 月 28 日，A 公司向外商订购的散装大豆装载于 B 航运公司所属 MJ 轮，从巴西运往中国某港。装货前 B 航运公司从托运人处取得的货物预报证书显示该批预装大豆品质指标较差。装货结束后检验人出具的货物品质证书记载的品质指标较好。A 公司通过银行对外付款取得包括提单在内的信用证项下全套单据。货物运抵卸货港后，A 公司在卸货过程中发现货物异常，遂向保险人报险，又向法院申请诉前扣押了 MJ 轮。船方、货方及各自保险人派员到场进行联合检验和取样，并各自委托检验。相关检验人出庭时一致认为：卸货港发现的案涉货物中的大部分杂质、碳化粒、热损粒等随机分布在货舱内，说明该情况在装货港即已存在；卸货港未发现货物存在大规模水湿结块或霉变现象。案涉货物经卸货港法定检验部门检验杂质率、热损粒率、损伤粒率较高（卸货港最后的检验结果显示案涉货物热损粒率比预报证书高出 1.93%）。A 公司委托验残，结论为货物实际损失超过 2 000 万元。A 公司初以货损为由，后以承运人违反批注义务签发了清洁提单导致其丧失拒绝对外付款机会造成损失为由，诉请判令 B 航运公司赔偿货物价款损失、相应利息及其诉前扣船费等。B航运公司抗辩称，没有证据显示案涉货物在承运人责任期间发生了损失或损害，案涉货物在卸货港发现的问题在装货港即已存在，货物品质指标不是承运人的批注范围，A公司的诉请没有事实依据和法律依据。

【讨论问题】

本案中，承运人是否应对案涉货物品质问题进行提单批注？

【参考答案】

承运人是否应对案涉货物品质问题进行提单批注，要从三个方面进行分析：第一，承运人是否具备对货物内在品质问题进行批注鉴别的专业能力。承运人聘请的船员并非专业的货物质量检验人员，其在装货港装货时基本都是通过目测形式对货物的表面状况进行检查，不具备运用专业知识通过专业技术设备对货物品质问题进行鉴定检验的能力。第二，承运人是否具备怀疑货物品质问题异常的客观条件。案涉大豆在装货港通过传送带和装载机快速装入货舱，在此过程中，大豆中本身含有的灰尘、杂质和豆皮等飞扬，会使舱口的能见度变低。即使装货完毕后，船舱也需要及时关闭防止雨湿，且案涉大豆在舱内具有流动性，出于安全考虑，船长、船员也不具备在装货港进舱仔细检查货物内在品质问题的条件。第三，案涉货物的品质问题单从货物的表面状况来看能否被发现。本案承运人在装船前已取得货物预报证书，该批货物本身就允许存在一定热损、碳化、霉变、杂质等品质问题，至于该品质问题占比多少，是否超过几个百分点，均非能通过肉眼观察就可作出判断。而且卸货港最后的检验结果也显示案涉货物热损粒率仅比预报证书高出1.93%，该细微差距，肉眼更是无法分辨。

承运人是否进行提单批注，应建立在根据通常的观察方法以及通常应当具备的知识用肉眼或者其他通常的、合理的检验方法，仅从外表所能观察到和发现的货物表面状况的基础上，货物内在的品质问题通常不在此列，也不应要求承运人承担过高的注意义务。本案承运人B航运公司没有义务对前述货物品质问题进行提单批注，其签发清洁提单并不对收货人构成侵权，无须承担赔偿责任。

3.2.2 提单的背面条款

------ 案例 ------

为什么需要重视提单背面条款中提单管辖权的适用问题

【案例正文】

A公司作为托运人，委托日本B运输公司，用M轮由中国宁波运至沙特阿拉伯吉达港。涉案船舶航行至印度洋海域时，船体中部横向断裂成两截，导致船舶沉没，A公司货物落水全损。A公司以正本提单合法持有人身份诉至法院，认为B运输公司作为承运人应对运输期间的货物损失承担赔偿责任。

　　B运输公司辩称：（1）据以证明原告和被告之间海上货物运输合同关系的提单背面条款约定："本提单所证明或包含的合同应依日本法律解释。"根据日本法律，认定涉案提单下的海上货物运输合同关系的责任和义务应适用《海牙-维斯比规则》。（2）B运输公司依法免责。具体理由如下：①涉案船舶是日本公司设计建造的一艘超巴拿马型集装箱船，是同类型设计的姊妹船中的一艘，该船在设计、建造、运营阶段直至事故发生期间均由日本船级社负责船级服务和船旗国法定检验；②B运输公司日常对船舶进行严格的检查、保养，开航前船舶经检查也处于适航状态，故被告在开航前和开航当时已谨慎处理，未发现存在影响船舶安全的情形；③涉案船舶在航行途中6号舱突然断裂进水，被告经多方努力仍无法避免船舶沉没；④根据调查报告，涉案船舶的船体结构强度低于一般船舶，未充分考虑横向载荷等因素，导致安全余量不足，故船舶存在设计上的潜在缺陷。（3）A公司并不能证明其货物灭失造成的具体损失，无权向B运输公司索赔。综上，B运输公司依法具有免责事由，不对原告的损失承担责任，法院应驳回原告诉请。

　　【讨论问题】■
　　本案件中提单管辖权条款在未提请对方注意情况下，排除对方对管辖法院和法律适用的选择权可否被认定为无效？

　　【参考答案】■
　　海事法院经审理认为，此案系涉外海上货物运输合同纠纷。尽管B运输公司依据提单背面的法律适用条款，主张适用《海牙-维斯比规则》，但涉案提单背面条款系为重复使用预先拟定的格式条款，该条款直接排除了A公司对管辖法院和法律适用的选择权。对限制对方选择权利的条款未有单独突出显示，也无证据证明其对该条款与A公司进行了协商或予以说明，故该条款无效。本案应根据《中华人民共和国涉外民事关系法律适用法》第二条之规定，适用中华人民共和国法律。

　　提单管辖权条款在未提请对方注意的情况下，排除对方对管辖法院和法律适用的选择权，应认定为无效。

　　提单是海上货物运输中使用最广泛的单证，相关的国际公约和各国立法中，均认可提单作为货物收据、物权凭证和运输合同凭证的三大作用。提单作为证明承运人和托运人之间运输合同的凭证，因货物运输产生的纠纷，均可依据提单进行诉讼。《海牙规则》、《海牙-维斯比规则》、1978 年《联合国海上货物运输公约》（以下简称《汉堡规则》）、《鹿特丹规则》以及各国国内法，对于承运人的免责条款、责任限额和举证责任等都有不同的规定。选择在何地起诉以及适用何种法律解决争议，对审理结果的影响甚大。然而，提单中的管辖权条款不同于一般的管辖协议，它是提单制作人预先印制在提单上的格式条款，当事人之间缺乏一个充分协商的过程。对其效力的认定问题，长期以来在学界和实务界都存在争议，各国的司法实践也并不统一。除了澳大利亚和新西兰通过立法对提单管辖权条款作出了相关规定外，包括中国在内的多数国家均未就提单管辖权条款的效力和适用条件等作出明确的法律规定，导致海事法院在审判实务中缺乏有效的指引。

3.3 提单的功能与种类

3.3.1 提单的功能

---案例1---

扣错货物造成的提单侵权纠纷

【案例正文】 ■————————————————————————

1月23日，A公司（买方）与中国香港B进出口公司（卖方，以下简称B公司）签订买卖合同（编号CON123），约定卖方B公司向买方A公司提供异丁醇，装运港为欧洲某港口，目的港为中国宁波，付款方式为开具以美国C公司为受益人的不可撤销信用证。

1月23日，B公司（新的买方）与美国C公司（新的卖方）签订了一份新的买卖合同，载明合同编号及约定的品名、单价、装运港、到达港。支付条款中信用证的受益人均与前述CON123号买卖合同一致。2月2日，C公司与B公司达成了向B公司支付佣金的协议，明确约定C公司向B公司支付每吨7美元的佣金，作为B公司促成这笔生意的报酬。但协议同时明确C公司和B公司仍然是合同的卖方和买方。1月30日，A公司向中国某银行申请开具了以C公司为受益人的不可撤销信用证。后异丁醇价格上涨，但B公司以C公司未履行合同为由，迟迟不交货。

4月10日，A公司向某市中级人民法院起诉，要求B公司依约履行提供合同约定的异丁醇的义务。法院于4月12日根据A公司的申请及担保，作出内容为"查封、扣押B公司名下相应货值的合同标的物"的民事裁定，并扣押了载明C公司装运由SM轮4月10日运抵宁波港的异丁醇货物，继而将扣押的异丁醇变卖。

4月2日，C公司与D进出口公司签订了买卖合同，约定提供1 000吨异丁醇并开具了商业发票。后因该批货物被法院查封，C公司不能向D公司供货，经中国国际经济贸易仲裁委员会仲裁书确认，C公司应赔偿D公司经济损失和仲裁费。随后律师事务所出具证明，证明该所律师作为D公司代理人已实际收到C公司支付的经济损失。

6月24日，C公司以全套正本提单持有人的名义，向某海事法院提起诉讼。请求判处：①A公司赔偿C公司货物灭失损失和支付利息损失；②支付C公司赔偿D公司经济损失和仲裁费。

【讨论问题】■──────

本案例中扣错货物造成提单侵权应如何裁决？

【参考答案】■──────

在本案中，A 公司因与 B 公司发生经济纠纷，继而 C 公司将该货转卖给 D 公司，造成一货二卖，导致 A 公司扣押变卖货物，最终引起诉讼。本案实质是谁是合同关系人。A 公司提供的"付款方式为开具以 C 公司为受益人的不可撤销信用证"CON123 号买卖合同，并为此开立信用证的证据，只能证明 C 公司是 A 公司开具信用证的受益人，不能证明双方之间存在直接的合同关系，该合同的另一方关系人是 B 公司，而不是 C 公司；A 公司应向 B 公司追索货物或货款赔偿，或向法院申请扣押 B 公司确实具有所有权的财产。A 公司提供的上述证据不能证明其对法院扣押变卖的提单项下货物具有所有权。虽然 B 公司与 C 公司有合同关系，但此批货物尚不属于 B 公司具有所有权的货物，而属于提单的合法持有人 C 公司，如果 B 公司出面申请法院扣押符合合同关系。

┌─────────── 案例 2 ───────────┐

船东将提单错误签发会带来怎样的后果

【案例正文】■──────

3 月 21 日，中国 A 公司与韩国买家签订买卖合同，约定 A 公司作为卖方销售女装，交易条件为 FOB，该韩国买家按照约定开立信用证，指定货物运输承运人为韩国 B 公司。6 月 21 日，双方又签订补充协议，将付款形式变更为"如果货物到韩国买方第一客户后 30 天内没有因为此集装箱内货物的质量提出索赔，买方应当立即付全款"。中国 A 公司将买卖合同项下女装装入 1 个 40 尺集装箱内交付给韩国买家指定的承运人韩国 B 公司。B 公司向韩国买家签发已装船清洁提单，提单记载托运人为韩国买方，起运港天津新港，卸货港美国某港。韩国 B 公司于 7 月 21 日将涉案货物运至卸货港，并交付正本提单持有人。7 月 22 日，A 公司按韩国 B 公司的指示将起运港运杂费支付给被告青岛 C 公司。在 A 公司与韩国买家约定的付款期限内，买方未向 A 公司支付涉案货物价款。

【讨论问题】■──────

本案中，C 公司船东将提单错误签发给与实际托运人存在合同关系的一方，实际托运人能否实现对货物的控制权？

【参考答案】■──────

关于承运人应向谁签发提单的问题。《海商法》第七十一条规定：提单，是指用以证明海上货物运输合同和货物已经由承运人接收或者装船，以及承运人保证据以交付货物的单证。《海商法》第七十二条规定：货物由承运人接收或者装船后，应托运人的要求，承运人应当签发提单。本案中，被告韩国 B 公司将提单签发给韩国买家，系错误签发提单的行为。理由：一是从提单作为承运人接收货物或者将货物装船的收据以及承运人保证据以交付货物的凭证两大法定功能来看，有权要求承运人签发提单的托运人只能有一个。本案中，虽然案外人韩国买家与韩国B公司订立了货物运输合同，是货物运输合同的缔约托运人，但在FOB价格条件下，A作为实际向被告韩国B公司交付货物的人，也是法定的托运人。在A与案外人韩国买家对提单签发问题没有作出特别约定的情况下，韩国B公司只有将提单签发给实际交付货物的托运人，该托运人才能通过持有提单，实现对货物的推定占有，并通过控制提单保留对货物的控制权，最终实现买卖合同权利。二是从原、被告双方业务操作习惯来看，韩国B公司在以往的业务操作习惯中，均将提单签发给A。在本案无特别约定的情况下，韩国B公司将提单签发给了买家，违反了以往的操作习惯。三是对于被告韩国B公司以A与韩国买家之间的付款协议为由，主张A放弃控制货物权利的意见。经审查认为，该协议约定"如果货物到韩国买家第一客户后30天内没有因为此集装箱内货物的质量提出索赔，买方应当立即付全款"。该约定不能证明原告托运的货物存在质量问题，而且该协议是A与韩国买方在履行买卖合同过程中就付款问题而签订的协议，并未约定提单签发的内容。正是基于韩国B公司错误签发提单行为，致使原告丧失了对货物的控制权，无法实现买卖合同目的。因此，韩国B公司主张A放弃控制货物权利的意见，理由不充分，法院不予采纳。韩国B公司错误签发提单的行为直接导致了A失去对涉案货物的实际控制，无法收回货款，因此被告韩国B公司应承担原告该项损失的赔偿责任。

------------------------------ 案例3 ------------------------------

无单放货造成货损时托运人应如何主张损失赔偿

【案例正文】 ■

某年7月，厦门A进出口公司出口一批共三票工艺品至美国，付款方式为跟单托收，价格条件为FOB厦门。后该公司将货物交由C集装箱公司排载，后者于7月19日作为B航运公司的代理人签发了三套一式三份正本提单，提单均载明：托运人为厦门A进出口公司，收货人美国某进口公司，通知人C集装箱公司；启运港厦门，卸货港洛杉矶；运费到付。

厦门A进出口公司于7月31日办理了案涉三票货物的报关手续，三票报关单均盖有长方形"已核销"章。上述货物于8月运抵洛杉矶，记名收货人美国某进口公司于8月7日向C集装箱公司的目的港代理出具保函，在未出示正本记名提单的情况下，将货物提走。第二年1月24日，美国某进口公司根据《美国统一商法典》破产法第十一章规定，向美国破产法院提出自愿救济申请。厦门A进出口公司系其中一个债权人。

案涉货物出运后，厦门A进出口公司将其手中所持三套正本提单及商业发票等均委托厦门某银行托收。代收行于 7 月 29 日签收了单据，银行于 8 月 26 日第一次发电催款，代收行于第二年 1 月 9 日来电告知付款人仍未支付该笔款项且客户双方正在洽商中，1 月 28 日又来电告知付款人仍未支付该笔款项并要求退单，2 月 6 日代收行退回该套未被付款的单据，2 月 7 日该单据被厦门 A 进出口公司签收。

厦门 A 进出口公司诉称，7 月 19 日，其因出口一批货物至美国而委托集装箱公司进行排载。之后，C 集装箱公司出具抬头为 B 航运公司的三套提单。B 和 C 在无人赎单的情况下无单放货，侵犯了 A 进出口公司的权利。为此，诉请判令两被告返还提单提示货物，如无法返还，则赔偿货物价值。

B 航运公司辩称，其系案涉提单所载的无船承运人；A 进出口公司以侵权提起诉讼属案由不当，即使 A 进出口公司可选择侵权之诉，B 航运公司的目的港代理是在其不知情的情况下放货，属越权代理，无论根据提单背面适用中国香港法律的条款还是侵权行为地即美国法律，B 航运公司均不应承担赔偿责任；提单是物权凭证，承运人负有在目的港交付货物的义务，而不是返还货物，因此厦门 A 进出口公司要求承运人在装运港返还货物没有法律依据，其诉求应予驳回。

【讨论问题】■

本案件中，无单放货造成货损时 A 进出口公司是否有权凭正本提单向 B 航运公司主张损失赔偿？

【参考答案】■

海事法院认为，案涉提单系在中国交通管理部门办理了无船承运人登记手续的某公司根据符合在交通管理部门登记备案手续的提单格式签发的记名提单。根据提单背面法律适用条款，本案应适用中国香港法律，根据中国香港高等法院判例，在中国香港法律下，承运人把货物交给记名提单载明的收货人无须收回正本记名提单，因此集装箱公司在未收回正本提单的情况下把货物交给记名收货人美国某进口公司，并无不当；根据航运惯例，提单持有人持有提单向承运人主张提货的权利只能在提单载明的目的港行使，或在提货不着的情况下向承运人主张赔偿的权利。本案中，A 持有正本提单，但却在装运港要求承运人返还货物，既违反航运惯例，亦缺乏法律依据，不应予以支持。该院依照《中华人民共和国民事诉讼法》第六十四条第一款、《海商法》第二百六十九条的规定，判决驳回原告的诉讼请求。

从本案实际情况看，案涉提单背面条款包括法律适用条款是合法有效的，因此本案应当适用中国香港法律。根据律师行的法律意见，在中国香港法律下，记名提单没有明确的法律定义，通常情况下等同于直接指定收货人的提单及海运单进行处理。根据中国香港高等法院的有关判例，承运人在未获得正本记名提单的情形下放货给指明的收货人并未违反承运人义务。本案中，集装箱公司虽未收回正本记名提单，但其确实将货物放给了案涉记名提单所载明的收货人，作为承运人，其适当履行了海上货物运输合同中交付货物的责任，放货行为并无过失，亦未违反注意义务，故其无须承担任何形式的赔偿责任。A进出口公司在货物抵达目的港交付前，没有通知作为承运人的集装箱公司停止向提单记名的收货人交付货物，由此产生的后果应由其自行承担。

综上所述，本案是一起准确适用中国香港准据法作出判决的无单放货纠纷案。本案在法律事实上的争议主要在于货物是否已经放给了提单载明的记名收货人美国某进口公司。对此，根据《最高人民法院关于民事诉讼证据的若干规定》中有关证据认定的规定即可作出判断。本案争议的主要问题在于适用法律，进而延伸至记名提单承运人是否应履行凭单交货义务问题上，这也正是本案判决的可圈可点之处。

3.3.2 提单的种类之无船承运人提单

------- 案例 -------

不凭记名提单交货案

【案例正文】 ▇━━━━━━━━━━━━━━━━━━━━

某年7月，FD电器厂与YM公司签订协议，约定由FD电器厂向YM公司提供一批灯饰；FD电器厂发货后将提单传真给YM公司，YM公司须在3天内将货款全数汇出；FD电器厂收到汇款通知副本，再将提单正本交付YM公司。8月14日，货物被装入一个集装箱交ZT轮船公司承运。ZT轮船公司签发了一式三份记名提单。提单记载承运人为ZT轮船公司，收货人为YM公司。该套提单背面首要条款规定适用中国法律。货物运抵目的港后，YM公司未据协议向FD电器厂付款。在FD电器厂仍持有上述ZT轮船公司所签发的正本提单的情况下，ZT轮船公司将货物放行。

【讨论问题】 ▇━━━━━━━━━━━━━━━━━━━━

本案中，承运人应否凭记名提单放货？如何理解记名提单的性质和功能？

【参考答案】 ▇━━━━━━━━━━━━━━━━━━━━

在本案中，根据《海商法》第七十一条，提单包括记名提单。而且，承运人应当保证向记名收货人交付货物，也即承运人交货时应当收回记名提单。然而，必须指出，通常而言，记名提单只是货物收据和运输合同的证明，不是物权凭证。记名提单不可转让（《海商法》第七十九条）。就此而言，记名提单收货人提货时无须出示记名提单。同样，承运人可将货物交给记名提单收货人而无须收回记名提单。我国《海商法》第七十一条关于记名提单的规定给航运和司法实践带来不少混乱，和第七十九条也存在矛盾。

3.4　若干提单问题的深入讨论

3.4.1　清洁提单与保函

—— 案例 ——

向承运人出具保函所获得的清洁提单是否有效

【案例正文】

上海 A 运输公司认为其公司所属 "QS" 轮在厦门装载厦门 B 对外贸易公司托运的白糖时，因当即发现有 10% 的脏包，于 9 月 5 日在收货单上作了批注。按规定应在提单上作同样批注。但厦门 B 对外贸易公司为能迅速出口货物与及时结汇，请求 A 运输公司接受其 9 月 16 日作出的担保，并签发清洁提单。因考虑到 B 对外贸易公司一时难以换货，在 B 对外贸易公司许诺承担由此而产生的责任的情况下，A 运输公司给予被告适当的通融，签发了清洁提单。当 "QS" 轮抵达科伦坡港卸完货后，收货人以脏包造成其损失为理由，向斯里兰卡高等法院申请扣船并提起诉讼，索赔金额高达 36 万美元，致使 "QS" 轮被扣达 13 天，A 运输公司蒙受了很大损失。虽然不能以保函来对抗收货人，但 A 运输公司仍从维护被告利益考虑，对外据理力争。经与收货人多次交涉，终于达成由 A 运输公司赔付 16 万美元而收货人撤回起诉的协议。A 运输公司将上述赔付情况及时告知了 B 公司，并要求其按承诺赔偿公司损失。但与 B 对外贸易公司多次协商未果，只得诉诸法律，要求 B 对外贸易公司履行保函规定的义务，赔偿上述损失。

【讨论问题】

本案中，托运人 B 在货物外表状态不良情况下向承运人 A 出具保函所获得的清洁提单是否有效？

【参考答案】

托运人以保函换取清洁提单，是航运业的习惯做法，也是部分法律纷争的诱因。因为从法理上讲，诚实信用是一切民事和经济活动的基本原则，托运人应保持货物的完好状态交付承运人收受、装船，承运人亦应按照货物实际状况在提单签署，以分清承运人和托运人的责任。一旦承运人接受保函，签发清洁提单，很可能损害收货人的利益，有违民事活动诚实信用的基本原则，构成与托运人串通，对善意收货人进行欺诈。但在实践中，货物外表状态不良常常表现为货物包装有轻微的缺陷不影响货物质量，托运人有充分的理由认为货物的数量和质量符合买卖合同的要求，不会导致收货人拒收和索赔，而承运人因持有异议欲在提单上批注，在双方各执一词的情况下，若坚持重新验装或要求托运人更换包装或调换货物已不可能，且时间的拖延将影响买卖合同的履行、银行的结汇和船期。为摆脱这一困境，托运人向承运人出具保函，要求承运人签发清洁提单，并允诺赔偿承运人因签发清洁提单而导致的损失。这种做法对买卖合同的履行以及避免船期延误，都有积极作用，同时又不会损害或严重损害收货人的利益。因此，关于保函的效力，国际上趋向于承运人接受保函并签发清洁提单，只要不是对收货人进行欺诈，则保函在托运人与承运人之间有效，但对收货人不发生效力，即承运人不能以保函对抗收货人。如属于欺诈，则承运人应对收货人承担无限额的赔偿责任。本案原、被告（即承运人、托运人）双方不存在恶意串通和胁迫之嫌，因此可以参考国际习惯认为其保函是有效的，最终双方当事人调解协议也是基于保函而达成的，说明这样处理是合适的。

综上所述，我国远洋船舶在国外港口装运时，是否可以接受保函，须视不同情况而定。如果装运的是贵重货物或成套设备，最好不接受保函。船方应通过各种途径与我国驻所在国使馆、银行以及国内有关部门取得联系和指示，以解决这些货物的装船问题，尽可能地设法避免或减少船期损失。如果是一般的价值较低的大宗货，则可考虑国际习惯，接受保函。

3.4.2 交换提单在三角贸易中的应用

------------------------------ 案例 ------------------------------

The "Dolores" 案交换提单可能存在主要风险分析

【案例正文】■────────────────────────

某年2月，A公司（原告）与B（被告）以FOB的方式签订了一份买卖合同，原告卖给被告散装大豆油，装货港为阿根廷R港。大豆油分5月、6月及7月三个月执行。

第一次载货，原告的供应商于5月13日装到被告租来的D轮1 000吨，5月15日装了1 500吨。这些大豆油并没有独立分开，与别的供应商的货混在了一起。两套提单No.006与No.003分别于5月13日及5月15日签发，并在5月底6月初释放。显然提单释放被延误了差不多两个星期。每套提单都包含了以下商业条款：这份提单的货与其他更大的货载混合一起装在同一个舱。（Quantity covered by this bill of lading is part of a larger shipment loaded commingled in same tank.）

Samsung Singapore在6月10日收到带有背书的提单。6月15日，Samsung Singapore将此提单及其他货物单证交给了被告，要求被告支付货款，但是被告并没有安排。

在FOB条款下，被告租了该轮去执行此航次，连同被告其他货物，总共10 500

吨，到孟加拉国吉大港卸货。其中 5 500 吨在阿根廷 R 港装货，剩下的在巴西的 G 港装货。被告与船东之间的合同约定，在完货后 5 个工作日内支付运费，收到运费后才放提单给发货人。被告在 5 月 28 日将运费付到了船舶在新加坡的代理，毫无疑问被告并没有履行合同义务，及时安排支付运费。因此，被告由于自己的行为延误了放单给发货人，也直接导致延误了原告找被告收取运费。

在付运费及货款之前，被告在没有收到已背书提单的情况下，将 10 500 吨货物以 CIF 条款卖给了在孟加拉国的买家。

在原告不知情的情况下，被告在新加坡委托了代理，对该批货物签发了第二套运费预付提单（也就是转换提单，Switch B/L）。这意味着签发了第二套提单，该转换提单反映了被告向孟加拉国不同买家出售的数量。提单日期为 5 月 24 日或 5 月 25 日，发货人改为被告自己。被告收到的全套转换提单早于发货人收到原来签发的真正提单。被告的新加坡代理在被告的指示下，把该票货拆分成了 18 套提单，其中 12 套在 5 月 24 日签发，5 套在 5 月 25 日，1 套在 6 月 10 日，总共包括了 9 500 吨货。上述所有的 18 套转换提单连同其他所要求的装船单据，由被告与被告的相关银行在 5 月 26 日至 6 月 16 日之间进行流通/贴现。

被告承认其没有付款给原告及其他发货人，把不属于他们的货卖给了在孟加拉国的买家，从买家或银行收到了货款。

在这种情况下，被告并未向法院透露其因陷入严重的经济困境未能支付原告的费用。在这些事件发生后不久，被告就被置于司法管理之下。因此，现在需要做的是取回被告拥有的真实提单。

【讨论问题】
本案例中，使用转换提单可能存在哪些主要风险？

【参考答案】
通过以上对转换提单产生原因的分析可以看出，转换提单的产生主要是为了便于托运人或中间商规避法律或从事贸易的需要，但是如果承运人一旦接受签发转换提单的要求便有可能面临巨大的风险。首先，可能面临进口国政府或相关职能部门的法律或行政制裁的风险。由于签发转换提单的目的大多是规避相关贸易管理法规，因而这在世界上是被大多数国家明令禁止的。这种转换提单一旦被发现，承运人将面临诸如禁止货物进口、扣船、罚款等法律和行政制裁，会使其处于十分不利的地位。其次，承运人还可能会面临被货物进口方索赔的风险。承运人往往是应托运人的要求签发转换提单，而收货人有时对此并不知情，一旦被收货人发现，往往会立即指控承运人和托运人共同串谋欺诈，而且某些即使知情的发货人也会因货物市价下跌等而拒收货物甚至要求赔偿，从而承运人将陷入十分危险的处境。

3.4.3 倒签提单

---------- 案例 ----------

倒签提单行为导致的损失有哪些

【案例正文】 ■■■

2月18日，中国A公司（原告）与B公司（被告）签订销售合同，约定B公司向A公司购买钢材，4月30日之前装运。之后，A公司与美国C贸易公司签订合同，合同记载：由C公司将钢材卖给A公司，价格条件CFRFOCQD黄埔，装运期限4月30日之前。

货物装载于F航运公司从其他货运公司通过期租方式租来的R轮，经船长和代理签名确认的装卸时间事实记录记载：4月25日，R轮在美国某港1号码头开始装货。5月1日，1号舱至4号舱继续装载作业；2号舱于01时因轮换工班停止装货和加固，07时按照平舱要求继续装货，11时停止装货，进行加固，15时完成装货，进行加固；23时全船装货作业全部完成。该轮最终积载图记载：2号舱装载货物全部为原告的货物。由船长签名并盖有船章的大副收据记载显示：原告货物完成装货的时间为4月30日。提单记载：托运人C公司，收货人凭指示，通知人为原告，承运船舶R轮，承运人F运输公司。本提单于4月30日由代理依据收到的授权代表船长签发。5月2日，R轮离港。

5月28日，A公司委托另一家中国公司办理本次货物进口的报关、港口作业等。6月3日，B公司向A公司表示因该批货物可能提单倒签而不能接受。6月23日，A与B公司签订另一份销售合同，约定原告仍将该批钢材卖给B公司。

原告A公司起诉称：F公司是涉案货物的承运人，G公司是实际承运人。由于两被告倒签提单，造成原告市场差价损失超200万美元、关税损失近15万美元，还有其他损失。请求判令两被告连带赔偿上述损失。

被告G公司辩称：其并非涉案提单项下货物运输的承运人。倒签提单无事实依据，货物装船后在舱内绑扎、固定的时间不能作为涉案提单签发的日期。G公司申请了4名外籍证人即R轮船长、公司信息主管、检验员、装货检验员出庭作证，他们在法庭上均证实原告货物于4月30日装货完毕，5月1日2号舱未进行装卸作业，仅在船上移动货物，装卸时间事实记录中5月1日2号舱的"装货"是指在船上整理和移动货物。

【讨论问题】 ■■■

本案例中与倒签提单有直接因果关系的损失有哪些？

【参考答案】 ■■■

A公司与C公司买卖合同约定的价格条件为CFRFOCQD黄埔。在CFR条件下，卖方必须在装运港于约定的日期或期限内将货物交至船上。根据装卸时间事实记录，货物并非于合同约定的装船时间即 4 月 30 日之前装船完毕，而是在 5 月 1 日装船完毕，这表明 C 公司交货迟延。但提单未如实记载货物装船时间，掩盖了 C 公司迟延交付货物的事实。由于迟延交货，致 A 公司违反与 B 公司 2 月 18 日的买卖合同。因此，有关该合同不履行的损失，如利润损失、违约金损失等，是由于卖方迟延交付货物造成的，与 G 公司倒签提单无关。

倘若提单未倒签，因卖方的装船时间与信用证规定的最迟装船期不符，开证行可拒付信用证项下货款，买方可拒收货物并有权追究卖方违约责任。但提单倒签时，卖方迟延交付货物的事实被掩盖，买方必须对外付款并接受卖方交付的货物。因此，在倒签提单的情况下，买方所遭受的损失为：买方向卖方支付的货款减去买方处理该批货物价款、买方进口该批货物所支付的进口税费、货物等待处理所发生的各种费用。

综合案例 1：D 轮倒签提单引发的商业大战

【案例正文】■

本案例描述和分析的是一场倒签提单索赔之战。20 世纪末，Z 进出口公司（以下简称 Z）进口豆粕因国内市场价格下跌而损失惨重，于是抓住 H 海运公司与新加坡卖方 C 国际贸易公司（以下简称 C）和其印度兄弟公司延迟交货并倒签提单的证据，在长达 3 年多的时间里，先后向中国大连 H 海运公司（以下简称 H）、C 国际贸易公司发起索赔，并多次扣押当事船舶，每场"战斗"都进行得异常激烈。争议的焦点是：承运人倒签提单是否必须对货物的市价下跌承担责任？买卖合同的卖方是否应对倒签提单承担法律后果？错过了仲裁时效，在英国是否仍可申请仲裁立案？倒签提单保函是否具有法律效力？

一、背景

豆粕是大豆榨油的副产品，因其富含蛋白质和粗纤维成为饲料加工的重要原料，也成为全球饲料贸易中的重要品种和世界上主要农产品交易所的重要交易品种。中国的畜牧业规模越来越大，国产豆粕无法满足需求，每年需要从巴西、印度、美国等大豆主产国大量进口来填补供应缺口。但由于供需信息不灵，供需错配导致国内豆粕交易价格波动较大，这为那些善于捕捉信息的豆粕进口商们提供了商机。

1997 年下半年，中国豆粕供货出现紧张局面，豆粕价格开始上扬。饲料加工企业担心价格继续上涨，便开始大量订购，结果在短短的几个月内将国内价格拉高到比国际市场高出 30% 多的水平。商人对市场的嗅觉总是灵敏的，觉察到豆粕市场的这种悄然变化，一些农产品贸易公司便开始到国外抢购豆粕。

Z 进出口公司在当年是一家大型贸易公司，常年经营饲料进口业务，拥有一批精明强干的业务人员，在国内外也积淀了广泛的交易网络，豆粕市场的这种悄然变化Z当然不会没有察觉。Z通过各种渠道从印度市场陆续订购了数万吨豆粕。Z初步估计，这数万吨豆粕按照当时两个市场的差价计算，出售后净利润可达数千万元人民币。然而，由于中国的大量采购，印度豆粕供应也出现了紧张局面，导致合同交货期大致都在数月之后。但Z依稀看到了数月后的可观利润入账，这其中就包括Z与新加坡卖方C国际贸易公司的1.1万吨印度豆粕采购合同。

C的母公司是世界四大粮食和饲料交易商之一，业务范围几乎囊括全球的各类农产品，在世界主要农产品生产国和贸易中心设有许多分公司，C就是其注册在新加坡的众多子公司之一。该年的11月6日，Z与C签订了一份编号为S0187的豆粕采购合同。合同约定，Z向C购买散装印度片状黄豆粕，数量11 000吨（增减10%），价格为CFR每公吨278.5美元，结算方式为不可撤销的即期信用证，装货港为印度的维沙卡帕特南，卸货港为中国的南通，交货期为次年的1月15日至2月15日，其他条款依照GAFTA 100格式合同，仲裁按照GAFTA 125规则执行。事实上，C销售的豆粕是从其母公司下属的印度P公司购买的（以下简称P），后者是这笔交易的实际发货人。12月8日，Z根据合同约定通过国内某银行向C开出了金额为3 063 500美元的即期付款信用证。

二、D轮在维沙卡帕特南莫名其妙地倒签提单

D轮是H海运公司所属的一艘普通杂货船，载重吨为15 100吨，有5个货舱，有过挂靠欧洲、中南美和印度港口的经历。H并没有Z那样的市场嗅觉，也不那么关心豆粕市场的大起大落，日复一日、年复一年地从事着自己的国际海运业务。C的贸易量很大，对船东来说它就是一个超级货主，以至于每次与其进行运输合同洽商时总是处于被动地位。C对自己的这种超级货主地位当然是清楚的，因此，它交易的货物基本上都是自己负责运输。与Z的豆粕买卖也是这样，于是便有了H与C的1万多吨的豆粕运输合同，D轮及其船东H也因此卷入了后来那场噩梦般的激烈商战当中。

C与Z的豆粕销售合同签订之后，于当月10日，便与H签订了D轮的该批货物运输合同。合同约定的受载期为1998年1月10日至2月10日，货物条款与其买卖合同一致。1998年2月9日，D轮抵达维沙卡帕特南港并于当天靠泊开始装货。据后来该轮船长证言，全部货物本可以在2月15日装完，但供货不足和天气干扰导致到16日16时才装船完毕。之后，港口当局下达了书面指令，令D轮立即启航离港。其间，发货人P将编号为No.1的大副收据交由该轮大副签字。P出示的大副收据显示，托运人为P，收货人为凭指示，通知方为Z，承运船舶为D轮，装货港为维沙卡帕特南，卸货港为中国南通，货物为散装印度纯黄片豆粕，重量10 479吨，清洁已装船，日期为2月15日。D轮大副发现日期错误，要求更改为2月16日，此外，装货时还发现部分货物为褐色而非黄色，准备在大副收据上作出批注。P随即向大副出具了请求倒签提单和清洁提单的保函，要求保留装货日期为2月15日，不

要加注货物颜色批注（保函内容见附件）。

按照常理，托运人的倒签提单和清洁提单请求应当向当事船舶的所有人或经营人提出，船上任何人员无权决定。但是，P 却微妙地选择了向 D 轮的大副提出，而时任大副却既没有向船长请示，更没有向船东 H 请示，莫名其妙地接受了托运人的保函，签发了日期为 2 月 15 日的清洁大副收据。由于港务当局催促船舶开航，船长委托当地的船舶代理严格按照大副收据签发提单，随即驾驶 D 轮起航了。满载货物的 D 轮进入公海定速航行后，除了值班驾驶员在谨慎地驾驶船舶外，包括船长在内的其他人员都很快地进入了"梦乡"。没人想到，大副这一莫名其妙的个人行为后来在 H 与 Z、H 与 P、Z 与 C 之间将会引发怎样激烈复杂的交战，会给 D 轮及其船东 H 带来怎样的恶果。

三、Z 在南通港对 D 轮申请证据保全和船舶扣押

商人虽说精明，但也有糊涂的时候。几个月过后，当多家贸易公司在国外抢购的十几万吨豆粕开始陆续抵达中国港口的时候，国内的豆粕价格将发生怎样的变化大概连不懂经济学的普通百姓也能猜出来。市场规律是客观的，随着进口豆粕陆续抵达中国港口，加上人们对更多豆粕进口的担忧，国内豆粕价格开始不断下滑。至 D 轮 3 月 5 日抵达南通港时，市场价格的下滑不但跌去了 Z 的预计利润，根据后来其向 H 索赔的数据，还使其倒搭 520 多万元人民币。这一意料之外的局面使得 Z 几个月前的喜悦荡然无存。这就如同炒股，股市上涨时股民不顾风险纷纷入市，被套牢时就纷纷感叹早知如此何必当初，市场无情应当是他们的共同感受吧？

到底是老牌公司里不乏高人。正在大家一筹莫展的时候，一位平时貌不出众的业务员说了一句话："找律师问问吧"。总经理眨巴眨巴眼睛说："对呀，快把咱们的法律顾问请来。"公司的法律顾问很快来到了总经理办公室。律师了解了基本情况后开始分析，价格的不利变化是市场风险，愿赌服输是普遍的商业法则，这买卖合同白纸黑字是赖不掉的。如果……学校里老师教过的，试试看，可能有转机。于是一个绕开买卖合同而从运输合同下手的解决方案经过大家商定后便开始付诸实施了，由此也掀开了 Z 与 H 的交战序幕。

经过一番准备，3 月 12 日，这位律师带着 Z 的委托向某海事法院（该法院对南通港具有管辖权）提交了对 D 轮实施证据保全的申请。海事法院审理后认为，该申请符合相关法律规定，当日便批准了此项申请并下达了对 D 轮实施证据保全的裁决书。裁决书主要内容如下：

D 轮签发的提单表明，D 轮于 2 月 15 日从印度装货出港，但申请人通过有关方面查知，该轮在 2 月 16 日仍在装货，表明该轮倒签提单。为此，申请人向本法院提出证据保全申请，要求对被申请人所属 D 轮的船舶证书、航海日志、大副收据、租船合同、装卸时间事实记录、工班表及相关理货单据等予以证据保全。本院认为，申请人的申请符合法律规定，依据《中华人民共和国民事诉讼法》第七十四条规定，裁定如下：准许 Z 提出的诉前证据保全申请，即日起，对被申请人 H 所属的 D

轮的上述证据予以证据保全。

3月13日海事法院法官登上D轮，向该轮船长宣读了法院的裁决，并将船舶的上述证书带走复印封存。该轮的航海日志清楚地显示，的确是2月16日装船完毕的。Z对这一发现如获至宝，因为，略知倒签提单法律后果的人都知道，Z的赔本生意就要出现转机了。

获取了D轮倒签提单的确凿证据之后，Z马不停蹄地（其实相关文件早已事先准备好了）于证据保全的当日又向海事法院提出诉前扣押船舶申请，海事法院经过快速审理，于当日便下达了民事裁定书，裁定扣押D轮，要求该轮船东H向海事法院提供1 200万元人民币的担保（注：起初申请书显示的市场差价损失为520万元人民币，不知申请人凭什么追加了680万元人民币，法院又是凭什么裁定的），同时将扣船令送达D轮。此后，尽管货物已于3月17日卸完，但由于H无力提供法院要求的巨额担保金，D轮一直处于被扣押状态。相关法律规定，船舶扣押后，申请人应在30天内提起诉讼，否则，法院将裁定释放被扣船舶。鉴于D轮船东H一直没有提供担保，释放船舶日期已经逼近，Z于4月14日向海事法院提出拍卖D轮的申请，海事法院也随即作出了拍卖裁决。

四、H与Z的博弈

D轮被扣押的当天，H立即与Z沟通，商讨化解危机之策。主管船舶运营和商务的李经理首先向Z承认D轮倒签提单的事实，但同时强调倒签提单是应Z的发货人P的书面要求所为，并且提单也只是被倒签了16个小时而已。请求Z考虑双方同为国有公司，放H一马，转向卖方C索赔，并表示愿意为Z向C索赔提供证据帮助。Z拒绝了H的请求，无奈，第二天H的李经理去Z的办公室当面协商。

Z的总经理首先出面欢迎李经理的到访，然后安排具体负责人和公司的律师与其具体协商。简单寒暄之后，协商很快进入正题。李经理首先就D轮船长未向公司请示，擅自同意托运人P的请求而倒签提单给Z带来的不便表达了歉意。随后，对Z向H主张赔偿提出质疑，认为Z的市场差价损失属于市场风险，应当由市场的参与者Z自己承担，并问对方，倒签提单16个小时会给贵公司带来多少经济损失？如果能够计算出来这16个小时市场下跌的经济损失，船东愿意就此作出赔偿。

Z的律师马上反驳，D轮倒签提单，给Z带来的损失根本不是16个小时内的货物市场价格下跌多少问题，而是倒签提单掩盖了P和C延期交付货物的事实，致使Z丧失了在信用证项下拒绝支付全部货款的权利。如果提单实事求是地签发为2月16日，Z则可以C违反合同交货期和信用证下交单不符为由取消这笔交易，那样的话，我的当事人就不会面临目前的市场损失。遗憾的是贵公司的倒签提单行为使得C能够在严重违约的情况下划走了信用证下的全部货款，使我的当事人不得不接受该船货物。经初步计算，我当事人的市场差价损失为：（2 550元/吨−2 050元/吨）×10 479吨=5 239 500（元）；因延迟交货违约导致国内买家解除合同而需赔付其300多万元人民币。另外，卸货中还发现货物在运输途中发生不同程度的损坏，初步估计平均贬值50%，待正式检验结果出来后告知。

李经理的本科专业就是国际贸易，当然不会不懂其中的道理。他立刻明白，自己目前的诡辩是糊弄不了Z的，遇到明白人了！于是，同总经理商量后向Z提出，愿意就倒签提单一事向Z支付5万美元担保，然后帮助Z根据买卖合同向C索赔。这一提议仍然遭到了Z的拒绝，双方的谈判不欢而散。

返回公司后的一段时间里，李经理仍然积极主动地与Z沟通，劝说Z接受自己的建议，但一直没有得到积极的回应。H对整个事件重新做了评估后，于3月27日给Z发去了如下传真：

对于贵公司在贵我双方北京商谈中提出的倒签提单损失问题，我们的意见是：

（1）关于市场差价损失。

我们坚持认为贵公司声称的市场差价损失是一个时期内价格的不利变动导致的，并不是D轮倒签提单导致的。具体地说，是从贵公司与C签订豆粕买卖合同之时起至该船货物抵达南通港时止这个时期内，价格下跌导致的，与倒签提单没有任何关系。贵公司以倒签提单16个小时为由要求船东承担全部市场差价损失是在利用租船合同转嫁商业风险，有违诚实信用原则。

（2）关于贵公司国内转卖合同的所谓违约赔偿问题。

贵公司的国内转售合同对货物交货期以及违约金的规定与租船合同没有任何关系，因此也就与船东没有任何关系。本航次的运输合同没有船舶应当何时抵达南通港交付货物的约定，当事船舶也不存在不合理绕航的事实，当事船舶和船东已经尽到了合理尽速派遣船舶的法定义务，不存在任何违反法律规定或运输合同约定的行为，因此，船东对Z的国内转卖合同中的所谓违约后果不应承担责任。

（3）关于所谓的货损问题。

当事船舶和船东作为承运船舶和承运人在装货港口只负责观察货物的外表状况，并无法定的或约定的义务也无能力检查货物的内在品质。D轮的船舶各项检验证书表明，D轮在装货前和在维沙卡帕特南开航当时，始终处于适航状态，船上的工作记录证明，船员在船舶航行中始终履行了妥善、谨慎地管理货物的义务。货物的颜色变深、发霉变质很可能是由于货物本身含水量过高引起的，而含水量过高是货物本身的潜在缺陷，根据相关法律规定，船舶、船东对由此导致的货物损失不承担责任。

希望贵公司综合考虑各种因素，接受我公司向贵公司提供10万美元担保的建议，申请法院释放D轮，而转向卖方索赔。到目前为止，我公司因船舶被扣押已损失几十万元人民币，这是由于贵公司无理要求我们提供无法满足的高额担保造成的，对此项损失，我们保留向贵公司索赔的权利。

对于H的上述传真建议，Z回复表示仍无法接受，并告知H，如果仍不能提供足额担保，将于4月14日向海事法院申请拍卖D轮。收到Z的回复后，H非常焦急，绞尽脑汁思考如何破解这一灾难性局面。拍卖船舶……，有了！4月10日，李经理再次来到 Z 公司与之面谈。李经理直截了当地告诉 Z，D 轮目前设有银行抵押，银行贷款尚有 350 万美元没有偿还，而该轮目前的市场价值不过 280 万美元。如果拍卖船舶，按照《海商法》的船舶优先权规定，Z 将收不到分文。仍然希望 Z 考虑船东的建议，接受船东提供的 10 万美元担保，向海事法院申请释放 D 轮。H 承诺协助 Z 对其卖方 C 提起诉讼。对此提议，Z 没有马上表示意见。

H 的这一步棋着实给 Z 增加了不小的压力。经过紧张的幕后讨论，Z 提出，船东提高担保额到 15 万美元，并承诺协助 Z 向卖方 C 索赔，此为释放 D 轮的条件。对 Z 将担保额提高到 15 万美元的主张船东表示了拒绝。谈判再次陷入僵持状态。

为了向 H 施加压力，Z 于 4 月 14 日向海事法院提交了拍卖船舶申请，海事法院当即作出了拍卖裁决。局势的急转直下令 H 措手不及。他们原本判断，Z 在了解了船舶抵押的事实后，应当能够接受船东的提议，不会作出损人不利己的事情来，而 Z 为多收取 5 万美元却使出了这样一个阴招！

考虑到被扣船舶与日俱增的船期损失，15 万美元相对 1 200 万元人民币担保金毕竟还算是一个小数目，H 最后同意了 Z 的要求。但 H 提出，在 Z 向卖方 C 索赔成功后，应将 15 万美元担保归还 H，因为法律是不允许索赔人通过打官司赚钱的。毕竟一个老牌公司，不能不顾法律原则，Z 思考后表示同意，于是李经理当天再次来到 Z 的办公室，双方签署了和解协议。随即，Z 向海事法院提交了撤销拍卖船舶和释放 D 轮的申请。海事法院遂作出裁定，撤销拍卖船舶裁定，同时解除对 D 轮的扣押，D 轮获得了自由。至此，在这场博弈中 D 轮船东 H 总算暂时松了一口气，但整个事件还远没有结束。

五、Z 与 C 的违约之战

在从 H 和 D 轮的身上暂时榨不出更多油水的情况下，Z 组织实施了另一场“战斗”，即依据买卖合同向 C 索赔倒签提单损失。

Z 委托某国际知名律师行 I 的中国事务所全权处理此事。I 在了解了买卖合同和装货港装货的基本情况后，便着手开展相关证据的收集工作。I 明白，印度 P 公司与 C 同属一个跨国公司，要从 P 取得证据会相当困难。于是，I 的律师来到 H 公司，调取 D 轮在维沙卡帕特南的大副收据、航海日志、提单副本、倒签提单保函、港口指令等证据，又向在家休假的时任船长和大副询问了 D 轮在维沙卡帕特南装货的具体情况，并一一作了笔录。已经收集的证据足以表明，P 和 C 明显违反了买卖合同关于交货时间的约定，延期交货，构成了根本性违约。但它们为了掩盖违约事实，请求 D 轮大副倒签大副收据，导致船舶代理倒签提单。经向委托人 Z 请示后，决定正式启动对 C 的索赔仲裁。

根据 Z 与 C 签订的以谷物与饲料贸易协会（GAFTA）的格式合同为蓝本的买卖合同和仲裁规则，Z 的律师 I 于 1999 年 3 月向设在伦敦的 GAFTA 仲裁委员会提交了仲裁申请。该仲裁委员会后来的临时裁决书显示，Z 以 C 和 P 倒签提单掩盖迟期交付货物的事实和到港货物存在品质缺陷为由，要求 C 赔付 Z 736 988 美元的市场差价损失，按照当时的汇率计算，约相当于人民币 610 万元。

仲裁庭组成后对双方提交的文件作了认真的审核，并组织了两场开庭聆听。对于索赔人 Z 的指控，答辩人 C 也提交了大量的文件，证明 D 轮当年在维沙卡帕特南的最后装货日是 2 月 15 日，而非 2 月 16 日；声称索赔人提供的船舶航海日志有伪造的嫌疑；认为所谓的货物质量问题也与答辩人无关，因为装货港的检验报告清楚地表明，货物在装船时是符合买卖合同约定的。因此，答辩人拒绝索赔人的索赔，最重要的是，C 辩称，GAFTA 125 规则第 2∶2（C）条规定，索赔人应当在卸货完毕后的连续 21 天内向答辩人发出仲裁通知，并在随后的 7 天内指定仲裁员并通知答辩人，否则丧失索赔权利，而申请人仲裁通知和仲裁员指定的实际日期均超过了规则规定的最后期限。据此，答辩人请求仲裁庭拒绝索赔人的仲裁申请。

客观地讲，GAFTA 125 规则 2∶2（C）条规定的 21 天时效确实太短了，对于复杂的本案而言，21 天的时效稍纵即逝。但规则就是规则，看来 Z 是顾此失彼了。事情发生后 Z 将全部精力都放在对 D 轮采取措施上，忽略了买卖合同的索赔及索赔时效问题。好在英国法律追求公平原则，根据英国仲裁法，即使是过了仲裁时效，索赔人如果能够证明不进行仲裁对其是严重的不公平的话，法庭可以裁决允许其继续申请仲裁。这条法律规定救了 Z。Z 的律师 I 向仲裁庭请求本案的继续仲裁权，经过反复辩论，仲裁庭肯定了 Z 的继续仲裁权，又经过另一轮仲裁，最终仲裁庭支持了 Z 的主张。

六、H 与 P 和 C 的倒签提单保函之战

H 根据和解协议向 Z 支付了 15 万美元后，立即着手向 P 和 C 实施倒签提单保函索赔之战。前文提到，P 为取得倒签提单向 D 轮提交了赔偿保函，承诺 D 轮或其船东等相关利益方因倒签提单遭到索赔时，由其承担赔偿责任。那么，C 为什么也成为被告了呢？事情是这样的。D 轮在维沙卡帕特南装货后共签发了 9 份大副收据，其中只有两份是 2 月 16 日装完货的，其余大副收据下的货物都是 2 月 15 日之前装上船的。这就是说，在维沙卡帕特南签发的 9 份提单中，只应有两份日期是倒签的。这意味着，即使 Z 对 H 的倒签提单索赔是合理的，其索赔也只能基于被倒签的两份提单的货物数量索赔损失，那样的话，索赔金额就大大降低了。9 份提单被 P 交给了 C，后者为了与 Z 的信用证单据要求相符，向 H 提交了一份赔付保函，要求 H 同意其将 9 份提单合并成一份提单（也就是后来 Z 向 H 索赔的那份提单），并承诺承担由此产生的一切责任。因此，H 把它也列为起诉的对象。

H 在新加坡注册了一家公司，作为 D 轮的注册船东。考虑诉讼的方便，H 依据前述两份赔付保函在新加坡法院提起了对 P 和 C 的诉讼，请求法院判令两被告履行保函承诺，赔偿 Z 向其索赔的豆粕市场差价损失以及 D 轮被扣押期间的船期损失和其他相关损失。

在法庭上，P 和 C 分别采取了极其聪明的做法予以抗辩。P 辩称，提单的日期只被倒签 16 个小时，完全是为了贸易上的方便。再者，英国普通法和新加坡法院

的相关判例表明，法院不应受理依据倒签提单保函提起的诉讼请求。C 则辩称，它合并提单所依据的 9 份提单日期均为 2 月 15 日，它没有倒签任何提单，因此 H 对它的赔付要求没有任何理由。法院查证了所有证据后，依据法院先例，驳回了 H 的诉讼请求，H 在新加坡的这场诉讼以失败而告终。

七、Z 的另一场"战斗"——非倒签提单之战

Z 的这场"战斗"并不是依据倒签提单而发起的，因而与本案例主题不大相关，但因其属于同一序列，规模之大，程度之激烈，不但 H 及 D 轮再次卷入其中，D 轮保赔保险公司和货物保险公司也身陷其中。所以本案例还是将其列入其中，但案情介绍会压缩，以期能够让读者对提单下承运人的管理货物义务有所理解。

Z 的前述几场"战斗"结果并未能够如其所愿。对 D 轮的扣押由于银行抵押权的存在使其从 H 只拿到了 15 万美元，对 C 的仲裁索赔之战还在进行之中，何时结束，结果如何都还是个未知数。因此，Z 决定另辟蹊径，对 H 和 D 轮发起另一场"战斗"——管货疏忽之战，由此把 D 轮的保赔保险公司和货物保险公司也拖入其中。

Z 认为，提单承运人应妥善和谨慎地管理货物，承运人未履行或未全部履行该项义务导致货物损坏的，应当负赔偿责任。前文提到，Z 在 D 轮在南通卸货时发现，部分货物颜色变为褐色，还有部分货物发霉变质，并在扣押 D 轮时向 H 通报了这一情况。这实际上是 Z 为目前的这场"战斗"埋下的伏笔。

Z 在准备和收集了证据之后，便向 H 打响了这场承运人管货疏忽之战。就在向海事法院申请解除对 D 轮扣押后不久的 1998 年 4 月 23 日，Z 又向海事法院提交了扣船申请，请求法院判令被申请人 H 提供人民币 1 200 万元的担保以释放被扣押船舶。

Z 这次申请扣船的事实和理由是：被申请人 H 签发的 01 号清洁提单表明，D 轮于 1998 年 2 月 15 日已经装完货物 10 479 吨，货物品质良好。申请人遂付款赎单，取得该正本提单。在该轮的卸货过程中发现货物发生损坏，部分货物严重碳化，已完全丧失使用价值；部分货物变色，发生贬值。申请人认为，H 作为承运人未能尽到妥善谨慎管理货物义务，致使货物在其掌管期间发生损失，应当承担全部赔偿责任。

4 月 24 日，海事法院收到 Z 的扣船申请后同样进行了快速审理，经审查后认为，申请人的申请符合法律规定。依照《中华人民共和国民事诉讼法》第 93 条、第 251 条第二款的规定，裁定准许申请人的诉前财产保全请求，即日起扣押被申请人所属的 D 轮，责令 D 轮船东向法院提供人民币 1 200 万元的担保。同时，海事法院下达了扣船令，于当日在南通港又一次对 D 轮予以扣押。D 轮再次失去了自由。与此同时，Z 在海事法院提起了对 H 的诉讼。

这次诉讼不仅涉及 H，还涉及 D 轮的保赔保险公司，因为它是 H 的船东责任保险人，也涉及某中国财产保险公司，因为它是这批货物的海上运输险的承保人且为释放 D 轮提供了担保。这场诉讼持续了两年之久，双方在法庭上你来我往，

多次激烈交锋，案件甚至申诉到了中华人民共和国最高人民法院。最终，Z 取得了这场诉讼的最后胜利，从两家保险公司那里获得了 1 200 多万元人民币的赔偿，这远远超出了它们当初的想象，可谓战果辉煌。据悉，与此同时，Z 又从对 C 的仲裁中获得了 40 多万美元的赔偿，可谓"锦上添花"。谁说不能通过打官司赚钱？Z 做到了。至此，这场由 D 轮倒签提单引发的商业大战基本结束了。

八、附件

P 的倒签提单和清洁提单保函

To：M/V D

Goods：Indian yellow soybean meal，10479 MT

Bill of Lading No.：01

Port of loading：Visakhapatnam，India

The above goods were shipped on the above vessel by Messrs P，but the on board date is 16th February，1998，and the color of part of the goods is brown instead of yellow. We request you to date the Mate's Receipt and the Bill of Lading as 15th February，1998，and not remark the brown color on both the Mate's Receipt and the Bills of Lading.

In consideration of your complying with our above request，we hereby agree as follows：

To indemnify you，your servants and agents and to hold all of you harmless in respect of any liability，loss，damage or expenses of whatsoever nature which you may sustain by reason of issuance of Mate's Receipt and B/L in accordance with our request.

In the event of any proceedings commenced against you or any of your servants of agents in connection with issue of Bill of Lading in any place to provide you or them on demand with sufficient funds to defend the same.

If the ship or any other ship or property belonging to you should be arrested or detained or if the arrest or detention thereof should be threatened to provide such bail or other security as may be requested to prevent such arrest or detention or to secure the release of such vessel or property and indemnify you in respect of any liability，loss，damage or expenses caused by such arrest or detention whether or not such arrest or detention or threatened arrest or detention may be justified.

The liability of each and every person under this indemnity shall be joint and several，and shall not be conditional upon your proceedings first against any person，whether or not such person is party to or liable under this indemnity.

This indemnity shall be construed in accordance with English Law and each and every person liable under this indemnity shall be at your request submit to the jurisdiction of High Court of Justice of England.

Yours faithfully

P International Trading Pty Ltd

【案例使用说明】▬▬▬▬▬▬▬▬▬▬▬▬▬▬▬▬▬▬

一、教学目的与用途

本案例适用于"国际贸易实务"、"国际货物运输"和"国际物流"课程中关于倒签提单知识点的教学。案例的编写目的是，通过案例中描述的各争议焦点的讨论，旨在引导学生领会倒签提单的相关法律规定，掌握索赔技能，培养学员处理倒签提单索赔实际问题的实践能力。通过阅读、分析和讨论本案例资料，帮助学员思考和掌握下列六个具体问题：一是倒签提单产生的原因；二是倒签提单的法律性质和法律后果；三是倒签提单诉前保全的法律规定；四是倒签提单索赔的程序；五是索赔金额计算的法律规定；六是商务索赔技巧。

本案例的概念难度、分析难度和陈述难度均适中，适用对象包括学习国际贸易专业、国际物流专业和国际商务专业的本科生、研究生和国际商务专业学位研究生。对缺乏专业基础理论知识的本科生，可以根据教学大纲，有选择性地引导阅读案例相关材料，重点分析提单下货物索赔的基本法律依据和基本程序；对缺乏实践经验的研究生，可以引导其将所掌握的理论知识运用于本案例每一个具体问题的分析，对案例中争论的几个焦点问题，作出自己的是非判断，锻炼其处理实际问题的能力。

本案例规划的理论教学知识点包括：

（1）倒签提单产生的原因；

（2）倒签提单的法律性质和法律后果；

（3）倒签提单诉前证据保全和诉前扣押船舶的法律依据；

（4）倒签提单索赔金额确定的原则；

（5）倒签提单索赔的操作程序。

本案例规划的知识点能力训练教学内容包括：

（1）倒签提单证据的收集能力；

（2）诉前证据保全和扣押船舶保全的实施能力；

（3）索赔金额的计算及证据支持能力；

（4）买卖合同中卖方迟期交货问题的妥善解决能力；

（5）整体索赔的筹划与组织能力。

二、讨论思考题

1.了解倒签提单的法律性质对买卖合同履行有何意义？

2.如何界定倒签提单的性质和法律后果？

3.提单持有人应如何实施证据保全？

4.提单持有人应如何实施船舶扣押？

5.买方遇倒签提单可否向卖方索赔？

6.如何认定倒签提单保函的法律效力？

三、分析思路

分析本案例应当根据本案例中的讨论思考题，到案例正文中找出与每个讨论思考题对应的素材，然后认真阅读案例相关材料，挖掘提炼出本部分案例材料的基本事实，运用所学专业知识对相关事实反映的问题作出判断。

四、理论依据及分析

1.倒签提单的产生及对买卖合同的影响

倒签提单是在签发提单时，承运人应托运人的要求，将提单的签发日期提前到信用证或买卖合同规定的装船日期。其主要特征是，提单的签发日期早于货物实际装船日期。

倒签提单除极个别的是由于承运人疏忽签错日期而产生的之外，绝大多数是应托运人请求而签发的。倒签提单的目的是贸易合同的卖方（实际托运人）为了提单上载明的日期与贸易合同及信用证规定保持一致，以便在表面上看来履行了合同的交货义务，能在信用证下顺利收汇。

《联合国国际货物销售合同公约》及各国的合同法都将卖方交货义务视为合同的重要义务，卖方不能交货或不能按时交货构成根本性违约，买方可以索赔损失甚至取消合同。即使是在货物运抵目的港情况下，如果买方能证明卖方未在合同约定的装运期完成装货，也有权拒收货物。

在信用证结算方式下，根据国际商会制定的《跟单信用证统一惯例》，卖方议付时所提交提单的签发日期必须与信用证规定的装运期一致，如果不符，银行将会拒绝接受该提单，信用证支付方式可能作废，银行信用将会变为商业信用，卖方回收货款的保障程度被降低。正是基于这种原因，卖方作为货物托运人便在实际装船日晚于规定的交货期时，要求承运人违背事实填写提单装船日。

本案例中，印度公司 P 延迟交付货物仅为 16 个小时，但仍然构成延迟交付，因为延迟交付的定义就是货物交付的实际时间超过了合同约定的时间，而没有定义超过了多少时间才算作延迟交付。P 以及 C 本来应当本着诚实信用原则及时地将延迟交付的事实告知 Z，并通过延展合同和信用证的交货期来解决问题。但如果 C 这样做，在法律上就构成事先违约，Z 在市场变得不利的情况下可能就会取消合同，这是 C 不愿意看到的。因此，它们便采取了倒签提单的办法欺瞒 Z。它们对船东 H 同样也采取了欺瞒的办法。倒签提单的请求本应向承运人提出，但它们却向法律意识淡薄的、在装货过程中已经忙得昏了头的大副提出，充分显示了它们的"聪明才智"。但是，C 的倒签提单行为是违法的，它们在 Z 在英国提起的仲裁中败诉也说明了这一点。

2.倒签提单的性质和法律后果

（1）倒签提单的法律性质。

从法律性质上看，倒签提单行为是违法的，它同时具备违约性和侵权性。

根据有关法律，一项违约行为必须具备以下要件：第一，违约行为是以合同的有效存在为前提的，没有合同或当事人订立的合同无效，则不存在违约行为基础。第二，违约行为的当事人违反的是约定义务。第三，违约行为侵害的对象是因合同产生的债权。第四，违约行为的主体是特定的，仅限于合同的当事人。倒签提单的违约性表现在它违反了买卖合同和提单合同约定的义务。就买卖合同而言，卖方有义务按合同及信用证规定的装运日期完成货物装运。《联合国国际货物销售合同公约》及我国合同相关法律都规定，卖方必须按合同规定的日期交货。如果卖方不履行按时交货义务，将构成根本性违约，买方可以解除合同并索赔损失。倒签提单行为背后隐藏的是卖方迟期交货的事实。

就提单合同而言，根据多数国家法律及有关国际公约，提单在转让后，构成承运人与提单持有人间的运输合同。根据合同相关法律履行义务人应当遵守诚实信用原则的一般性规定，承运人作为合同一方当事人，应当按照货物装载完毕的日期签发提单。承运人违背事实，虚假签注提单日期，明显构成违约行为。上述两种合同下的违约，侵害了作为合同当事人的买方或提单持有人的合同债权。

倒签提单使买方丧失了撤销合同权利。因倒签提单，致使买方依据虚假的信息继续履行合同，使得卖方在单证相符形式下顺利收得货款，买方最终丧失了及时拒付权利及撤销合同的权利，丧失了对货款的所有权。因此，对造成此种损害的违约行为，应当追究当事人的违约责任。

倒签提单还具备侵权性质。根据民法一般原则，侵权行为的构成有四个要件，即损害事实、行为的违法性、违法行为与损害事实有因果关系、行为人的主观性。认定承运人倒签提单构成侵权是因为：第一，倒签提单行为下的损害事实是相当清楚的。倒签提单掩盖的是迟期交付货物，迟期交付货物必定导致货物迟期抵达目的港，要么导致买方延迟使用，要么导致其错过销售季节，要么导致其对分销合同违约，这都将最终导致买方经济损失。第二，倒签提单行为也是违法行为。诚实、守信是民事行为的最基本原则之一。承运人与托运人合谋，罔顾事实，虚填提单日期，是对善意提单持有人的欺诈行为。第三，在倒签提单下，买方的损失与倒签提单行为有直接关系。本来，在迟期交货情况下，买方有权拒绝接受货物。在市价下跌时，便可避免经济损失。但承运人倒签提单剥夺了买方拒收货物的权利，货款在信用证下被卖方议付，使买方承担了市场差价损失和其他风险。第四，倒签提单是承运人主观有意的行为。承运人在倒签提单时，一般都知道这一行为的违法性及可能造成的不良后果，因而都会要求托运人向其出具保函，保证承运人因此遭受索赔时，托运人予以赔偿。由此可见，倒签提单属承运人主观故意犯错。

（2）倒签提单的法律后果。

就运输合同而言，倒签提单可导致承运人面临违约之诉或侵权之诉。《中华人民共和国合同法》（以下简称《合同法》，2021年1月1日《中华人民共和国民法典》施行，《中华人民共和国合同法》同时废止）第122条规定：因当事人一方违约行为，侵害对方人身、财产权益的，受损害一方有权选择依据本法要求其承担违约责任或者依据其他法律要求其承担侵权责任。受害人不论提起何种诉讼，倒签提单行为都会给承运人带来一系列严重的法律后果。

其一，承运人将丧失赔偿责任限制权利。在提单合同下，承运人根据《海牙规则》或有关提单法律，享有赔偿责任限制权利。我国《海商法》第59条规定："经证明，货物的灭失、损坏或者迟延交付是由于承运人的故意或者明知可能造成损失而轻率地作为或者不作为造成的，承运人不得援用本法第五十六条或者第五十七条限制赔偿责任的规定。"可见，承运人主张赔偿责任限制权利是有前提条件的，即在其履行提单合同义务时不应存在过错。承运人倒签提单，明显属故意行为，该行为使其丧失了上述权利。

其二，承运人可能面临不同的赔偿责任。由于倒签提单可以认定为侵权性质，而侵权责任与违约责任在现行法律制度下存在差别，诉权人就可能选择有利于自己的诉因提起诉讼，使得承运人面临不同的赔偿责任。例如，我国《合同法》第113条规定：当事人一方不履行合同义务或履行合同义务不符合合同规定，给对方造成损失的，损失赔偿额应当相当于因违约所造成的损失，包括合同履行后可以获得的利益，但不得超过违反合同一方订立合同时预见到或者应当预见到的因违反合同可能造成的损失。该规定最后一句等于为责任人设置了最高赔偿限额，即对承运人无法预见到的损失，即使该损失是由倒签提单行为导致的，承运人也无须作出赔偿。这常常成为承运人的抗辩理由，使被害人无法获得全部损失赔偿。的确，实践中对"预见到或者应当预见到"较难确定。例如，对因货物迟期抵达，导致收货人对转售合同违约所承担的议定的违约赔偿及转售利润，承运人应否预见到？对转售利润应当预见到多少？如承运人主张无法预见，受害人很难对此作出相反举证。但在侵权责任下，当受害人举证证明自己的实际损失时，承运人则难以作出相反举证，因此，赔偿额很可能大于违约责任的赔偿额。

其三，托运人向承运人出具的保函对收货人无效。托运人请求倒签提单时，一般需向承运人出具保函，保证由此引起的承运人任何损失，托运人都予以赔偿。但是，由于倒签提单属合谋欺骗行为，法律不会支持该保函对收货人的效力，承运人将无法得到保函的保障。

通过上述分析可见，倒签提单是一种欺诈的违约、违法行为，会给贸易合同的买方带来损失，也会使承运人背上沉重的法律责任。运输实务中存在着大量的倒签提单做法，应当改变。本案例中，Z对H的诉讼法院之所以能够接受，就是因为H的倒签提单行为既违约又违法。Z在伦敦对C的仲裁，本来Z已经错过了仲裁规则规定的仲裁时效，但仲裁庭考虑到C倒签提单行为的严重违法性，还是接受了Z的仲裁申请。各国法院或仲裁庭对倒签提单案件的审理均表明，倒签提单是违法和违约的，发货人和承运人必须对此行为导致收货人的损失承担赔偿责任。因此，倒签提单绝不是解决卖方延迟交付货物的一剂良药。

3.倒签提单证据获取的良方——海事证据保全

证据保全是海上索赔权利保全，也称为海事请求保全的内容之一。海事请求保全是指对海事请求具有管辖权的法院根据海事请求人的申请，为使其海事请求民事权利得以保障，对被申请人的财产（包括证据材料）或行为所采取的民事强制措施。由于海事请求保全与一般的民事请求保全相比具有特殊性，国际上有专门的立法对海事请求保全这种法律行为进行规范。如1952年5月10日签订的《统一有关扣押海运船舶的若干规定的国际公约》（简称《1952年扣船公约》），我国也于1999年12月25日通过了《中华人民共和国海事诉讼特别程序法》（以下简称《海诉法》），对海事请求保全及其审判程序作出了专门规定。

海事证据保全是指法院根据海事请求人的申请，对有关海事请求的证据予以提取、保存或者封存的强制措施。船舶上的航海日志、轮机日志、电台日志或其他文字记录通常是在发生货物灭失或损坏事故时确定承运人责任的重要证据。但是船舶的流动性强，对船舶上保存的这些证据如果不能及时提取，极可能被篡改、销毁，或在船舶离港后很难找到。因此，对船上的海事证据依法进行保全，对保障海事请求人权益非常重要。

海事请求人应当在起诉前向保全地法院提出书面申请，说明所要保全的证据、该证据与海事请求的关系以及申请理由。采取海事证据保全应当符合下列条件：第一，请求人必须是海事请求的当事人；第二，请求保全的证据对该海事请求具有证明作用；第三，被请求人是与请求保全的证据有关的人；第四，情况紧急，不立即采取证据保全就会使该海事请求的证据灭失或难以取得。

本案例中，Z的律师深知海事证据保全的重要性，对海事证据保全的法律规定也非常熟悉，所以，在他的委托人Z化解商业风险的过程中，正确地运用法律武器，及时地向当地海事法院提出了对D轮的证据保全申请。正是这一武器的使用，迫使H向Z提供了15万美元的现金担保，并承诺协助其向C进行索赔。由此可见，海上货物运输中的收货人在发现自己的权利受到承运人侵害时，应当注意使用证据保全的手段，它是证据收集的一剂良方。

4.保证海事索赔顺利实现的重要手段——扣押当事船舶

（1）船舶扣押的种类。

海事保全程序中的船舶扣押分为诉讼前的扣押、诉讼中的扣押和仲裁保全扣押。

诉讼前的扣船属诉前保全措施，它是指在实体争议开始解决之前通过法律程序对船舶实施强制留置措施，其目的是迫使被申请人提供足够担保，保证将来海事请求权利的实现。本案例中Z对D轮的扣押就属于诉讼前的保全措施，这是法律赋予的权利。

诉讼中的扣船是指在实体争议已经交由法院审理时，对船舶实施的强制留置措施，其目的是使实体争议的判决得以执行。

仲裁保全扣船是指为了使仲裁裁决得以实现，或者在仲裁开始之前，由申请人向海事法院申请扣押船舶，或在仲裁进行过程中由申请人向仲裁机构申请，再由仲裁机构向海事法院申请，由法院对船舶实施扣押。但是，不管为何目的扣押船舶，都必须最终向海事法院提出申请，由海事法院进行。

（2）船舶扣押的申请。

原告向具有海事案件管辖权的法院申请扣押船舶时，须提出书面申请。申请书应当说明拟扣押船舶的名称和船舶当前所处位置、扣押理由及相关证据、要求被执行人提供担保的种类和金额等项内容。海事法院在考虑接受扣船申请时，可以要求申请人提供担保，作为错误扣船给船舶带来经济损失时的赔偿担保。对申请人在申请扣船时是否必须提供担保，各国法律规定不尽一致。目前，在英国及与英国相关法律相似的国家，法院在接受扣船申请时一般不要求申请人向法院提供担保，只要法院审查申请人提交的文件，认为扣船理由充足，即可发出扣船令；其他国家的法院为保护船方利益，一般都谨慎地要求申请人提供担保。提供担保的要求增加了申请人申请扣押船舶的难度。但是，由于船舶具有很强的流动性，世界各国法律几乎都规定，对船舶扣押的法律行为不受合同有关法律管辖权规定的限制，申请人可以在世界任一港口向当地的法院申请扣押船舶。实践中，申请人可采取"择地诉讼"（forum shopping）手段，选择诸如英国、中国香港、新加坡等不要求提供担保和法律程序简单的地点向法院申请扣船。本案中，Z 的几次扣船申请都符合《海诉法》的规定，因此，海事法院在收到 Z 的扣船申请时，很快就作出了肯定性裁决。

（3）船舶扣押的范围。

根据《海诉法》的规定，可以扣押的船舶是：第一，当事船舶，但船舶所有人对海事请求需负有责任，并且在实施扣押时是该船的所有人；或者该船舶的光船租赁人，但该光船租赁人需对海事请求负有责任，并且在实施扣押时仍是该船的光船租赁人。第二，可以扣押海事请求责任人所有的任何船舶，包括船舶所有人、光船租赁人、定期租船人或者航次租船人在实施扣押时所有的其他船舶。

（4）船舶扣押的后续措施。

在船舶被依法扣押后，被申请人一般会向申请人提供由银行或船舶保险公司或船舶保赔协会出具的赔偿保证书，在收到满意的担保书后，申请人应当立即向法院申请解除扣押，恢复船舶自由。如果被申请人没能提供上述担保，申请人应当在法律规定的扣押时限内（我国法律规定海事请求保全扣押船舶的期限为 30 日），提起诉讼或申请仲裁，否则，被申请人可以要求法院解除扣押。海事诉讼或仲裁开始后，上述时限不再适用。当扣押期届满，被申请人又不提供担保，而且船舶不宜继续扣押的，申请人可以在提起诉讼或仲裁后向法院申请拍卖船舶。本案例中，Z 对上述法律规定了如指掌，在法律规定的扣押结束期之前，就不失时机地在法院提起了诉讼。

5.买方遇倒签提单可否向卖方索赔

从程序上看，倒签提单发生在货物运输合同的履行环节，承运人违反诚实信用法律原则，伪造了提单上的货物装船日期，构成承运人违约行为。但是，倒签提单的产生原因又是买卖合同的卖方未能在约定的交货期内完成货物交付，为了掩盖这一事实，请求承运人倒签提单的，这明显构成卖方的严重违约。因此，买方或提单持有人完全可以依据买卖合同向卖方提起违约之诉。在查明承运人倒签提单后，买方或提单持有人有两条诉讼渠道可以选择：一是选择根据提单合同向承运人提起诉讼；二是依据买卖合同向卖方提起诉讼。实践中应在发现倒签提单带来损失后，在这两个方面均作好诉讼或仲裁准备，防止出现本案中的错过仲裁时效现象。本案例中，Z首先选择了依据提单合同向承运人H提起倒签提单之诉，如果能够达到索赔目的，就可以不考虑依据买卖合同向卖方提出索赔要求。但遗憾的是，D轮设有银行抵押，使其无法达到全部索赔目的，于是，Z便发起了对C的买卖合同下的倒签提单仲裁。倒签提单之诉总是有以上两种选择的，因为船舶价值较大，又容易查找，是很容易实施扣押的。因此，应当学习Z的做法，首先选择对当事船舶采取措施。

6.如何认定倒签提单保函的法律效力

前文述及了倒签提单的法律性质。在倒签提单行为中，一般地，发货人都会向承运人出具一份赔付保函，承诺在承运人因此行为遭到他人索赔时，赔付承运人此项损失。但是由于倒签提单的欺诈性质，从各国的司法实践看，法院一般都不承认这种保证的法律效力。在保证人不履行保证承诺时，承运人欲诉诸法律向保证人提出损失赔偿，一般是无法得到法院支持的，因此，倒签提单保函对于承运人而言，绝大多数情况下属于"画饼充饥"。

五、案例核心问题与基本问题

本案例可以从H海运公司的角色组织学生进行讨论，通过学生分组讨论和教师组织课堂大讨论，结合D轮倒签提单引发的H海运公司遭遇的各种复杂局面和困惑，对案例中描述的各主要商战环节进行分析。

本案例的核心问题是倒签提单行为法律性质和法律后果的认定、提单持有人的索赔权的认定、由倒签提单导致的提单持有人损失的认定和倒签提单保函的法律效力认定问题。围绕这几个核心问题，可根据学生的分析能力，在讨论中增加以下延伸讨论的基本问题：

（1）倒签提单产生的原因是什么？为什么这种行为司空见惯？

（2）倒签提单行为的责任人是谁？可否同时向它们索赔？

（3）实践中向谁索赔效果最好？在何地索赔最好？

（4）倒签提单索赔的法律基础是什么？国际公约或不同国家的法律对此有不同的规定吗？

（5）承运人倒签提单的证据收集有哪些渠道？哪种最直接、最有效果？

（6）倒签提单损失的范围应如何确定？

（7）提单持有人应如何准备倒签提单索赔？

（8）货物的发货人应否在倒签提单保函下对承运人承担责任？

综合案例2：H海运公司的共同海损分摊索赔

【案例正文】

一、引言

本案例描述的是一起共同海损费用分摊纠纷。2001年6月，H海运公司（以下简称H）所属的G轮从越南承运美国ADM公司（以下简称ADM）的大米去往海地太子港，航程途中船舶主机曲轴断裂，无法继续航行。为了船舶和货物安全，H租用拖轮将船舶连同货物拖带至目的港，产生了20多万美元的拖带费用以及其他共同海损费用。船东宣布共同海损，要求ADM提供共同海损担保并对共同海损费用作了初步理算。H要求ADM分摊共同海损费用，但后者拒绝承认共同海损的成立，认为G轮不适航，共同海损理算也不合理，并要求返还共同海损担保。双方为此发生了争议，其焦点是G轮与货物是否处于共同危险之中？G轮在开航前和开船当时是否为适航船舶？H的共同海损理算是否合理？

1.背景

（1）G轮的基本情况

G轮是在中国大连的H所属的一艘普通钢制的可全球航行的杂货船，船舶主要规范如下：

MV G

Nationality：ST Vincent and the Grenadines

Port of registry：Kingstown

Built：1977

16220 MT DWT on 9.25M

G/N 9806/6023

LOA/BM：149.8/21M，Height 36.4M

Crane：6X10MT

5HO/HA

Hatch size：No.1）12.6×7.8M；No.2）12.75×10.4M；No.3）12.75×10.4M；No.4）17.25×10.4M；No.5）12.75×10.4M.

Grain/Bale capacity：Total：20 406/22 304 CBM，of which No.1）3 247/2 957 CBM；No.2）4 289/3 931 CBM；No.3）4 337/3 976 CBM；No.4）5 974/5 477；No.5）4 457/4 063

Service speed：13 KN on 18 MT IFO +2 MT MGO

船舶主机特征：

型号和数量：MAN 16V40/54A 型柴油机，一套

额定功率和转速：6 390 千瓦，450 转/分钟

曲轴型式：整体式

曲轴材料：合金钢

船级检验状况：该轮的船级社检验报告及船舶各项检验证书显示，该轮于 2000 年 6 月 6 日完成船体和轮机的特别检验，下次检验时间为 2005 年 5 月 25 日；2001 年 3 月 12 日入船厂进行年度修理，修理后船级社对船舶进行了全面的年度检验，各项指标均符合检验标准，船舶处于适航状态，于是签发了各项检验证书，准予正常运营。在该轮发生共同海损事故的当时，船舶所有人申请船级社对船舶进行了临时检验，检验结果显示，该轮当时没有过期的各项检验，也没有船级方面的不符项目。船上配备了具有全球驾驶和管理经验的船长、轮机长以及其他船员，他们均持有有效的适任证书。该轮的航行经历包括亚洲、欧洲、非洲、南美洲的主要港口。

（2）相关航次运输合同条款摘要

2001 年 6 月 19 日，H 与 ADM 签订了航次租船合同，约定 G 轮从越南胡志明港运输 13 000 吨大米到海地。合同相关条款如下：

Performing vessel：G

Loading/discharging port：1/2 SBWA HCMC，Vietnam/1/2 SBWA 1/3 SPS Port au Prince and/or Cap Hatien，Haiti and/or SPS Carribbean Ports rotation always GEOG（intention Turbo，Colombia，Port au Prince，Cap Hatien，Haiti）.

Cargo：13 000 MT bagged rice about 52 CUFT/MT to be stowed in M/Holds.Shippers have the option of using second berth.The time for shifting between the two berths shall count as laytime，but shifting expenses shall be for vessels account.The cargo shall not exceed what the vessel can reasonably stow and carry over and above her bunkers，apparel，stores，provisions and accommodation.The whole cargo shall be carried and stowed under deck.All cargo on board to be delivered.

General average and New Jason clause：General average shall be adjusted according to the York/Antwerp Rules 1990，but where the adjustment is made in accordance with the law and practice of the United States of America，the following clause shall apply："In the event of accident，danger，damage or disaster before or after the commencement of the voyage，resulting from any cause whatsoever，whether due to negligence or not，for which，or for the consequence of which，the carrier is not responsible，by statute，contract or otherwise，the goods，shippers，consignees，or owners of the goods shall contribute with the carrier in general average to the payment of any sacrifices, losses or expenses of a general average nature that may be made or incurred and shall pay salvage and special charges incurred in respect of the goods.If a salving ship is owned or operated by the carrier, salvage shall be paid for as fully as if the said salving ship or ships belonged to strangers.Such deposit as the carrier or his agents may deem sufficient to cover the estimated contribution of the goods and any salvage and special charges thereon shall, if required, be made by the goods, shippers, consignees or owners of the goods to the carrier before delivery." The charterers shall procure that all Bills of Lading issued under this charterparty shall contain the same clause.

本航次装货后签发的所有提单均为"GENCONBILL"租船合同提单，提单背面条款中的共同海损条款内容如下：

General average shall be adjusted, stated and settled according to York - Antwerp Rules 1994, or any subsequent modification thereof in London unless another place is agreed in the Carter party.Cargo's contribution to General Average shall be paid to the Carrier even when such average is the result of a fault, neglect or error of the Master, Pilot or crew.The Charterers, Shippers and Consignees expressly renounce the Belgian Commercial code, Part Ⅱ, art.148.

二、航行途中 G 轮主机曲轴发生断裂事故

G 轮在合同约定的装货港完成大米装货开始了它的跨越太平洋航行，并于 2001 年 8 月 19 日抵达第一卸货港口哥伦比亚的图尔博港。2001 年 8 月 21 日，该轮轮机长安排轮机员对主机进行例行检查。当打开主机曲拐箱时发现箱内有铜屑，轮机员们顿时感到紧张，因为他们知道曲拐箱内的铜屑一定是主轴轴瓦熔化产生的，这意味着主机的某个部位一定不正常了。进一步仔细检查发现，主机曲轴第四道主轴轴瓦部分熔化，第四道主轴颈上出现裂纹。轮机长马上明白这是一起严重的事故，主机已经无法继续运转，这意味着该轮已经丧失了推进动力，无法继续航行了。船长立即通过海事卫星向船东报告了这一严重事故。

接到船长报告后，船东 H 立刻意识到问题的严重性，于是立即申请船级社安排验船师登轮检验。船级社接到 H 的申请后，立即指示其美国分社安排对 G 轮的检验事宜。美国分社的验船师马不停蹄地办理了哥伦比亚的入境手续，数天后飞抵哥伦比亚的图尔博港。验船师登轮对该轮主机检验后出具的检验报告显示：

（1）曲轴第四道主轴颈呈现斜向裂纹一条，长度 301mm，几乎横跨整个主轴颈，深度可能达到 25mm，裂纹方向与轴向呈 45 度。发现裂纹后，使用砂轮打磨、开槽至 15mm 深度后，经采用着色探伤，仍能清楚发现大部分深度裂纹。在上述裂纹的附近，还存在多条轴向的发纹，长度 50～100mm 不等。

（2）该第四道主轴承上、下轴瓦严重刮磨烧损，已呈现铜底。

（3）验船师在检验报告中建议，就该主机的曲轴及第四道主轴瓦的损坏情况，

曲轴已经不能再继续使用，也不宜修复，应予换新，第四道主轴承也应换新。船上剩余的去海地的 9 500 吨大米只能要么拖航，要么就地卸下转运。就该轮主轴裂纹发生原因，验船师分析认为主要是弯曲和扭转疲劳所致。

三、拖带合同——共同海损费用的产生及共同海损担保

根据船级社验船师的意见，经过向加勒比海沿岸国家拖带服务公司的询价和比较，H 最终选定了与美国佛罗里达的 S 海运服务公司签订船舶拖带合同。2001 年 9 月 17 日，在经过船舶适拖检验后，G 轮由 S 所属的 E 轮拖往海地的太子港。

拖船 E 轮于 2001 年 9 月 9 日离开佛罗里达，9 月 16 日抵达图尔博港，9 月 17 日开始拖带 G 轮，9 月 22 日抵达太子港。10 月 10 日该港的大米卸完后，G 轮被继续拖带去往海地角港卸剩余的大米。10 月 11 日，E 轮与 G 轮抵达海地角港后，E 拖轮返回佛罗里达。此次拖带服务共产生拖带费用 193 310.13 美元。

根据共同海损的相关法律，H 在 G 轮的拖带过程中收取了 Portis Coporate Insurance Marine 代表收货人对 1A、1B、1C 号提单项下货物（共 4 950 吨大米）出具的共同海损担保和 W K Webster & Co 代表收货人对 2 号提单项下的货物（共 5 013 吨大米）出具的共同海损担保。根据担保条款，此担保适用英国法，伦敦高等法院对所有争议拥有管辖权，双方应将所有争议不可撤销地提交英国法院（This agreement shall be governed by English Law and the High Court of Justice, London, shall have exclusive jurisdiction over any dispute arising out of this agreement, and each party shall irrevocably submit to the jurisdiction of the English court.）。

四、H 对共同海损费用的初步理算

H 根据租船合同和提单背面条款的规定，依照《约克-安特卫普规则》，对 G 轮发生的共同海损损失和费用分摊进行了初步理算，结果如下：

1. 拖轮拖带费用	193 310.13 美元
2. 与拖带有关的费用	28 095.64 美元
3. 船员的工资、伙食	16 502.87 美元
4. 额外消耗的燃料、物料	−273.16 美元
5. 通信费用	715.62 美元
6. 咨询费用	12 489.00 美元
7. 垫款手续费	4 692.21 美元
8. 共同海损利息	8 943.63 美元
总　计：	264 475.94 美元

H 认为，共同海损分摊价值，船舶的分摊价值为 693 000.00 美元，货物的分摊价值为 2 739 825.00 美元。共同海损分摊总价值，即船舶分摊价值和货物分摊价值之和为 3 432 825.00 美元。基于此，船方应分摊的共同海损金额为 53 390.96 美元，货方应分摊的共同海损金额为 211 084.98 美元。

五、H 与 ADM 的共同海损分摊争议

H 将自己理算的初步结果通知 ADM，要求其支付应当分摊的共同海损金额。ADM 委托律师行 W K Webster & Company 处理此事。该律师行经过初步调查，认为 G 轮当时锚泊在图尔博港口，并没有处于现实危险中，不符合共同海损的构成条件；H 没有根据提单条款规定委托伦敦的共同海损理算师对本案件进行理算，而是自己理算，不予认可；船舶的分摊价值被低估而货物的分摊价值被高估；G 轮没有按照轮机手册管理主机，船舶缺少曲柄臂及轴瓦间隙测量工具，烟雾报警器工作不正常，导致船舶在开航前和开航当时处于不适航状态。因此，回函拒绝承认共同海损事件的成立并拒绝分摊船东所谓的共同海损费用。律师行的回复如下：

To：ship owner

Date：29 May 2002

WITHOUT PREJUDICE

Re：MV "G" –General Average–Bs/L 1A–C & 2 dated 5–9 July 2001

We refer to your fax of 15th May in respect of this matter.

Firstly, we have always contested the issue of whether the ship was entitled to declare G.A.as we understand that this decision was taken when the vessel was safely moored alongside at Turbo.As you are no doubt aware, the nature of G.A.is that the ship and cargo must be in peril and immediate danger, which does not exist in these, circumstances. You should be in possession of exchanges with you clients which specifically refer to this, and indeed we would draw your attention to the wording of the Average Guarantee, which also incorporates this reservation.

Secondly, clause 3 of the B/L provides that any G.A.is to be adjusted in London.We note that the Shipowner has decided not to appoint an adjuster due to cost, and whilst we can understand the Shipowners position, we have no alternative but to reserve the right of our Principals in this respect.Notwithstanding this, we have not been provided with any documentary evidence of the amounts you consider would constitute G. A.expenditure or the ship's value that has been used, which will of course be required as a minimum in the event that the ship decides to maintain the claim against cargo.

Thirdly, again entirely without prejudice, we do not know how you have calculated the cargo value.As far as we are concerned, the CIF value of the cargo we represent amounts to US$ 1 300 000 and we understand the CIF value of the cargo represented by Groupe Eyssautier is US$ 1 218 725.However, these are only the CIF values and should not be interpreted as the contributory values, but nevertheless the total value is lower than the value you have used.

By copy of this e-mail to Bruno Duron, it would be appreciated if you could advise all concerned of the contributory value of the cargo you represent, i.e.the C.I.F.value less the value of damaged/short cargo.

As you may be aware, we instructed surveyors to investigate this matter.The advice we have received is, inter-alia, that:

Deflections should be taken every 250 running hours according to the engine manufacturers.

However, deflections were last taken on 14th June 2001, and prior to that on 27th October 2000, which was 1 571 and 1 755 running hours respectively.

Crank web comparators, which are used to measure the main bearing bolts for correct tightening, did not exist on board the vessel.

A tool for measuring the main bearing radial clearance was not on board.

The oil mist detector was not working properly.

In view of the foregoing, it is apparent that the vessel was unseaworthy at the commencement of the voyage, as a result of which cargo interests are entitled to decline contribution, notwithstanding the fact that we do not believe Shipowners are entitled to declare G.A.in any event.

You will of course appreciate that, by virtue of the foregoing, our principals decline to participate in this matter, and indeed will be looking to recover the advance towards towage costs, which was of course made under protest and without prejudice to the right to seek recovery, interest and costs.

We look forward to receiving any comments you may have on the content of this message.

Kind Regards

Assistant Manager

For W K Webster & Co

General Average & Casualty Management

接到货方律师行的上述函后，H作出以下回复意见：

To：W K Webster & Co

From：ship owner

Date：28 June, 2002

Re：MV "G" -General Average-Bs/L 1A-C & 2 dated 5-9 July 2001

Thank you for your E-mail dated 29 May 2002.Please find our comments as follows：You have mentioned in your E-mail that the vessel was safely moored alongside at Turbo and the vessel was not entitled to declare G/A.However, the vessel was not safe due to the fact that the main engine had already been broken down.As to the cargo which was intended to be discharged ports other than Turbo, they were not safe since they would be in peril and immediate danger if the vessel had proceeded her voyage to destination without repair .In view of the same, the vessel declared G/A and asked tug to tow the ship as well as cargo on board to destination ports.For your information, the vessel is still under reparation, and the expenditure would be much greater if the shipowners had not taken towage measure.

As you can understand, we have not appointed an adjuster due to the cost and wanted to solve this claim by amicable settlement.So far as the G/A expenditure is concerned, we will provide the relevant document to you after you advise us your mailing address.However, some of the evidence may be in Chinese, translation of which would cost great amount of money.Enclosed please kindly find the quoted price report （Annex I) made by broker to certify the ship's value.

It is obvious that the cargo interests should produce the evidence of the cargo value. Since it is not available to us at this stage, we only use the value in a claim letter from the cargo insurer as a reference.We should be grateful if you could provide us reliable evidence of the cargo value and will adjust our calculation accordingly.

We strongly object your allegation of ship's unseaworthiness on the following ground :

The requirement of checking deflection every 250 running hours is for engine newly built or right after overhaul, which is not in this claim.As you may be aware, the common practice of checking deflection is to inspect the engine on departure and arrival of each voyage, and the shipowners had done accordingly . The deflection figure they took on 14 June 2001 at Hong Kong where the voyage began was same with that they took on 21 August 2001 in Turbo.

While the crank web comparator was sail not on board by your surveyors, the reason is that the crew have been using dial gauge which is also a efficiently functional tool for every checking to measure the main bearing bolts for correct tightening.The record shows the elongation is 0.75mm and it is normal.

Although the tool for measuring the main bearing radial clearance was alleged not on board, the crew monitor the same by reading the crank web deflection because any change of radial clearance of wear and tear can be reflected by deflection and the deflection took by the crew was normal, hence the radial clearance is normal.

For oil mist detectors, it was in normal working condition before and at the time the voyage began.For detail, we refer you to the enclosed report from the C/E .

Seeing the above, we cannot agree with your position for G/A.The shipowners are entitled to declare G/A in this case, and have spent a great amount of money to save the cost and expenses from cargo interests, thus should be reimbursed.Our proposal of not appointing a G/A adjuster is for the mutual benefits of both sides, and we will be compelled to appoint an adjuster if we could not reach an amicable settlement.

We look forward to receiving your comments.

Best regards

对 H 的上述回函，货方律师复函如下：

To：H

From：W K Webster & Co

Date：12 July 2002

WITHOUT PREJUDICE

Re：MV "G" -General Average-Bs/L 1A-C & 2 dated 5-9 July 2001

We refer to your fax of 28 June in respect of this matter.

The vessel and the cargo were not in peril and immediate danger when the owners attempted to declare General Average.

The vessel was safely moored.Whilst we can only agree with your comments that the ship and cargo would likely have been in peril and immediate danger had the vessel attempted to complete the voyage, we do not believe the vessel would have been able to leave port given the engine damage that existed.

The operative aspect of this incident is that the vessel was safely moored in port, and as the vessel was unable to complete the contractual voyage, you should have fulfilled your obligations under the Contract of Carriage and arranged for the cargo to be taken to destination at their expense.Instead, you attempted to have this matter dealt with as General Average.

Additionally, you exerted duress on cargo interests in order to get cargo interests to make a contribution to the towage costs to the cargoes destinations.Although cargo interests paid a contribution, this payment was made under reservation and indeed the GA security that was provided incorporated the reservation to the effect that this was not a General Average matter.

We have no doubt that if you were to appoint an adjuster to deal with this matter in accordance with the provisions of the Contract of Carriage, you would receive confirmation that we are correct in our conclusions contained in 1.above.As mentioned in our e-mail of 29 May 2002, the Bill of Lading provides that any General Average is to be adjusted in London and we have reserved the rights of our Principals in this respect.

Entirely without prejudice to the foregoing, we attach a copy of the Commercial Invoice evidencing the value of the cargo that we represent.The annexe to your fax of 28 June 2002 relates to the cargo represented by Groupe Eyssautier and we must leave it to Groupe Eyssautier to provide you with any documentation relating to the evidence of their cargo value.

You may well object to our allegation that the ship was unseaworthy at the commencement of the voyage, but the fact remains that the burden of proof rests with you to prove that you have complied with all obligations under the Contract of Carriage.

In so far as checking deflections is concerned, we wonder where you obtained the information that this is only required for new or overhauled engines.The fact remains that the engine manufacturer's instructions state that the deflections are to be taken every 250 running hours, which means throughout the life of the engine.Although deflections may well have been taken at departure and arrival on each voyage, the fact remains that this does not comply with the manufacturer's instructions, which on its own makes the vessel unseaworthy.

We note what you say with regard to the crew using a dial gauge, which would of course be in order if the engine manufacturers approved of such a tool.The fact is that the engine manufacturers do not refer anywhere to using a dial gauge or indicator, but they do require crank web comparators to be used.At the dry docking when No.4 and 5 main bearings were no readings for bolt elongation listed in the report.Consequently, there was no way for the engine room staff to check whether the main bearing bolts were properly tightened in accordance with the engine manufacturer's advice.

We note what you say about using the correct tool and the crew monitoring crank web deflections.Taking crank web deflections does not give the actual main bearing radial clearance and if taking deflections were all that was needed, then there would be no need to ever take the measurement of the main bearing radial clearance.We understand that even if the deflections were satisfactory, the main bearing clearances could still be too large or too small.

You state that the oil mist detector was in normal working condition at the time the voyage began.When tested, the oil mist detector did not give the full deflection reading which would set off the alarm, and according to the Chief Engineer, there was no alarm that sounded to indicate problems with the main engine.The fact remains that when the oil mist detector was tested, it failed to go to the full deflection of 30 which causes the alarm to sound.It is our understanding that an overheating bearing will cause an increase in the mist density in the crankcase and consequently the alarm should sound.

It is clear that the lack of manufacturer approved tools and partially inoperative detection equipment is sufficient to render the vessel unseaworthy, apart from the fact that deflections were not taken as per the engine manufacturer's instructions.All of this is, of course, notwithstanding the fact that we are of the clear opinion that the vessel owners were not entitled to declare General Average in these circumstances.

Consequently, there is no obligation whatsoever on cargo interests to consider making any contribution to you and indeed，as mentioned in our previous e-mail，we are in-structed to pursue recovery of the towage contribution paid under duress.

Best regards

Assistant Manager

For & on behalf of W K WEBSTER & CO

General Average & Casualty Management

货方进一步复函提供了一个英国法院判例，试图证明 G 轮是不适航的。

To：H

From：W K WEBSTER & CO

Date：26 July 2002

WITHOUT PREJUDICE

Re：MV "G" – General Average – Bs/L 1A–C & 2 dated 5–9 July 2001

We thank you for your fax dated 28 June （which we assume should have read 26 July）received today in response to our fax of 12 July 2002 in respect of the subject matter. Coincidentally，Lloyds Law Reports have recently published the decision on the KAMSAR VOYAGER，a copy of which we attach for your guidance.We are only send-ing a copy of the first part of that decision，which we believe to be relevant to the sub-ject case，whereas the second part of the judgement dealt with the effect of the damage caused when the ship's engineers used an incorrect spare part，which is not relevant to this case.

We trust you appreciate the relevance of this decision to the GRAND ORIENT，and trust you will appreciate that whether or not Owners appoint an adjuster，and whether or not an adjustment is prepared，our Principals will continue to repudiate Owner's claim.

Best regards

六、尾声

H 认真研究了 ADM 代理律师行的复函以及随附的英国法院判例，认为该判例中法院对船舶不适航裁决所依据的基本事实与 G 轮的情况完全不同。该判例中当事船舶丧失航行能力的主要原因是该轮的备件不符合规格，导致安装后该轮主机瘫痪，船东对此应承担没有妥善供应船舶的法定义务，而 G 轮的主机瘫痪是因主机主轴疲劳和扭曲疲劳所致，不存在船东履行保证船舶适航义务过错，完全属于意外事故。因此，H 仍然继续要求 ADM 及其两个共同海损担保人履行合同和担保义务，支付所欠的共同海损费用。因为前述的两个共同海损担保人均为欧洲的著名保险人，H 请求其英国的保赔保险人帮助索赔。然而，ADM 和其共同海损担保人坚持认为 G 轮的共同海损不成立，同时 G 轮在开船前和开船当时是不适航的，H 无权要求货方分摊共同海损费用。相反，要求 H 应当立即返还 ADM 向 H 提供的 10 万美元现金担保。于是，双方就 G 轮的共同海损分摊陷入了长期的纠纷当中。

【案例使用说明】▪▬▬▬▬▬▬▬▬▬▬▬▬▬▬▬▬▬▬▬▬▬▬▬

一、教学目的与用途

本案例适用于国际货物买卖合同和国际货物运输合同中关于共同海损问题的教学，通过案例讨论，使学生掌握共同海损的概念、共同海损的构成条件、共同海损的计算方法与分摊方法等知识，以便学生在未来的实际工作中正确运用相关准则和方法，合理地计算和分摊共同海损牺牲和费用问题。

本案例适用于"国际贸易实务"、"国际货物运输"和"国际物流"课程中关于共同海损知识点的教学。案例的编写目的是，通过案例中描述的争议焦点讨论，旨在引导学生领会有关共同海损的法律规定和国际惯例，培养学员处理共同海损问题的实践能力。通过阅读、分析和讨论本案例资料，帮助学员思考和掌握下列具体问题：一是共同海损与一般海损的本质区别；二是共同海损的法定构成条件；三是共同海损费用的理算；四是承运人共同海损索赔的前提条件。

本案例的概念难度、分析难度和陈述难度均适中，适用对象包括学习国际贸易专业、国际物流专业和国际商务专业的本科生、研究生和国际商务专业学位研究生。对于缺乏专业基础理论知识的本科生，可以根据教学大纲，有选择性地引导阅读案例相关材料，重点熟悉共同海损的概念，掌握共同海损的构成条件和承运人索赔的前提条件。对缺乏实践经验的研究生，可以引导其将所掌握的理论知识运用于本案例每一个具体问题的分析，对案例中争论的几个焦点问题，作出自己的是非判断，锻炼其处理实际问题的能力。

本案例规划的理论教学知识点包括：

（1）共同海损的概念和特点；

（2）共同海损的法定构成条件；

（3）相关国际惯例关于共同海损费用的理算规则；

（4）各国海商法关于共同海损的法律规定。

本案例规划的能力训练知识点包括：

（1）判定一项海损是否为共同海损的能力；

（2）共同海损担保出具的组织能力；

（3）共同海损证据的收集能力；

（4）共同海损的初步理算能力；

（5）应对承运人共同海损索赔的能力。

二、讨论思考题

1. 共同海损与一般海损有何区别？其构成条件是什么？

2. 共同海损包括哪两个主要方面？具体内容有哪些？

3. 船舶适航和共同海损担保在共同海损案件处理中起什么作用？

4. 应如何进行共同海损分摊？

5. 本案中 H 主张的共同海损是否成立？

6.本案中 ADM 的几个主张是否合理？

7.H 的拖带决定是否合理？

8.H 的理算是否合理？

三、分析思路

本案争议的核心问题是 G 轮的主机曲轴断裂是否构成共同海损事件，以及 H 的理算是否合理和 G 轮是否适航。本案例的教学知识点是共同海损的概念、构成条件和理算原则。因此，建议案例讨论按照下列思路展开：

第一，引导学生讨论有关共同海损的一般性法律问题。具体分析：共同海损的概念是什么？与一般海损有何区别？共同海损的构成条件有哪些？共同海损包括哪些主要事件或费用？共同海损牺牲或费用应当如何分摊？共同海损担保的意义是什么？共同海损理算规则的主要内容是什么？

第二，讨论 G 轮的共同海损是否成立。涉及的具体问题有：G 轮主机事故及其后果是什么？事故原因是什么？事故威胁船舶和货物的共同安全吗？拖带安排是 H 的主观有意安排吗？以拖带替代转运合理吗？拖带取得了良好效果了吗？

第三，讨论 H 的理算是否合理。涉及的具体问题有：H 自己理算合理吗？船舶的分摊价值合理吗？货物的分摊价值合理吗？

第四，讨论 G 轮是否适航问题。涉及的具体问题有：轮机员对主机曲拐轴间隙的例行检测时间间隔符合主机保养手册每 250 小时检测一次的要求吗？轮机员以千分尺代替曲拐轴间隙检测专业工具可能导致该次事故吗？烟雾报警器失灵了吗？最后，ADM 提供的英国判例适用于本案吗？

上述问题讨论完后，引导学生讨论两个延伸问题：一是共同海损的索赔时效有何规定？二是 H 可以就没有收回的 ADM 应当分摊的共同海损费用向保险公司索赔吗？

四、理论依据及分析

1.共同海损的含义与性质

共同海损（general average）有两层意思。作为海上损失，它是指在同一海上航程中，当船舶、货物和其他利益遭遇共同危险时，为了共同安全，船方有意地、合理地采取避险措施而人为造成的特殊牺牲或支付的特殊费用。作为一种法律制度，它是指确定共同海损行为、共同海损牺牲和费用以及共同海损分摊的原则。

一般情况下，国际保险界将海上损失分为全部损失和部分损失。而部分损失又分为单独海损（particular average）和共同海损（general average）。由于自然灾害、意外事故造成的船舶或货物损坏，属于单独海损。但为摆脱自然灾害、意外事故对船、货造成的共同威胁，船长有意采取的合理避险措施，造成的船舶或货物损失或产生的特殊费用就属于共同海损。共同海损在海上风险保险制度中是一种特殊的风险，经过上千年的发展过程，逐渐形成了一套不同于一般海上风险的特殊法律制度。

本案例中，承运人 H 之所以要求货方 ADM 公司提供共同海损担保并在对共同海损费用初步理算后要求 ADM 公司分摊该项费用，其依据的就是国际上通行的，也是航次租船合同和提单中约定的共同海损分摊制度。在该项制度下，即使共同海损事故发生的费用不是 ADM 公司造成的，它也应当分摊该项费用。

2. 共同海损事件的构成条件

共同海损与单独海损经常相伴发生。在遇到共同危险时，或在实施共同海损措施时，常常存在单独海损。因此，必须确立一定的原则加以区分，防止将单独海损当作共同海损处理。一项海损事件只有符合下列条件时才构成共同海损：

（1）危及船货共同安全的危险必须是真实存在的。主观臆断的危险不是真实的危险，船长主观臆断存在危险而作出的牺牲和产生的费用不得算作共同海损。

（2）采取的措施必须是有意的与合理的。所谓有意的措施（intentional act），是指船长在主观上明知采取该种措施会导致船舶或货物的进一步损失，但为了避免船货的共同危险，而不得不采取的行为。所谓合理的措施（reasonable act），是指本着以最小的牺牲换取船货安全的原则而采取的措施。一项措施是否合理，没有绝对的标准，应围绕周围的客观条件、方案的可行性和客观效果来综合考虑。

（3）作出的牺牲和支付的费用必须是特殊的。在非正常情况下，因船长在法定义务或合同义务之外采取措施所造成的损失和支付的费用，称为特殊牺牲和特殊费用（extraordinary sacrifices and expenditure），此种牺牲和费用应列入共同海损。

在本案例中，H 为了说明自己的共同海损索赔是合理的，从上述 3 个方面阐明了 G 轮的拖带费用以及其他相关费用符合上述 3 个条件，因而构成共同海损费用。

3. 共同海损的范畴

根据国际上的共同海损理算规则，共同海损可划分为共同海损牺牲和共同海损费用两种基本类型。

共同海损牺牲（sacrifice of general average）是指由共同海损措施直接造成的船舶、货物或其他财产在形态上的灭失或损害。抛弃货物（jettison of cargo）及抛弃货物所引起的财产的进一步损失、扑灭船上火灾（extinguishing fire on shipbord）所造成的损失、割弃残损物（cutting away wreck）所造成的损失、有意搁浅所致的损害（damage done by voluntary stranding）、机器和锅炉的损害（damage to engines and boilers）、作为燃料而使用的货物、船用材料和物料（cargo, ship's material and stores used for fuel）损失、在卸货等过程中造成的损害等（damage to cargo in discharging, etc）应列入共同海损。

共同海损费用（general average expenditure）是指为采取共同海损措施而支付的额外费用，主要有下列几种：（1）救助报酬（salvage remuneration）。（2）搁浅船舶减载费用以及因此遭受的损坏（expense in lightening a ship when ashore, and consequent damage）。（3）避难港费用（expense in port of refuge）。当船舶因意外事故、牺牲或其他特殊情况，为了共同安全而进入避难港口（包括驶回原来的装货港）发生的费用，应列入共同海损。避难港费用包括：进入避难港的费用与驶离避难港的费用（如果该避难港不是原定的挂靠港口）；从出事地点驶入避难港直至驶回原出事地点期间的航程延长费用；为共同安全需要，或为安全完成航程而对船舶进行修理时所发生的货物、燃料或物料的倒载、卸下、存储（包括保险）和重装费用。（4）驶往和停留在避难港等地支付给船员的工资、伙食费及其他开支（如驶往、停留和驶离避难港期间所发生的燃料费、物料费、港口费）。（5）修理费用（expense in repairs）。（6）替代费用（substituted expenses）。替代费用是为了节约或取代原应列入共同海损的费用而支出的费用。例如，为了节省船舶在避难港的费用，支付给修理工人的加班费；为节省船舶进入避难港修理等费用而采用拖带所产生的拖带费用。（7）垫款手续费和保险费（provision of funds, commission and the cost of insuring）。（8）共同海损利息（interest on losses in general average）。共同海损措施造成的牺牲和支付的费用一般要经过很长的时间才能分摊回来。对这些费用的利息应计算为共同海损。"1974 年规则"规定，应按年息 7% 计算。（9）理算费用（adjustment fee）。共同海损因涉及的项目特别复杂，通常都由专门的理算机构进行理算，为此支付的费用应列入共同海损。

本案例中，G 轮在此次共同海损事故中并没有发生共同海损牺牲，但为了船货的共同安全，安排了拖轮将 G 轮和货物一道拖到目的港。本来，拖带费用不是共同海损制度中列明的项目，但拖带费用替代了为了船货的共同安全所应当进行的临时性修理的费用，根据理算规则，该项替代费用可以列入共同海损费用。H 的这项安排和费用计算是符合共同海损理算规则的。

4.船舶适航与共同海损的关系

多数共同海损是由于出租人的过失引起的。出租人过失可分为可免责的过失和不可免责的过失，二者导致的共同海损法律后果完全不同。

可免责的过失是指承运人虽有过失，但依据法律或海上运输合同的规定，承运人可以免除赔偿责任的这类过失。在《海牙规则》规定的承运人十七项免责事项中，与共同海损最相关的是船长、船员在驾驶船舶和管理船舶过程中的过失免责。因船长、船员在驾驶船舶方面的过失导致的共同海损，出租人可以要求货方参加分摊。

不可免责的过失是指法律或运输合同规定的免责范围以外的过失。例如，未提供适航的船舶，运输中未尽快派遣船舶，不合理绕航等。由于上述承运人过失导致的共同海损，其他利益方无须参加共同海损分摊。

根据上述法律，本案例中，货方 ADM 认为 G 轮的曲轴断裂是船舶不适航导致的，根据上述法律，H 无权向其主张共同海损分摊。ADM 的律师为了说明这一点，还转送给 H 一个英国的判例。但是，认真阅读该判例可发现，这项判决中的事件与 G 轮事件有着本质上的不同，因此，不具有参照性。实践中，当发生船东的共同海损索赔时，货方首先应采取的对策就是要尽快查验当事船舶是否存在不适航问题，这是避免共同海损分摊的唯一办法。

5.共同海损理算规则及本案的共同海损费用理算

（1）共同海损理算规则。

共同海损理算规则是由民间组织协商制定的实务性章程，其中规定了共同海损行为的成立条件、共同海损损失和费用的范围以及分摊共同海损的标准，因成为国际惯例而被广泛接受。目前，国际上普遍接受和使用的共同海损理算规则是《约克–安特卫普规则》。2022 年 9 月 1 日，新修订的《中国国际贸易促进委员会共同海损理算规则》正式实施。

（2）共同海损的分摊方法。

共同海损理算是指由有一定资格的专业机构或人员，按照理算规则，对共同海损的损失和费用、各受益方的分摊价值及各方应分摊的共同海损数额进行审核、计算工作。计算分摊的办法：

各方应分摊金额=各方分摊价值×分摊比率

各方的分摊价值应为获救财产抵达第一港口的当地价值。

分摊比率=共同海损损失总额/分摊价值总额×100%

（3）对本案中 H 的共同海损理算的评价。

第一，本案中 H 放弃修理而采用拖带的方法是正确的。因为如采用修理方式，图尔博港不具备修理条件，必须采用拖带方式将 G 轮拖带至具有修理能力的港口。经过船东查询，合理的修理港口为委内瑞拉卡贝略港，拖带的航程为 740 海里。鉴于修理必须卸下部分货物并仓储，经过合理计算，最少要卸下 2 140 吨货物。2001 年 9 月 5 日，船东向哥伦比亚图尔博港询问倒载费用，得知图尔博港不具备仓储条件。因此采用拖轮全程拖带的方式替代在图尔博港的修理是合理的。具体地，如采用修理方式必将产生如下费用：

一是倒载费用。由于修理必须卸下 2 140 吨货物并使用驳船，根据图尔博港的报价，倒载费用为 18 美元/吨，即装卸共需要 38 520 美元（2 140 吨×18 美元/吨），同时该费用不包括货物在驳船上的仓储费用。

二是拖带费用。G 轮必须拖带至委内瑞拉卡贝略港修理。拖带的航程为 740 海里，与图尔博港至太子港的距离（793 海里）基本相当，参照拖轮 E 轮的费用结算单，预计拖带费用为 90 000 美元。返程的距离约为 1 400 海里，拖带时间为 5.83 天（1 400 海里÷10 节/小时÷24 小时/天）至 6.48 天（1 400 海里÷9 节/小时÷24 小时/天），取中间值 6.16 天，拖带费用为 27 104 美元（6.16 天×4 400 美元/天），燃油费用为 10 730.72 美元（268 美元/吨×6.5 吨/天×6.16 天）；拖船费用为 127 834.72 美元。

三是与拖带有关费用。如上文所述，追加保费 10 000 美元以及安排适拖检验产生检验费 11 428.57 美元。

四是避难港费用。进出修理港的费用及代理费等约为 14 200 美元。

五是延长航程所产生的船员工资和燃料、物料费用。预计的修理时间为 30 天

（实际的修理时间远远长于1个月），延长航程所产生的船员工资，燃料、物料费用约为34 000美元。

上述费用共计225 983.29美元（尚未包括仓储费用），均应列为共同海损。

如果采取拖航方式，相同项目下产生的共同海损费用为：拖带费用193 310.13美元，与拖带有关的费用28 095.64美元，延长航程产生的船员工资、伙食费用16 502.87美元，共计237 908.64美元。

因此，考虑到未计算的仓储费，与采用修理方式的费用相比，采用拖带方式完成航程是节省的、合理的，同时考虑船载货物的保质期问题，采用拖带替代修理的方式所需时间最短，因此符合共同海损的条件。

第二，本案的共同海损费用计算也是正确的。本案例中船东的共同海损费用计算及分摊符合合同约定的《约克-安特卫普规则》。具体地说，拖轮拖带费用193 310.13美元有拖带合同和费用结算单佐证；与拖带有关的费用28 095.64美元均有客观材料佐证；航程时间延长期间支付给船员的工资、伙食费用16 502.87美元是根据船舶拖带的实际航行时间和船东与船员的雇佣合同的工资标准计算的；额外消耗的燃料、物料−273.16美元，由于拖带，当事船舶节省了主机燃油消耗，应当从共同海损费用中扣除，而采取共同海损行为中消耗的柴油费用应当计入，此项计算是根据当事船舶的实际消耗水平和燃油的市场价格计算的，因此也是合理的；咨询费用（律师费用）12 489美元由船东聘请的咨询公司账单佐证；垫款手续费4 692.21美元是根据《约克-安特卫普规则》第20条"按共同海损费用2%计算的手续费，应计入共同海损"计算的。本案中，扣除船员工资、物料、燃油及收款人垫款，船东作为承运人和收货人的垫款数额总计：共同海损费用−船员工资、物料、燃油=193 310.13+28 095.64+715.62+12 489 =234 610.39（美元）。因此，垫款手续费：234 610.39×2%=4 692.21（美元）；共同海损利息8 943.63美元是根据《约克-安特卫普规则》第21条"对于共同海损费用、牺牲和应受补偿项目，应给予利率7%的利息，计算至共同海损理算书编就之日止"的规定计算的。本案利息自共同海损发生之日起计算，暂按半年计算，列入共同海损，其金额为：共同海损费用×7%÷2=255 532.31×7%÷2=8 943.63（美元），以上各项总计：264 475.94美元。

第三，本案中船东的共同海损分摊计算是合理的。船舶共同海损分摊价值693 000美元是根据当时国际二手船舶买卖市场的询价确定的。货物共同海损分摊价值2 739 825美元是按照《约克-安特卫普规则》第17条"……货物应以卸货时的价值为基础，此项价值应根据送交收货人的商业发票确定……"的规定计算的。共同海损分摊总价值，即船舶分摊价值和货物分摊价值之和应为3 432 825美元。

船方分摊共同海损金额为：

共同海损费用÷共同海损分摊总价值×船舶分摊价值=264 475.94÷3 432 825×693 000

=53 390.96（美元）

货方分摊共同海损金额为：

共同海损费用÷共同海损分摊总价值×货物分摊价值＝264 475.94÷3 432 825×2 739 825

＝211 084.98（美元）

五、关键要点

本案例可以从 H 海运公司的角度，也可以从货方的角度组织学生进行讨论，通过学生分组讨论和教师组织课堂大讨论，结合该案中共同海损的具体情况，对承运人与货方争议的各个环节进行分析。

本案例的核心问题是 G 轮的共同海损是否成立和承运人是否有权索赔共同海损费用问题。围绕这一核心问题，可根据学生的分析能力，在讨论中增加以下延伸讨论的基本问题：

（1）本案中 G 轮的主机故障事故是否为共同海损事故？构成共同海损事故需要满足哪些条件？

（2）假设 G 轮的共同海损成立，H 安排 E 轮拖带是否合理？

（3）假设 G 轮的共同海损成立，H 的理算是否合理？

（4）G 轮的主机事故是否属于船舶不适航？ADM 律师的几个主张是否成立？

（5）H 应否返还货方的 10 万美元现金担保？

第4章 航次租船合同

【案例正文】

中国A贸易公司为出口化肥与船东签订了航次租船合同。合同规定，袋装化肥12 000公吨，5%增减，受载期为5月5日到15日，解约日为5月18日，装卸率均为每良好天气工作日2 000公吨，星期日不计入装卸时间，除非使用。滞期费率为每天8 000美元。

前一航次卸货拖延，船舶于5月19日抵达装货港口。由于市场运价上涨，船东宣布解除合同，因租船困难，A贸易公司不同意解除合同，要求船舶立即靠泊装货，但船东直到20日才同意装货，加上不良天气干扰，货物最后装完日期超过了买卖合同规定的交货日期。为了信用证结算需要，A贸易公司要求船东倒签提单，但船东不同意，只根据实际情况签发了提单，结果导致A贸易公司无法收回货款，双方为此发生争议。此外，在后来的滞期费计算中，双方为船舶在装货港等待时间应否计入装卸时间也产生了争议。

资料来源：编者自编。

【涉及的问题】

本案中双方争议的两个问题都是航次租船合同中经常遇到的问题。在第一个问题中，具体涉及受载期的最后一天是否应视为解约日？船舶没能在5月15日抵达装货港，A公司有权解除合同吗？船舶5月19日才抵达装货港，船东有权宣布解除合同吗？这涉及解约日的性质问题。第二个问题涉及的是滞期费应如何计算的复杂问题。上述两个问题在本章中都能够找到答案。本章以"金康"格式合同为主线，介绍航次租船合同的主要内容、相关法律知识，以及如何正确制定航次租船合同等相关知识。

思政案例：共同海损理算原则中体现的"人类命运共同体"理念

共同海损既是一种特殊的海上损失，又是海商法中一项特殊的法律制度，该项法律制度和共同海损理算规则是处理海上货物运输风险分担的重要法律原则和国际惯例。第 3 章综合案例 2 以 H 海运公司就其所属 G 轮发生的共同海损索赔为主线，在介绍了案件发生的背景基础上，详细地描述了 G 轮共同海损事故的发生情节、各项共同海损费用的产生和处理过程，重点记叙了 H 海运公司对 G 轮发生的共同海损费用的详细理算意见，描述 H 作为承运人与美国收货人 ADM 就该项索赔展开的针锋相对的激烈交锋场景，揭示了共同海损事件的复杂性以及把握处理共同海损原则的重要性。

共同海损事故一旦发生，损失往往巨大，事故的原因常常是船长、船员疏忽所致，如果按照严格的因果关系归责原则处理，事实上将会影响到各个运输参与方的利益。所以，共同海损理算规则采取了"人人为我，我为人人"的风险与责任分摊原则。推而广之，任何国际关系中，除强制性规范外，还存在许多带有"人情味"的任意性行为规范，体现着合作共赢、命运与共的人类命运共同体理念。法律与规则，既冷亦热。

4.1　合同当事人

案例

持有正本提单的承租人该向谁去索赔货物损失

【案例正文】

某年 9 月 29 日，HJ 公司作为买方与案外人签订镍矿买卖合同，购买镍矿 50 000 公吨，总货款 175 万美元，信用证方式付款。10 月 8 日，HJ 公司作为承租人，与出租人 TL 公司签订航次租船合同，租用 A 轮运输涉案货物。同年 11 月 4 日，涉案货物装船完毕，船长代理代表船长签发了全套清洁已装船正本提单。提单载明：托运人印度尼西亚 FH 公司，收货人凭指示，通知人为 HJ 公司，装货港印度尼西亚克洛诺达勒港，卸货港中国连云港。装船期间，中国检验认证集团新加坡有限公司对涉案货物进行了重量和质量检验，并出具重量证书和质量证书。同年 11 月 9 日 A 轮于巴士海峡附近海域沉没，船上 25 名船员中 2 人死亡、20 人失踪、3 人获救。中华人民共和国海事局（以下简称中国海事局）作出了沉没事故安全调查报告。涉案提单为金康 1994 年格式提单，提单右上角载明"与租船合同一并使用"，左下角载明"运费按照 2010 年 10 月 8 日的租船合同支付"。

涉案船舶 A 轮建于 2009 年，登记的船舶所有人为 AM 公司，南京 YY 公司是船舶经营人、管理人，不存在光船租赁情形。AM 公司将该船舶期租给新加坡某船务有限公司。此后，TL 公司又以单航次期租方式（TCT）承租该船舶。

HJ 公司以正本提单合法持有人身份诉至法院，认为 AM 公司作为船舶所有人、南京 YY 公司作为船舶管理人，系提单下承运人或实际承运人，应当承担货物灭失赔偿责任。HJ 公司为证明货物装船时符合要求提供了中国检验认证集团新加坡有限公司出具的涉案货物质量证书。中国检验认证集团是具备资质的独立第三方检验认证机构，出具的涉案质量证书证据效力较高，在没有充分有效的相反证据的情况下，能够证明货物装船时状况良好，且船长代理代表承运人签发了清洁提单，亦可以说明货物在装船时表面状况良好。

【讨论问题】 ■

本案中存在多个船方主体，持有正本提单的承租人该向谁索赔货物损失？

【参考答案】 ■

海事法院经审理认为，本案为涉外海上货物运输合同纠纷。双方均明示选择适用中国法律，依法适用中华人民共和国法律处理本案的争议。涉案镍矿符合国际航运惯例《固体散装货物安全操作规则》（以下简称《BC 规则》）所规定的"易流态化货物"的定义。

《中华人民共和国海商法》第七十二条、第七十八条规定，提单由载货船舶的船长签发，视为代表承运人签发。承运人同收货人、提单持有人之间的权利义务关系依据提单的规定确定。涉案提单虽记载与租船合同一并使用，但未明确是否为 HJ 公司作为承租人签署的航次租船合同，而且也不能证明是该航次租船合同出租人授权船长签发的，因此不能依据 HJ 公司作为承租人的航次租船合同确定 HJ 公司与 AM 公司、南京 YY 公司的法律关系。涉案提单载明代表船长签发，船长受雇于船舶所有人，在没有其他证据的情况下，应认定涉案提单系代表船舶所有人即承运人 AM 公司签发。正本提单持有人 HJ 公司与承运人 AM 公司之间具有海上货物运输合同关系，有权请求承运人赔偿涉案货物灭失的损失。南京 YY 公司是涉案船舶经营人、管理人，与 HJ 公司不存在运输合同关系，也不是运输合同项下的实际承运人。

涉案货损事故发生在船舶航行过程中，承运人 AM 公司应承担赔偿责任。

其原因是 HJ 公司提供的质量证书能够证明货物装船时状况良好，AM 公司在明知涉案货物具有流态化性质及安全运输要求，且船长怀疑涉案货物真实含水率的情况下同意货物装船，并签发了清洁提单，应当认定 AM 公司认为涉案货物符合安全运输要求，而且 AM 公司在有方法和可能获得更为准确的含水量数据的情况下，未提供任何证据证明涉案货物含水量与实际不符。流态化并不必然导致船舶沉没，船舶沉没的原因应是多种因素共同存在并且达到一定程度。因此，承运人对货物流态化相应免责。

综上，AM 公司未尽到妥善谨慎的管货义务，承担 80% 的责任，对于托运人未完全尽到托运易流态化货物的义务以及货物属性造成货损事故的 20% 责任，AM 公司依法免责。被告南京 YY 公司对 HJ 公司诉请的损失不应承担赔偿责任。

4.2　履约时间

无法按照约定受载期提供船舶时承租人行使解约权是否有效

【案例正文】■

　　某年4月7日，宁波A海运公司和南京B船务公司签订《运输合同》一份，约定由宁波A海运公司的"JL"轮1709航次承运南京B船务公司煤炭约72 000吨，在北方五港（秦皇岛、黄桦港、京唐港、曹妃甸港、天津港）受载运至东莞某码头，预计受载日期为4月13日（正负一天）。合同第二条约定，运价不含税37元每吨，保底70 000吨，若不足70 000吨按70 000吨结算运费。合同第四条约定，若因天气或机械故障等不可抗力因素或上航次卸货延迟等造成船舶不能在规定时间内抵港受载期可以顺延。合同第五条约定，A船舶抵达起运港3天整B仍未办妥货物的装船手续，则视为B未能提供运输货物，A可选择解除合同或接受被告每天支付的船期损失保证金85 000元。合同第六条约定，本合同签订后因任一方致使船货落空，则应按运费的30%和船舶在港滞留时间与滞期费率标准每天85 000元的乘积向另一方支付赔偿金。合同第八条约定，宁波A海运公司在4月7日1600时之前收到南京B船务公司支付定金30万元整合同生效。合同签订当日，B向A支付定金30万元。4月11日1300时左右，A向B公司说明情况称：因4月8日和9日两天（虾峙门航道）大雾封港，"JL"轮前面的船未能按期靠泊，导致"JL"轮靠泊计划推迟，预计该船13日靠泊，16日晚上至17日早上到北方港（五港）锚地受载。4月13日1503时，被告向原告发出航次取消函，要求取消涉案航次，并要求A退还定金。4月14日，B再次向A发航次取消函，称：因我司货物贸易拟定时间为4月13日现导致我司因未能及时装船造成严重损失，该轮该航次最早抵达时间为4月17日，无法在约定受载期抵达装货港，我司视为该轮该航次船舶落空并选择解除合同，不再安排装货港，烦请贵司知悉并将我司支付的该轮30万元定金退回指定账户。4月14日，A致函B，称：目前"JL"轮定于某年4月14日0200时靠镇海21#泊位，计划某年4月15日0030时离港，预计4月17日早上抵达北方五港。"JL"轮实际于4月14日0245时靠泊镇海21#泊位完毕，0300时开始卸货，4月15日0120时解缆离泊，驶往秦皇岛。4月20日，A函告B，"JL"轮抵达秦皇岛锚地已超3天整，B仍未办妥货物装船手续，根据合同第五条约定，A选择解除合同，且有权根据合同第六条规定行使法律权利。4月20日0930时，"JL"轮起锚驶往黄桦港。4月22日，该轮在黄桦港装货后，驶往张家港。事后，A公司提起本案诉讼，请求判决：①解除双方之间签订的运输合同；②A公司没收被告定金30万元；③B向A支付赔偿金1 036 200元。诉讼过程中，B公司提起反诉，请求判决：①解除双方之间签订的运输合同；②A向B返还定金30万元。

资料来源：本案例资料来源于宁波海事法院判决的纠纷案，编者有修改。

【讨论问题】■

本案例中，当承租人无法按照约定受载期提供船舶时，在合理期限内行使解约权是否有效？

【参考答案】■

受载期自然顺延应有一个合理的度，不应大大超过受载期，B公司在A无法按照约定的受载期提供船舶时，在合理期限内行使解约权，符合法律和合同约定。A认为B违约的主张，与事实不符，不予支持。在B两次发函通知A解除合同的情况下，A仍将船舶驶往北方港，A此行为属于扩大损失。同时，如上文所述，B在本案中没有违约行为，故A的主张没有法律依据，不应保护。B行使合同解除权，符合法律和合同约定，其要求原告返还定金的反诉请求应予支持。

受载期和承租人解约权是一个问题的两个面，一般情况下，船舶在受载期的最后一日未能到达装载港即应视为解约日。涉案合同关于受载期的特别约定不能作任意扩大解释。B向A发出解除合同通知之时，A还未进入预备航次阶段，A不能援引合同第四条证明其有权要求将受载期顺延。虽然B解除合同通知发出时距其收到船舶延误通知已有50多小时，超过48小时，但此时A尚未进入预备航次，B系在合理的法定期限内行使解约权。宁波海事法院依照《中华人民共和国合同法》第五条、第九十三条、第九十五条、第九十七条的规定，判决：①原、被告之间的运输合同于4月13日解除；②A公司于判决生效后十日内返还B公司定金300 000元；③驳回A公司的其他诉讼请求。

4.3 装卸港口

4.3.1 装卸港口的规定

案例

租船人指定装卸港口后，为什么仍要对船舶损坏负责

【案例正文】■

H轮按照租船人给船长的航次指示于12月8日驶往美国某港码头装载原煤。装货完毕后，次年1月2日8时11分该轮在引航员引领下开航。经码头工人签字的装货记录表明装货量为106 487公吨，大约在10时40分，船首值守的木匠突然听到第一、二舱双层底舱发出巨响，断定压载水舱可能进水。潜水员经潜水检验后发现，右舷第247至第257号肋骨间有长约22英尺、宽约4英尺的裂口，第一、二号双层底舱右压载舱底部分变形；航道内有一只沉锚。美国海岸警卫队 3 日进行的测向扫描声呐检测表明该锚近期被碰触过。事故后，船长决定抛锚做一步检查和临时修理。救助协会验船师出具的检验报告认定，船底钢板的损坏是该轮在航道内碰触沉没物所致。

期租合同包含的一项规定称，船舶在期租期间，租船人将在规定的航行区域内的"安全港口/或泊位"之间从事营运。船东依据该条规定，认为航道内有沉锚存在，影响船舶安全航行并造成船舶的损坏。因此，前文所述该港口对该轮驶入和驶离不是安全港。船东要求租船人赔偿船舶临时修理费、租车费、交通费、潜水服务费、引水费、租金损失、永久修理费、检验费、临修费、燃油费和律师费及利息，合计 3 063 526.86 美元。

租船人答辩称：港口不是不安全港口，被申请人在指定其为装货港口时没有过失或缺乏谨慎。沉锚的存在连港口当局、美国海岸警卫队和美国陆军工程兵团都不知道，又怎么可以要求已作了合理解释的租船人知道这一不明的危险？他们进一步认为，弃锚的存在不是码头泊位，不是设备、设施或构造部件，也不是港口地理特征，即不是岸堤、浅滩或沙洲等自然形成的地理特征。弃锚的出现属于异常事件（abnormal occurrence），完全超出了租船人承诺的港口安全的范围。

【讨论问题】 ■
租船人指定装货港后，为什么仍要对港口不安全造成的船舶损坏负责？

【参考答案】 ■
关于租船人是否应对航道内沉锚的存在造成的船舶损坏负责，由于航道内有沉锚的存在是未知的，也就是说，租船人在指定港口时是没有过错的。根据《海商法》第 127 条和第 134 条，除非租船合同另有约定，承租人应当保证船舶在约定航区内的安全港口或地点之间从事约定的海上运输。本案租船合同的明示规定也应解释为，租船人应把船舶在安全港之间的运输作为一项租约规定的安全保障，即保证指定的港口对船舶驶入、占用和驶离是一个安全港。租船人由于违反保证，必须向船东赔偿船舶与沉锚相撞所造成的损失。

4.3.2　关于安全港口

------------ 案例 ------------
怎样的港口才是安全的

【案例正文】 ■
某年 1 月 4 日，A 与 B 签订航次租船合同，A 为出租人，B 为承租人。合同约定：船舶为"L"轮或 A 指定的类似船舶；装港为印度尼西亚 W 港一个安全锚地；卸港为海南洋浦一个安全泊位；货量为 46 000 公吨散装铁矿，10% 的货量增减由原告选择；运价为 34.50 美元/吨；出租人不负责装卸费、积载、平舱（FIOST）；装率为 6 000 公吨每 24 小时连续晴天工作日；滞期费每天 50 000 美元，不足一天按比例计算，速遣费为滞期费的一半，适用于装卸两港。涉案租船合同签订后，原告于 1 月 7 日通知 B 指定"F"轮履行涉案航次。1 月 14 日 1606 时，"F"轮抵达印度尼西亚 W 港锚地等待装货。1 月 15 日 1330 时，开始装载。1620 时，3 号克令吊在装货过程中，吊臂突然折断导致船舶受损，抓斗落海。

在其后的装货过程中，因遇恶劣海况多次停止装货，同时克令吊多次发生故障，导致装货进度缓慢。2 月 11 日 1200 时装货作业完成。上述期间，"F"轮船壳受损。2 月 18 日"F"轮到达目的港海南省洋浦港卸货，2 月 22 日 1620 时，本航次结束并还船，其后"F"轮开往某地安排维修。2 月 23 日入坞修理，3 月 11 日修理完毕出坞。

A 诉称：该航次由于装货锚地不安全、装货工人操作不当以及发货人驳船衬垫不足，造成"F"轮船壳受损，B 应对此承担责任，故请求法院判令被告赔偿原告修理船吊、船壳以及备件等费用。

B 辩称：A 指称装货锚地不安全没有依据；指称装卸工人操作不当致使第 3 号克令吊倒塌也没有依据，第 3 号克令吊吊臂断裂抓斗落海是由于吊机本身存在的缺陷和船长的过错所造成；发货人驳船衬垫不足造成的船壳损坏与被告无关；A 要求 B 承担其所谓的装货港延误损失没有依据。综上，A 的诉讼请求均缺乏法律依据，故请求法院依法予以驳回。

【讨论问题】 ■
本案中，该港口是否为安全港口？

【参考答案】 ■
最经典的"安全港口"的法律定义来自英国上诉法院在 The "Eastern City"〔1958〕2Lloyd's Rep.127 一案的判决。英国上诉法院给安全港口下的定义是：如果一个港口能使特定的船舶在抵达、进港、在港停泊和离港的整个相关期间内，在没有不寻常事件发生的情况下，不会处于良好的航海技术和海员技能所不能避免的危险之中，该港口就是安全港口。法院同时强调，港口是否安全是一个事实问题，必须根据每一个单独案件的情况来判断。通常而言，承租人仅有在不安全因素是该港口的寻常情况时，才能被认定违反了指定安全港口的义务。如果不安全因素是无法预见的特殊情况，那么法律上不能认定该港口是不安全港口。这一对"安全港口"的判断深刻影响了一代又一代的航海人，我国海运实务界和理论界普遍认为，认定港口是否安全，尤其是认定某事件是否寻常，仅从该事件的可预见性来看是不够的，还必须考虑该事件在港口历史上发生的次数和频率。在判断港口发生的某类坏天气是否寻常时，该港口水文气象的历史数据和事故发生时的气象数据都是至关重要的证据。由此可见，认定港口是否安全的标准，应该是发生不安全因素的频次，一个港口多次发生同一不安全因素导致船货损失且频率较高，即可被认定为不安全港口，船舶租家就应该为此承担赔偿责任；相反，如果船舶在一个港口发生了因不安全因素导致的损失，而通过查阅该港口之前一定历史时期的数据，该不安全因素并未发生过或仅是偶尔发生，则应该确认为不可抗力，而不能将该港口认定为不安全港口。回到本案，事实表明，原告装货期间确实遇到了恶劣天气影响装卸的情形，同时原告还因这种恶劣天气遭受了船舶的损失，但被告提供的大量证据证明，此种天气在该港口的历史上是不寻常的，并未达到足以认定不安全港口的频次，应当属于不可抗力。法院最终支持了被告的主张，对原告提出的不安全港口的认定请求不予支持。

4.4 货物条款

---- 案例 1 ----

货物少装和不装，船东损失有什么区别

【案例正文】

在 The "Concordia C" 案例中，原租约是一个从西非去一广大范围的一至二个卸港的航次。这个广大范围包括了欧洲、加勒比海、美湾、美国东部等。租船人之后指定船去尼日利亚的 F 港装原油去德国的 W 市。

船在 1 月 25 日到了 F 港，并给了通知书，但发货人说没有货可装。

在 1 月 29 日，0001 时，装卸时间始算。

在 2 月 1 日，0001 时，装卸时间期满，滞期费始算。

在 2 月 2 日，船东接受毁约，中止原租约并找了另一替代租约。该替代租约是去非洲的 K 港装货去墨西哥湾的 S 港。船是 2 月 6 日抵达 K 港，在 2 月 13 日，0001 时开始装。在 2 月 15 日，0800 时装完货，最后在 3 月 10 日，0200 时在 S 港卸完货，完成替代租约。

【讨论问题】

货物少装和不装，船东的损失有什么区别？

【参考答案】

毁约是经常见到的一种违约，注意这里不提供货物并不是一部分货量而是完全不装，事后也的确没有这个航次。第一种情况，少装一部分货量计算损失一般比较容易。这是亏舱费（deadfreight），即少赚了多少运费，减去因少装而省了的费用即可。

但完全不装，订好的航次根本没有去履行，船东损失就不是亏舱费了，两者根本不相关。船东或会以相似方式去计算，即可赚运费扣除如果行走这个航次要花费的估计费用（主要是燃油费、装卸港口使费等）。

案例 2

如何厘清装货毁约带来的损失

【案例正文】

油轮的原租约是在 N 国装原油去 L 港。船在 3 月 27 日到了 N 国装货港，但一直没有装货。到了接近两个月后的 5 月 20 日，船东被迫接受毁约。之后，船空放去了波斯湾，在海湾口的 F 港等生意，从 6 月 15 日等至 7 月 2 日才总算找到生意，是从 K 国装原油去红海。

仲裁庭判船东可以索赔从 N 国装货港"装卸时间期满"（laytime expired）始至租约中断的 5 月 20 日止所有的滞期费。这会是很大的一笔钱，因为延误时间很长。

但 5 月 20 日后船东在运费方面的损失却不易计算。另外，还有以下情况：

（1）仲裁庭看到有可能的替代生意几乎都出自波斯湾。

（2）如果原租约得以履行，估计时间在 5 月 20 日开始，也应在 6 月 14 日在 L 港终结，但这时候，K 国去红海的替代航次仍未找到（7 月 2 日才找到）。这样带来的疑问是替代航次有否额外收益要从原租约的损失中减除？

（3）去红海的替代航次对船东十分有利。

【讨论问题】

装货毁约带来船东的损失应如何厘清？

【参考答案】

仲裁庭认为光是去计算原租约的运费（N 国去 L 港），再减掉这航次在 5 月 20 日如果履行必须支付的航次费用（如燃油等），这个损失结果会让船东"赚钱"。所以，即使替代租约是之后才开始，不存在占用原租约时间，也要给一个折扣。

折扣主要存在于减除在 L 港卸完货之后预估要空放去波斯湾，与船真正在这个航次从 N 国空放去波斯湾，这两者之间有耗油的区别。

4.5 运费条款

案例

运费的随意扣减：FOB 下运费应支付给谁

【案例正文】

中国某厂 FOB 术语下进口一批昂贵货物，一定要在两个月内自欧洲运抵中国。

在租约内，虽然没有"运费已付"（freight prepaid）的提单，因为是 FOB 买卖，中方答应装货后运费已备妥，3 天内所有运费付给希腊三船东。船在欧洲装上了这批昂贵货物后，中方突然收到一份电传，来自另一家自称是二船东的美国公司。电传指出希腊三船东不可相信，不要付运费给它，而应去付给二船东，否则这批货物无法顺利抵达中国。中方惊慌之余，撇开了希腊三船东，在几天内与二船东另订一个合约，同意把运费分两次支付给它，并把第一笔钱付出。

中方 FOB 买方与希腊三船东订了租约，但被美国二船东吓一吓再去多订一个协议去付出运费。这样，中方同时被三船东和二船东追要支付运费，它们都去仲裁要求中间裁决。当时，中方已付了第一笔钱给美国二船东，中方面临三船东对全部运费的追讨并已开始仲裁。中方也面临二船东对余下运费的追讨，也在开始仲裁，并威胁货物不会运抵中国。可以说，麻烦与压力越来越大。而真正应去反击，倒过头施加压力，唯一有能力、有责任把货物运送到中国卸货港的原船东，中方反而从未接触过。

【讨论问题】 ■━━━━━━━━━━━━━━━━━━━━━━━━━━
在本案件中，FOB 下运费应支付给哪一方？

【参考答案】 ■━━━━━━━━━━━━━━━━━━━━━━━━━━

（1）既是 FOB 买卖，又不要"运费已付"提单（事实上提单是说明"运费到付"），为何在租约中应允所有运费先付？如先付给希腊三船东，将来原船东根据"运费到付"提单，即它与 FOB 买方之间的唯一运输合约，再在中国卸货港留置货物去要求付运费又如何？

（2）船东提供了服务（运输）才能获得报酬（支付运费），而如果不给报酬，船东可以留置货物。运费现在经常预付，反而是违反惯例，用文字去把法律一向默示的条文改变过来，是因为现在有太多的 CIF 或 CFR 买卖。

（3）中方与希腊三船东有租约在身，要在 3 天内支付全部运费，不去这样做应是明显违约。因为有二船东的警告传真而对三船东有怀疑，不是可以不履约的合法理由。最莫名其妙是，中方怎会给二船东吓一吓便会多签一份合约，付钱给二船东呢？这样，中方变为夹在两份租约之间，两份合约都要去履行，自投罗网地去多付一笔运费。理论上来说，不去签这份合约，中方与二船东根本没有任何关系，也没有必要付它任何钱。

（4）中方没有考虑谁才是真正有能力、有责任（提单责任）把货物运送到中国卸货港的一方：就是真正船东。中方应去从真正的原船东取得履约的保证。中方知道提单是"运费到付"，却在租约里答应运费先付希腊三船东，之后再签一个租约答应支付另一笔运费给美国二船东，要是原船东在卸货港留置货物，要求中方支付提单的"运费到付"，这个要求完全合法。

即使在期租下，租船人（二船东）也不能给予不合理的命令要求中方支付提单下的运费，"到付"是指船要到中国卸货港，船舶准备就绪可去交货时才需要支付，不会是在航次半途。总之，提单除非是注明"已付运费"，否则原船东可名正言顺地为到付运费留置货物。

4.6 装卸时间计算与索赔

------ 案例 1 ------

滞期费索赔、时效条款、卸货完成时间应如何确定

【案例正文】■———————————————————

船东和承租人在 2019 年 10 月 23 日签订了一份从巴西 Santos 装载原油到美国西海岸加利福尼亚的程租合同。涉案船舶于 2019 年 12 月 24 日卸货完毕，装卸港总共滞期 151 小时 48 分钟，合计 487 183.12 美元。在 2020 年 1 月 24 日，西班牙的当地时间，承租人收到从经纪人转发过来的滞期费通知。承租人认为在 2019 年 12 月 24 日完成卸货，最后一个通知时间应该为 2020 年 1 月 23 日，从 12 月 25 日开始计算 30 天，因此 1 月 24 日的通知已经超过时效。

船东认为，承租人的主张不正确，卸货是 2019 年 12 月 25 日完成，最后一天通知时间是 2020 年 1 月 24 日，从 12 月 26 日开始起算 30 天的日期，因此在 2020 年 1 月 24 日的通知是及时的，在时效限制内。

涉及的争议是船东提出的 487 183.12 美元加利息的滞期费索赔是否受到格式条款的时效限制，其中规定：如果发生滞期费，船东应在卸货完成后 30 天内通知承租人，任何滞期费索赔应在卸货完成后 90 天内完整记录并由承租人收到。如果船东未能按照本协议要求在上述限度内发出通知或提交任何此类索赔，并提供可用的文件，则承租人对此类滞期费的责任将消失。

争议是应使用哪个时区来确定完成卸货的日期。特别是：（1）日期是否应根据发生卸货的加利福尼亚州当地时间确定，在这种情况下，索赔是否超时效？（2）或者应该根据以下任一情况确定卸货完成日期：（a）所需通知的接收者所在的时区（此处为西班牙时间，承租人的时间）；（b）发出所需通知的时区（此处为比利时时间，船东时间）；或（c）世界时（GMT），鉴于合同适用英国法律。按照这些方法中的每一种计算，索赔都没有超时效限制。

船东认为，正确的做法是（a）将单一时区应用于该期间的开始和结束，以及（b）使用与相关条款有最密切和最真实联系的时区。船东的主要意见是最接近和最真实联系的时区不是加利福尼亚时间，船东和承租人的行政人员（通知应由谁发出和向谁发出）都不在加利福尼亚时间，而是一个欧洲时区。

承租人则主张，卸货完成日期应以卸货地点的当地时间为准。使用当地时间是

自然的方法，反映了事实陈述和船东装卸时间陈述中所述的信息，并提供了一个明确的、单一的卸货日期。同样，可使用当地时间作为货物索赔证明时效期限。

船东提出了对它有利的简易判决申请；承租人提出了对它作出有利的简易判决的相反申请。

【讨论问题】

本案件中有关滞期费索赔、时效条款、卸货完成时间应如何明确？

【参考答案】

作为两家企业之间的商业协议，租船合同一般应按照适用商业合同解释的原则进行解释。根据要求在 30 个日历日内送达通知，该时间段自然等于或多于或少于 30×24 小时的"逝去时间"，与地点相比具体取决于需要送达通知的卸货地点。这只是以日历天数而非"逝去时间"为框架的通知期的一个特征。而且，即使在最极端的情况下，时间缩短也不会超过大约 23 小时。在 30 天通知期的情况下，任何此类差异不会从根本上改变或削弱双方对 30 天通知期的权利。如果通知期短得多（例如两天或三天），考虑情况是否会有所不同就没有密切关系了。就关于滞期费索赔通知的期限而言，卸货日期应使用卸货地点的当地时间确定，此处为太平洋标准时间。据此，本案的通知超过时效，将作出对承租人有利的判决。

案例 2
谁来负责卸货延滞的滞期费

【案例正文】

某年 1 月 9 日，A 船务公司与粮油公司签订了《沿海运输协议》。该协议约定：由 A 船务公司派遣"GS"轮装运 8 000 吨玉米从秦皇岛港运往广州港，运价每吨 100 元；受载期为当年 1 月 10 日至 1 月 15 日；装卸条款为 FIOS。协议还规定了装卸时间及其计算方法，装卸效率为：装货用 4 个连续 24 小时晴天工作日，卸货用 7 个连续 24 小时晴天工作日，装卸货时间从船舶抵达引水锚地的 24 小时后计算，等候泊位不管下雨、节假日与否均算为装卸时间。装卸货物延滞费每天人民币 1.5 万元；延滞、速遣时间不足 1 天的按比例计算。协议中还约定 5 个货舱口的吊杆负荷为 2.5 吨。

1 月 10 日 22 时 30 分，A 船务公司的"GS"轮抵达秦皇岛引水锚地，当天船长向秦皇岛外轮代理公司提交了《装卸就绪通知书》，1 月 11 日 13 时 30 分开始装货。在装货过程中，B 粮油公司要求改装部分大豆和布匹，此后又发现"GS"轮第一、五货舱的吊杆负荷实际上只有 1.5 吨。为解决上述问题，双方于 1 月 19 日、26 日签订了两份《补充协议》，约定：因第一、五货舱吊杆负荷问题引起粮油公司在装卸过程中增加的作业费仍由其负责；A 船务公司在改装的大豆、布匹运价中适当补偿，约定大豆运价为每吨110元，布匹运价每吨130元；装卸两舱的装卸效率仍按原协议不变；在装卸过程中吊机出现故障，影响装卸效率，按船舶事实记录在装卸时间中扣除。其他条款以原协议为准，两补充协议与原协议同时生效。1月15日上午7时，装货完毕。装货使用时间为3天8小时30分。在此期间，第一舱坏机13小时30分，第四舱坏机15小时30分。"GS"轮装货港速遣时间为21小时18分（0.8875天），按双方协议约定，速遣费为13 312.50元。

1月19日13时45分，"GS"轮抵达广州港引水锚地，1月22日12时开始卸货。在卸货过程中，该轮第四舱的油压起货机动力油泵发生故障，除了在1月23日15时40分至17时工作外，一直处于坏机状态。该轮一至四舱的油压起货机动力油泵可以互相转换使用，实际卸货中第四舱起货机使用第三舱油泵开动。2月2日上午6时卸货完毕，卸货使用时间共计12天16小时15分，从卸货时刻起算时计算，到船舶进入滞期时止，计雨天停工时间1天2小时15分，第四舱因起货机动力油泵故障时间计6天6小时25分。双方因对装卸时间计算不同，对滞期费的问题各持己见，协商无果，船务公司向海事法院提起诉讼，要求B粮油公司赔偿134 500.50元的滞期费及利息。B粮油公司答辩认为，因船吊实际负荷与合同约定不符，致使装卸时间延长的责任应由船方承担。

【讨论问题】 ▰▰

因起货机坏机造成卸货延滞滞期费采用"坏机时间均摊全船各货舱"的算法是否合理？

【参考答案】 ▰▰

A船务公司、B粮油公司双方签订的《沿海运输协议》及其两份《补充协议》依法成立，具有法律约束力。承运船舶在装货港口发生速遣时间21小时18分（0.8875天），依合同规定，船方公司应支付给B粮油公司速遣费13 312.50元。在卸货中船舶滞期，船务公司请求滞期费是合理的。但应根据合同约定，在计算时扣除雨天停工时间及起货机在卸货期间坏机影响装卸效率的时间。计算坏机影响装卸效率，国内港航部门通常采用"坏机时间均摊全船各货舱"的算法，且船方计算装货港的装卸时间亦采用此计算方法，粮油公司并没有提出异议。

据此，应把第四舱起货机在规定卸货时间内坏机的时间均摊五个货舱计算，坏机影响卸货效率为1天6小时5分。按协议规定，卸货时间从1月20日13时45分起算，扣除起货机坏机影响卸货效率的时间及雨天停工时间后，"GS"轮从1月29日22时5分进入滞期，延滞时间为3天7小时55分（3.32986天），B粮油公司应支付给船方滞期费99 895.80元。装货港速遣费与卸货港滞期费相抵，B粮油公司应支付给船务公司滞期费86 583.30元。船务公司提出滞期费134 500.50元的请求及有关利息的请求不予支持。

综上所述，处理该案主要解决两个问题：①A船务公司与B粮油公司签订的《沿海运输协议》及其两份《补充协议》是否合法有效；②滞期时间及滞期费如何计算。

（1）从案件的实际情况看，原、被告双方当事人于1月9日就运输8 000吨玉米之事项经协商一致订立的《沿海运输协议》是合法有效的。后来，由于被告改装部分货物，原告的"GS"轮第一、第五货舱吊杆实际负荷与协议不符，为解决这些具体问题，双方在平等互利、协商同意的前提下，分别签订的两份《补充协议》亦属合法有效。

（2）关于滞期的时间和滞期费的计算问题。既然合同中已有约定，而合同又合法有效，就应按合同的约定来解决。但这里涉及扣除起货机坏机影响装卸效率的时间，而这正是解决该案的关键。目前，我国港航部门通常采用"坏机时间均摊全船各舱"的算法，这种算法作为一种惯例，在合同没有明确约定的情况下，法院采用这种惯例，是合理的。

4.7　货物留置权条款

------------ 案例 ------------

A公司能主张行使海上货物运输留置权吗

【案例正文】

2014年5月13日，A与案外人某船务有限公司签订航次租船合同，约定由A实际控制的"JH"轮承运130 000吨无烟煤，从澳大利亚纽卡斯尔港到中国日照港，"JH"轮于2014年6月28日到达卸货港日照港，并于7月3日卸货完毕。

A应得运费1 252 980.70美元及滞期费61 971.97美元，A仅收取部分海运费，尚有海运费及滞期费共计394 772.6美元经多次催要仍未收到。根据涉案航次租船合同约定以及提单条款规定，船东有权因应得而未收取的运费、滞期费对货物行使留置权。A已依法通过该轮在日照港船代行使了对货物的留置权。

在货物被留置期间，B通过申请海事强制令，在A未收到海运费和滞期费的情况下，强行提取货物，使A在客观上丧失了对货物的留置权，进而导致尚未收取的海运费和滞期费无法通过行使留置权而获得。A遂提起本案诉讼。

对此，B公司答辩称：第一，关于本案法律适用，本案是涉外海商纠纷，应该按照中国法律来审理；第二，A和B之间不存在海上货物运输合同法律关系，A无权根据海上货物运输合同向被告主张任何权利；第三，即使A、B之间存在合同关系，根据《海商法》的规定，收货人不承担提单项下的运费以及在装货港发生的滞期费，B不是A诉称欠款的债务人，A无权留置非债务人所有的财产；第四，A的起诉已经超过1年的诉讼时效期间。

【讨论问题】 ■———————————————————————

本案中，A能否以丧失了对货物的留置权起诉成功？

【参考答案】 ■———————————————————————

海事法院认为：（1）《中华人民共和国涉外民事关系法律适用法》第三十七条规定，当事人可以协议选择动产物权适用的法律，当事人没有选择的，适用法律事实发生时动产所在地的法律。根据该规定，本案留置权应适用的准据法，首先要看当事人是否协议选择，如没有选择，则应适用留置行为发生时动产所在地的法律。A主张本案应适用英国法，理由为其与案外人某船务有限公司签订的航次租船合同已并入提单，而并入提单的该租船合同约定适用法律为英国法。

对A的该主张，海事法院认为：①A并未能举证证明其与案外人某船务有限公司所签订租船合同的真实性，本院对A主张的该合同未予认定；②即使该租船合同真实，但B并非租船合同的当事人，A不能依据该合同主张与被告协议选择准据法；③本案提单系船长代理签发，提单承运人为船东而非A，A并非提单运输法律关系当事人，并不能依据提单主张与B就法律适用达成合意；④B系提单持有人，但并非租船合同承租人，涉案提单正面并未明示租船合同的法律适用条款并入提单，因此A所称租约中的法律适用条款并不能约束B。

因此，A主张已经协议选择适用英国法的理由不能成立。由于双方未协议选择准据法，故对留置权的审查应适用留置行为发生时动产所在地的法律，即中华人民共和国法律。

（2）根据中华人民共和国法律，留置权为法定担保物权，具有法定性，留置权依据法律规定而产生，而不能依当事人的约定而设置。因此，A所主张的租约中引用的金康94条款中第8条留置权条款，应属于约定条款，并不能作为本案留置权的审理依据。《海商法》第八十七条规定：应当向承运人支付的运费、共同海损分摊、滞期费和承运人为货物垫付的必要费用以及应当向承运人支付的其他费用没有付清，又没有提供适当担保的，承运人可以在合理的限度内留置其货物。

据此规定，承运人有权留置的货物应当是对有关费用负有支付义务的债务人的货物。但在本案中，即使A所主张的与案外人某船务有限公司所签订的航次租船合同真实，支付运费等有关费用的债务人也应是案外人某船务有限公司。同时，本案提单也未明确载明运费、装货港滞期费由收货人、提单持有人承担，根据《海商法》第六十九条、第七十八条的规定，作为提单持有人和收货人的被告，并不是负有运费支付义务的债务人。

可见，B并非A的债务人，因此A无权留置被告所有的涉案货物。同时，行使留置权须以合法占有留置财产为前提，本案提单系船长签发，提单承运人为船东而非原告，在交付收货人之前货物实际由船东占有控制。因此，A主张对货物具有留置权，无论是义务主体方面，还是权利主体方面，都缺乏法律依据，不应支持。

综合案例：Z 进出口公司提单项下货物索赔

【案例正文】

本案例描述和分析的是一场提单项下的货物索赔商战。20 世纪末，Z 进出口公司因 D 轮承运的印度豆粕到达南通港后发现严重货损，扣押了该轮，并向 H 海运公司、当事船舶的保赔保险公司和货物保险公司发起了长达 3 年之久的索赔商战，在一审法院、二审法院和最高法院进行得异常激烈。

一、背景

1997 年，中国豆粕市场供货出现紧张，豆粕价格一路上扬。饲料加工企业感到了压力，担心价格继续上涨，便开始大量订购豆粕，结果加剧了市场价格的上扬，短短的几个月内，国内市场价格比国际市场价格高出了 30% 还多，国内有能力的农产品贸易公司便开始到国外大量抢购豆粕。

Z 进出口公司（以下简称 Z）是当年一家国有大型农产品进出口公司，总部设在北京，常年经营饲料进出口业务，拥有一批精明强干的业务人员，在国内外积淀了广泛的交易渠道。豆粕市场的这种悄然变化 Z 当然不会没有觉察。Z 通过各种渠道从印度市场陆续订购了数万吨豆粕，这其中就包括 Z 从 C 国际贸易公司（以下简称 C）订购的 1.1 万吨印度豆粕。Z 初步估计，按照当时的差价计算，这数万吨豆粕全部售出后可净赚数千万元人民币。

C 的母公司是一家专门从事农产品进出口的大型跨国贸易公司，是世界上四大农产品跨国贸易公司之一，业务范围几乎囊括全球的各类农产品贸易，在世界农产品主要贸易国设有许多子公司。1997 年 11 月 6 日，C 与 Z 签订了一份合同号为 S0187 的销售合同。合同主要条款如下：11 000 吨（增减 10%）散装印度片状黄豆粕，蛋白质含量 45%，最大含水量 12.5%，砂石含量不超过 2.5%。价格为 CFR 每公吨 278.5 美元，结算方式为不可撤销的即期信用证，装货港为印度的维沙卡帕特南，卸货港为中国的南通，交货期为 1998 年 1 月 15 日至 2 月 15 日。其他条款以 GAFTA100 格式合同为准，仲裁规则以 GAFTA125 规则为准。事实上，C 销售的豆粕是从其母公司旗下的印度子公司 P（以下简称 P）购买的，后者是这笔交易的真正发货人。12 月 8 日，Z 按照合同约定通过国内某银行向 C 开出了金额为 3 063 500 美元的即期付款信用证。

C 与 Z 签订了 1.1 万吨豆粕销售合同之后，于 1998 年 1 月与 H 海运公司（以下简称 H）签订了其所属 D 轮的该批货物运输合同，受载期为当年的 1 月 15 日至 2 月 10 日。2 月 9 日，D 轮按照运输合同约定抵达印度的维沙卡帕特南港并靠泊装货，至 16 日 16 时，全部货物装船完毕。其后，发货人 P 向 D 轮大副出具了倒签提单和清洁提单保函，D 轮大副签发了装运日期为 2 月 15 日的清洁大副收据，并委托船舶代理人依据大副收据签发提单。D 轮的这一行为引发了后来 Z 与 H 的倒签提单之战。商人的头脑虽然精明，但也有糊涂的时候。几个月过后，由于多家贸易公司在国外抢购的豆粕陆续运抵国内港口，国内豆粕价格开始下滑。至D轮3月5日抵达南通港时，不但Z的预期利润跌没了，据后来他们向船东H索赔的数据，还倒赔进去520多万元人民币。Z于是以倒签提单为由申请海事法院扣押了D轮，向H索赔市场差价损失。由于D轮有银行抵押，Z索赔不成，又依据买卖合同向C提起仲裁索赔。又由于Z错过了仲裁时机，与C就此问题在伦敦仲裁庭舌战了很久前景也不明朗，于是，Z决定转向再战H，但理由改为货物损坏索赔。Z到底是大公司，业务技能高超，出招凶狠。专业人士一看就明白，Z的此役与上次的倒签提单之战大不相同，因为货损索赔会将D轮英国的W保赔保险公司（以下简称W）和货物保险公司拖进来，如果案子胜诉，就不怕没人赔了。再者，与C交战会伤害自己长期贸易伙伴的感情，最重要的是，C是豆粕专家，向它索赔货损不那么容易。而告H就不同了，后者不懂豆粕，战斗会顺利得多。后来的战局演进证明，Z的总体判断是对的，但H也不甘示弱，双方在连续3年的时间里你来我往地交战了多个回合，打得难解难分。

二、D轮在南通港卸货出现货损

D轮于3月6日在中国南通港靠泊开始卸货。Z的代表在卸货过程中发现，大比例的豆粕呈现褐色而非提单中描述的黄色，有部分货物结块变黑，呈现碳化，可能已经丧失了使用价值。Z马上邀请中华人民共和国江苏南通进出口商品检验局派员对D轮所载豆粕进行检验。据该局1998年9月28日出具的编号为32061C9850031的货物残损检验证书，D轮卸货时发现的货物受损情况如下：1舱2层舱和底舱后部货物出现严重碳化现象，所载720吨货物有389吨碳化、变黑，有64.5吨变色并与炭化货物相混，有266.5吨变色；2舱所载2 145吨货物全部变色；3舱所载2 799吨货物全部变色；4舱所载2 226吨货物全部变色；5舱所载2 589吨货物全部变色。检验人员分析认为，上述货物受损系卸货前就已存在，受损货物已不能正常使用和销售。检验局收取了49 445元人民币检验费用。

三、Z申请扣押D轮

事实上，Z对H的这场货损之战蓄谋已久，早在D轮尚未抵达南通港时，Z就做好了各场战斗准备。Z的作战计划是实施倒签提单之战，因为事实清楚，战斗容易进行。如果不成，再打货损之战，因为后者需要大量的证据，不那么容易进行。倒签提单之战已经进行，但战果不佳。战役进行到现在，货损之战是箭在弦上，不得不发了。进出口商品检验局的检验报告需要9月份才能出炉，那太迟了，Z没那么大的耐性。

于是，就在倒签提单之战中D轮因H与Z签订了和解协议而被释放的第三天，即4月24日，Z就迫不及待地又以货损为由向海事法院申请再次扣押D轮。Z在诉前扣押申请中写道：

申请人Z是01号正本提单的持有人，提单项下的承运人为H，承运船舶为D

轮，提单显示已装船印度黄豆粕 10 479 吨，品质良好。但 D 轮在南通港卸货过程中发现，部分货物严重碳化，已完全丧失使用价值；部分货物变色，发生贬值。经估计，申请人的损失约为人民币 830 万元。申请人认为，承运人 H 未能尽到妥善管理货物的义务，致使货物在其掌控期间发生损失，应当承担全部赔偿责任。为保证本案判决能够顺利执行，申请人根据《中华人民共和国民事诉讼法》的规定，特提出诉前保全申请，请贵院裁定许可并立即执行。

海事法院在收到 Z 的扣船申请的当日进行了快速审理。法院审查后认为，申请人的申请符合法律规定。依照《中华人民共和国民事诉讼法》第 93 条、第 251 条第 2 款的规定，裁定准许申请人的诉前财产保全请求，即日起扣押 H 所属的 D 轮，判令 D 轮船东 H 向法院提供人民币 830 万元的担保。同时，海事法院下达了扣船令，并于当日送达 D 轮，在南通港正式对该轮予以扣押。多难的 D 轮再次失去了自由。

四、Z 正式发起对 H 的货损索赔之战

D 轮的再次被扣押给 H 带来了巨大的经济损失和精神压力，每天的船期损失在 5 000 美元以上，还要支付海事法院指定的看船人不菲的看船费用。为应对这一不利局面，在与 Z 协商将担保额降低到人民币 647.4 万元（按当年 8.3 的汇率约折合 78 万美元）后，H 向 W 提出申请，请求根据保赔保险合同，向海事法院提供该项担保金。后者了解案情后随即委托中国某保险公司上海分公司于 5 月 4 日向海事法院提供了 78 万美元的担保，法院在收到该笔担保金后，于当日裁定释放 D 轮，多难的 D 轮暂时再次获得了自由。

6 月 21 日，Z 在海事法院正式以货损为由对 H 提起诉讼。起诉书称 1997 年 11 月，我司向 C 购买印度产片状黄豆粕 10 479 吨，交由被告 H 所属 D 轮从维沙卡帕特南港运往南通港。该轮签发的提单表明货物品质良好，但在该轮在南通港卸货过程中，发现部分货物严重碳化、变色，经初步检验发现货损金额达人民币 647.4 万元。我司认为，该次货损的发生是由于承运人 H 管货过失，如雨天装货、货物在航行过程中未按指示通风等，因此 H 应当承担管货过错责任。请求法院判令 H 赔偿我司人民币 647.4 万元。令人不解的是，Z 在后来的庭审中，变更诉讼请求，请求法院判令 H 赔偿损失共计人民币 12 808 922.34 元。

关于 D 轮雨天装货的证据问题，Z 向法庭提交了 D 轮的航海日志相关记载：2 月 9 日，D 轮在维沙卡帕特南装货，18 时 10 分，5 舱作业；19 时 20 分，3 舱作业；21 时，工人休息；21 时 40 分，下雨关 1、2、4 舱；22 时关 3、5 舱；23 时 30 分开 3、5 舱继续装货。据此，原告向法庭推断，D 轮在雨中装货，是导致后来货物碳化变质的重要原因之一。

关于货物品质的证据问题，原告向法院提供的 2 月 16 日装货港检验人出具的品质证书，表明装载于 D 轮的豆粕没有杂乱谷壳，没有结块。向法院提供的同年 9 月 28 日江苏南通进出口商品检验局出具的残损证书表明，1 舱有部分货物碳化变黑，其他货舱货物变色，已不能正常使用和销售。向法院出具的 D 轮航海日志表明，D

轮在航行途中没有对货舱适当通风和测温。关于转卖合同损失的证据问题，Z向法院提供了与国内Y公司（以下简称Y）签订的该批豆粕转卖合同。该合同内容显示，转卖数量为12 000吨，单价为人民币2 630元，Y在合同签订后向Z支付定金人民300万元，如Z违约，须向Y双倍返还定金和支付合同金额10%的违约金。3月6日，Y致信Z称，合同规定3月5日交付货物，但时至今日贵公司仍未能交付货物，我们宣布因贵公司违约而解除该项合同，要求贵公司在5个银行工作日内双倍返还300万元定金并支付违约金915.6万元人民币。

关于受损货物贬值销售的损失证据问题，Z向法院提供了以下出售记录：在4月、5月、6月期间，Z以每吨人民币1 800元销售该批豆粕130吨，以每吨1 260元销售30吨，以每吨1 240元销售2 000吨，以每吨1 700元销售70吨，以每吨1 300元销售650吨，以每吨1 050元销售99.57吨，以每吨1 000元销售2 659.7吨，以每吨1 160元销售4 292.375吨，以每吨500.98元销售499.015吨，共计降价销售10 430.66吨。Z申请南通市价格事务所出具的价格鉴定报告显示，委托鉴定的变色印度豆粕（不包括碳化、变黑部分）4—6月份的南通市场平均可销售价格为每吨人民币1 150元左右。

五、H对Z索赔的应战

对于Z的起诉，H及W共同指定了代理律师N处理此案。对于Z的各项诉求及诉由，N代表H和W在法庭作了如下抗辩：

N首先对Z的诉讼资格进行了抗辩：我的当事人认为，D轮本航次的豆粕运输是基于航次租船合同进行的。该租船合同表明，合同的承运人为H，承租人为C，如果存在货物损坏，也只有C有权对本公司提起诉讼。而Z并非该运输合同的当事人，H对Z没有任何合同义务，因此Z没有权利对本合同的承运人主张任何权利。Z出示的与C的买卖合同中的CFR贸易条件也证明了此点。

Z以提单为依据向H提起诉讼也是没有法律根据的。我国1992年颁布的《中华人民共和国海商法》第71条规定，提单是指用以证明海上货物运输合同和货物已经由承运人接收或者装船，以及承运人保证据以交付货物的单证。D轮签发的本航次的提单内容显示。货物的托运人为C，承运人为H。《中华人民共和国海商法》第42条第3款规定："托运人是指本人或者委托他人以本人的名义或者委托他人为本人与承运人订立海上货物运输合同的人"或者是"本人或者委托他人以本人名义或者委托他人为本人将货物交给与海上货物运输合同有关的承运人的人"。本航次使用的是GENCONBILL格式提单，提单内容显示，托运人为C，并非Z，因此，Z并不是提单的当事人，在提单项下没有诉权；本航次D轮签发的提单是租船合同提单，该提单合并有H与C的航次租船合同，而该租船合同内容也显示，Z并非本航次运输合同的当事人。因此，Z无论是依据提单还是依据租船合同向H起诉，都是没有诉讼资格的，请求法院驳回其起诉。

再者，D轮签发GENCONBILL提单背面的首要条款表明，本提单项下的任何争议的解决适用《海牙-维斯比规则》，本航次租船合同使用的"GENCON"1976年版格式合同，该合同第26条追加条款规定，本合同下的任何争议应当根据英国1979年仲裁法在伦敦申请仲裁，适用英国法律。据此，中国法院应当尊重当事人的约定，根据国际司法礼让的精神，驳回Z的起诉。

关于D轮航海日志记录的在装货港雨中装货问题，时任船长后来向法庭作证如下：本航次装运的豆粕是绝对怕湿的，因此不允许下雨后再关舱。航海日志记载的"下雨"是要下雨的意思，这一记载看上去不准确，但却是驾驶员的记载习惯。事实上，在下雨之前，D轮的所有货舱都已关闭，雨停后才打开继续装货。

关于所谓的D轮在航行途中没有进行适当货舱通风问题，我的当事人认为，货物装船时的平均水分含量达到11.8%，但表面状况良好，船长签发了清洁提单并无过错。在运输过程中，D轮根据货舱通风的一般规程对货物进行了适当的通风，只是根据本公司管理习惯，没有将通风过程记录在航海日志中，承运人在货物运输过程中已尽到妥善谨慎地管理货物义务。货物本身含水量较高，有自然吸收水分的特性，属于货物内在缺陷，这是货物损坏的根本原因。从Z提供的目的港残损检验报告中可以看出，货物的碳化发生在底舱，全船货物存在变色，这足以证明货物损坏与货舱通风没有任何关系。因此，根据相关法律，由货物内在缺陷导致的货损承运人无须承担责任。

关于Z对Y的所谓违约赔偿问题，我的当事人认为，Z与任何人达成的任何条件的转售合同均与本公司无关，本公司并非所谓的转售合同的当事人，对该转售合同的内容一概不知，Z也没有书面或口头告知本公司转售合同的任何内容，特别是合同的定金、高额违约金的规定。因此，我的当事人对于Z对Y的所谓双倍返还定金和支付高额的违约金无须承担任何责任。退一万步说，即使本公司被法庭判定需要赔偿，根据《中华人民共和国合同法》第113条的规定，违约方的赔偿金额应限定在违约人在订立合同时能够预见的程度。而对于Z与Y约定的合同金额10%的高额违约金，完全超过了承运人的预见能力。再者，Z向本公司既索赔双倍返还的定金，又同时索赔违约金的行为明显是违法的，是一种投机取巧。《中华人民共和国合同法》第116条规定，当事人既约定违约金，又约定定金的，一方违约时，对方可以选择适用违约金或者定金条款。据此，即使Z应当对Y作出违约赔偿，也只需赔偿转售合同中规定的违约金或者定金中的一种，而不是两种同时赔偿。并且，《中华人民共和国合同法》第114条规定，约定的违约金过分高于造成的损失的，当事人可以请求人民法院或者仲裁机构予以适当减少。Z与Y的900多万元人民币的违约金约定明显高于实际损失，因为，Z在本航次的倒签提单诉讼中要求H赔付的全部损失，以及Z在本航次伦敦仲裁申请中要求C赔付的全部损失也都只有520多万元人民币。Z为了夸大总的索赔金额，不惜采取欺骗法庭和我当事人的做法，实为法律与商业道德所不能容忍。退一步说，即使Z真的向Y既赔付了300万元人民币定金，又赔付了900多万元人民币的违约金，也是Z在对Y的所谓赔偿中的失职。因此，本公司对 Z 的此项所谓损失无须赔偿。

关于出售所谓的受损货物的价格损失问题，我的当事人认为：第一，Z 出售货物的价格损失完全是由于当时国内豆粕市场严重的供大于求导致价格大幅下跌，而市场价格跌落是 Z 应当承担的商业风险，这种风险不应由承运人承担。第二，Z 在南通港卸货不及时，好坏货物相混，加大了货损程度，其责任应由 Z 自己承担。第三，Z 出示的各项降价销售书面资料完全是 Z 的自话自说行为，违反了公平、公正原则。因为，对受损货物的处理，Z 要么应当邀请本公司参与，要么应当请求法院采取拍卖的形式，才能够保证出售价格的公正性，而 Z 并没能这样做，据此，本公司拒绝对所谓的价格损失承担责任。

综上，Z 在本案例中提出的索赔金额完全是捏造的，因为，Z 主张的 1 200 多万元人民币的所谓货损根本不存在，有充分证据显示，Z 在销售从 D 轮卸下的货物时，良好品质的印度豆粕国内价格已经因为供大于求而下降到不到每吨 1 500 元人民币，而 Z 的所谓残损豆粕处理价格平均在每吨 1 223 元人民币。照此计算，即使不考虑货损的性质，Z 的实际损失也只有 260 多万元人民币，大约只是 Z 总索赔额的零头，也就是说，Z 凭空捏造了 1 000 多万元人民币的损失。如果再考虑货损主要是因为货物本身含水量过高这一事实，则 Z 能向我的当事人索赔的金额几乎不足挂齿。至于 Z 向 Y 的所谓 1 200 多万元违约赔付更是凭空捏造的，既无法律依据，又无事实依据。因此，请求法院本着公平公正原则，依法驳回 Z 的起诉。

六、两审法院的判决及 H 的申诉

初审法院认真研究分析了 Z 的诉求和 H 的抗辩，审查了双方提供的各项证据后认为：D 轮签发的提单能够证明 Z 与 H 之间运输合同的成立，双方的权利义务关系应当依据提单规定确定；Z 提供的卸货港的货物残损报告应当视为有效证据予以使用，被告人的货损系货物本身潜在缺陷的主张不予支持；货物损坏是承运人在装货港雨天装货和航行途中通风不够造成的；H 适用英国法的主张，因提单中没有专门条款将租船合同的法律适用条款并入提单，本院不予支持；H 的损失计算应当按照商业发票价格减去目的地跌落的市场价格计算的主张不予支持。据上于当年的 11 月 30 日判决：H 赔偿 Z 货物损失人民币 12 019 776 元，商检费人民币 49 445 元以及上述损失的相应利息，H 负担案件受理费和诉前财产保全费人民币 144 758 元。

H 不服初审海事法院的判决，向当地省高级人民法院提起上诉。H 在上诉中请求法院指定专家对豆粕的损坏原因进行重新鉴定，理由是，初审法院指定专家的检验报告称，该船货物 8 089.60 吨水分超标，豆粕受热过度，蛋白质消化率降低，为不合格饲料。但是，该报告同时又称，由于没有取得货物装船前、装船时和装船后的货物情况资料，不宜对货损原因下结论。原告提供的装货港品质检验报告称货物含水量为合格，而 D 轮在航行过程中船况良好，货舱处于水密状态，原告也无法提供船舶漏水的任何证据，那么，超标的水分从何而来？很明显，装货港口的关于水分含量的质量检验报告存在虚假。而初审法院不顾事实，武断地采纳了当地进出口商品检验局的残损报告，致使本公司成为无辜的货损责任承担者，是不公平的，请求法院驳回初审法院的不公判决。

上诉法院经过审理后认为，初审法院审理的事实清楚，适用法律正确，于本案发生后的1999年7月20日判决维持原判，案件受理费人民币46 100元由H承担。

H不服省高级人民法院的终审判决，于2000年的8月30日向中华人民共和国最高人民法院申诉，请求最高法院查明本案货损的真正原因，公断本案。

H的申诉理由如下：

（1）上诉法院没有查明涉案豆粕货损的真正原因，在事实没有查清的情况下作出错误的判决，依法应当予以纠正。

在上诉法院审理过程中，申请人多次向法院提出，分析豆粕货损原因涉及专业技术和专业知识，请求法院指定豆粕专家对豆粕货损的原因进行鉴定，但是上诉法院没有采纳申请人的意见，只凭被上诉人的一方之词便作出判决。

为了查明豆粕货损的真正原因，申请人委托伦敦的豆粕专家从豆粕的产地印度开始，一直到中国的卸货港口，对全部运输过程进行了大量的系统调查，分析并提出了涉案豆粕货损的原因，这份报告经过公证和认证后，提交给了上诉法院。但是，上诉法院对这份技术性很强的鉴定报告不予采纳，这是完全错误的。

（2）上诉法院认为，申诉人无充分证据证明在运输过程中履行了妥善谨慎的管理货物义务，因此认定涉案豆粕损坏是承运人没有履行管理货物义务所致。这是不顾事实的错误判决。

涉案豆粕的货损是货物内在缺陷和自然特性所致，伦敦豆粕专家的鉴定报告充分证明了这一点。

原审法院应申诉人要求，委托A农业大学专家对豆粕货损的原因作出鉴定意见，申诉人提供了全部资料和受损货物样品，并为此支付了大笔鉴定费。但遗憾的是，A农业大学提供的鉴定报告只有区区两页，并明确表示不便提出豆粕货损原因的鉴定结论。

初审原告提供的南通进出口商品检验局出具的检验报告，仅仅对货物的表面状况和货损程度提出了检验意见，没有对货损原因作出技术分析，这份检验报告是不足以作为定案依据的。

（3）在上诉法院在南通进出口商品检验局的报告没有货损原因分析，A农业大学又不愿对货损原因表达意见的情况下，拒绝采纳伦敦专家的货损原因鉴定意见是错误的。

申诉人在上诉法院审理中，要求被上诉人向法庭提供证明豆粕货损原因的技术鉴定报告，被申请人没有提供；申诉人要求南通进出口商品检验局检验人员出庭作证，提供豆粕货损原因的分析意见，二审法院不予采纳。二审法院应当知道，二审为终审判决，应当知道，不查明豆粕货损真正原因，对申诉人会造成怎样的伤害。

（4）上诉法院认为被上诉人的损失为国外采购价格减去残损货物销售价格，而无视国内豆粕价格每吨800多元人民币的价格自然下跌的做法是错误的。

但是，在申诉人提交了申诉状后，最高法院对本案的审理却如石沉大海，迟迟没了音讯。

七、尾声

根据本案二审法院的终审判决，Z迫使W根据前述的释放船舶保函向Z支付了78万美元，但Z认为尚有人民币687 857元无法执行，于是于本案发生后的第三年，即2000年，申请初审海事法院在中国惠州港第3次扣押了命运多舛的D轮（说D轮命运多舛一点不为过，因为同年11月29日，C在遭到Z的伦敦仲裁索赔后，在中国香港申请中国香港高等法院扣押了D轮，好在H有与Z的关于倒签提单的和解协议的保护，Z以仲裁索赔额让步换取了D轮的释放），同时也发起了对货物保险公司的保险合同赔偿之诉，要求保险人赔偿其货物损失870万元人民币。最终迫使W向Z支付了人民币450万元，货物保险公司向Z支付了人民币198万元，所有当事人于当年的12月22日达成最终和解协议，D轮被释放。至此，这场持续了3年多的烽火连天的战役以Z从多方通过不同的合同关系总共获得了人民币1 295万元赔偿而宣告彻底结束。

【案例使用说明】

一、教学目的与用途

1. 理论教学知识点

（1）提单持有人货物索赔权的法律依据；

（2）诉前证据保全和诉前扣押船舶的法律依据；

（3）索赔金额确定的法律依据。

2. 能力训练教学内容

（1）货损检验的正确组织；

（2）索赔证据的收集；

（3）诉前保全的实施；

（4）索赔金额的计算及证据支持；

（5）整体索赔的筹划与组织。

二、讨论思考题

1. 提单持有人在提单项下是否具有索赔权？

2. 诉前保全包括哪些内容？应如何实施？

3. 提单项下货物索赔应做哪些准备？

4. 索赔金额应如何计算？

5. 如何才能将航次租船合同中的法律管辖和法律适用约定并入提单？

三、分析思路

本案例的核心问题是Z贸易公司作为提单持有人在提单项下是否具有对承运人

的索赔权问题，这是本案例教学的核心知识点。围绕这一核心知识点，建议案例的课堂讨论按照下列思路和顺序展开：

第一，引导学生讨论商业索赔的一般性思路。可以让同学们从日常生活中或曾经参与过的商业性质索赔经验中总结，最后引导学生从不同的经验中总结出商业索赔的一般性程序思路：确定索赔性质、索赔权的认定、损失认定和具体索赔实施。随后，将同学们认知的这一索赔一般性思路引导到本案的讨论中来，并结合本案例事实和课前发给大家的讨论思考题，讨论每一具体环节涉及的理论知识和需要解决的具体问题。

第二，从索赔性质认定角度，引导学生按照以下顺序讨论下列问题：本案例中的索赔是什么性质的？厘清这一问题有助于准确确定索赔对象和正确适用法律；导致货损的通常原因有哪些？厘清这一问题有助于分清本案例中货方和承运方的各自责任；导致本案货损的责任人到底是谁？是实际发货人还是承运人？厘清这一问题是对本案例中索赔人和承运人各自主张以及各级法院判决正确与否的判断基础；关于托运人和承运人的法律规定是什么？明确这一问题是判断本案索赔是否合理、合法的唯一依据。

第三，从索赔权认定角度，引导学生按照以下顺序讨论下列问题：（1）收货人是否具有索赔权？如果有，依据的合同关系是什么？（2）提单持有人是否具有索赔权？如果有，依据的合同关系是什么？（3）发货人是否具有索赔权，如果有，条件是什么？（4）承租人是否具有索赔权？如果有，条件是什么？依据又是什么？（5）在海上货物运输中，是否存在承运人向货方索赔的情形？如果存在，索赔的依据是什么？讨论上述问题的目的是让学生准确把握索赔对象，正确运用法律依据。

第四，从损失认定角度，引导学生讨论海上货物运输中可能发生的各种损失，包括市场差价损失、预期利润损失、转售合同损失；接着讨论损失的鉴定问题，包括何时何地进行鉴定、由谁鉴定；再下来讨论残值的认定问题，包括残损货物的处理人、处理时间、处理方法等；最后引导学生回到相关法律规定上来。

第五，从向承运人索赔的角度，引导学生讨论具体索赔操作技能问题。这些问题应当包括采取法律诉讼还是仲裁？如何实施证据保全和扣押船舶？如何向承运人发出损失通知？如何准备索赔证据？如何准备诉讼或仲裁申请书？如何保障索赔时效？如何在索赔过程中正确运用法律和索赔技巧等问题？通过这些问题的讨论，可以培养学生货物索赔的实战能力。

第六，从向保险人索赔角度，引导学生讨论在向承运人索赔之外，如何根据货物保险合同向保险人索赔的问题。该问题讨论可以包括向保险人索赔的意义、如果首先向保险人索赔应注意什么问题（这实际上讨论的是保险合同下被保险人的义务问题）、索赔证据和方法等。在完成本案例知识点教学任务后，还可以讨论收货人可否向卖方进行货物索赔以及如何索赔这一延伸问题。

四、理论依据及分析

1.关于提单持有人提单项下的货物索赔权

本案例中争议的第一个问题就是提单项下提单持有人是否具有货物索赔权问题。这是一个法律问题，回答这一问题需要回到相关法律规定上。

美国《1916年联邦提单法》对收货人和提单持有人概念分别作出明确界定。该法第42条规定：收货人是指提单中载明的应向其交付货物的人，提单持有人是指实际占有提单并同时享有提单下物权的人，但不包括通过承运人签发提单而持有提单的托运人。

英国《1992年海上货物运输法》（替代了《1885年提单法》）对提单持有人作出详细规定。该法第5条第2款规定：本法所称的提单持有人是指以下各种人：①在提单上载明因而成为提单项下货物收货人的占有提单的人；②通过提单的交付而完成了提单的背书转让或在空白提单下通过其他方式完成了提单转让，因而占有提单的人；③因任何商事交易而占有提单的人，但该商事交易进行时，占有提单已不再赋予占有人对承运人主张提单下货物的权利，若非如此，该商事交易的进行将使提单占有人成为前述①②两项所指的持有人。同时，该法第1条第2款（U）项将提单限定为"不包括不能通过背书即可转让，或不能像空白提单那样无须背书，通过交付即可转让的单证，但包括收妥待运提单"。

现行的国际海上货物运输公约中，《海牙规则》和《海牙-维斯比规则》对这两个概念都没有明确作出界定。《汉堡规则》在第1条第2款对收货人作出界定，即"收货人是指有权提取货物的人"，但没有对提单持有人的概念作出界定。《海商法》借鉴《汉堡规则》做法，在该法第42条对收货人概念作出与《汉堡规则》相同的界定，但同样没有对提单持有人的概念作出界定。

尽管相关法律对提单持有人和收货人的含义界定有所不同，但都承认提单持有人或者收货人（持有提单）在提单项下对提单承运人的货物索赔权。本案例中，Z是提单持有人，不论是依据《中华人民共和国海商法》或司法实践，还是参照国外相关法律或司法实践，对涉案提单项下的承运人H是具有索赔权的，H的主张于法无据。

2.提单持有人应如何实施诉前保全

海上索赔权利保全也称为海事请求保全，是指对海事请求具有管辖权的法院根据海事请求人的申请，为使其海事请求民事权利得以保障，对被申请人的相关证据、财产或行为所采取的民事强制措施。这些强制性措施通常包括：强行封存相关证据；强迫被申请人提供可信赖的担保；扣押义务人的船舶；要求义务人实施某种作为或不作为等。采取保全措施的目的是保证海事请求民事权利的顺利实现。

海事请求人申请证据保全应当在起诉前向保全地法院提出书面申请，说明所要保全的证据、该证据与海事请求的关系以及申请理由。采取海事证据保全应当符合下列条件：第一，请求人必须是海事请求的当事人；第二，请求保全的证据对该海事请求具有证明作用；第三，被请求人是与请求保全的证据有关的人；第四，情况紧急，不立即采取证据保全就会使该海事请求的证据灭失或难以取得。

海事请求人申请扣押当事船舶的，应当向具有海事案件管辖权的法院提出书面申请。申请书应当说明拟扣押船舶的名称和船舶当前所处位置、扣押理由及相关证据、要求被执行人提供担保的种类和金额等项内容。海事法院在考虑接受扣船申请时，可以要求申请人提供担保，作为错误扣船给船舶带来经济损失时的赔偿担保。对申请人在申请扣船时是否必须提供担保，各国法律规定不尽一致。

由于船舶具有很强的流动性，世界各国法律几乎都规定，对船舶扣押的法律行为不受合同有关法律管辖权规定的限制，申请人可以在世界任一港口向当地的法院申请扣押船舶。

根据《中华人民共和国海事诉讼特别程序法》（以下简称《海诉法》）的规定，可以扣押的船舶是：第一，当事船舶，但船舶所有人对海事请求需负有责任，并且在实施扣押时是该船的所有人；或者该船舶的光船租赁人，但该光船租赁人需对海事请求负有责任，并且在实施扣押时仍是该船的光船租赁人。第二，可以扣押海事请求责任人所拥有的任何船舶，包括船舶所有人、光船租赁人、定期租船人或者航次租船人在实施扣押时的其他船舶。

在船舶被依法扣押后，被申请人一般会向申请人提供由银行或船舶保险公司或船舶保赔协会出具的赔偿保证书，在收到满意的担保书后，申请人应当立即向法院申请解除扣押，恢复船舶自由。如果被申请人没能提供上述担保，申请人应当在法律规定的扣押时限内（如我国法律规定，海事请求保全扣押船舶的期限为 30 日），提起诉讼或申请仲裁；否则，被申请人可以要求法院解除扣押。海事诉讼或仲裁开始后，上述时限不再适用。当扣押期届满，被申请人不提供担保，而且船舶不宜继续扣押的，申请人可以在提起诉讼或仲裁后向法院申请拍卖船舶。

本案例中，Z 提出的豆粕货损索赔金额高达 1 200 多万元人民币，为了日后法院判决的顺利执行，Z 很好地运用了有关诉讼前扣押船舶的法律规定，不失时机地申请有关海事法院扣押 D 轮，迫使 H 费了九牛二虎之力安排保险人提供了担保。这种做法符合法律规定，也是行之有效的索赔措施，值得大家借鉴学习。

3. 提单项下货物索赔应作的准备

提单项下的货物损失索赔应按照一定的程序进行，通常包括以下主要内容：

（1）及时发出事故通知

根据有关国际公约、国内法规或合同的规定，在发生海上货物损失时，收货人或其他货物索赔人应在规定的时间内向承运人发出货物损失通知书，声明保留货物损失索赔权。货物索赔人发出货物损失通知是有时间限制的。《海商法》第 81 条规定：货物灭失或损坏的情况非显而易见的，收货人应当在货物交付的次日起连续 7 日内，集装箱货物交付的次日起连续 15 日内提交书面通知。货物交付时，收货人已经会同承运人对货物进行联合检查或检验的，无须就所查明的灭失或损坏的情况提交书面报告。各国的相关法律对于索赔的时效规定有所不同，像本航次中Z对C在英的仲裁，GAFTA125仲裁规则就规定了从几天到一年不等的时效，Z就是因为错过了时效才在伦敦的仲裁中处于被动地位。而在本次货损索赔中，及时地通过扣押D轮向H发出了货损通知，为日后的正式索赔奠定了基础。

（2）准备索赔文件

通常，提单持有人或收货人在提出索赔时应提供以下文件：

①索赔函。索赔函是货物索赔人向承运人提出货物索赔的正式文件，该文件无固定格式，但应包括以下主要内容：索赔人的名称、地址；船名；装卸港口名称和船舶抵达卸货港的日期；提单号码及提单中的货物描述；货物灭失或损坏的情况证明；索赔日期、索赔金额及索赔理由。应当注意的是，索赔人按照法律规定向承运人提出的货物损失通知并不表示已经向承运人提出索赔，只有索赔人向承运人提出索赔函时，才表明索赔的正式开始。

②提单。提单是海上货物索赔中的重要依据。提单作为货物收据，表明承运人收到货物的数量和外表状况；提单作为运输合同，表明了承运人应当承担的责任、义务，是处理索赔的重要法律性依据。根据提单合同及相关法律规定，承运人必须对上述损失承担赔偿责任，除非承运人能够举证，根据提单合同及有关法律，它才可以免除赔偿责任。

③卸货报告，理货报告，货物溢卸、短卸报告，货物残损单等卸货单证。上述各种单证是船舶卸下货物的原始记录，由船方和理货人或装卸公司共同作出并会签。

④货物残损公正检验报告、重理单。当收货人和船方对货物的损坏程度、数量、损坏原因无法作出正确判断，或存在争议时，往往需要双方共同指定公正检验机构对残损货物进行检验，确定损坏程度、数量、价值，以及导致货物残损的原因等，并出具货物残损检验证书。

⑤商业发票、装箱单、重量单等。商业发票是由贸易合同中的卖方开给买方的商业票据。它记载了货物的单价和货物总值，是索赔时计算索赔金额的直接原始依据。如果发票中记载的是货物的CIF价值，索赔金额应当按此价值计算；如果发票是以FOB、CFR价格开具的，计算时还应加上运费或保险费，但索赔人应提供运费或保险费收据，以资证明。装箱单和重量单通常是商业发票的随附单证，用以证明提单项下货物品种和数量的详细情况，因此是提单货物记载的辅助性证明。

海上货物损失多种多样，当发生货物灭失或损坏时，应根据事故的具体情况，搜集、准备损失证明。除上述单证外，凡是能够确定货物损失的原因、损失程度、损失金额、货物损失责任的任何文件都应当准备齐全，与上述单证一起提供。

本案例中，Z在向法院提交的文件中包括了上述证明文件，从形式上看，证据基本齐全，为Z后来胜诉提供了基础性保障。但问题是，Z提供的货物残损检验报告是根据Z的单方面申请而作出的，根据重大货损应进行联合检验的原则，此项检验报告的公正性受到质疑。最重要的是，从实质内容作客观分析，该项检验报告只对货物的外表状况进行鉴定，并据此作出货损原因推断，而没有对货物损坏的内在原因作细致的科学分析，这是这项检验报告最致命的缺陷，也是 H 不承认这项检验报告的证据效力的原因，亦是 H 反复请求两审法院指定豆粕专家对货物损坏原因重新进行鉴定的原因。客观地说，H 的要求是合理的。

4. 索赔金额的正确计算

海上货物运输索赔金额的确定涉及确定赔偿金额的原则，以及赔偿责任的免除等问题。违约性损害赔偿金额应当按照运输合同或有关法律规定确定。因为货物的灭失或损坏情况千变万化，运输合同一般都只能规定确定损害赔偿的一般原则，而不便规定赔偿的具体金额。一般赔偿原则的确定是通过合同的法律适用条款实现的，例如合同法律适用条款规定：本提单适用《海牙-维斯比规则》，那么，《海牙-维斯比规则》中关于赔偿金额的确定方法和承运人赔偿责任免除的规定就成为确定该提单下货物灭失或损坏赔偿的标准。

关于赔偿金额的标准，《海牙-维斯比规则》第 2 条（U）款规定：全部赔偿应参照该项货物，根据合同从船上卸载或应卸载的当时当地的价值计算。货物价值应按照商品交换价格确定，或如无此价格时，则按现时市场价格，或如无商品交换价格或现时市场价格时，则按该相似种类和质量货物的正常价值确定。

《海商法》第 55 条规定："货物灭失的赔偿金额，按照货物的实际价值计算；货物损坏的赔偿额，按照货物受损前后实际价值的差额或者货物的修复费用计算。货物的实际价值，按照货物装船时的价值加保险费加运费计算。前款规定的货物实际价值，赔偿时应减去因货物灭失或损坏而少付或免付的有关费用。"这一规定与上述国际公约的规定基本相同，都是按照货物的 CIF 价格计算的。

根据上述法律及《合同法》的规定，在实际业务中，货物灭失或损坏赔偿金额应按下列原则计算：货物灭失、短少的索赔金额以 CIF 发票价格作为卸货地的价格。在 FOB 价格条件下，则以发票价格加上保险费、运费和卸货费（如果没有包括在运费内）的总额作为卸货地价格。如果遇到两种货币折算，则按照船舶到达目的港之日的汇率进行换算。但是，如果托运人在托运时申报了货物价值，则应按照申报价值加上货物运费（包括装卸费）和保险费计算。

货物损坏赔偿金额应以货物受损前后目的港实际价值计算。其中，确定受损货物的残值十分重要。受损货物的残值可以按照当地市场的合理销售价格，或无此销售价格时，按照公正价格认定部门确定的价格确定。

计算总赔偿金额时，应当按照合同或法律规定，对合理的预期利润损失予以计算。对符合免责和赔偿责任限制条件的，应当按照法律规定予以扣除。对延迟交付造成的直接经济损失应予以计算。

在计算索赔金额时，还要贯彻因果关系原则。海上货物运输索赔中的因果关系原则是指加害方只对与其错误或过失有直接因果关系的损害承担赔偿责任的法律原则。因果关系有时呈链状形式存在，一个因果关系中的结果成为下一个因果关系中的原因，这种连续的因果关系，我们称之为因果关系链（chainofcausation）。在一方违约或侵权导致连续损害后果的情况下，只要因果关系链没有打断，或者说没有插入新的介入因素改变这种因果关系链，加害方就必须对这种连续的后果承担责任。在处理"多因一果"的损害赔偿时，还必须贯彻"近因原则"。近因原则是指在损害赔偿中要求最主要责任人对其过失引起的损失进行赔偿的法律原则。

此外，在向承运人的索赔中，还应遵循法律规定的承运人责任免除或赔偿责任限制的规定。例如，《海牙-维斯比规则》和《海商法》都规定，船长、船员等船上工作人员驾驶船舶或管理船舶疏忽导致的货物灭失或损坏，火灾导致的货物灭失或损坏，托运人疏忽、货物本身的潜在缺陷导致的货物灭失或损坏，承运人免除赔偿责任。上述法律还规定，即使承运人应当承担货物灭失或损坏的赔偿责任，也应将此种赔偿限制在一定范围之内，不必作出全部赔偿。

根据上述的货物损失计算原则和相关法律规定，本案例中豆粕的货损原因和Z的经济损失存在多种原因。豆粕在装船时含水量过高和豆粕易吸潮的自然特性可能是涉案豆粕变色、结块、变质的主要原因，在装货港口下雨时D轮船员关舱不及时也可能是部分货损的原因，航行途中D轮通风不当也可能是部分原因，豆粕市场价格下跌可能是Z销售损失的主要原因，也就是说，Z的所谓人民币1 200多万元损失可能是由多种原因导致的，也可能是由其中的主要原因导致的。正确的做法是，要客观公正地找出导致豆粕货损和Z的经济损失的主要原因，公平地计算损失和判定主要责任者。本案例中，Z的索赔金额计算、法院审理的依据和最终判决是很值得商榷的。

5.航次租船合同中的法律管辖和法律适用约定并入提单

在海上班轮货物运输中所签发的提单背面，一般都有管辖权条款和法律适用条款，但在航次租船运输中所签发的提单一般都为简式的租船合同提单（如GENCONBILL），此种提单没有管辖权条款和法律适用规定。而一些格式航次租船合同，如GENCON1976年版本中，也没有这类规定，但合同双方一般都会通过追加条款对此作出约定。1994年版的GENCON合同的第19条对此作出规定。问题是，在租船合同并入提单后，仲裁条款、管辖权条款和法律适用条款是否也一并并入了提单呢？这是一个复杂的问题，引发了不同的解释，英国法院对此也进行过多次判决，本案例中也涉及这个问题。

对于这种被并入航次租船提单的诉讼管辖权、仲裁或者法律适用条款的效力，根据目前我国海商法学界普遍认同的观点及英国等国家的司法实践，如果航次租船合同下签发的提单中的并入条款只是使用了一般的用语，如"租船合同中的所有条款，均适用于本提单，并视为并入本提单"等，则只有与提单主旨即与货物的装卸、运输、交付等有关的航次租船合同条款才能有效并入提单，而那些与提单主旨无关的条款，如诉讼管辖权、仲裁、法律适用条款等则不能有效并入提单。

要使这些与提单主条款无关的航次租船合同条款也能有效并入提单，只有在提单中用清楚、明确的文字对其予以说明。按英国的实践，如下三种情形可使航次租船合同中的仲裁条款有效并入提单：在提单并入条款中明确指明航次租船合同中的仲裁条款一同并入；将航次租船合同中的仲裁条款的序号在提单并入条款中言明；并入条款所引用的航次租船合同条款本身即包含了仲裁，既用来解决租船争议又用来解决提单争议的内容。

《海商法》第 95 条也规定："对按照航次租船合同运输的货物签发的提单，提单持有人不是承租人的，承运人与该提单持有人之间的权利义务关系适用提单的约定。但是，提单中载明适用航次租船合同条款的，适用该航次租船合同的条款。"

本案例中，H 主张涉案提单并入租船合同，该租船合同中约定适用英国法律，在英国的 GAFTA 仲裁庭仲裁，该项约定应认定为并入了提单，因此，本提单下的任何争议应当在 GAFTA 仲裁，Z 无权在中国法院进行诉讼，法院应当驳回 Z 的诉讼申请。但是上述分析说明，在租船合同提单下，租船合同中关于争议解决的司法管辖、法律适用和仲裁条款必须在提单中具体说明，否则不能认定这类条款已经并入提单，也就是说，这类条款对提单下的争议不适用。所以，H 的抗辩因没有法律根据而站不住脚。

五、关键要点

阅读本案例并正确回答讨论思考题，需要学生把握以下要点：

1.货物损坏可能是卖方的原因造成的，也可能是承运人原因造成的，应查明货损的原因，有的放矢地确定责任人。

2.即使收货人不是租船合同的缔约方，其仍可以提单持有人的身份向承运人提出货物索赔。

3.收货人在卸货港发现承运人责任货损，应首先考虑采取诉前保全措施。

4.货物索赔前应当搜集充足的证据，可将货物保险人列为被告。

5.索赔中应当合理计算索赔金额。

第5章　定期租船合同

【案例正文】

某年10月，A货运代理公司（以下简称A）与中国B钢铁厂（以下简称B）签订了进口铁矿粉包运合同。合同约定，从次年1月到12月，A负责运输B进口的铁矿粉，每月6万吨，运费采用约定的固定费率。A从事租船业务多年，具有较丰富的租船经验和市场网络。A按照当时的市场运价水平，考虑未来运费可能上涨，此合同完成后，保守估计净收益25万美元。进入次年后，A开始逐月从市场采用航次租船方式完成包运任务。起初3个月，A净收入近8万美元，但此后形势发生了变化。由于世界经济复苏，大宗商品贸易量逐步增加，导致租船市场运费率不断上涨，给A带来了巨大压力。4月和5月，运费收支勉强维持平衡，从6月开始，运费收支开始倒挂，此后，倒挂越来越严重，到12月完成最后一船铁矿粉运输任务后，A净赔运费60多万美元。

【涉及的问题】

包运合同是包运人总体承包发包人一定时期内的某种货物的进出口任务，一般采用固定运费。包运人在包运合同签订后，有两种方式来履行包运义务：一种采用逐航次的航次租船方式，另一种是采用定期租船方式。采用第一种方式，保证盈利的前提条件是在包运期内，市场运费水平平稳或下降，其中的关键在于包运人对运费市场走向的准确把握。本案中，A事与愿违的主要原因是其对运费市场的可能变化把握不准。如果采用第二种方式，A按固定租金租入合适的船舶一年，这样既可保证船舶的使用，更可保证自己的盈利水平基本保持不变，但关键是A需要如同船东一样，懂得如何经营和管理船舶。不仅履行包运合同需要考虑定期租船，长期具有数量比较固定的大宗货物出口或进口的企业都应考虑定期租船运输。本章的目的就是教会大家如何签订定期租船合同和如何经营管理船舶。

思政案例：D轮倒签提单行为中的情与法

案例描述的这场由D轮倒签提单引发的商业大战发生在20世纪末的中国（详见

第3章综合案例1）。交战的一方是当时的大型国有进出口公司Z，另一方是位于大连市的海运公司H，还波及新加坡的卖方C和其印度兄弟公司。交战各方为了各自的经济利益，在长达3年多的时间里进行了多场激烈交锋。案例介绍了这场商战的贸易和运输背景，细致地描述了D轮倒签提单的过程、Z进出口公司作为提单持有人在目的港对D轮组织实施证据保全和司法扣押的细节、H海运公司与索赔人Z进出口公司之间的博弈、卖方C与Z进出口公司在伦敦仲裁庭围绕买卖合同下是否迟期交付货物的辩论，以及H海运公司与倒签提单保函出具人的争斗等重要情节，揭示了倒签提单索赔过程的复杂性、倒签提单行为的违法性和危害性。

　　一般来说，承运人倒签提单是由托运人请求实施的。承运人知悉，如果不帮助托运人倒签提单，将导致托运人货物买卖合同下严重违约，甚至无法取得货款。出于"好心"，出于侥幸（认为倒签提单收货人不易察觉），也出于粗心（如果能够细心地认识到该行为的严重违法性应该不会如此），就在大是大非面前，滥用好心、心存侥幸、忘记法度，迷迷糊糊地与托运人同流合污了。教训惨痛，发人深省。法大于情，法中用情，才是道理。

5.1　合同首部

案例

为什么需要识别船东的真实身份

【案例正文】

　　租方手头有一个COA合同（包运租船所签订的合同），在一个航次里租方以TCT（Time Charter on Trip Basis，航次期租）方式租入一条船，但船东实际上是二船东。在付了第一期租金、空载奖金（ballast bonus）、燃油费等共几十万美元之后，船也顺顺利利地到了印度装货港等泊位。10天后，再有两天该轮即可靠泊时，租方突然收到真正船东的一份传真，上面说二船东没有准时付租金，所以决定撤船，除非租方愿意与真正的船东直接订立一份租约。现在的情况是船已经在装货港，而且再有两天即可靠泊。这一航次的履行对租方很重要，但这也让租方陷入两难之地，总不能在与二船东的租约没有中断之前，仅仅凭借真正船东的一面之词就贸然地去另订立一份租约。租方需要先把事情搞清楚，因此租方马上去问二船东怎么一回事。二船东答复真正船东搞错了，现在双方正在交涉，并要求租方绝对不得与真正船东订立任何租约，否则是严重毁约。如果真的签约了，对租方来说，它还要面临向二船东索回已付出的几十万美元。

　　【讨论问题】

　　租方为什么需要识别船东的真实身份呢？

【参考答案】

信誉不好的期租船东在收到航次运费前因无力支付租金而导致船东撤船，或在收到全部航次运费后，仅向出租人支付部分租金后就逃之夭夭都会给航次承租人带来很大的麻烦，比如贸易上的交货违约。

5.2 船舶描述条款

案例

如何分析是否达到租约规定的航速/耗油量

【案例正文】

一份租约订明可达航速大约14节以及大约35吨耗油量，双方同意这代表船舶要可达13.5节船速及36.4吨耗油量。船东称在这6个月的期租租约中，并没有要求可达航速持续不变的条款，即土产格式合同（NYPE）46第9至10行，只针对交船时：在交船前一航次（法国到苏伊士运河），虽然有1至2天的坏天气，在航海日志上记载船舶整个航次平均航速为13.4节。

这份租约第一航次从吉大港到澳大利亚途中，8月15日、16日、21日，9月1日、5日、8日及9日天气良好，而转数只有120，相当于主机速度是14节。明显看出主机慢了，船舶不能达到从法国到苏伊士运河交船前航次的航速。仲裁庭不知道原因何在，但从本船舶的租约后期主机有毛病去推测，可能这一问题在交船时/交船后即已开始。

第一航次天气良好的几天，航程2 045海里，时间为155.83小时，所以平均航速是13.12节。但是在8月21日记录了很低的空转，9月1日记录了很高的空转，表示有很强的海流，因此这两天不予考虑，如下的那几天良好天气平均速度是13.14节与耗油30.5吨，可见不能达到可达航速，但耗油量有所节省。

仲裁时，仲裁员说：根据过去某一案例，好坏天气都应该考虑航速的不足。计算损失时：吉大港去澳大利亚记录的实际航程总共7 281海里，用时607.83小时、平均速度11.98节。如果租约约定可达航速是13.5节而良好天气可达航速实际只有13.14节，可以用这一比例将总的平均速度提高到12.31节，以这个速度行驶该7 281海里的航程要用去591.47小时而不是实际记录的607.83小时，因此承租人可索赔16.36小时。

在耗油量方面，租约约定在13.5节时为36.4吨。上文计算（良好天气）13.5节航速时要用去591.47小时完成航次，即24.6446天，这总共要耗油897.1吨。但船舶纪录的实际耗油量在整个航次里只有756吨，因此节省了141.1吨。承租人16.36小时的损失与耗油量节省额对冲，承租人没有什么可以索赔了。

【讨论问题】

如何能准确地算出船舶是否达到约定的航速或耗油量？

【参考答案】

从上述案件可看出，由于航速/耗油量方面的争议涉及技术上的问题很多，以仲裁的方式解决，仲裁员最好是一些有经验的船舶轮机师等。他们要引用自己技术的长处来分析与计算。不单是在良好天气的情况下可以分析船舶真正能达到的航速，即使根据航海日志记载是恶劣天气，也要去分析。这种分析可能很容易，但有时也会变得复杂及不稳定，所以最好有租约条款，这方面已经在较早的良好天气的探讨中有涉及。NYPE 针对的是交船时满载及良好天气下能否达到约定航速/耗油量，如果交船前后航次是长途的，有多天天气良好的满载航次来分析，将会很容易地准确算出船舶能否达到约定航速/耗油量。当然海流因素的影响要去加减，虽然这个因素通常没有去明示。

5.3 燃油条款

---- 案例 ----

如何避免因燃油质量带来的纠纷

【案例正文】

某年某天，某船舶在新加坡加油之后涡轮增压器（turbo charger）震动得很厉害。船员在海上打开主机发现零件很脏，都是燃油燃烧剩下的碳迹，清洁之后不久又发生震动。因为天气很坏，船舶被迫停靠中途港加一批燃油，以后的航行再没有出现上述问题。但是船抵卸货港后，租船人派上船的专家却指控船上的隔水器坏了，无法分离百分之十的水分，而且比重圆盘不准。据此，租方向船东提出索赔，说明船舶不适航，需要减免修船时带来的租金损失。船东非常无奈，想向上一租方申请索赔，船东除了要说明出事原因的确是租方所提供低劣的燃油，而非其他船上留下的燃油，还要证明船上燃油处理系统妥当，没有操作上的缺点等。最后，船东索赔还是以失败告终。

【讨论问题】

本案中，如何避免因燃油质量带来的纠纷？

【参考答案】

更好的做法是租约有条文规定良好燃油质量，令船长可以拒绝租方提供不好的燃油来预防此类事故，这样胜于事后索赔。

由于租约内往往对租船人所应提供的燃油只有浓度的限定而没有质量、成分的限定，因此，若租约内订明 1 500Second（或 180CST）的燃油，而租船人确能提供，即使含有大量的硫磺、化学废料及水分均不构成租船人有任何的违约行为。即是说，若因此而使船舶机器受损，船东亦很难向租船人索赔。即使是仲裁，仲裁员根据租约内没有明文规定燃油的质量成分的条款而只能用"合理性"来衡量租船人是否违约，若加油港当地一般所提供的燃油均如此，就没有理由要求租船人须提供更高质量（如果有的话）的燃油。因此，船东为保护自己，最理想的就是在租约内明文规定燃油质量成分（主要是要适合自己船舶的主机之用）。

在加油时船东要叮嘱船员保留每次所加燃油的样本，以便将来租船人以减速或超过耗油量为由而克扣租金时作为抗辩的证据之一。租船人在订约时碰到船东坚持加入这一条款时，要注意自己究竟能否保证在每一次添加燃油时都能达到租约规定的质量，若不能就不要随意答应，这些都表现出双方在议订租约时是如何凭着自己的丰富业务知识来进行角力的。

5.4 租期、转租及航行区域条款

案例

租金上涨时租期延长，船东应如何减少损失

【案例正文】

一艘多隔舱零担油轮（parcel tanker）与承租人订立12个月加上15天宽限期的期租租约。船舶是在某年12月11日交船，这表示还船最后日子（terminal date）是第二年12月26日。船舶是在第二年12月10日在烟台还船，表面看来，承租人并没有提早还船。但租约的第65条要求承租人给15天与7天的估计还船通知，再加上5天、3天、2天与1天的肯定（definite）还船通知，但承租人只在12月9日给了1天的还船通知。由于这些还船通知会被视为还船的先决条件，所以船东会有两个选择：①是多等14天，等于把唯一的通知视为15天的还船通知，而这14天是可以收取租金的。②是接受承租人给了1天通知后马上还船，等于是提早还船的毁约一样，然后向承租人索赔损失。在这案例中，船东接受了承租人的毁约。

早在12月8日，承租人向船东建议延长期租合同多跑一个航次装菜油从马来西亚去巴基斯坦，并同意在原租约的还船最后日12月26日后，租金从原租约的每天11 500美元提高至12 500美元。但船东要求每天13 000美元，并且是从12月11日（在烟台卸完货）起算，而不是从12月26日起算。另外，船东还有其他的条件，最后双方谈不拢，而船东要求承租人给予15天的还船通知。这惊醒了承租人的还船通知责任，并匆忙在12月9日给船东唯一的还船通知。承租人也理解这是不足够的通知，所以同时建议给船东另一个替代航次，新承租人是一家名为Aurora的原承租

人的联营公司，装棕榈油从马来西亚到印度尼西亚卡拉奇。船东与 Aurora 事后又进行谈判，但最终也是在价格上谈不拢，到了 12 月 16 日，Aurora 撤回它的发盘并且双方停止了谈判。最后船东在 12 月 24 日才订了另一份程租租约从马来西亚去新加坡与中国香港装汽油。

【讨论问题】■————————————————————————————

本案中，租期延长船东应如何减少损失？

【参考答案】■————————————————————————————

在 12 月 10 日在烟台还船后，船东是在 12 月 24 日才找到下一票生意。这段时间刚好就是承租人没有给还船通知的 14 天，只有 1 天的通知。所以船东的索赔是这14 天乘以租约约定的租金每天 11 500 美元。由于船东也证明了市场有所上升，所以租约租金应该是比市场租金低，因此法官接受了船东的损失计算。在后来的索赔过程中，承租人主要的抗辩是船东没有去减少损失，如果船东接受了承租人提出的在 12 月 8 日延长租约去多跑一个航次的提议，又或者接受了 12 月 9 日与 Aurora 的替代租约，船东就根本不会有损失。这里涉及限制损失赔偿的另一个原则，就是毁约方提出新要约（re-offer），受害方应否加以考虑并接受来减少损失。看来，这又是受害人是否合理与不合理的区分。

综上所述，在这个类型案件中，船东要注意当事情发生时，去收集书面证据证明有尽力去减少损失，不涉及任何不合理的决定。很多时候只靠市场专家即船舶经纪人作证是不理想的。

5.5　交船与还船条款

————————————————— 案例 —————————————————
期租下船东是否有权拒绝租家提早还船

【案例正文】■————————————————————————————

2006 年 9 月 19 日，Isabella Shipowner SA（以下简称 Isabella 公司）作为船东，S-Shipping Co Ltd.作为租家，双方以 NYPE 标准格式订立期租合同，租期约定为 59至 61 个月。该租约中明确约定，租家保证不会在 59 个月内提前还船。

在 2011 年 7 月 6 日的时候，租家说它们将在执行完在中国卸货的航次任务后还船。租家清晰表明它们将不再使用船舶，将早于最短租期（2011 年 11 月 10 日）还船。

船东在 2011 年 7 月 25 日提起仲裁，请求仲裁庭作出部分最终裁决以支持船东有权利拒绝租家提早还船，并且租家得为从还船后到最短租期的租金负责。在还船前及还船后，船东均以书面方式提起仲裁。

2011年8月9日在京唐港租家选择还船给船东。

在9月6日，仲裁员作出裁决，船东得接受租家提早还船，并且得在市场上寻找货载以减少损失，然后再找租家索赔损失。船东不服，提出上诉。

裁判结果：2011年9月6日，英国仲裁庭裁决，认定租家胜诉，船东必须接受提前还船，并且有权向租家索赔实际损失。船东Isabella公司对裁决不服提出上诉，2012年4月18日英国高等法院作出判决，推翻了仲裁庭裁决，通过援引1962年的White Carter案的规则，认定船东有权选择拒绝提前还船，并有权收取合同剩余租期的全部租金。

【讨论问题】 ■———————————————————

还船时承租人在何种情况下需要承担违约责任并予以赔偿？

【参考答案】 ■———————————————————

在市场下跌的时候，租家很可能要求提早还船，此时租家构成了预期毁约（anticipatory repudiation）；如果船东不接受此毁约，船东作为无辜方（innocent party），面对租家的预期毁约没有减少损失的义务。但如果租家坚持，意图明确并且最终提早还船，毁约发生，那么在这种情况下，船东是否有权利拒绝租家提早还船？

争议的焦点问题是：作为一个法律问题，船东是否有权拒绝租家于2011年8月9日在京唐港提早还船？还是说在法律上，依据租约船东仅有权索赔损失，不得不接受租家提早还船？

综上所述，航运市场有涨有跌，在市场涨的时候，期租租家会选择尽可能使用到最长的租约期以赚取更多的利润。但如果市场下跌了，为了避免损失扩大，期租租家很可能选择提早还船，不顾毁约风险；然后再和船东计算提早还船所带来的损失。

在过去的几十年甚至百年里，在航运实务中大家都认为如果租家选择早还船，面对事实上毁约，船东要么接受毁约并索赔损失，要么拒绝接受毁约并使合同继续有效。当租家已经提早还船了，船东应该积极寻找下个租家或另一批货物以尽到减少损失的义务。换句话说，在合理期限后，船东得接受租家提早还船，然后再找租家索赔损失。

5.6 货物条款

---- 案例 ----

如何定义危险品

危险品究竟包括什么呢？有人会想到《国际海运危险货物规则》（IMDG Code）

记载的就应该是危险品，但这样看来仍不准确。危险品的定义是：会对船舶、船员、其他货物造成危险的货品。

【案例正文】 ▰━━━━━━━━━━━━━━━━━━━━━━━━━━━━━━

一次某轮装载铜精矿石，由于租船人欺骗船东，把矿石含水量报低，但航程中途出了事，船东把货卸在别地，不再运载，并向租船人索赔，而租船人反而向船东索赔，结果判决是船东胜诉。高水分含量的铜精矿对船舶来说是危险品，而租船人对此构成违约，要负责赔偿。还有类似的案件，租船人把水分含量如实地报告船东，而且含量未超过限制，但结果也出了事。租船人反驳：①该货未超过限制，并非危险品；②船长对货物及水分含量等没有认识，是一个不称职的船长。判决结果：①即使货物未超水分含量限制，但后来事实上证明对船舶的确造成危险，应列为危险品。②虽然该船长对水分含量的认识不及专家、公证人的认识那么深入，但实际上对船长的要求不能以专家、公证人为标准。综合来看，该船长亦是一名称职的船长。租船人同样要赔偿船东损失。

【讨论问题】 ▰━━━━━━━━━━━━━━━━━━━━━━━━━━━━━━

如何定义危险品？

【参考答案】 ▰━━━━━━━━━━━━━━━━━━━━━━━━━━━━━━

可以看出英国法律对运输合约下危险品的定义主要以该货物是否真的有潜在危险为标准，有不少 IMDG Code 所载的货品，如果包装处理妥善，依照要求，是没有任何危险的。这在运输合约如租约下，不应是法律所指的危险品。再回过头去谈一谈危险品的定义，前面已经介绍了应当以是否有潜在危险为标准，这就关系到一个合理的船东或船长应当知悉或者可以找到的资料问题。照理说，只有超出船长合理所能做到的，才算有潜在危险，船长在装运货物时应做到应尽的本分，即适当而小心地照顾，不仅对危险品，对于其他任何货物都应尽同样责任，需要给予程度不同的照顾。

5.7　船舶维持、航行义务与费用分担

━━━━━━━━━━━━━━━━━━ 案例 ━━━━━━━━━━━━━━━━━━

如果船舶淡水费用由船东负责，船舶绕航取水的责任该谁来承担

【案例正文】 ▰━━━━━━━━━━━━━━━━━━━━━━━━━━━━━━

一般而言，船舶用水方面是由船方负责的。在 2021 年某次东南亚航行中，租船人派船前往印度尼西亚一小港口并在那里停了几个月，眼看船上食用水即将用尽，船舶离开印度尼西亚后租船人指派往日本，但船方却先要到新加坡加水，最后

还是到达新加坡加水，再前往日本。

【讨论问题】

这次绕航的费用能否要租船人负责，船方能否这样做呢？

【参考答案】

当然不能，因为租约订明船方负责船上用水，为履行这项义务船方所招致的损失是自负的。正如租船人负责燃油，租船人对因加油而招致的损失自负一样，除非船方能证明这是租船人的违约行为所造成的，否则亦不能把损失转嫁租方。在此案中，租船人根本没有违约，租约完全允准去该印度尼西亚港口，也预计会久留。就算没有预计久留，也与违约无关。

5.8　租金起算及支付

案例
船东撤船的同时还能否主张损害赔偿

【案例正文】

2008年10月6日，承租人与船东就A轮签订了以NYPE46为基础的5年期的定期租船合同。合同中的第5、第31条规定了租金支付和撤船条款。不久后，受金融危机的影响，承租人未支付2009年6月1日到期的租金。于是双方于2009年7月7日达成补充协议（后称"补充协议1"），约定将租金从原来的每天28 600美元降到每天21 500美元。此外，"补充协议1"还增加了"损害赔偿条款"：在由于承租人未履行义务而导致合同终止或撤销的情况下，除了在解约日或合同终止日前本应付给船东的金额外，承租人还应当赔偿船东剩余租约期的收入损失，也就是市场价与原来合同价之间的差额。

在接下来的履约过程中，承租人仍未按照租约（包括补充协议1）的约定支付租金，并多次以破产、不会按照租约支付租金相威胁。于是双方于2010年7月13日达成了"补充协议2"，约定再次降低租金，该协议同样包含上述"损害赔偿条款"。2010年8月3日，船东仍旧没有收到承租人的租金，于是撤船并终止租约。9月，船东与另外一个承租人订立了租金为每天17 500美元的新租约。船东向承租人主张解约日前所欠租金余款和解约日到租约还船日的租金收入损失，承租人拒不支付，于是双方提交伦敦仲裁。

【讨论问题】

船东撤船的同时还能否主张损害赔偿？

【参考答案】

仲裁庭认为：①仲裁庭不能肯定租船合同中的租金支付条款是否为条件条

款。②"补充协议1"和"补充协议2"中的"损害赔偿条款"与英国法关于损害赔偿的规定一致，并且该条款只有在承租人违约能够使船东终止合同时才生效，因此该条款不属于"惩罚性赔偿"，船东的主张应该得到支持。③如果当事人一方决心不履行合同根本条款所规定的义务，则其构成毁约。从一系列证据来看，承租人在接下来的租期内也会不按照租约约定的方式履行租约（因为曾多次不支付租金和以破产相威胁）。因此承租人的行为构成了拒绝履行或毁约。

承租人认为仲裁庭错误适用了"毁约"的标准，船东无权索赔解约日后的损失，因此上诉英国高等法院。高等法院法官对此案作出如下判决：①仲裁庭对"毁约"的认定标准是正确的，承租人的一系列行为表明其已无意按照合同的约定支付租金。②租约中约定的"损害赔偿条款"对损害的计算方式与英国法相同，该条款不属于"惩罚性赔偿"条款。③租金支付条款是条件条款，若承租人违背按时支付租金义务，船东有权撤船并索赔损失。

虽然诸如NYPE等租船合同赋予了船东撤船的权利，但是船东想要索赔损失还必须要证明承租人的行为构成了毁约，即NYPE中的租金支付与撤船条款并不是标准的条件条款。而通过本案的判决，法官明确租金支付条款就是条件条款，船东有权在解约的同时向承租人索赔损失而不再去管承租人的行为是否构成毁约。大法官的判决理由如下：①租约中的租金支付条款已经明确只要承租人没有按时支付租金，船东就有权利撤船。换句话说，不论承租人的行为是否构成毁约，船东都有权利终止合同，按时支付租金条款已经涉及合同的根本。②商业合同中的时间条款涉及合同根本，足以使租金支付条款构成条件条款。定期租船合同中的"反技术条款"只是为了保护承租人以防止船东技术性取巧，不影响时间条款成为合同本质。③将租金支付条款视为条件条款是商业稳定性的需要。如果不这样明确，船东在撤船索赔损失时还要考虑承租人的行为是否构成毁约，这样会带来不确定性。

目前看来，当船东有以下类似行为，如在向承租人发出撤船通知之时或之后又指示承租人装货、卸货、加油或者又遵循了承租人对下一个航次的指示，承租人都有可能主张船东已经弃权而不能撤船。如果船东行为构成弃权却坚持撤船则会转而成为毁约方，不仅索赔损失会失败而且会遭受反索赔。虽然说船东的上述行为是否一定构成弃权可能会面临不同的裁决或判决，但是鉴于"预防胜于治疗"的原则，船东遇到类似情形时应当如此处理：一是最好不要遵循承租人指示；二是即使在不得不为一些可能构成弃权的行为（比如船东在提单下有责任，不得不继续航程）时，也要向承租人发出"抗议信"，在抗议的条件下继续航程。

5.9　停租条款

承租人在租船期间遇到海盗劫持是否能向船东主张停租

【案例正文】■────────────────────────

　　S 轮在其过亚丁湾期间，于 2009 年 2 月 22 日被索马里海盗劫持，4 月 25 日被释放，5 月 2 日回到和被劫持位置等效地点。租家主张被海盗劫持期间从 2 月 22 日到 5 月 2 日，船舶应该停租。船舶 S 轮以 NYPE46 合同出租 47 到 50 个月。租金为每天 52 500 美元。2009 年 2 月 22 日，S 轮从印度尼西亚装载煤炭到斯洛文尼亚西南部港口科佩尔，途经亚丁湾时被海盗劫持。海盗强迫船长将船舶开往索马里海域并停留，直到 4 月 25 日支付赎金后才获得释放。5 月 2 日，船舶回到被劫持地点，即当初的预定航道。由于双方当事人在期租船合同中并没有将船舶被海盗劫持列为停租条件，从而引发租金支付的争议。承租人拒绝支付 2 月 22 日到 5 月 2 日这段时间的租金，声称根据 NYPE46 第 15 条，船舶在此期间处于停租状态。英国高等法院 Gross 大法官在该案中作出了支持船东的判决，判决海盗劫持船舶后释放，船舶不视为停租。船东在海盗劫持船舶期间可以请求继续支付租金。

　　此案最大争议点在于海盗劫持船舶是否构成 NYPE46 第 15 条停付租金事项中的一个概括性的词语"任何其他原因"。从表面上看，船舶遭受海盗劫持后，船员丧失了对船舶的控制，船舶遭受海盗劫持的确阻碍了承租人充分使用船舶，然而仔细研究则发现其实并不必然。"任何其他原因"在法律解释上只是指其他同类的事件而不能扩展至同类以外的更广范围，所以这并不包括外部原因导致的船舶不能完全工作。

【讨论问题】■────────────────────────

　　承租人在租船期间会遇到各类阻碍其使用船舶的外来原因，例如战争行为、罢工、海盗、货物走私等，对这类事件导致的时间损失是否可以记为停租？

【参考答案】■────────────────────────

　　在这个案件里，如果租约无相反规定，那么被海盗劫持了，租家不可以停租。因此租家在安排船舶通过或前往有海盗风险港口或区域时，最好先去查核一下租约的相关条款，比如停租条款、互相免责条款、不可抗力条款等，看看是否可以免责。要不然贸然安排船舶前往，结果船舶不幸被海盗劫持，租家自己还不能停租，不得不继续支付租金给船东，那么对租家而言损失将是非常巨大的。

　　鉴于海盗劫持不能归为共同海损事故所引起的扣押，也不算是人员的不足和/或过错，也不能归类于第 15 条停租条款中的"Any other cause"（任何其他原因），法官驳回租家诉求，同时认为海盗劫持是个非常典型的完全是外部原因造成的例子（classis example of a totally extraneous cause）。

BIMCO海盗条款整体而言，承租人的责任仍是较重的，约定由于遵守承租人发出的替代航程指示而导致的任何时间损失不得停租；约定任何等候护航，遵照推荐航线、时间，或降低航速，或采取措施减少风险而导致的时间损失由承租人承担，船舶不得停租；约定如果船舶遭到海盗袭击，任何时间损失由承租人承担，不得停租；约定船舶在扣押期间并不停租，承租人的义务也并未发生改变。但值得注意的是船舶在连续被扣押后的第91天承租人可以停付租金，直到船舶被释放。同时承租人对船舶被海盗扣押造成根据本租船合同逾期还船不负责任，它在一定程度上平衡了船舶出租人与承租人在海盗劫持船舶事件上的责任分担。

综上原因，在海盗劫持期间租家无权停租。

------------------------------ 案例 2 ------------------------------

新型冠状病毒感染下租家频频停租，船公司该如何应对

【案例正文】

船东自有船"B"轮航次期租租出，"C"公司为租家，执行印度尼西亚至菲律宾运煤任务。2020年2月3日18点整，"B"轮抵达菲律宾卸货港，但当地港口管理部门担心新型冠状病毒感染不允许该轮靠泊。2月4日7点20分该轮通过检验检疫，但直到2月7日才被允许靠泊。对于事件所造成约3天时间损失，租家主张停租，并扣减租金和期间船舶消耗的燃油，共计35 942.45美元。

双方争议集中在合同主体部分第15条停租条款以及补充条款第50条中"normal"一词的认定和理解。租家根据NYPE46第15条停租条款，认为事发情况满足该条款规定的停租条件；租家同时依据专门针对检验检疫的附加条款第50条"Normal quarantine time and expenses for vessel entering port（s）to be for Charterers' account…"，认为新型冠状病毒感染相关检验检疫并非"正常"。而且，该轮上航次去过中国香港，而中国香港当时已经发现新型冠状病毒感染病例，所以其有权扣租。船东反驳租家的主要理由：一是该轮已经经过检验检疫，船长船员均健康，不构成停租条款所说的人员缺乏（deficiency of men）事项；同时，该条款未加入能扩展停租事项范围的词汇"无论如何（whatsoever）"，租家所依赖的实际情况不符合停租条款中规定的停租事项。二是该港口对后续所有进入该港的船舶均安排针对新型冠状病毒感染的措施，所以属于正常（normal）安排，因此即使根据第50条，租家也应该承担相关时间损失和费用。三是该轮停靠中国香港时，中国香港只确诊1例病例，而菲律宾同期也确诊1例。租家知道该轮上航次有停靠中国香港的情况，仍然同意租入该轮，已接受风险放弃索赔权利，所以不能再援引船舶曾停靠中国香

港的情况作为停租理由。经过3个多月的沟通拉锯，双方达成和解，和解情况为租家支付租金 21 000.00 美元，相当于船东折让 14 942.45 美元，双方承担损失的比例约为 60：40。

【讨论问题】

新型冠状病毒感染下租家频频停租，船公司该如何应对？

【参考答案】

与疫情相关的停租主要基于两种情况：一是人员不足（deficiency of man），英国普通法判例确定了"人员不足"指的是高级船员和普通船员人数上的不足。这表明，如果人数上的不足系因船员患病而非不愿意工作而导致的，船员因感染新型冠状病毒而无法工作，则会出现"人员不足"的情况，船舶将处于停租状态；如果船员的身体状况实际上能够工作，则不存在"人员不足"的情况。通常发生的情形是，船员出现了疑似感染新型冠状病毒的症状，船舶因此被隔离，但船员实际并未脱离工作岗位且最终检测结果显示他并未感染病毒。在这种情况下，租家可能很难根据 NYPE 格式的停租规定主张船舶停租，因为并未实际发生人员不足。二是"任何其他原因"，正如英国高等法院在 The "Laconian Confidence"［1997］1 Lloyd's Rep 139 中所认定的，针对船舶的法律或行政限制措施，如果关乎船员的身体效能或状况，则可以类比条款中所列举的停租事项构成"其他原因"。此外，如果停租条款的适用情形包括"无论任何其他性质的原因"即行业内对 NYPE 1946 格式的一种普遍修改，则停租事项的界定范围得到了大幅扩展，同类限制原则不再适用。如果船舶被隔离是出于对新型冠状病毒感染的一般性担忧，而与船员实际或疑似患病无关，则在这种情况下，较可能适用停租条款。停租不理会过错，不追究责任，需要满足 3 个条件：一是符合停租事项；二是阻止船舶完全操作；三是有时间损失。

5.10　提单条款

案例

什么情况下船长必须拒绝签发

【案例正文】

有这样一个例子：在发货人提供了保函的情况下，某船东的代理应租船人的要求签发了清洁提单，但该桶装货物的包装有明显的残损，在船东赔付了收货人后，凭保函要求租船人给予补偿。上诉法院认为，该保函无效。因船东和其代理及发货人明知提单持有人（收货人银行）对货物实际状况的了解将完全依赖提单上的货物描述，却仍签发了与实际货物状况不符的提单，其行为属欺诈行为，船东因而无权从租船人处得到补偿。

一般情况下船东应对提单持有人负责，船长可拒签提单。

尽管租船合同中规定船长应按租船人的指示签署提单，并且是租船人给什么样的提单船长就签署什么样的提单（as presented），租船合同中也规定了船东因此而遭受的损失可以得到补偿条款的保护，但一般情况下，船东应对提单持有人负责，所以在很多情况下，船长仍应拒签提单。例如，当提单所列货物的性质、数量细节与实际不符时，船长有权拒签。租船合同中"给什么、签什么"（as presented）的原则应是非常诚实的。某轮期租装油，因实际装船数量和提单数量不符，船长拒签提单。后又重新量油，造成延误。法官判决船长有权拒签，由此引起的船东损失，由租船人给予补偿。又如，某轮期租，租船人安排装盘元和钢筋，部分货物生锈，船长在装货前也检查了货物情况，但在签署大副收据时疏忽了，没有批注盘元的生锈情况。根据船长签发的清洁大副收据，按租方的要求船东签署了清洁提单。因船东要对提单持有人负责，船东根据提单赔付了收货人后，根据租船合同中的补偿条款向租船人提出索赔。

【讨论问题】
什么情况下，船长必须拒绝签发提单？

【参考答案】

（1）租船人并没有违反租船合同中的任何条款。而仔细检查货物表面状况，并把货物表面状况批注在提单上是船长的责任。

（2）在任何情况下，即使租船人违反了某些默示的责任，船长没有仔细地检查货物状况、没有正确地批注大副收据和提单，船长的过失也足以改变原来的因果关系（解除了租船人的责任）。

（3）在租船合同中没有任何默示，在这种情况下，应给予船东补偿。在签提单以前，船长检查、验证货物表面状况的责任是人所共知的。租船人要求船长签署清洁提单，但船长不一定非要签署清洁提单。船东要对提单持有人负责。

（4）一旦在大副收据上注明了货物残损，那么绝对不应该要求船长签署清洁提单。

因此，船长在发现租船人所要求签署的提单有以下几点时，应该拒签：①不合法；②有欺诈行为；③会给第三者（提单持有人）造成损失；④与相应的租船合同有明显的冲突。

值得注意的是，当提单中的管辖条款和租船合同中的管辖条款规定不同的管辖权时，船长无权拒签。当船东把船期租给租船人后，在整个期租期间，租船人有权用其认为合适的任何方式使用这条船。从而就产生了期租情况下，由于签发提单而引起的船东和租船人错综复杂的责任问题。对租船人而言，租船人要使提单内容符合买卖合同的条件。对船东而言，租船人选择的提单对船东有约束力，船东要对提单持有人负责。租船合同约束了租船人和船东之间的关系，而租船人选择和要求签发的提单又约束了船东和提单持有人之间的关系。

5.11 留置权条款

原船东是否有权对转租的运费进行留置

【案例正文】

外运公司于某年 9 月 20 日向二船东程租了"J"轮，该轮是二船东从原船东那里以期租方式承租下来，又以程租方式转租给外运公司的。

根据外运公司（二租船人）与二船东签订的运输合同，该轮从罗马尼亚康斯坦察港装载尿素 7 万吨运往中国大连港。该轮抵达大连港卸货期间，原船东要求外运公司将应付给二船东的运费直接付给原船东。在尚未弄清原委的情况下，外运公司未答应支付。于是原船东在海事法院起诉，要求对外运公司应付给二船东的运费进行留置。其理由是：二船东财政状况不佳濒于破产，由于支付不起昂贵的租金（日租金为 11 000 美元），已欠原船东租金约 60 万美元。

不久，海事法院通知外运公司将 35 万美元汇至该法院银行账户，外运公司未执行，其理由是：①外运公司应付二船东的运费不是 35 万美元，而只有 12 万美元左右；②二船东是否确实欠原船东钱？欠多少？外运公司对此一概不知，况且，二船东当时并未宣布破产，因此外运公司不能轻易将钱付给原船东；③如果一定要付，外运公司也只同意将该公司实际应付二船东的运费 12 万美元汇至海事法院银行账户，暂时冻结，待日后根据法院判决处理。

【讨论问题】

本案中，外运公司上述理由是否有理？原船东是否有权留置转租的运费？

【参考答案】

原船东在海事法院撤诉，转至国外最高法院起诉二船东。国外最高法院判决原船东胜诉，要求二船东付给原船东 613 809.7 美元。但判决书中丝毫未提及二租船人，更未提及二租船人的 12 万美元运费应直接付给原船东。原船东则根据此判决书一再催促外运公司将 12 万美元的运费直接付给它。在此情况下，外运公司曾多次与二船东联系，要求其确认同意外运公司将这 12 万美元的运费付给原船东，然而，二船东一直保持沉默，直至二船东与原船东达成协议后，二船东才通知外运公司将这 12 万美元的运费先付给租船代理。外运公司照此办理，从而了结了此案。

本案是一个涉及原船东要求留置转租运费的纠纷案，这类案子并不多见，我们可从双方当事人的不同角度出发，来总结一下处理这类案子应注意的问题。

1.原船东是否有权对转租的运费进行留置？

从契约关系来看，原船东仅与二船东签有租船合同，而且它们之间的任何纠纷均不涉及二租船人，也就是说，原船东与二租船人无任何契约关系。然而，目前使用的纽约土产期租标准租约和波罗的海期租标准租约都明确规定：在期租期间，租船人如果不按时支付租金，船东有权留置转租运费。这里所指的转租运费不仅包括了转租船合同或提单项下运输货物的运费，而且可以包括转租船租金，以及由于租用船舶引起的期租合同中规定的任何费用。由此可见，租约中赋予了原船东可以留置转租运费的权利。

在期租合同中之所以赋予原船东留置转租运费的权利，是为了补偿：①租船人（二船东）没有及时支付应由其支付的租金而给船东带来的损失；②原船东与租船人之间存在的包括共同海损在内的争议可能给原船东带来的额外损失。

2.原船东在行使对转租运费的留置权时，应注意的问题：

（1）时间。如果船舶经过转租，只有在转租运费付给承租人之前，才能对转租运费行使留置权，否则该留置权自行丧失。

（2）地点。把握好时机，因为此机会很短暂，特别是当提单并不是由原船东或其代理签发。倘若运费是预付的，则在装货港行使运费的留置权；倘若运费是到付的，则在卸货港行使运费的留置权。

（3）采取措施对运费行使留置权是通过对二租船人、发货人（或收货人）发出建议，其内容是：船东根据租约有权对此运费行使留置权，建议对方把运费/租金交付二船东和原船东同意的账户或共同监管的账户；假如二租船人拒绝照办，应立即咨询当地的船东保赔协会律师，设法在当地法庭申请禁制令强迫其交出运费共同监管。

（4）原船东亦有权对货物行使留置权，但只适用于货物只属于二船东的情况下，因为转租船舶所载的货物由二租船人所占有，而非二船东所占有时，原船东不存在留置权的问题。

（5）在租船人（二船东）未按时支付租金的情况下，原船东亦有权依合同撤回该轮，但原船东不可以采取其他不合法的报复行动，如拒绝装卸货物、拒绝签发提单等。

（6）一般来说，原船东没有权利扣押或保留已签发的提单，即使二船东拖欠其租金。这不同于留置转船的运费。

综合案例：中国香港 HX 航运公司定期租船租金赔付纠纷

【案例正文】

一、背景

某年 7 月 30 日 DT 经贸公司与中国香港 HX 国际航运有限公司（以下简称 HX

航运公司）签订《定期租船合同》，约定由DT经贸公司承租HT船务有限公司（以下简称HT公司）所有的"海宏"轮，租期6个月，租金6 800美元/日；DT经贸公司向HX航运公司支付定金204 000美元；因机械或设备故障或损坏、扣船带来的迟延可以停租，停租期间船舶所耗燃油由HX航运公司承担；合同最后一页通过手写补充约定，如因扣船等停租，下期租金交付时间相应顺延，HX航运公司应按船舶滞港时间每24小时支付DT经贸公司6 800美元赔偿金。合同签订后，DT经贸公司依约向HX航运公司及经手人支付租船定金、三期租金及扫舱费、开关舱费、招待费等费用。9月11日，DT经贸公司支付148 000元为"海宏"轮添加20吨轻油。次日，"海宏"轮因多处不合格被海事局扣留整改至9月15日1515时。期间，DT经贸公司致函HX航运公司，主张按合同扣减租金并赔偿因扣船造成的损失，同时要求尽快提供船舶滞港的具体时间及期间油料耗损等情况，以便按实结算并支付租金，但HX航运公司未予理睬。9月16日"海宏"轮驶离合同航线，17日HX航运公司通知DT经贸公司"海宏"轮已经撤回。DT经贸公司因HX航运公司撤船而无法按时到达目的港，向朝鲜胜利联合贸易会社赔偿了码头占用费70 000美元。DT经贸公司认为，HX航运公司擅自撤船构成根本违约，故请求判令解除DT经贸公司与HX航运公司签订的定期租船合同，并由HX航运公司支付DT经贸公司：①双倍定金408 000美元；②赔偿金27 200美元；③9月12日至9月15日租金27 200美元及从9月16日起按中国人民银行同期贷款利率计算的利息；④油料款148 000元及从9月11日起按中国人民银行同期贷款利率计算的利息；⑤码头占用费70 000美元及自9月25日起按中国人民银行同期贷款利率计算的利息。以上本金按9月12日汇率（1美元兑换人民币6.8458元）折成人民币后合计3 792 703.92元，利息（暂计至××××年9月25日）266 854元。

二、手写补充约定在定期租船合同中是否生效？

HX航运公司知道DT经贸公司主张赔偿损失后，在法庭上辩称：

DT经贸公司无权根据补充约定主张停租并要求赔偿损失。DT经贸公司所称的7月30日双方手写补充约定，与DT经贸公司自己提交的其9月16日传真给HX航运公司的租约最后一页补充条款内容相矛盾。该补充约定其实是9月12日船舶被扣滞留后DT经贸公司单方手写添加的，没有HX航运公司签章或其他方式确认，且海事法院在管辖权异议裁定中也已认定HX航运公司在手写内容之前对合同打印内容进行确认，手写内容出现后HX航运公司没有签字、盖章或以其他方式确认，因此补充条款对HX航运公司没有拘束力，双方最终的租约版本为7月25日1136时的传真件。

三、行使船舶停租权的对等条件是什么？

HX航运公司的法定代表人对于这个问题有以下看法：海事局的滞留整改不属于租船合同第18条约定的停租事项。租船人所能享有的停租权必须基于租约的明确列明，除此之外的原因造成船舶无法处于完全工作状态，不能停租。租约第18

条规定扣船带来迟延，船体、机械、设备损坏或故障等可以停租，但这里的扣船是专门术语，指的是《中华人民共和国海事诉讼特别程序法》规定的22项请求导致的扣船，海事局的滞留检查显然不是。案涉船舶在海事部门登船检查前仍能完全充分地工作，说明不存在船体或机械故障、损坏；港口国监控检查（PSC检查）的具体实施很大程度上是由港口国官员自由裁量，并非一定是船舶存在缺陷或故障，故本案船舶被滞留也不属于船体、机械、设备故障或损坏。租约第18条规定"阻碍船舶处于完全工作状态的任何其他类似原因"可构成停租，根据此前对停租事项的列举，这里的其他类似原因指的是船舶自身因素而非外来因素。港口国监控检查（PSC检查）属于外来因素，不能解释为"任何其他类似原因"。租约第22条约定，HX航运公司对因机械、锅炉和航行的事故与危险享有免责的权利。海事局滞留整改的理由是"海宏"轮船上机械不合格，因此HX航运公司可据此免责。

四、租金支付事项将双方争辩推向高潮

DT经贸公司未能按照约定及时支付租金，HX航运公司有权解除合同并撤回船舶。租约第12条约定：……租金按照每日6800美元计算，每15天向租船人预付一次，以此类推，但是必须提前3天支付……如果租金未能按预定准时支付或者出现无论何种原因导致的根本违约，那么船东将有权从租船人手中撤回船舶并保留进一步向租船人索赔的权利。据此，DT经贸公司应于9月12日支付9月16日至9月30日租金（即第四期租金），即使海事局滞留整改构成停租事由，DT经贸公司也应在9月15日前即解除滞留后支付下一期租金，但经HX航运公司多次催促，DT经贸公司直至9月17日仍未支付，违反了租约第12条的约定。DT经贸公司没有任何证据证明HX航运公司有义务在每期租金支付前给予付款指示，实际情况是每次账号均没有变化，此前油料款和第1、2租金等HX航运公司均未给予付款指示，HX航运公司发出第3期付款指示是因第三期租金付款时间将至而DT经贸公司仍未支付。因此，DT经贸公司没有迟延或拒付租金的理由，根据租约第12条以及《海商法》第一百四十条的规定，HX航运公司有权解除合同，DT经贸公司无权主张退还租金、定金或要求赔偿损失。

经过一轮的辩论，HX航运公司向原审法院提出异议：

HX航运公司诉称：7月25日，其与DT经贸公司签订"海宏"轮定期租船合同。DT经贸公司迟延支付合同约定的第四期租金，构成违约，导致撤船。合同期限6个月，扣除已经履行的39天，尚有141天未履行。而HX航运公司与HT公司、DT经贸公司约定的租金分别为5500美元/天、6800美元/天，故其遭受的利润损失为1300美元/天×141天=183300（美元）（折合人民币1254835.14元，按照中国银行外汇牌价某年9月16日零点中间价1∶6.8458换算）。HX航运公司因此诉请原审法院判令DT经贸公司赔偿其利润损失1254835.14元及从9月16日起按中国人民银行同期贷款利率计算的利息。

DT经贸公司辩称：①因案涉船舶不适航被扣进行强制维修，维修期间应停租，租船人无支付租金义务，HX 航运公司以未付租金为由撤船，缺乏依据。②HX 航运公司的撤船行为和 DT 经贸公司延付租金行为没有必然联系。③HX 航运公司主张的是预期利润损失，但却没有说明撤船是否造成损失，故其反诉请求不能成立。

五、原审法院查明

HX 航运公司于 2005 年 1 月 26 日在中国香港依据《公司条例》注册成为有限责任公司。WWF 是该公司唯一的董事、股东。

某年 7 月，HX 航运公司与 HT 公司签订租船合同，约定由 HX 航运公司承租 HT 公司所属的格鲁吉亚籍"海宏"轮。随后 HX 航运公司与 DT 经贸公司签订定期租船合同，约定由 DT 经贸公司向 HX 航运公司承租"海宏"轮，租期 6 个月，8 月 7 日 2400 时交船。租约第十条（A）款约定，租船人在交船时和船东在还船时，应当按照双方确认的存油量，并依当日当地市场价格向对方支付存油款。第十一条第一款约定：租船人应当为承租和使用上述船舶而按每天 6 800 美元支付租金，每 15 天为一个租金支付期，从交船之日起算。第十二条（A）款约定：在合同签订后 3 日内，承租人向出租人支付 204 000 美元的定金。交船后 3 个银行工作日内，承租人将第一次租金 102 000 美元支付到船东指定的账户中。100% 存油款项在交船当日支付给出租人。租金按照每日 6 800 美元计算，每 15 天向租船人预付一次，以此类推，但是必须提前 3 天支付。如果租金未能按预定准时支付或者出现无论何种原因导致的根本违约，那么船东将有权从租船人手中撤回船舶并保留进一步向租船人索赔的权利。第 18 条约定：由于下列原因导致的时间损失可以停租：高级船员或普通船员的人员不足和/或错误和/或罢工，物料不足，火灾，船体、机械或设备的故障或损坏以及搁浅，扣船带来的迟延（除非该扣押是由于租船人，它的雇佣人员、代理人或者分包商应该负责的事项所引起的），船舶或货物的海损事故（除非事故起因于货物的潜在缺陷或固有性质），为检验或油漆船底而进于船坞，阻碍船舶实际处于完全工作状态的任何其他类似原因停租期间所耗燃油均由船东承担。第 22 条约定：天灾、公敌、火灾、君主限制和所有海洋、江河、机械、锅炉和航行的事故与危险以及租约下的航行中错误，双方均可免责。

7 月 30 日，HX 航运公司收到 DT 经贸公司支付的定金 204 000 美元。

8 月 5 日，HX 航运公司收到 DT 经贸公司存油款 92 226.49 美元，8 月 2 日至 16 日第一期应付租金 102 000 美元，共计 194 226.49 美元，折合人民币 1 330 470.9 元，实收 1 330 000 元。

8 月 15 日，HX 航运公司收到 DT 经贸公司从 8 月 17 日至 31 日的第二期应付租金 102 000 美元，折合人民币 699 465 元。

8 月 28 日，HX 航运公司收到 DT 经贸公司扫舱费 3 000 美元，开关舱费 2 000 元，招待费（朝鲜港口）500 美元，总金额 26 700 元人民币。

8 月 31 日，HX 航运公司收到 DT 经贸公司 9 月 1 至 15 日的第三期应付租金 102 000 美元，折合人民币 699 465 元。

8 月 5 日、16 日、9 月 1 日，HX 航运公司先后向 HT 公司支付租金 1 195 006 元（含油款）、570 125 元、562 716 元。HX 航运公司接收 DT 经贸公司上述款项、支付 HT 公司租金的账户均为户名为 WWF 的中国建设银行账户。某年 9 月 25 日，该账户销户，销户时账户内剩余存款余额 566 531.89 元。扣除与本案发生期间无关的截至某年 6 月 21 日的几笔款项共 599.42 元，其他款项进出均在租船合同期内。

9 月 11 日 0350 时许，HX 航运公司通过传真转发邮件，通知 DT 经贸公司"海宏"轮已于当天 0350 时到达鲅鱼圈，准备卸货。同日，DT 经贸公司为"海宏"轮加柴油 20 吨，支出 148 000 元。1030 时，"海宏"轮开始卸货，2400 时完成卸货。9 月 12 日 0000 时水尺计重，0030 时完成计重。0030 时，"海宏"轮被海事局扣留整改，原因是海事局在检查中发现"海宏"轮存在艇机启动不超过 5 分钟、右艇舵腐蚀、右侧发动机舱压力表坏、淡水泵漏水、海图没有改正、保养计划没有很好执行、公司对船上监督没有履行到位等 19 处问题，其中保养计划没有很好执行、公司对船上监督没有履行到位后面注明"（3 个月内完成）"。

9 月 12 日，DT 经贸公司致函 HX 航运公司，函件中称：①"海宏"轮于 9 月 11 日凌晨到达鲅鱼圈，经当地海事局检查发现船舶存在严重问题，予以滞港整改处罚，未经复查合格不得离港。故自 9 月 11 日 10 时起，该船处于停租状态，停租期后按实际停租时间减扣租金，同时 DT 经贸公司保留追索停租期间利润损失的权利。②根据其与朝鲜胜利贸易会社的合同，"海宏"轮应于 9 月 13 日到达朝鲜松林港，否则迟延 1 天支付 1 万美元码头占用费，HX 航运公司应对此承担责任。③从该船第一个航次到达港口开始，就存在诸多问题，船况极其恶劣，因此该船是不适合运输的船舶，HX 航运公司已构成违约，DT 经贸公司有权拒付租金并要求赔偿因此造成的损失。

9 月 15 日 1515 时，"海宏"轮经营口海事局复查通过。

9 月 16 日 1213 时，DT 经贸公司再次致函 HX 航运公司，函中 DT 经贸公司称"海宏"轮被扣滞港至今未能出发前往朝鲜松林港，为此：①根据合同约定，停租事实发生后，下期租金的交付时间按停租期相应往后顺延，故本期租金 9 月 12 日至 15 日未实际发生，同时下期租金的交付时间应往后顺延；②HX 航运公司应在下期租金支付之前，尽快将停租期具体时间、停租期内的耗油以及租金付款指定账户书面告知 DT 经贸公司，否则 DT 经贸公司无法按时、按实支付租金，因此而造成的后果均由 HX 航运公司承担责任；③前一份通知中关于因船舶被扣给 DT 经贸公司造成损失赔偿的声明，HX 航运公司应根据合同一并结算，并从租金中扣除。

9 月 16 日 1801 时许，HX 航运公司收到"海宏"轮船长发来的邮件，称"海宏"轮在 1720 时已修理好，在 1800 时启航，预计 9 月 18 日到达朝鲜松林港。随后

HX 航运公司通过传真向 DT 经贸公司转发上述邮件。

9 月 17 日，HX 航运公司向 DT 经贸公司发出"海宏"轮撤船通知书，称根据双方在某年 7 月 24 日签订的定期租船合同第十二条约定，DT 经贸公司应于 9 月 12 日支付第四期租金，但 HX 航运公司直至 9 月 17 日还没收到。HX 航运公司因此决定立即撤船，船长也随即会被通知，HX 航运公司同时保留向 DT 经贸公司索赔因其违反期租合同而遭受的一切损失。1735 时，HX 航运公司通过邮件通知 DT 经贸公司其已决定撤船，并将撤船通知用 EMS 寄出。截至某年 9 月 11 日船舶被滞留整改，为期 6 个月的租船合同已履行 41 天，尚有 139 天未履行。

2010 年 9 月，DT 经贸公司向海事法院起诉后，双方当事人对据以确定相互权利义务关系及管辖权的合同版本发生争议。在海事法院针对管辖权问题进行的第一次庭审中，DT 经贸公司提交了《定期租船合同》原件，其委托代理人经当庭与 DT 经贸公司电话核实，称合同的签订过程为：某年 7 月 24 日 DT 经贸公司与 HX 航运公司在厦门就合同内容达成合意，HX 航运公司在合同上盖章后，DT 经贸公司工作人员将加盖 HX 航运公司印章的合同带回 DT 经贸公司，并加盖 DT 经贸公司的印章。7 月 30 日，原被告双方协商变更合同第十八条和第四十五条并达成一致意见，内容为"补充：由于本合同第十八条原因停租，下期租金交付时间按停租时间顺延，因船舶被扣滞港，出租人应按停租时间每 24 小时向承租人支付 6 800 美元赔偿金，第四十五条管辖法院变更为海事法院管辖"。DT 经贸公司工作人员将变更内容手写在合同最后一页的右下角，并由 DT 经贸公司法定代表人在合同左下角"担保人"处签字，后 DT 经贸公司将其中一份合同文本带到厦门交给 HX 航运公司。庭后，经再次与 DT 经贸公司核实，进一步确认了上述对合同签订过程的陈述。

11 月 20 日，海事法院根据上述 DT 经贸公司陈述，在民事裁定书中，认定 HX 航运公司系在手写内容出现之前对合同进行签字、盖章，其签字、盖章的行为系对合同打印内容的确认，非对右下角手写内容的确认；手写内容出现后，HX 航运公司未对手写内容进行签字、盖章，现 HX 航运公司亦不认可手写内容，原告又不能证明手写内容是经双方协商一致确认的合同条款，故上述手写内容对原被告双方无拘束力。某省高级人民法院二审维持了海事法院的上述认定，同时进一步认为 HX 航运公司提供的传真件可以视为合同的书面形式使用。

六、原审法院判决

综上，根据《中华人民共和国合同法》（现为《民法典》合同编）第一百零七条、第一百一十五条、《最高人民法院关于适用若干问题的解释》第一百二十条第二款、《最高人民法院关于民事诉讼证据的若干规定》第二条的规定，原审法院判决：①中国香港 HX 国际航运有限公司应在判决生效之日起十日内向 DT 经贸有限公司赔付定金 361 533 美元（按某年 9 月 16 日中国银行外汇牌价中间价 1∶6.8458 换算人民币为 2 474 982.6 元）；②中国香港 HX 国际航运有限公司应在判决生效之日起十日内返还 DT 经贸公司租金 27 058 美元（汇率同上，折合人民币 185 233.66 元）及自某年 9 月 16 日起按中国人民银行同期一年期流动资金贷款利率计算的利息；③中国香港 HX 国际航运有限公司应在判决生效之日起十日内返还 DT 经贸公司加油款 148 000 元及自某年 9 月 12 日起按中国人民银行同期一年期流动资金贷款利率计算的利息；④WWF 对上述中国香港 HX 国际航运有限公司的债务在人民币 565 932.47 元范围内承担连带责任；⑤驳回 DT 经贸公司的其他诉讼请求；⑥驳回中国香港 HX 国际航运有限公司的诉讼请求。如果中国香港 HX 国际航运有限公司、WWF 未按指定的期间履行给付金钱义务，应当依照《中华人民共和国民事诉讼法》第二百五十三条的规定，加倍支付迟延履行期间的债务利息。本案案件受理费本诉部分共 39 277 元，由 DT 经贸公司负担 14 336 元，中国香港 HX 国际航运有限公司负担 24 941 元，WWF 连带负担中国香港 HX 国际航运有限公司承担部分中的 5 476 元，财产保全费 5 000 元，由中国香港 HX 国际航运有限公司负担，WWF 连带承担其中的 3 350 元；反诉部分案件受理费 9 764.5 元，由中国香港 HX 国际航运有限公司负担。

　　本案案情就介绍到此。对于原审法院的判决是否正确，二审法院将会如何判决，请同学们根据所学的知识结合相关法律规定进行分析和判断。

　　资料来源：佚名. ×××有限公司海上货物运输合同纠纷（2015）闽民终字第 1589 号. [EB/OL]. [2022-07-08]. https://alphalawyer.cn/#/login/wechat.编者有修改。

【案例使用说明】■

一、教学目的与用途

　　本案例适用于国际货物运输和国际物流等课程中关于定期租船合同中租金、停租、补充协议知识点的教学。编写目的是通过对案例中描述的各争议焦点的讨论，引导学生领会定期租船合同中关于租金、停租的相关法律规定，培养学生处理停租损失索赔问题的实践能力。通过阅读、分析和讨论本案例资料，帮助学生思考和掌握下列具体问题：①停租条款中，通常哪些事件可以扣减租金？②出租人撤船时，应注意哪些问题？③对合同停租条款的解读应遵循哪些原则？④定期租船合同中手写的补充条款是否产生法律效力？如否，怎样才能保证产生法律效力？⑤承租人提前还船时，应如何计算违约损失？本案例的概念难度、分析难度和陈述难度均适中，适用对象包括国际贸易、国际物流和国际商务专业的本科生。对缺乏专业基础理论知识的本科生，可以根据教学大纲，有选择地引导阅读案例相关材料，重点熟悉租金、停租的概念和船舶不适航的概念与具体内容，掌握租金索赔的基本法律依据和基本程序；对缺乏实践经验的本科生，可以引导其将所掌握的理论知识运用于本案例中每一个具体问题的分析，对案例中争论的焦点问题，作出自己的是非判断，锻炼其解决实际问题的能力。

　　本案例规划的理论教学知识点包括：

　　（1）描述船舶违约的认定及处理；

（2）租期、租金及航行区域；

（3）交船时间及解约条款；

（4）交船时的船舶适航保证。

二、讨论思考题

1.停租条款中，通常哪些事件可以扣减租金？

2.出租人撤船时，应注意哪些问题？

3.解读合同停租条款时，应遵循哪些原则？

4.本案例中，手写的补充条款是否产生法律效力？如否，怎样才能保证产生法律效力？

5.承租人提前还船时，应如何计算违约损失？

三、分析思路

本案涉及定期租船合同中租金确定、租金支付条件、租金索赔金额的合理确定问题，因此，建议课堂讨论按照以下思路进行：首先，引导学生在一般意义上讨论出租人和承租人的权利和义务，租金支付和保证船舶适航义务的基本内容。具体地，哪一份租约是确定双方权利义务的合同依据，即手写补充条款对HX航运公司是否具有约束力？案涉船舶期租合同双方哪一方违约？守约方有权主张的赔偿项目及金额。其次，引导学生讨论本案索赔性质的二重性，本案例中的停租条款里通常哪些事件可以扣减租金？出租人撤船时，应注意哪些问题？对合同停租条款的解读时，应遵循哪些原则？本案例中，手写的补充条款是否产生法律效力？如否，怎样才能保证产生法律效力？承租人提前还船时，应如何计算违约损失？最后，引导学生讨论索赔的技术性问题，可以采取何种索赔手段？如何搜集相关证据？

四、理论依据及分析

1.合同附加条件

格式租船合同大多数是由机构编撰的，这些机构有的代表出租人利益，有点代表货主利益。因此，这些格式合同不可避免地带有偏袒倾向。此外，由于具体航次的港口、航线、货物、履行地等各不相同，格式合同很难完全包括所需内容。为平衡双方利益和明确具体航次中合同双方义务，格式合同后通常加上了各类"附加条款"。当然，平衡的程度取决于合同双方的谈判力量及技巧。

哪一份租约是确定双方权利义务的合同依据，即手写补充条款对HX航运公司是否具有拘束力？

DT经贸公司所提交的租船合同原件除打印内容外，还有手写补充内容，补充内容上没有HX航运公司的签字或盖章，因此该合同版本不是纯粹的原件，不能简单地以原件优于传真件而完全肯定传真件的证明力。事实上，HX航运公司提交的合同传真件与DT经贸公司提交的合同原件打印部分内容完全一致，双方对两种合同版本之争，实际仅是对DT经贸公司合同原件中手写部分是不是原件组成部分、是否经HX航运公司认可存在分歧，而对这一分歧判断需要结合本案其他证据、事实综合分析。

本案中，DT经贸公司主张在HX航运公司拒不提交合同原件的情况下推定其所持原件真实，就有义务首先证明HX航运公司也持有一份合同原件。合同各方当事人通常分别持有原件，但这并不是绝对的、不证自明的，具体还需结合合同签订当时的情况综合考量。租船合同双方当事人不是当面签字盖章，交船前HX航运公司收到了DT经贸公司204 000美元定金并在合同履行中实际控制船舶，这种情况下其仅持传真件而无原件在手并不存在太大风险。因此，DT经贸公司抗辩HX航运公司持有合同原件拒不提交、补充条款应推定成立依据不足，原审法院不予采信。

2.租金支付、迟付与撤船权利

NYPE46第5条规定根据第4条约定的租金率，每半个日历月提前支付到出租人指定账户。NYPE93已改为每15日提前一天支付到出租人指定账户，并保证出租人可立即使用。NYPE2015沿袭了NYPE93的方法。这就要求承租人以电汇方式支付租金，而不能使用支票、商业汇票等支付工具，排除了兑换困难、延长租金到账时间或受骗上当的可能。首期租金应在交船时支付，最后一期租金，在扣除出租人费用后，应能够涵盖剩余租期，并仍需提前支付。如果届时最后航次仍未完成，出租人可要求按天提前支付，或者承租人向出租人提供担保，待还船后再结算，NYPE2015还具体规定了应在还船后5个银行工作日内结算租金和存油余款。

NYPE46第5条规定：承租人应当及时地按照约定连续支付租金，否则出租人有权撤回船舶，但不影响出租人租约下的任何索赔权利。NYPE93第11条延续了这一规定，但增加了"宽限期"（grace period）条款，规定若承租人由于自己或其银行的疏忽、错误与遗漏等没能及时连续地支付租金，出租人应当书面提示，要求其在约定的若干银行工作日内改正，如仍不支付，出租人有权撤回船舶。NYPE2015第11条将此宽限期定为3个支付地银行工作日，如在宽限期内仍不支付，出租人不但有权撤船，还可对剩余租期的损失向承租人索赔。第11条（d）款的"中止条款"（suspension）还追加规定，只要存在欠付租金，出租人可以中止船舶全部或部分服务，由此导致的任何损失及后果，包括出租人为此采取的合法行动的后果，由承租人承担，并且租金继续计算。此项行为不影响出租人撤回船舶的权利。但是，该条款并未明确说明，在船东行使此项权利之前是否首先需要按照（b）款规定向承租人发出警告，为避免争议，合同双方应通过追加条款予以说明。

我国《海商法》对出租人的撤船权利作出了规定。该法第140条规定：承租人应当按照合同约定支付租金。承租人未按照合同约定支付租金的，出租人有权解除合同，并有权要求赔偿因此遭受的损失。但应当明确的是，上述法律立场只适用于合同双方未明确约定的情形，确定出租人是否具有撤船权利应当首先依据合同约定，除非承租人明确表示它将不再履行或无力履行租金支付义务，或者严重迟付已经构成毁约。承租人事后补足迟付的租金不能改变已经迟付租金的事实，因而不影响合同规定的出租人撤船权利。因为撤船将会剥夺承租人使用船舶的权利，极易造成其后续合同违约，所以出租人必须谨慎行使撤船权利。如果错误地撤船，需承担故意违约的后果。出租人在行使撤船权利时应注意以下几个问题：一是出租人必须向承租人或其代理人（指代其签订合同的代理）发出撤船通知。通知书必须表明，出租人因承租人违反租金支付条款而正式行使撤船权利。撤船通知于送达承租人处时生效，因此，只发给船长或承租人港口代理的撤船通知是无效的。二是发出撤船通知后，如果部分货物已经装船，但提单尚未签发，出租人可以与二承租人（sub-charterer）或货主协商，继续完成航次任务，但运费必须支付给出租人（headowner），这等于出租人与二承租人或货主达成新的运输合同；如果全部货物已经装船并且签发了提单，则出租人根据提单运输合同，有义务将已装船货物运送到提单载明的目的地。在预付提单下，如航次运费尚未支付给期租承租人，出租人可行使合同规定的对转租运费的留置权，要求二承租人或货主将运费直接支付给出租人；如果运费已支付给了期租承租人，出租人则应自费将货物运送至目的地。在到付提单下，出租人有权在交货时向提单持有人收取运费。三是出租人根据提单义务继续履行航次任务，不构成放弃撤船，承租人不得以此为由主张期租合同继续有效。四是撤船通知必须是肯定的最终决定。如果出租人一方面暂时控制船舶，并威胁要撤船，另一方面又催促承租人支付租金，则视为出租人放弃撤船权利。

本案中，在存在停租事由的情况下，DT经贸公司是否有权顺延预付第四期租金，如可顺延，至迟顺延到何时这个问题，我们分析如下：

根据租船合同租金每15天为一期，下期的租金应于起算日前3天提前支付。本案所涉定期租船合同项下的第四期租金（即9月16日至9月30日租金），本应于9月12日2400时之前支付。但9月12日0300时出现了"海宏"轮被海事局扣留整改的情况，一直到9月15日1515时才通过海事局的检查。这一期间是合同第18条允许的停租时间，既然存在停租，根据公平原则，相应的下期租金的预付也应顺延，停租占用了84.25小时，因此下期预付租金的时间应是9月16日1215时之前。

在整改期间，9月12日DT经贸公司就滞港整改致函HX航运公司交涉，要求停租期扣减租金及告知损失由HX航运公司承担。在整改结束后9月16日DT经贸公司又致函HX航运公司交涉，要求租金交付时间顺延，要求HX航运公司确定停租期间油款及指定租金支付的账户并承担扣船期间给其造成的损失。对于上述两函件提到的内容，HX航运公司没有回应，HX航运公司直到9月17日以没收到租金为由解除合同并撤船。原审法院认为，没有及时支付租金与所租船舶被滞留整改有因果关系，且在整改期间内及整改结束时DT经贸公司都致函HX航运公司进行交涉，而HX航运公司没有回应，因此，DT经贸公司未付下期租金可以视为其行使同时履行抗辩权，不应认为DT经贸公司违约。

依据定期租船合同第12条A款规定：如果租金未能按预定准时支付或者出现

无论何种原因导致的根本违约，那么船东将有权从租船人手中撤船。HX 航运公司没有收到第四期租金即行使撤船权利并取消合同，原审法院认为撤船即解除合同，除非是出现根本违约，否则不宜轻易解除合同。DT 经贸公司没有支付有其原因，这一原因又是 HX 航运公司造成的。而且，此时 HX 航运公司手上还握有 DT 经贸公司支付的定金，马上撤船显得过于草率。综上应当认为本案 HX 航运公司撤船是违约。HX 航运公司应对此承担相应的违约责任。

3. 停租条款的解释原则

下面参照英国的司法实践介绍停租条款的解释原则。"内因"原则：它是指当由于船舶本身致船舶无法正常使用时，租船人才可以停租。"内因"原则是判断可否停租的基本原则。停租条款是对承租人连续支付租金义务的一种例外规定，承租人欲援引停租条款停付租金，就必须证明出租人提供的船舶本身存在缺陷（包括未配备充足的适任船员及备品），未处在充分工作状态（not in full working order），从而影响和阻碍了正常地使用船舶，并且带来了时间损失。承租人不得因为外来原因（extraneous cause）阻碍其使用船舶而停付租金。外来事件，例如 NYPE2015 相关条款提及的战争及类似战争行为、罢工、冰冻、海盗、货物走私、履行北美和欧盟的货物预报关规定、货物制裁以及强制性压载水更换（一些国家担心船舶压载水会带有外来有害物种，因此要求船舶抵港前必须更换）等，对这类事件导致的时间损失，合同中一般都规定不得记为停租（除非合同另有相反规定），因为它们完全是承租人营运面临的，或为了执行港口所在地的强制性法规产生的，与船舶本身无关。至于外来事件是否构成合同受阻则是另一回事。对于不可停租事件带来的损失，承租人是否有权索赔取决于出租人在事件中是否存在过错。如果承租人可以举证证明损失是出租人过错导致的，例如不合理地干预船舶使用导致时间损失，可以根据违约条款索赔损失，但不可依赖停租条款，除非此种情况被列入了停租条款。

回到本案中，案涉船舶被滞留检查是否构成租船合同第 18 条约定的停租事由，我们来分析一下：

租船合同第 18 条采取罗列加兜底的方式约定租船人可以停租的各种事由。其中罗列部分明确约定扣船引起的迟延可以停租，除非扣船系因租船方负责的事项引起。显然，该列举旨在从引起扣船的原因而非实施扣船的主体角度，对停租事由进行划分，以排除因租船方自己原因导致扣船进而造成船期损失的情形。结合兜底条款部分措辞——"阻碍船舶实际处于完全工作状态的任何其他类似原因"，合同第 18 条应理解为非承租人原因导致的船舶不能正常营运，承租人可以停租。这种解释与《海商法》第 133 条第 2 款规定精神相吻合，即"船舶不符合约定的适航状态或者其他状态而不能正常营运连续满二十四小时的，对因此而损失的营运时间，承租人不付租金，但是上述状态是由承租人造成的除外"。同时也符合定期租船合同的性质、目的。HX 航运公司辩称租船合同第 18 条扣船应理解为司法扣船、兜底条款中其他类似原因指船舶自身因素而非外来因素，缺乏事实及法律依据，原审法院不予采信。某年9月12日0030时许至15日1515时，案涉"海宏"轮因右艇舵腐蚀、右侧发动机舱压力表坏、淡水泵漏水等船舶机械设备故障及船上管理等被海事局扣留整改，明显属于出租方而非承租方原因造成，DT经贸公司依约有权主张停租，该期间所耗燃油依约由HX航运公司承担。租船合同第22条约定，天灾、公敌、火灾、君主限制和所有海洋、江河、机械、锅炉和航行的事故与危险以及租约下的航行中错误，双方均可免责。该条款所列各种情形均是意外事故范畴，其中机械事故明显不同于机械不合格，HX航运公司认为"海宏"轮被扣整改属于机械事故并据此主张免责，依约不能成立。

五、关键要点

阅读本案例并正确回答讨论思考题，需要学生把握以下要点：

1.承租人有权因停租事由顺延预付下期租金。

2.出租人以没有提前收到租金为由解除合同并撤船，显然没有尽到善意的合同当事人所应尽的诚信义务，其行为已构成违约。

3.案涉"海宏"轮因右艇舵腐蚀、右侧发动机舱压力表坏、淡水泵漏水等船舶机械设备故障及船上管理等被海事局扣留整改，导致船舶不能正常营运，明显属于出租方的责任，即出租人没有履行保证船舶适航的义务。

第6章 集装箱运输

开篇案例

【案例正文】

某年6月23日，K贸易公司（以下简称K）与新西兰买方X进口公司（以下简称X）以CFR条件签订了不同型号的不锈钢丝网出口合同，运输保险由买方安排。货物生产完成后，K将该批丝网从河北工厂运抵货运代理人指定的天津新港东疆港区S经营的货场，经海关查验后装入集装箱等候装船。然而，3天后，即8月12日，距离该货场仅600米的危险品货场发生了天津港"8·12"瑞海公司危险品仓库特别重大火灾爆炸事故，致使该批出口不锈钢丝网全部炸毁。该事故不仅导致K的10多万美元货物灭失，还导致K对X无法交货。

事故发生后，K通过代理联系S要求赔偿损失，S称自己只是提供集装箱货场、办理提箱、装箱、代理报关业务，在这些业务环节，S不存在过错，因此没有赔偿义务。K于是通过代理联系承运人C海运公司要求赔偿，C回复称，货物系K自己安排S负责货场装箱，并没有正式交给C，因此，C没有赔偿义务。相反，K通过S提取了本公司的空箱，占用该集装箱长达两个月，要求K支付期间的滞箱费。对于上述情况，K不知如何是好。

【涉及的问题】

本案涉及的问题实际上是集装箱运输过程中的货物交接及责任划分问题。与传统的海运业务不同，集装箱运输涉及订舱、提空箱、装箱、报关、堆存、装船、运输、目的港卸船及货物交付等业务环节。在这些环节中，存在货运代理、集装箱场站经营人、集装箱箱务、货物交接等传统业务中没有的环节和当事人，涉及相关当事人对货方义务问题。那么，究竟集装箱运输与传统杂货运输有何不同？集装箱运输中货物应当如何交接？责任如何划分？本章就来回答这些问题。

思政案例："Madrid Bridge"轮北大西洋集装箱倒塌是天灾还是人祸

根据Ocean Network Express（ONE）船公司公布消息，2021年1月7日，ONE

船公司装载量13 900TEU的"Madrid Bridge"轮在从新加坡港前往纽约港的途中，因遭遇恶劣天气，在北大西洋发生集装箱坍塌事故。有60个集装箱落水，另有80个集装箱受损。Equasis数据库显示，这艘2018年建造的船由K Line管理，保赔保险公司为日本P&I俱乐部。

2020年末至2021年初，发生了几起备受瞩目的集装箱倒塌事故，引发了人们对特大和超大型集装箱船在恶劣天气下的堆栈高度和货物安全的关注。事故包括"ONE Apus"轮于2020年底在太平洋丢失了1 816个集装箱，"Maersk Essen"轮于2021年1月也在太平洋丢失了750个集装箱。

理论上，集装箱船舶的甲板在设计和建造上就是可以装载若干层高度集装箱的，集装箱上下之间是互相咬合在一起的，行和列之间有绑扎锁具捆绑固定，捆绑有专业手册规定捆绑方法。在通常海况下，不应该发生集装箱塌垛和落海事故。但是，如果船员职业素养不足，不懂绑扎规范，或没能忠于职守，疏于规范性绑扎，或大型集装箱船甲板设计或绑扎规范存在技术性缺陷都可能导致集装箱塌垛和落海事故。由此看来，职业素养、忠于职守、尊重科学是做好一切工作的必要条件。

6.1　集装箱箱务及进出口程序

6.1.1　集装箱货物交接

---- 案例 ----

承运人是否免责于货物交接中漏装箱的不当操作

【案例正文】

上海一家公司（以下简称"发货人"）为履行以FOB价成交的30万美元的皮鞋出口合同，委托集装箱货运站装箱出运，发货人在合同规定的装运期内将皮鞋送到货运站，并由货运站在卸车记录上签收后出具场站收据和装箱单。该批货出口提单记载CY-CY运输条款、SLAC（由货主装载并计数）。国外收货人根据提单的表面记载向发货人支付了货款，在目的港提箱时，箱子外表状况良好、关封完整，但打开箱门后一双皮鞋也没有。后经查实，该批皮鞋仍在货运站的仓库内堆存。

【讨论问题】

SLAC下承运人是否免责于漏装箱的不当操作？

【参考答案】

第一，由于出口提单记载"由货主装载并计数"，收货人根据提单记载向发货人索赔，但发货人"在FOB条款下，随着货交承运人，其贸易风险也转移给了买方"的拒赔理由充分吗？该理由不充分。根据国际贸易价格术语解释，国际货物买卖风险是指运输的风险。本案货物并未装入集装箱,因货物未发生越过船舷的客观事实,所以也就不存在风险转移的问题。因此,收货人根据接收货物的实际情况向发货人索赔,这不仅符合国际贸易惯例,而且有法律依据。

第二,收货人向承运人提出赔偿时,承运人拒赔的理由是什么?承运人拒赔的理由为"提单记载的运输条款是CY-CY",即整箱交接,提单的反面条款也规定"整箱货交接的情况下,承运人在箱子外表状况良好、关封完整下接货、交货"。既然收货人在提箱时没有提出异议,则表面上承运人已完整交货。此外,"提单上记载由货主装载并计数",因此对承运人来说,事实上并不知道箱内是否装载了皮鞋。

货运站既是发货人委托的装箱人,又是与发货人订有仓库合同的一方,承担仓储合同责任,同时又是装箱人,应承担装箱过失责任。货运站拒赔的理由不充分。因为装箱单和场站收据的出具表明货运站已收到货主的皮鞋并已装箱,同时也意味着货运站开始承担责任。因此,货运站应承担赔偿责任。本案最终以货运站承担皮鞋出运的所有费用并给予收货人相应补偿而结案。

6.1.2 集装箱的进出口程序

----------------------- 案例 -----------------------

承运人是否有权根据舱面货选择权条款免责于装载不当问题

【案例正文】 ▮━━━

上海某公司从美国进口一个装载电子产品的40英尺集装箱,美方的托运人在向船公司订舱时,在订舱单上注明"装载舱内"。船公司接收托运,但在实际装运过程中,集装箱并非装载舱内,而是装载甲板运输。提单上运输条款CY-CY,并记载货主装箱计数(SLAC)。集装箱运抵上海外高桥集装箱码头,卸船时箱子外表状况良好、铅封也正常。收货人前来提箱时,箱子外表状况良好、铅封也正常,但拆箱时却发现箱内部分电子产品已受潮,经商检认定,锈损系海水所致。为此,收货人向承运人索赔。

【讨论问题】 ▮━━━

承运人是否有权根据舱面货选择权条款免责于装载不当问题?

【参考答案】 ▮━━━

承运人以"根据提单上舱面货选择权条款,承运人有权将任何货主集装箱装载舱面运输而无须征得货主同意"拒绝对此损害承担责任是否正确?

不正确!由于托运人要求将箱子装载舱内,而事实上是装载甲板运输,致使电子产品锈损,而装载舱内,即使在一定程度上箱子漏水也不至于造成电子产品锈损。因此,承运人对集装箱内电子产品的锈损不仅应承担赔偿责任,而且不能享受提单上的责任限制,应按实际损失赔偿。

6.2　集装箱运输主要单证

6.2.1　设备交接单

------ 案例 ------

舟山港如何实现全国首个集装箱"全程出口业务单证无纸化"港口

【案例正文】

2022年4月29日，从宁波舟山港获悉，随着进出口集装箱在工厂、货代、堆场、码头、船公司等各物流节点的信息实时动态可视、可控，宁波舟山港成为全国首个实现集装箱进出口全程操作无纸化、物流节点可视化的港口。

在传统进出口集装箱物流环节中，各方业务往来需要通过纸质单证进行人工流转，存在运输效率低、成本高的缺点，仅提箱的流程就需要船代公司六七个人跑上一天。

此次宁波舟山港全面上线集装箱出口业务全程无纸化服务功能，实现了宁波地区从事出口集装箱业务各方之间的系统互联、数据互通，线上提箱占比已经达到90%以上。经运行测算，通过全程无纸化流程只需两三分钟的时间就能办理提空箱业务，每箱至少可节约流程时间1.5小时，在进一步降低物流运输成本的同时，有效缓解了港区道路的拥堵现象，改善了集卡司机的从业环境。

以宁波舟山港为例，无纸化流程每年可减少工作总时长约700万小时；减少二氧化碳排放4.4万吨；折算成经济成本可为物流业降本1.5亿元以上。

与此同时，随着宁波舟山港电商平台进一步升级，在"无纸化"的基础上实现了"可视化"服务，在电脑和手机上同步动态展示全程物流各节点信息，为货代、船公司营销服务提供科学参考依据和数据支持。

【讨论问题】

设备交接等外贸单证实现"无纸化"服务带来便利的同时也会带来哪些隐患？

【参考答案】

外贸单据实现"无纸化"服务在为全球贸易带来便利和成本降低的同时也会对外贸单据的整合统一带来新的要求。单据的准确填写、真伪识别、安全使用等细节也需要更多的技术支持。与此同时，中小型外贸企业是否能完全配合使用统一的单据，也需要花大量时间去推广和宣传。如果某一个环节出现问题，是否会导致整条数据链瘫痪，造成更大的影响，这也是值得深思的问题。

6.2.2　集装箱提单

案例

集装箱提单的保函声明能否作为拒赔的凭证

【案例正文】■

某远洋运输公司在承运6 000吨白糖时，发现有10%的脏色，大副在收货单上做了相关批注。因为货物容易变质，而信用证（L/C）即将过期，故托运人急于获取清洁提单结汇，遂出具"保函"声明："如收货人有异议，其一切后果均由发货人承担，船方概不负责"。但是，在货物抵达目的港时，收货人以货物脏色为由扣船，并向远洋运输公司索赔10多万美元。

【讨论问题】■

1.远洋运输公司可否凭保函作为拒赔的理由？

2.假若远洋运输公司赔偿后，可否凭保函要求托运人赔偿其因签发清洁提单而遭受的损失？

【参考答案】■

1.不能。因为对第三人而言，保函一概无效。

2.不能。对于承运人与托运人而言，只有在保函无欺骗第三方意图时才有效，而此案中明显具有欺骗第三方的故意，故保函无效，所以承运人在赔偿第三方后无法追偿。

6.3 集装箱运费

案例

天价海运费回落为什么对CIF而言是好消息

【案例正文】■

据航运咨询机构Sea intelligence的最新数据，海上集装箱运输需求已经连续第五周下降，船公司正拿着舱位四处找货，与2021年"一舱难求"的情形形成强烈反差。

"天价"海运费在2022年明显回落，对出口商使用CIF贸易术语签订合同来说是好消息，2021年居高不下的海运费，2022年起呈现明显的回落之势，海运价格从春节后至2022年10月份，平均下跌20%左右。中国到美西的运价降幅超过30%，欧洲线降幅还要更大。

波罗的海运价指数（FBX）数据显示，截至 2022 年 5 月 9 日，亚洲至美西价格降至 2021 年 7 月以来的最低水平。

2022 年初至 4 月，航运咨询公司德鲁里（Drewry）编制的世界集装箱指数（WCI）已经下跌超 16%。

上海航运交易所发布的数据显示，2022 年上半年中国出口集装箱运价指数降幅为 14.25%；上海出口集装箱运价指数降幅为 16.89%。

虽然各指数均呈下降趋势，但从亚洲到欧美的航线运价仍在高位。

【讨论问题】 ■━━━━━━━━━━━━━━━━━━━━━━━━━━━━━

海运费不断下调，这对贸易合同中贸易术语的选择会带来怎样的影响？

【参考答案】 ■━━━━━━━━━━━━━━━━━━━━━━━━━━━━━

"如果是做 CIF（贸易术语，成本加保险费加运费），那确实是好消息。" CIF 是指在装运港被装上承运人船舶时即完成交货，这也意味着跌去的海运费，相当于卖家的利润。

海运费下跌可能会带来一系列的滞后效应，国外客户知道海运费下跌，肯定会压价，到时货品价格就要下降，利润或受影响，不过订单量可能会增加。

舱位宽松但拖车费上扬，运输成本仍处高位，运价回落表明航运市场的需求端正在出现下滑，欧洲航线的暴跌主要原因是货少了而船的运力增加了。

▎综合案例：W 公司进口钢材延迟抵港的索赔

W 贸易公司（以下简称 W）是注册在大连市的拥有 20 多年历史的金属进出口公司。对于 W，2002 年的秋天是个名副其实的收获季节。这一年来，国内钢材市场因供货不足而价格大涨，公司依仗多年在国际市场的纵横驰骋经验和扎实良好的客户关系，分别在 10 月、次年的 1 月和 2 月从罗马尼亚采购到了两万多吨不同型号的钢材，而后出售给了南方 Z 公司。经过初步测算，本次交易扣除 FOB 购货成本、海运费和保险费、进口卸货费、海关税费在内的各项成本，可大赚约 3 000 万元人民币，可谓是盆满钵满。

一切看起来都很顺利，2003 年 4 月，W 采购的 12 700 多吨不同规格的钢材在罗马尼亚装上 M 轮，正常情况下月初即可抵达中国的黄埔港。可天有不测风云，M 轮因主机故障，拖延至 2003 年 11 月 10 日才抵达黄埔港，比正常抵达时间足足晚了半年。期间，公司李总和他的同事如坐针毡，原有的喜悦早已荡然无存，因为国内市场钢材价格在不断下跌，而载货 M 轮的抵达却遥遥无期。照这样下去，W 的这笔生意不仅赚不到钱，还必定要赔钱，并且还可能因无法交货而面临国内购货商的索赔。整个公司笼罩在低气压的氛围中，李总和公司主要负责人的办公室经常彻夜灯火通明，烟灰缸满了又倒、倒了又满，苦思冥想却又一时无计可施。

【案例正文】■————————————————————————————————

一、背景

让我们先来讲述这笔钢材进口业务跌宕起伏的进展吧。

2002 年 10 月 30 日：W 与罗马尼亚 C 公司签订买卖合同，约定购买 1 万吨钢材，价格条件为 FOBST CONSTANZA（康斯坦萨），242.50 美元/吨，以信用证方式付款。

2003 年 1 月 16 日：W 与罗马尼亚 L 公司签订买卖合同，约定购买 2 012 吨不同规格的扁钢，价格条件为 FOBST CONSTANTZA，单价分别为 170 美元/吨和 240 美元/吨，以即期汇票方式付款。

2003 年 2 月 3 日：W 与罗马尼亚 C 公司签订买卖合同，购买 1 万吨角钢，价格条件为 FOBST CONSTANZA，275 美元/吨，以信用证方式付款。

2003 年 2 月 10 日：W 与广州的 Z 公司签订了销售合同，约定由 W 销给 Z 公司钢材 1 万吨，单价每吨 4 000 元人民币；角钢 1 万吨，单价每吨 4 800 元人民币；规格为 40×10 毫米的扁钢 527 吨，单价每吨 3 600 元人民币；规格为 50×10 毫米的扁钢 1 485 吨，单价每吨 3 600 元人民币。上述货物均应于 2003 年 5 月中旬前分批交货。合同还约定，W 委托 Z 公司向广州的银行贷款 400 万美元用于信用证付款，由 W 提供担保并承担还本付息责任。为保证合同的履行，合同还分别约定了卖方不履行和延期履行货物交付的违约金，Z 公司在合同签订后向 W 支付了 400 万元人民币定金。

2003 年 3 月 3 日：W 委托大连某银行向 H 银行罗马尼亚布加勒斯特分行开出信用证，金额 5 175 000 美元，信用证项下货物为钢材和角钢共 20 000 吨。

2003 年 3 月 23 日至 4 月 12 日：C 公司和 L 公司在罗马尼亚康斯坦萨港将 12 700 多吨货物装上 M 轮。W 支付运费 478 970.07 美元，支付保险费 42 920.30 美元。

2003 年 4 月 26 日：大连某银行承兑了信用证部分款项共计 2 804 888.41 美元，W 于同日向该银行付款，取得了班轮公司签发的 1 号提单。2003 年 4 月 28 日：W 通过大连某银行以电汇的方式向卖方付款 375 802.30 美元，并通过中国驻罗马尼亚大使馆商务处外交人员从罗马尼亚 L 公司处取得了班轮公司签发的 2 号提单，该提单没有经托运人背书。

2003 年 5 月 20 日：Z 公司向 W 声明，W 未能按照合同约定的交货期交付订购的钢材，正式宣布取消该项合同，并要求 W 双倍返还定金共计人民币 800 万元，支付合同金额 10% 的违约金 95 243 200 元人民币。

2003 年 11 月 15 日：中国某理货公司出具了货物残损单，该单据显示共有 615 捆钢材和 165 捆角钢发生锈蚀。

2003 年 11 月 19 日：W 将 M 轮卸载的部分钢材卖给广州某实业公司，其中钢材 2 200 吨，单价为每吨 3 200 元人民币；角钢 1 000 吨，单价为每吨 2 700 元人民币；已锈蚀的角钢 220 吨，单价为每吨 2 000 元人民币。

2003 年 11 月 20 日：W 将部分钢材卖给广州某贸易公司，其中钢材 2 000 吨，单价为每吨3 200元人民币；已锈蚀的钢材327吨，单价为每吨2 000元人民币；角钢1 000吨，单价为每吨2 700元人民币；已锈蚀的角钢200吨，单价为每吨2 000元人民币。

2003年12月15日：根据W的申请，广东某商品检验局出具了检验证书，该检验报告表明，因受海水浸蚀，615捆327.18吨钢材表面严重锈蚀，估损率为65%；165捆418.245吨角钢估损率为70%。

2003年12月15日：W将剩余的不同规格角钢200吨和3 700吨，分别以每吨2 000元人民币和每吨2 700元人民币，卖给广州黄埔某物资总公司。至此，W已将到港的钢材全部降价售出。本来预计很赚钱的生意，因载货船舶不适航和严重迟期抵达，致使W遭受了巨大损失。经计算，钢材市场价格下跌损失17 650 000元人民币，由于不能及时偿还银行贷款的利息损失227 000美元，部分货物受海水腐蚀削价出售的损失1 825 136元人民币，加上其他损失，合计损失19 475 136元人民币和227 000美元。这还没计算400万元人民币定金赔偿和违约金赔偿。得知这一统计结果的李总心痛不已，夜夜失眠，员工的情绪也受到了极大影响。

二、命运多舛的M轮

M轮的船东为罗马尼亚海运公司R（以下简称R），该轮为普通杂货船，载重吨16 486吨，设计航速为14~15海里/小时。该轮装有两部四冲程船用主柴油机，通过齿轮减速离合器，双主机共同（或单机）驱动一条推进轴。装有一台可调距螺旋桨，螺距角负荷调控范围为0~90%，满负荷螺距角为最大距角的90%。该轮持有的各种证书均在有效期内。据M轮船长发给R的电报称，该轮上一航次仅使用右主机航行。下面我们来看看发生在M轮身上的故事吧。

2003年3月17日：抵达康斯坦萨港的M轮向某修理公司提交了两份修理清单，要求该公司对包括主机在内的各种机舱设备及船舶其他部分进行修检，修检内容共68项。

3月23日8时：M轮开始装货。在装货过程中，对主机及其辅助设备和机舱的其他机器进行修检。

4月12日16时：装货完毕，船长签发了1号和2号提单。1号提单中记载装载钢材8 605捆4 578.545吨，不同规格的角钢共2 407捆6 160.150吨；2号提单记载装载40×10毫米的扁钢183捆510.83吨，50×10毫米的扁钢525捆1 489.34吨。两份提单的背面条款均载明1924年《关于统一提单若干法律规定的国际公约》（简称《海牙规则》）作为适用法律并入提单，而后R收取了W支付的运费。

4月2日、5日、6日、7日、8日、12日、13日、14日、15日、16日、20日、26日：对主机透平增压扫气系统、主机阀门、主机进气管接头、主机进气管的排气管道、压载系统与主机冷却系统的连接阀、左主机气缸阀门、左右主机空气冷却器、主机淡水冷却系统进行了反复的检测与修理。

4月29日，5月1日、4日和13日：M轮多次试航均因机器故障未能成功。

5 月 13 日：R 的机务管理人员与 M 轮轮机长共同签署了船舶设备状况表，认为该轮状态已适于计划中的航行。

14 日 0 时：M 轮移泊康斯坦萨港外锚地。同日，取得港口当局签发的离港证。

14 日 20 时至 15 日 7 时：又对主机进行修理。

15 日 7 时：启动双主机，当螺旋桨负荷值为 30% 时，右主机透平增压器前的排气温度已超过 600℃（最大允许值为 550℃）

15 日 10 时 20 分：轮机长报告，左主机起火，温度升高。

10 时 22 分：双主机停机，船长组织船员灭火。

16 日 8 时：重新点火。

16 日 9 时 10 分：左主机起火，右主机高温，用二氧化碳灭火。

16 日 12 时 30 分：停右主机，靠左主机航行。

17 日 0 时：停机漂流。

17 日 17 时：重新启动右主机。

17 日 20 时 40 分：停机漂流，之后又重新启动。

18 日 8 时：驶抵伊斯坦布尔港。同日，船长在发给 R 的电报中称："即使桨距 40%~50%，左主机的排气温度也是高的，在这种情况下，我们无法继续航行。"要求 R 给予指示。

4 月 19 日：R 指示使用单机航行，桨距 0~35%，航行至塞得港进行修理。

5 月 27 日：在伊斯坦布尔港锚地修理右主机，之后，以右主机单机航行。

5 月 31 日至 8 月 24 日：抵达塞得港，并一直在该港修理主机。期间，R 派公司总轮机长登轮参与修理船舶。

8 月 24 日：在引水员和拖轮的协助下，使用左主机通过苏伊士运河。

8 月 28 日：驶抵吉大港，重新修理主机。

9 月 1 日：驶抵亚丁港，R 请主机制造厂的工程人员登轮修理主机，但未能修复。之后，使用左主机继续航行。

10 月 6 日 8 时至 10 月 28 日：驶抵新加坡锚地，并停泊修理右主机。

10 月 28 日 9 时 33 分：起锚离开新加坡锚地，使用左主机单机航行。

11 月 10 日：抵达目的港中国黄埔港锚地。后 W 持 M 轮船长签发的 1 号和没有经托运人背书的 2 号提单向 R 在黄埔港的船务代理公司办理了提货手续。代理公司对 2 号提单的合法性没有提出异议。

11 月 11 日：中国船级社对 M 轮的主机和推进装置进行了技术状况检验，并出具了检验证书。该项检验证书认为，该轮右主机在康斯坦萨修理持续近一个月时间，船长没能提供任何证据足以证明船方曾向负责签发船舶证书的主管机关罗马尼亚船舶登记局（RNR）报告右主机损害情况并申请修理检验，也没有提供修理后由 RNR 验船师签发的有关右主机经检验合格的报告，其船级证书也没有关于右主机经修理的签署。因此，没有任何证据可以证明 M 轮在 5 月 15 日开航前是处于适航状态。5 月 15 日开航后，M 轮右主机仅运转了 3 个小时便发生严重故障而不能维持正常使用，双主机船只能靠单机在非正常技术状态下航行。同时，该轮先后途经伊斯坦布尔、塞得港和新加坡三个港口都对右主机进行了修理，均无法修复。船长也没有提供各次修理曾经向 RNR 或任何其他公证机构申请检验的文件依据。因此，M 轮从康斯坦萨至黄埔港的整个航程，其所持的船级证书和构造证书与原发证条件是不相符的。

三、W 申请证据保全和扣押 M 轮

面临如此复杂的糟糕局面，李总与手下开始考虑应对的方式问题。他们从来没有遇到过这种复杂情况，开了多少次会也找不到切实可行的办法。这时，一位下属站出来说，他在大学时学过"国际货物运输"这门课程，依稀记得老师讲过的船舶适航这个概念，说好像可以找船东算账，可当李总问他具体如何操作时，他也一时讲不清楚。这时有人说，可以用《国际货物运输》教材拍 R 老板一砖，保证够厚够沉，大家听了都被逗笑了，可笑中又有一丝苦涩——现在不是考虑出气的时候，怎样能解决问题才是最重要的。此时另一个同事灵光一闪，他提醒李总，应当找一位懂海商法的律师来处理此事。李总采纳了这个同事的建议，出高价聘请了一位著名的海事律师，开始对 R 和当事船舶 M 采取行动。

2003 年 10 月 15 日：W 向海事法院申请证据保全，申请书称：2003 年 4 月 10 日，被申请人 R 所属 M 轮装载申请人进口的 1.27 万吨铜材，从罗马尼亚康斯坦萨港运往中国黄埔港，预定抵达时间为 5 月 12 日，但至申请之日，M 轮尚未抵达，给申请人带来严重的经济损失。申请海事法院在 M 轮抵达黄埔时，对其实施证据保全，封存其航海日志，轮机日志等相关文件。

11 月 11 日：海事法院裁定准予申请人的申请。同日，审判人员和聘请的验船师登上 M 轮，对该轮主机和推进装置进行检验，对船长和轮机长进行了询问并做了笔录，提取了该轮有关航次的航海日志、轮机日志、该轮在康斯坦萨港船长及高级船员的适任证书、船舶检测手册、验船报告、船级证书、船舶函电以及康斯坦萨港的离港签证。

11 月 16 日：W 以 M 轮不适航，以致货物延迟运到并发生严重货损为由向海事法院申请扣押 M 轮，要求被申请人提供 300 万美元的担保。

11 月 17 日：海事法院裁定扣押 M 轮，并向该轮送达了扣船令，M 轮被依法扣押。

2003 年 12 月 15 日：广东某进出口商品检验局出具的检验证书显示，因受海水浸蚀，615 捆 327.18 吨钢材表面严重锈蚀，估损率为 65%；165 捆 418.245 吨角钢估损率为 70%。

2004 年 5 月 7 日：中国船级社对 M 轮进行了航行试验，结果左主机启动正常，右主机需转车至某一二个位置才能启动。

2004 年 5 月 18 日：R 未能在规定的期限内提供担保，经 W 申请，海事法院强制拍卖了 M 轮。

四、W 与 R 法庭上的辩论

W 在海事法院正式起诉 R。

（一）原告 W 的诉讼请求

原告 W 诉称，R 提供的船舶不适航，抵达黄埔港的时间比正常航行时间晚 6 个月，造成其损失，请求判令 R 赔偿货物市价损失 17 650 000 元人民币、由于不能及时偿还银行贷款的利息损失 227 000 美元，以及部分货物受海水腐蚀削价出售的损失 1 825 136 元人民币，合计 19 475 136 元人民币和 227 000 美元。此外，还请求法院判令 R 赔偿因货物晚到导致的国内转售合同定金损失 400 万元人民币，违约金损失 95 243 200 元人民币。

（二）原告律师的代理词摘要

原告的律师认为，原告持有被告签发的提单，对被告有诉权。被告所属 M 轮在开航前和开航当时是不适航的，具体表现在：船员未配足，燃油未加足，证件未齐备，船舶主机一直未能处于可作本航次航行的状态，开航前因两台主机存在重大故障而多次试航不成功，但该轮仍然开航，以致船舶在航行途中不断出现故障，比正常航行时间晚半年抵达黄埔港。因 M 轮所载钢材延迟交付，使得原告的钢材销售合同被用户解除，原告收到钢材时，钢材市价下跌，原告蒙受了定金损失、违约金损失、降价处理的市价跌落损失及利息损失。还有部分钢材受海水侵蚀而降价处理，这些损失均应由被告赔偿。被告签发的提单注明适用《海牙规则》，因被告没有履行《海牙规则》规定的保证船舶适航义务，故无权享受责任限制，而且原告的索赔并没有超过《海牙规则》规定的每件 100 英镑的限额。

（三）被告的答辩意见

被告 R 辩称，双方当事人并没有约定交付时间，故不存在延迟交付问题。承运船舶在开航前和开航当时是适航的，航行中出现故障是因船舶的潜在缺陷所致，属于承运人的免责事由，故请求驳回原告的诉讼请求。

（四）被告律师的代理词摘要

被告代理律师认为：W 据以向港方提取货物并主张权利的 1、2 号提单记载的收货人为 "凭指示（to order）"，但 2 号提单并没经有关方背书。根据提单转让的有关原则，W 不能根据 2 号提单主张任何权利。W 和 R 并未约定交货时间，R 也从未保证过船舶抵达的时间，因此，M 轮不存在延误交货问题。M 轮在开航前和开航时，持有全套有效的各种证书，船上也按规定配备了足够的人员，因此，在没有充分的、直接的、与上述事实相反的证据的情况下，M 轮在开航前是适航的。4 月 16 日，船舶装货完毕后，启动主机开往锚地，此时船舶的各方面包括主机均未出现异常，表明船舶装货完毕时是适航的。该轮在锚地保养完毕后，于 5 月 15 日 7 时开航，此时机器未出现异常。右主机在开航后几个小时出现排气温度过高的现象，并不能推定船舶在开航时不适航。M 轮主机的故障，完全是无法预见的，是由其潜在缺陷造成的。康斯坦萨港港务监督向 M 轮签发了离港证，证明港口当局认为船舶是适航的。

2004 年 5 月 11 日，中国船级社对 M 轮的试航报告也证明该轮的右主机并不存在明显的问题，主机的所谓故障是偶然的。因此，该轮在开航前及开航当时是适航的。W 的损失是不存在的，请求的金额是不合理的。而且，在任何情况下，R 有权享受运费限额的责任限制，责任限制金额为 403 774.4 美元。M 与 R 分别向法庭提交了各自的证据，围绕 M 轮在开航前和开航当时是否处于适航状态问题和 M 所谓的损失问题在多场庭审中激烈地交锋。

资料来源：李勤昌. 海上货物索赔教学案例［M］. 大连：东北财经大学出版社，2016. 编者有修改。

【案例使用说明】

一、教学目的与用途

本案例适用于"国际贸易实务"、"国际货物运输"和"国际物流"等课程中关于承运人延迟交付货物索赔知识点的教学。案例的编写目的是：通过对案例中描述的各争议焦点的讨论，引导学生领会延迟交付货物的相关法律规定，培养学生处理延迟交付货物损失索赔问题的实践能力。通过阅读、分析和讨论本案例资料，帮助学生思考和掌握下列具体问题：一是延迟交付违约的构成条件是什么？二是延迟交付的法定责任是什么？三是延迟交付损失应如何计算？四是诉前扣押船舶的法律规定是什么？五是如何进行延迟交付索赔？

本案例的概念难度、分析难度和陈述难度均适中，适用对象包括"国际贸易"、"国际物流"和"国际商务"专业的本科生、研究生和国际商务专业学位研究生。对于缺乏专业基础理论知识的本科生，可以根据教学大纲，有选择地引导阅读案例相关材料，重点熟悉延迟交付的概念和船舶不适航的概念与具体内容，掌握延迟交付索赔的基本法律依据和基本程序；对于缺乏实践经验的研究生，可以引导其将所掌握的理论知识运用于本案例中每一个具体问题的分析，对案例中争论的焦点问题，作出自己的是非判断，锻炼其解决实际问题的能力。

本案例规划的理论教学知识点包括：

（1）延迟交付违约的构成条件；

（2）延迟交付违约的法律后果；

（3）延迟交付赔偿责任限制的例外；

（4）船舶不适航的含义及法律后果。

本案例规划的能力训练教学内容包括：

（1）对承运人延迟交付货物的判定能力；

（2）对延迟交付索赔证据的搜集能力；

（3）延迟交付索赔的操作能力；

（4）对船舶不适航索赔的操作能力。

二、讨论思考题

1.何谓延迟交付？延迟交付产生的主要原因有哪些？

2.海上货物运输中延迟交付的法律规定是什么？

3.何谓船舶不适航？船舶不适航的主要表现有哪些？

4.船舶不适航的法律后果是什么？

5.本案例中收货人的索赔范围和金额是否合理？

6.本案例中承运人的船舶适航抗辩是否成立？

三、分析思路

本案涉及延迟交付、船舶适航保证、索赔范围和金额的合理确定问题，因此，建议课堂讨论按照以下思路进行：首先，引导学生在一般意义上讨论承运人延迟交付货物和保证船舶适航义务的基本内容。具体地，关于延迟交付，讨论它的概念是什么？产生的原因是什么？延迟交付的后果是什么？法律对延迟交付赔偿有何规定（包括赔偿限额及其例外）？关于船舶不适航，讨论它的概念是什么？主要表现有哪些？导致的后果通常有哪些？赔偿的法律规定是什么？

其次，引导学生讨论本案索赔性质的二重性。具体地，延迟交付导致的损失内容是什么？船舶不适航的损失内容是什么？

再次，引导学生讨论本案中索赔人损失的认定问题，具体包括延迟交付损失的范围与金额和船舶不适航导致损失的范围与金额。

最后，引导学生讨论索赔的技术性问题。具体包括两种索赔的时效有何不同？可以采取何种索赔方式？如何搜集相关证据？

四、理论依据及分析

1.问题的性质与讨论意义

案例中纠纷的核心问题是海上货物运输中的承运人延迟交付货物问题。那么，什么是延迟交付？这个概念直到现在，国际上仍然没有统一定义。

（1）《汉堡规则》中对延迟交付的定义

《汉堡规则》在第5条第2款中第一次在国际范围内对延迟交付作出明确定义：如果货物未能在明确议定的时间内，或虽无此项议定，但未能在考虑到实际情况对一个勤勉的承运人所能合理要求的时间内，在海上运输合同规定的卸货港交货，即为延迟交付。该条第1款还明确规定：除非承运人证明他本人、其受雇人或代理人为避免该事故发生及其后果已采取了一切所能合理要求的措施，否则承运人应对因货物灭失或损坏或延迟交货所造成的损失负赔偿责任，如果引起该项灭失、损坏或延迟交付的事故，如同第4条所述，是在承运人掌管期间发生的。

（2）《海商法》中延迟交付的概念

《海商法》第50条规定："货物未能在明确约定的时间内，在约定的卸货港交付的，为迟延交付。"由此可见，《海商法》主要采用了《汉堡规则》中关于延迟交付定义的原则，但只引入了《汉堡规则》第50条第2款关于延迟交付规定的前半段，但是对此款规定的后半段，即"或虽无此项议定，但未能在考虑到实际情况对一个勤勉的承运人所能合理要求的时间内，在海上运输合同规定的卸货港交货，即为延迟交付"却没有引入。也就是对未明确约定货物交付时间的延迟交付没有作出明确规定，致使在海事审判实践中出现了不少问题。

（3）讨论的意义

现实中，对延迟交付损失进行索赔存在困难，更为糟糕的是由于运输延迟所引起的损失和费用一般为保险的除外责任。比如中国人民保险公司海洋运输货物保险条款（1981年修订版）就规定被保险货物因运输延迟引起的损失或费用为保险人除外责任。《海商法》第243条规定：除合同另有约定外，保险人对由于航行延迟、交货延迟而造成的货物损失不负赔偿责任；英国1906年《海上保险法》也规定"如无合法理由，自延迟显为不合理时起保险人责任即予免除"。另外，ICC（A）一般除外责任第5条也规定，除外责任包括"延迟直接造成的损失、损害或费用，即使该延迟是由承保风险引起的"。因此，研究如何就延迟交付向承运人索赔就显得十分重要。

本案例中，R一直坚持自己在租船合同中从未保证货物何时抵达黄埔港，法律也没有船舶应当在何时抵达卸货港口的规定，因此，拒绝承认货物延迟抵达导致的市价损失。W对此也十分明了，自己投保的海上货物险也不包括货物延迟抵达的经济损失，因此，必须以船舶不适航为由向承运人主张损失赔偿。

2.延迟交付成因及其责任确定

海上货物运输具有距离长、环节多、风险多等特点，所以引起延迟交付的原因也各种各样，但是对于常见的原因，可以归结为以下几种：

（1）船舶的原因

船舶本身的原因主要涉及"适航"问题，包括船体本身、船员配备、船用设备和供应品的配备以及载货舱室的状况等都应能够保证该航次运输任务的顺利完成。如果船舶不适航，很可能造成海上事故、航速不足或中途修理等，进而延误航程，造成运输延迟，导致货物的延迟交付。本案例中，W正是抓住了M轮不适航的大量证据，向法院主张因此导致的钢材市价损失。在这个问题上，R的辩驳是很苍白的，也是站不住脚的。

（2）承运人不当操作的原因

操作环节出现问题可能存在于装货港、中转港、卸货港及海上航程中。其中，在装货港和中转港最容易出现延迟出运的问题，尤其是班轮运输，延迟出运的现象很多。引起延迟出运的原因很多，比如承运人出于商业上的考虑，接受订舱的货量、箱量太大，不得已而甩货、甩箱。对于货物运达卸货港后发生的延迟交付情况，往往是因为承运人或其代理人的操作失误或不适当地留置货物所造成的。航行过程中的不当操作主要是发生不合理绕航。本案例中不存在上述问题。

（3）港口方面的原因

港口是海上货物运输的端点和枢纽，港口的正常运营是保证运输质量的关键因素之一。比较常见的港口原因引起的延迟交付有以下几种：一是港口拥挤。承运人只要能证明港口拥挤是其所不能控制的，并对此没有任何过错，那么承运人对延迟交付损失不负赔偿责任。二是港口工人罢工，发生战争或类似战争事件。由此引起的延迟损失，承运人一般不负赔偿责任。本案例中也不存在上述问题。

3.延迟交付的责任归属

当在卸货港口发生了延迟交付，并给收货人带来了损失的时候，收货人索赔前首先要确定延迟交付的原因，并由此来判断相关的责任。

（1）承运人违反合同约定义务的责任

无论是《海牙规则》《汉堡规则》《海商法》，还是英美普通法，都允许承托双方在合同中约定条款来增加自己的责任（例如，《海牙规则》第 5 条和第 6 条、《海商法》第 45 条、《汉堡规则》第 23 条第 2 款），部分航次租船合同约定了承运人保证货物抵达卸货港口的时间，在这种情况下，如果载货船舶没能在约定的时间内抵达，就视为承运人违约。本案例中，承运人没有在租船合同中作出这项保证，因此，在庭审中 R 以此对 W 的延迟交付的经济赔偿主张进行了反复抗辩。

（2）承运人违反法定义务而承担延迟交付责任

在航运实务中，承托双方在通常情况下不会明确约定货物的交付时间，此时处理承运人延迟交付问题就要看运输合同所适用的法律规定了。

《汉堡规则》和《海商法》规定承运人应当在"合理时间"内交付货物。瑞典海商法、澳大利亚海上货物运输法、俄罗斯联邦商船航运法典和挪威海商法中也有类似的规定。对这些法律适用中的难点之一是如何确定"合理时间"的问题。

在英美普通法中，如果双方当事人未就运输合同的履行时间作出约定，那么承运人应当依照合理速遣的要求采取措施确保货物在合理的时间内交付。普通法中将合理速遣与提供适航船舶、不得不合理绕航并列，作为承运人的一项重要的默示义务无须在运输合同中明确约定。这项义务渐渐为国际航运界所接受，成为国际航运界的一个公认的惯例，而为合同当事人所普遍运用。对于船舶在装货港或中途港不合理滞留或航速减慢造成的延迟到达，普通法中一般用合理速遣的原则来调整。合理速遣主要包括以下两方面的内容：一是船舶在港口装载货物以及船舶开航离港时，应迅速而毫不拖延地进行。这是一个谨慎的承运人所须做到的，否则，便是违反了这一默示义务，例如，船员上岸，迟迟未归，导致船舶延迟开航，就是违反了合理速遣的义务。二是船舶在航行过程中，承运人有义务采用通常、习惯上或合同中约定的航线，快捷而毫不延迟地直驶合同约定的目的港。

尽管我国《海商法》未对"合理时间"作出详细解释，但从对承运人的基本义务规定中也可以找到答案。延迟交付的发生往往是因为承运人没有履行其法定义务造成的，所以当出现延迟交付时，货方要尽量查明原因，看是否可以从承运人违反基本义务入手进行索赔。

第一，《海商法》第47条规定了承运人在船舶开航前和开航当时使船舶适航的义务。如因船舶不适航导致货物延迟抵达，应当承担赔偿义务。

第二，《海商法》第48条规定了承运人管货义务的7个环节，其中包括应当妥善、谨慎地搬移、积载、运输、保管、照料和卸载所运货物。如果因为承运人在这些环节当中的过错致使货物延迟交付，承运人应当负赔偿责任。

第三，《海商法》第49条规定了承运人不得进行不合理绕航义务。该规定也是该法第48条关于承运人妥善、谨慎运输货物义务的具体化。即使运输合同对货物的交付时间没有约定，若承运人有不合理绕航行为，并导致货物不能在按照具体情况对一个勤勉的承运人所能合理要求的时间内交付的，海事法院会判决承运人应对因不合理绕航所造成的事实上的延迟损失承担赔偿责任。

本案例中，W的索赔主张正是基于上述法律规定和M轮主机故障构成其不适航的事实，向R提出赔偿主张的。应当说，W的这一主张是正确的，因为，M轮比正常时间延迟到港长达6个月之久，远远超出了"合理时间"的范畴，M轮不适航也是客观存在的。

4.延迟交付的损失与索赔范围的确定

（1）延迟交付造成的损失具体内容

延迟交付造成的损失包括物质上的损失和经济上的损失。

物质上的损失是指货物本身的灭失或损坏，从而使货物丧失使用价值或者使用价值降低。这主要发生在承运人承运易腐烂变质货物的情况下，由于运输的延迟，很可能造成承运货物的腐烂或变质。通常易造成物质上损失的货物有新鲜蔬菜和水果、粮谷类货物、饲料等。本案例中，目的港的检验表明，部分钢材受到海水浸蚀而贬值，此项损失不是因为航程延长货物本身变质导致的，而是M轮货舱漏水导致的，即因为M轮不适航导致的，对此，根据相关法律规定，R必须作出赔偿。

经济损失是相对于物质损失而言的，是指货物物质上没有发生任何变化，但是由于延迟交付，遇上货物市场价格跌落，造成时间利益上的损失或违约赔偿损失。如市场差价损失、使用利益损失、货款的利息损失和对第三人的违约金损失等。常见的经济损失包括以下几种：

一是市价损失。商品价格受供求关系的影响波动频繁，这种波动在带有季节性特征的货物（如假日消费品等）或受供求市场影响较大的货物（如钢材、有色金属、石油等）方面尤为突出。此类货物的延迟交付，很容易使货主错过良好的销售机会，从而带来市价损失。本案例中，W就对由于货物延迟抵达使其遭受的市价损失提出了损坏赔偿，其要求是合理的。

在对市价损失进行索赔时，首先要确定市价损失的大小。虽然对延迟交付造成的市价损失大小的确定属于事实认定的范畴，但是根据已有的案例，在判断时还是有一些被普遍接受的标准。市价损失应以目的港货物应交付或应合理交付之日与货物实际交付之日的差价计算，而且参照的市价不是个别合同中的价格，而是目的港市场上同一种商品的平均价格。如果目的港不存在这类货物的市场价格，那么应以距目的港最近地区此类货物的市场价格为标准。本案例中，W 在计算市价损失时，按照自己的销售合同价格与货物实际抵港时的价差计算市价损失的做法是不妥当的。

二是使用利益损失。如果货方购买的货物不是为了转售，而是为了自己使用或者进行生产加工，比如工厂购买的原料、设备等，那么承运人的延迟交付很可能会导致工期推迟、停工待料、放弃其他合同机会等损失，这种损失就是使用利益的损失。本案例中不存在上述损失。

三是利息损失。利息损失是承运人违反运输合同的时间义务，延迟交付引发的自然结果。在本案例中，原告对延迟交付引起的利息损失作出赔偿请求。确定利息损失的关键在于明确计息的本金数额及起算时间。关于利息计算的本金，《海商法》第 55 条规定："货物的实际价值，按照货物装船时的价值加保险费加运费计算"。另外，还可以参照《海牙-维斯比规则》的规定，即参照货物根据海上货物运输合同交付或者本应交付的当时当地的正常价值计算，并规定货物的正常价值按照货物的交易价格确定，或者，如无此种价格，按照其市场价格确定；如无交易价格和市场价格，参照相同种类和质量的货物的正常价值确定。对于利息损失的利息率的确定，应视货款的来源而定，如系贷款，应以银行贷款利率作为利率，否则应以存款利率作为利率。本案例中，W 向国外支付的货款是从银行借来的，货物延期抵达 6 个月，让 W 承受了这个期间的利息损失，对此项损失，W 应当有权对 R 进行索赔。利息损失计算中的本金应当是 W 对外实际支付的金额，利息应当按照 W 的借款利息计算。

四是利润损失。利润是指货方当事人在取得货物后运用其从事生产经营活动而产生的财产增值利益。在货物延迟交付的情况发生时，货方不能按时取得合同规定的应按时交付的货物，造成其生产经营活动中断或者从事该活动的基础和条件丧失，从而导致利润损失。相关合同法律规定，损失索赔可以包括正常利润。本案例中，W 的利润应当是国外钢材采购的人民币成本与国内销售价格的差额。

五是责任损失。承运人延迟交付的货物可能是收货人与第三方订立的买卖合同的标的，因货物的延迟交付造成收货人无法按时履行同第三人之间的合同，所以收货人将被置于相对困难的境地：它可能因违约而向第三方支付违约金，甚至面临着被解除合同的危险，商业信誉也有可能因此受到损害。这种损失是承运人在订立运输合同时无法预料的，因此，除非在运输合同中有明确约定，否则不应当属于可以赔偿的范围。在本案例中，W 没有向 R 告知它的转售合同的违约金和定金的约定情况，因此，R 不应赔偿 W 所要求的高额违约金和定金，但法院应当裁定 R 对此项损失给予合理的赔偿。

（2）延迟交付损失索赔范围的确定

对于延迟交付引起的物质损失的赔偿，《汉堡规则》和我国的《海商法》都对此作出规定。《海商法》第55条规定："货物灭失的赔偿额，按照货物的实际价值计算；货物损坏的赔偿额，按照货物受损前后实际价值的差额或者货物的修复费用计算。货物的实际价值，按照货物装船时的价值加保险费加运费计算。"本条规定的实际价值就是CIF价格，美国的做法也是如此。因此，本案例中对被海水侵蚀那部分钢材的损失计算就应当按照《海商法》规定的方法计算。

对于延迟交付造成的经济损失的赔偿问题，明确规定承运人赔偿责任以及赔偿范围的法律很少。《汉堡规则》虽然是第一个明确承运人的延迟损失赔偿责任的国际海上货物运输公约，规定了承运人应当对延迟经济损失负责，但是它没有明确规定承运人对延迟经济损失的赔偿范围，而将这一问题留给各国的海商法解决。

《海商法》对延迟交付和承运人对延迟经济损失的赔偿都作了明确规定。该法第50条第3款规定："除依照本章规定承运人不负赔偿责任的情形外，由于承运人的过失，致使货物因迟延交付而遭受经济损失的，即使货物没有灭失或者损坏，承运人仍然应当负赔偿责任。"但是同《汉堡规则》一样，《海商法》对延迟经济损失的赔偿范围没有作出相应的规定。因此，在法院的审判实践中不能从《海商法》中找到确定延迟经济损失赔偿范围的明确法律依据，而只能根据法院查明的案件事实和相关的法律条文作出认定。

综合以往的案例，我们注意到，法院在确定损失范围时普遍遵守以下几个原则：一是合理预见原则。相关法律规定损害的范围"不得超过违反合同一方在订立合同时预见到或者应当预见到的因违反合同可能造成的损失"。在本案例中，对于W提出的市价损失，R在事实上是难以预料的，因此，从公平原则出发，不应予以赔偿。二是近因原则。三是积极减少损失原则。

5.承运人对延迟交付的免责和责任限制问题

对于已经发生的延迟交付损失，承运人并不一定承担赔偿责任，即使是由于承运人的责任引起的，承运人也可能享受一定的赔偿责任限制，而不必对全部损失进行赔偿。

（1）对承运人延迟交付责任的约定免责

在有些提单或者合同中，承运人直接加入免除责任的条款，比如声明：承运人不保证能在特定的时间把货物运至卸货港或交付地点，也不保证能满足任何特定市场的需要，并且承运人在任何情况下都不承担延迟交付造成的直接损失、间接损失或者相关的经济损失。但是，在国际公约和法律的约束下，以及法院的解释中，这样的条款很难发生效力，除非承运人及其代理人不存在疏忽或过失并且延迟交付存在合理原因。

（2）对承运人延迟交付责任的法定免责

为了保护承运人，《海牙规则》规定了17条承运人可以免责的事项，《海商法》

的第51条把免责事项归纳为12项。所以，承运人在发生延迟交付时可以根据上述事项免责。《汉堡规则》第5条第5款规定：如果承运人能够提出足够的证据证明灭失、损坏或延迟交付是由于运输活动物所固有的任何特殊风险造成的，也可以不负赔偿责任。

但是，承运人享受免责事项是有条件的：一是要尽到适航义务，否则对因此给货主造成的损失不能主张免责；二是承运人在履行有关义务中没有主观过错。《海商法》第47条的适航义务，第48条妥善、谨慎地管理货物的义务以及第49条不得进行不合理绕航的义务，都是援引免责事项的前提条件，或者能证明虽然承运人未履行上述义务，但与货物灭失或损害的发生之间不存在因果关系。本案例中，承运人R明显没有履行保证船舶适航义务，因此丧失了法定免责权利。

（3）承运人延迟交付责任的限制

承运人的赔偿责任限制一般来自两个方面：一方面是法律法规赋予的单位赔偿责任限制和海事赔偿责任限制；另一方面来自合同和提单中合法的责任限制条款。但是并非在任何情况下承运人都能享受责任限制的权利。《海牙-维斯比规则》《汉堡规则》《海商法》都规定，货物的灭失、损坏或者延迟交付是由于承运人的故意或者明知可能造成损失而轻率地作为或不作为造成的，承运人不得援用限制赔偿责任的规定。本案例中，由于承运人R没有履行保证船舶适航义务，明知M轮主机状态无法正常履行航次任务，但还是指令其承运本航次的货物，因此，同样丧失了赔偿责任限制权利。

6. 索赔人在延迟交付索赔中的义务和责任

延迟交付发生后，索赔人除了需要确定损失和承运人责任外，要成功进行索赔，还必须履行一定的义务。货方的义务和责任至少应包含以下几个方面：

一是尽量减少损失的义务。所谓减少损失义务，是指法律规定的一方违约后，另一方有义务及时采取措施，防止损失扩大。

二是在有效的时间内进行索赔和诉讼的义务。《海牙规则》《汉堡规则》《海商法》都对收货人提出索赔通知的时间作出明确规定，比如《海商法》第82条规定："承运人自向收货人交付货物的次日起连续六十日内，未收到收货人就货物因迟延交付造成经济损失而提交的书面通知的，不负赔偿责任。"但是，上述原则只是针对延迟交付造成的经济损失而言，而对延迟交付造成的物质损失（灭失或损坏）并不适用。所以，即使收货人没有在60日内提出延迟交付造成损失的书面通知，收货人也不必认为完全没有了对损失的索赔权。

三是诉讼中承担的举证义务。当索赔诉讼作为一种可选择的最终解决争议的方式时，举证责任便成为一项重要的诉讼规则而为人们所普遍接受。海上货物运输索赔举证责任与民事举证责任有不同之处，这主要是海事法律调整的对象和范围不同，以及民法和海商法的责任基础不同。

延迟交付损失索赔中的举证涵盖两个方面的内容：一方面是索赔方对延迟交付

事实认定的举证；另一方面是对延迟交付损失范围的举证。对于举证责任，货方还应该清楚法律对承运人的举证责任的规定。《海商法》未直接规定违约归责原则，但通过对相关条文的分析可以看出，在我国，对承运人实行的是不完全过错责任。在海上货物运输索赔诉讼中，当承运人处于被告的地位时将承担法定的，或依举证责任原则而分配的举证责任。这包括对索赔人提出的承运人未尽法定义务的抗辩反驳的举证义务。

五、关键要点

阅读本案例并正确回答讨论思考题，需要学生把握以下要点：

1.货物索赔不仅仅是买卖合同双方的相互索赔问题，更多情况下是收货人根据海上运输合同向承运人的索赔问题。

2.《海牙-维斯比规则》以及相关国内法下承运人及时交付货物义务的规定是对承运人延迟交付货物索赔的法律依据。分析和回答思考题时，应根据这些法律规定来作出是非判断，而不是主观臆断。

3.确定承运人延迟交付货物导致的损失，应当根据《合同法》《海商法》的相关规定来确定。

4.承运人能否主张免责和赔偿责任限制，应根据《海牙-维斯比规则》《海商法》和案例事实来确定。

5.索赔方在延迟交付案件中应当承担的义务应依据民法的减少损失义务、《民法典》和《海商法》的相关规定来确定。

第 7 章　国际铁路货物联运

开篇案例

【案例正文】

某年 3 月，重庆市的 A 贸易公司与德国慕尼黑的 B 公司签订了 3 个集装箱机械部件出口合同，贸易条件为 CIP。因为组装需要，B 公司希望货物能够尽早抵达慕尼黑。按照传统方法，A 需要将 3 个集装箱通过铁路运到深圳，然后通过海运运到安特卫普或汉堡，再通过铁路运抵慕尼黑。这种运输方式运输环节多、时间长、风险大、费用高。A 贸易公司早有耳闻，新亚欧大陆桥已经开通，货物可以通过国际铁路集装箱班列直接送达慕尼黑，这样不仅时间短、风险低，还可以节省运输费用。但由于从来没有尝试过，公司业务员不知如何操作这种新型运输方式。

【涉及的问题】

本案涉及的问题是如何通过国际铁路联运完成进出口货物运输。国际铁路货物联运并不是什么新生事物，在我国对朝鲜、越南、俄罗斯、哈萨克斯坦等国和对中国香港的贸易中早有使用。但就与中亚、南亚、西亚，乃至欧洲的铁路货物运输而言，由于一些复杂原因，在对外贸易中使用较少。近些年来，经过与相关国家的共同努力，在两架大陆桥上，已经开通了中欧班列，使得来往欧洲的货物可以便捷地通过铁路运达。如何利用国际铁路货物联运完成进出口货物的运输？需要掌握哪些知识呢？本章就来讲解这些知识。

思政案例：中欧班列助力建设人类命运共同体

中国铁路信息公开资料显示，2022 年 1 月 21 日凌晨 4 时 58 分，编组 50 辆，满载 870 余吨湖北产年货产品及防疫物资的 X8202 次列车从中国铁路武汉局集团公司汉西车务段吴家山站开出，驶往德国汉堡。此趟班列是吴家山站继 19 日、20 日开出的又一列中欧班列，班列的顺利开行标志着该站圆满完成了中欧班列春运"三连发"的任务。

春运期间，中欧班列扮演起了"年货班列"的角色。据了解，为确保赶在春节期间将大批对联、福字窗花、大红灯笼、唐装等年货产品运抵欧洲，中国铁路武汉局集团有限公司及时调整运输计划，补充国际班列开行线路。吴家山站与中铁联集武汉中心站、汉欧国际物流公司、武汉海关等多个部门和单位联劳协作、分工配合，克服了时间紧、任务重、天气寒冷等诸多不利因素，日夜轮转不停歇，确保报关、装箱、编组、上线等各项工作有序衔接。

春运期间，铁路部门还将防疫物资运输纳入中欧班列重点保障范围，做到快装快运、应运尽运，"钢铁驼队"化身为"生命列车"，持续为中欧携手抗疫搭建"生命通道"。春运前5天，中欧班列（武汉）已累计向波兰、意大利、德国等欧洲国家运送口罩、防护服、手术衣等各类防疫物资191.7吨，2.76万件。

中欧班列在"一带一路"倡议推动下，自2011年开行以来，已经成为中国经济外循环的重要纽带，为"一带一路"建设，为建设人类命运共同体作出重要贡献。

7.1 国际铁路货物联运基本知识

案例

俄乌冲突下谁在支撑中欧班列"上海号"坚强运营

【案例正文】

中欧班列"上海号"作为中欧线、中俄线、中亚线全覆盖的主要线路，自2021年9月正式开行至今表现优异。特别是在俄乌冲突下，仍坚持运营，传递出积极的信号，显示了其巨大潜力。例如，2022年3月中欧班列"上海号"，原计划于2022年3月7日开行，但客户因为担心货物安全（由于战争属不可抗力，货物一旦受损或丢失，难获保险公司理赔）、担心运费结算（若欧洲切断俄罗斯在国际金融体系的中间结算通道，中国向俄罗斯铁路的运费结算将无法进行），导致撤柜约40柜。可见，俄乌冲突下诸多的不确定因素导致国内外贸企业出现观望情绪。因此，"上海号"的运价伴随货源减少，也出现了约20%的下浮。但"上海号"的韧性也在危机中体现。欧洲不少船公司承诺不再靠泊俄罗斯港口，致海运渠道受阻，大量出口货物改走铁路。无论是国内外贸企业，还是欧盟等国的货源组织方，均在积极呼吁中欧班列"上海号"加开回程。据测算，"上海号"每月增开两列回程，基本能保证班列50个40尺集装箱满载。

【讨论问题】

是什么在支撑中欧班列"上海号"坚强运营？

【参考答案】

在无地方补贴的情况下，上海本地及长三角地区货源仍愿集结至上海，这本身就是上海引力的最佳证明。有不少海外进口商明确要求货物从上海出口，这意味着时间保证、贸易便利、营商环境靠谱，其原因在于：一是在俄乌冲突发生前，"上海号"运营了 5 个多月，已经稳定保持了每周一列的开行节奏；二是在各政府部门多方协调支持下，"上海号"始发地铁路闵行站已在酝酿为"上海号"扩容站场，需求面积约是目前场站面积的 7 倍，场地问题若解决，开行频次能达到两天三列，形成规模后，"上海号"的运价也有望更具竞争力，上海海陆空资源的调配与分拨也会更从容、形成更多方案，从而实现马太效应。

7.2　国际铁路货物联运合同当事人的权利和义务

> ────────── 案例 ──────────
> ## 向不同对象索赔，行使的法定权利是否一样

【案例正文】

哈尔滨 A 公司购买 B 公司价值 20 万元的货物，合同约定 B 公司将货物代办托运。B 公司遂向当地铁路西站办理了托运货物到 C 火车站的运输手续，货物保价 15 万元。B 公司填写收货人时将 A 公司误写为 AM 公司。货物抵达 C 火车站后，该站依据与 D 物流公司的代理合同，将货车调配到 D 物流公司的专线卸车，并办理了交接手续。当日 D 公司向 A 公司发出领货通知。两日后 A 公司持领货凭证到 C 火车站办理领货手续，因运单上收货人与实际不符，未办成。第二日，A 公司持领货凭证按 C 火车站要求出具证明办结领货手续，向 D 公司缴纳了专线、暂存、卸车等费用，提货时得知货物已在昨天被冒领。经查，冒领人所持运单系伪造。A 公司遂对 D 公司提起诉讼，索赔货损 20 万元及其他损失。

【讨论问题】

1. D 的身份是 C 火车站的代理人还是存在仓储保管关系的保管人？

2. A 公司是否有权向 C 火车站索赔？依据是什么？

3. A 公司是否有权向 D 公司索赔？依据是什么？D 公司有过失吗？

4. 在铁路交货环节中，提货人除了提供运单外，为何还应该提供买卖合同、营业执照副本、授权委托书等？

【参考答案】

1. 除非 D 公司有证据表明其与铁路车站之间存在委托代理关系，否则根据案例材料可推定 D 的身份应为仓储保管人。这是因为，一方面，D 公司向收货人发出领货通知；另一方面，D 公司收取了专线、暂存、卸车等费用。

2. A 公司有权向 C 火车站索赔。其依据是铁路西站签署的铁路运单及领货凭证。

3. A 公司有权向 D 公司索赔。其依据是双方建立了事实上的储存合同关系，因而 D 公司应对其未认真核实提货人的身份而导致货物被冒领承担责任。

4. 铁路运单为记名收货人，其交付规则是"认人不认单"，因此，在铁路交货环节中，提货人除了提供运单之外，还应该提供买卖合同、营业执照副本、授权委托书等以证明自己是运单上的记名收货人或其代理人。

7.3　国际铁路货物联运运送费用的核收

---案例---

中欧班列"运费分段结算"改革对国际贸易有何影响

【案例正文】

2021 年 8 月，在成都国际铁路港率先试点的"中欧班列运费分段结算估价管理改革"因有效降低企业成本，是加大减税降费力度、助力市场主体纾困发展的具体实践，入选了国务院自由贸易试验区第四批"最佳实践案例"，并将面向全国进行复制推广。

在成都"中欧班列运费分段结算估价管理改革"中，班列国内段运费不计入货物完税价格。根据《中华人民共和国海关审定进出口货物完税价格办法》，货物运抵境内输入地点起卸后发生的运输及相关费用不计入货物完税价格。成都海关会同片区管理机构、班列运营平台，科学解析国际铁路运输成本构成，推进重构运费机制、优化物流组织、完善单证格式、规范贸易术语等集成改革措施，将境内段运费从完税价格中扣除。

成都海关统计数据显示，该项改革试点自开展以来，商品范围已从汽车整车扩大到进口肉类、红酒、矿石产品，从单箱试点扩大到整列应用，线路从蒂尔堡、罗兹扩展至中欧班列全线。截至 2022 年 6 月底，共对 1 405 票班列回程进口货物实现境内运费扣减，货值 7.1 亿元，为企业减征税款 93 万元，通过创新班列运费分摊机制，实现降本增效。

同时，随着该项改革构建透明的价格体系，中欧班列竞争力得到进一步提升，正吸引越来越多的企业更好利用陆上运输通道。数据显示，新型冠状病毒感染发生以来，成都中欧班列各项业务指标逆势增长，累计开行量超 8 000 列。

【讨论问题】

中欧班列"运费分段结算"改革对国际贸易有何影响？

【参考答案】

"中欧班列运费分段结算估价管理改革"是一项系统性工程，以"境内段运费扣减"作为突破口，可推动运费机制的优化和重构，为中欧班列发展注入更多创新动能。加快国际贸易的结算速度，加强运输工具的竞争优势，运费分段结算的便利性对提高贸易效率有促进作用。下一步，改革将积极推动更多主体参与，推进改革逐步从"成本扣减"向"实际发生额扣减"转变，从中欧班列向海铁多式联运拓展，进一步扩大改革覆盖面，为全国中欧班列运费分段结算估价管理改革探索可复制推广经验。

综合案例1：铁路提单纠纷案

【案例正文】

一、背景

重庆作为中欧班列的始发站，在中欧班列运行的过程中率先探索使用了铁路提单。2020年6月30日，重庆两江新区人民法院（重庆自由贸易试验区人民法院，以下简称"重庆两江新区（自贸区）法院"）对于铁路提单持有人提起的物权纠纷案作出一审判决，支持了原告确认货物所有权归属提单持有人及提取货物的诉求。据了解，该案系全国首例涉及铁路提单纠纷的案件。中欧班列的开行联通亚欧大陆，扩大了亚欧大陆的经贸往来、增加了贸易物流总量，使铁路在途运输时间变长。随之而来，市场主体也产生了快速实现在途运输货物转卖、实现资金回笼的需求，它们迫切需要一种在一定程度上能够代表货物而又与货物相分离的运输单证。然而，中欧班列途经多国，沿途各国分属《国际铁路货物联运协定》（以下简称《国际货协》）和《国际铁路货物运输公约》（以下简称《国际货约》）两大公约的缔约国，导致中欧班列适用国际规则的情况较为复杂。而且，两大公约都以铁路运单作为基础，铁路运单只能由收货人凭身份提货而不能凭单提货，没有实现货物和权利的分离，不便于转卖和融资。因此，相关市场主体在依托中欧班列（重庆）开展国际货物运输及国际贸易时，通过合同约定由货运代理企业（缔约承运人）签发铁路提单，约定铁路提单是唯一提货凭证，并以此开展运输、买卖、融资活动。

二、纠纷

英飒（重庆）贸易有限公司（以下简称英飒公司）是一家从事汽车贸易的公司，长期从德国进口奔驰汽车在国内销售。就奔驰轿车进口事项，其与重庆中外运物流有限公司（以下简称中外运公司）、重庆物流金融服务股份有限公司（以下简称物流金融公司）签订三方协议，委托中外运公司通过中欧班列将车辆从德国杜伦运输至重庆，中外运公司在境外接收车辆时签发铁路提单，铁路提单是提取车辆的唯一凭证。在本案中，英飒公司为支付货款向银行办理托收押汇，物流金融公司为英飒公司向银行提供担保，英飒公司将铁路提单质押给物流金融公司作为反担保。

中外运公司依约在境外接收进口奔驰轿车后向出口商签发铁路提单。英飒公司向银行付清垫付的货款及相关费用后，物流金融公司的担保责任解除，将铁路提单背书后交给英飒公司。英飒公司将铁路提单项下的两辆奔驰轿车销售给重庆孚骐汽车销售有限公司（以下简称孚骐公司），并约定交付铁路提单视为交付车辆，之后，英飒公司将铁路提单交给孚骐公司。孚骐公司持单向中外运公司要求提货，中外运公司拒绝放货。孚骐公司遂以中外运公司为被告、英飒公司和物流金融公司为第三人，向重庆两江新区（自贸区）法院提起诉讼，要求确认其享有涉案铁路提单项下两辆轿车的所有权，并要求被告交付提单项下的轿车。在该案的庭审中，提单持有人是否可以提货成为争议焦点。原告孚骐公司认为，铁路提单是唯一提货凭证，其持有铁路提单就有权提取货物。中外运公司则认为，根据三方协议约定，其只能向英飒公司交付货物，英飒公司转让铁路提单后，应对铁路提单背书，且运费尚未付清，因此拒绝放货。

资料来源：佚名. 铁路提单第一案在渝宣判 推动陆上贸易规则进一步完善［EB/OL］.［2021-02-07］. http://www.chinatrial.net.cn/news/28107.html. 编者有修改。

【案例使用说明】

一、教学目的与用途

本案例适用于"国际铁路货物买卖""国际货物运输"课程中的关于铁路运输索赔部分知识的教学，通过案例讨论，使学生了解铁路运输的概念、涉及的内容、相关法律规定、铁路运输与铁路提单关系等知识，以便学生在未来的实际工作中正确处理与铁路运输有关的知识。

二、讨论思考题

1. 铁路提单在国际贸易中的作用？

2. 铁路提单持有人是否可以提货成为争议焦点？

三、分析思路

分析本案例应当根据讨论思考题，到案例中找出与思考题相对应的案例素材，认真阅读案例相关材料，挖掘提炼出本部分案例材料的基本事实，然后再运用所学专业知识对相关事实反映的问题进行判断。

四、理论依据及分析

1. 法院认为，通过铁路提单流转来实现货物流转有法律支撑

市场主体在国际铁路货物运输过程中约定使用铁路提单，并承诺持有人具有提货请求权，系创设了一种特殊的指示交付方式，即商业主体之间通过交付铁路提单来完成指示交付，从而以铁路提单的流转代替货物流转，该做法不违反法律、行政法规强制性规定和社会公共利益，因此合法、有效。这种预设的交付规则使铁路提单具有了一定的流通性，铁路提单的合法持有人可以要求提取货物。

2. 运单转让

本案中，孚骐公司与英飒公司之间交付铁路提单系提货请求权的转让，应视为

完成车辆交付。结合孚骐公司和英飒公司所建立的车辆买卖合同这一基础法律关系，孚骐公司取得车辆所有权，应予确认。据此，重庆两江新区（自贸区）法院对全国首例铁路提单纠纷案作出一审判决，确认原告孚骐公司享有铁路提单项下车辆的所有权，要求被告向原告交付车辆。

3.提单的出现源于实践需求

单证问题是国际铁路货运中最为复杂的法律问题之一。国际铁路货物运输领域的两大公约《国际铁路货物联运协定》和《国际铁路货物运输公约》均以铁路运单为基础，并未涉及铁路提单。通常认为，与海运提单不同，铁路运单不具备"权利凭证（也有翻译成'物权凭证'，document of title）"功能，无法代表对货物的占有和处分等权益，也无法进行转让和质押，贸易商凭铁路运单进行转卖和融资相对困难。随着"一带一路"建设快速推进，铁路运单在贸易融资方面的需求日益突出。为回应实践的需要，在相关政策支持下，市场主体可以在中欧班列运行过程中探索使用铁路提单。

4.铁路提单是否能够得到市场的认可，核心在于通过转让铁路提单实现货物流转的做法是否合法、有效

尊重商业创新，确保交易安全。在裁判文书中，法院在对国际铁路货物运输参与各方在法律框架内基于意思自治的商业创新方式予以尊重的同时，专门指出"当铁路提单经过多次转让，铁路提单的背书是当事人意思表示的最直接反映，交易各方均应在铁路提单上背书，以保证背书真实地反映交易的全过程，使货物交付始终能够通过铁路提单流转来完成并确保其安全性"。这显示法院对新生事物伴生的法律问题，仍保持必要的审慎态度，以确保交易安全。中国实践将为国际规则的制定和完善提供参考。

5.赋予铁路提单"权利凭证"效力

回顾提单的诞生和发展过程，其"权利凭证"功能并非一蹴而就，而是在长期实践中形成，并通过司法和立法得以确认。赋予铁路提单"权利凭证"效力，需要进行两方面工作：一是完善相关合同条款，规范业务流程，实现凭单放货；二是积极推动国际公约和相关国内法律的完善。2019年6月，中国政府提出了《中国关于联合国贸法会就解决铁路运单不具备物权凭证属性带来的相关问题开展工作的建议》，并在联合国国际贸易法委员会第52届会议上得到许多与会国家的认同，已启动相关探索工作。2020年3月，在中国国家铁路集团有限公司的推动下，国际铁路合作组织也开始研究赋予铁路运单权利凭证功能。中国的司法实践将为上述工作提供参考。

五、关键要点

阅读本案例并正确回答讨论思考题，需要学生把握以下要点：

1.铁路运输的很多具体内容，货方从选择铁路运输和货物权利角度看应当掌握的内容。

2.现行国际贸易惯例中，海运运单具有金融属性，可作为信用凭证融资押汇，在国际铁路运输中无法实现。2017年12月，我国重庆自贸区开出全球首单"铁路提单国际信用证"，首次赋予铁路提单金融属性。

3.货方在铁路运输提供铁路运输提单时，应首先考虑提单的提货权利，以及相应的背书情况。

4."一带一路"助力铁路运输兴起，通过铁路提单流转来实现货物流转在现行物权法上有法律支撑。

综合案例2：TLD公司国际铁路运输货物延迟送达赔付纠纷

【案例正文】

一、背景

2018年6月25日，JL公司为参加2018年9月2日至4日举办的德国科隆体育用品、露营设备及园艺展览会（SPOGA+GAFA），委托TLD公司办理运输参展展品业务，双方签订了《国际展览代理运输协议》，主要约定：甲方（JL公司）需在乙方（TLD公司）提货截止日期（2018年7月17日）前将托运展品货物送入乙方仓库，甲方未在此日期前将托运展品货物送入乙方仓库，导致甲方延误参展或无法参展的一切损失，由甲方自行承担；乙方必须最晚于展会前一天将所有展品货物送至甲方指定摊位，因不可抗力、甲方原因或第三方原因导致延迟，乙方不承担责任；乙方在展品进入乙方选定仓库后，将去程各项费用的账单以电子邮件的形式发送到甲方在本协议中所列邮箱，甲方在收到账单后2个工作日内将费用汇入乙方指定账户。协议对费用标准、托运注意事项等进行了约定。

2018年7月4日，JL公司根据TLD公司的指示将3件参展货物寄送至TLD公司指定的承运人仓库。

TLD公司接收展品货物后，于2018年7月13日通过案外人郑欧班列铁路平台订舱，于2018年7月25日由河南省郑州站点出发前往德国汉堡，出运案涉参展货物。2018年7月27日，案外人向TLD公司法定代表人A发送电子邮件，内容为：班列日期2018年7月25日，舱位编号×××01，运踪信息为：2018年7月25日二连去程班列已于2018年7月27日6：15驶离集宁，预计2018年8月6日或7日到达布列斯特。

2018年8月1日，JL公司向TLD公司支付了"代理运费"8 535.12元。2018年8月3日，TLD公司向JL公司开具了相应金额的增值税专用发票，应税劳务、服务名称为"经纪代理服务、代理运费"。TLD公司承认，该费用包含运费及代理费。

2018年8月14日，TLD公司工作人员通过QQ向案外人询问案涉班列几时能到汉堡。对方答复"已催"，TLD公司表示时间一拖展会怕来不及。2018年8月16日

TLD公司再次询问案外人何时到汉堡。

2018年8月17日，案外人向TLD公司发送邮件，主要内容为：案涉参展货物所在集装箱已于2018年8月16日加挂班列开往汉堡，预计到达汉堡时间为8月20日或8月21日，此趟加挂为目前能协调最早班列，因8月18日、8月19日为周六周日，国外非工作日，也无法操作拆箱，烦请知悉。2018年8月20日上午，TLD公司再次询问案外人案涉货物是否已到汉堡，对方答复相关部门还没回复。2018年8月21日，TLD公司再次询问案外人"情况如何，到汉堡要多久""班列能否加速"。2018年8月24日（星期五），TLD公司工作人员在与案外人的工作人员在QQ群聊中说："×××01该票到汉堡了"并"@郑欧班列-李迎ＡＴＢ麻烦一下"。

2018年8月27日（星期一）上午，案外人QQ告知TLD公司货物已经解除控货。当天晚上6点58分（德国时间为上午11点58分），TLD公司向德国铁路公司询问货物及ATB文件（ATB文件是指海关根据CIM运单、T1、箱单出具的文件，ATB上的货物信息主要有货物品名描述、税号、件数、重量等，ATB是用来证明货物已经抵达，界定责任划分，前程担保已经可以解除，监管方已经从承运方转移至车站的文件。ATB的关闭方式包含转关、清关）何时抵达。同日晚上7点22分（德国时间为中午12点22分），德国铁路公司回复将会把情况发函告知TLD公司外方代理KIM。同日21点31分（德国时间为14点31分），KIM发邮件告知TLD公司拿到ATB文件，并告知需要1~2天的清关时间。

2018年8月28日（星期二），TLD公司收到案外人关于案涉展品的提单。2018年8月31日（星期五）晚上6点06分（德国时间为上午11点06分）ＫＩＭ发邮件告知TLD公司已安排货车于14点提货，并已做好了转关的Ｔ1文件。2018年8月31日22点56分，案外人向德国铁路公司发送邮件，告知编号×××01十分紧急，客户着急要今天拿到货去参加展会，今天下午已经派了一辆车到仓库但没提到货，可否安排明天（9月1日）卸货？2018年9月1日，案外人再次向德国铁路公司发送邮件要求帮忙卸货，并愿意支付额外费用。

由于德国铁路公司周末不给提货，TLD公司于2018年9月3日再次安排货车提货，并于当地时间2018年9月3日下午7点完成所有展品递送。随后JL公司紧急布展，但因9月4日已是展会最后一日，没有取得预期参展效果。

2018年9月3日，TLD公司向JL公司发送主题为"SPOGA展品晚到说明及补偿通知函"的电子邮件，说明本次展览会运输事故是不可控的第三方原因延迟导致的，并提出以展品运输费的30%作为展品晚到补偿或以展位采购费的10%作为耽误参展的补偿。

二、原审法院查明并判决

JL公司为参加案涉德国科隆展会，已向组织单位本市对外经贸服务中心支付了摊位有关费用合计108 471.6元。JL公司确认其此后收到政府奖励的2018年9月德国科隆展会补助为49 394元。

经查明此次与 JL 公司一同参展、同样委托 TLD 公司运送展品的还有案外人湖北 ALD 家庭用品有限公司（以下简称 ALD 公司）和深圳 BC 新能源实业有限公司（以下简称 BC 公司）等。TLD 公司工作人员 L 曾于 2018 年 7 月 20 日答复 ALD 公司邮件，告知火车班列行程计划：2018 年 7 月 25 日火车出发前往德国汉堡（路线途经：阿拉山口这条线），运输时间 18 天；8 月 12 日到达汉堡，调柜准备报关、清关；8 月 13 日至 15 日进口报关清关；8 月 16 日至 17 日清关完毕，卡车运往科隆展前仓库；8 月 31 日前送完所有展品至贵司指定展台。2018 年 7 月 26 日，L 发送邮件告知 ALD 公司，展品于 7 月 25 日发往汉堡。2018 年 8 月 10 日，L 向 ALD 公司发送邮件告知，因新疆大雨，在布列斯特换装，原本 8 月 12 日到达汉堡时间有延迟，现预计 13 日或 14 日到达汉堡，不会影响送展时间。2018 年 8 月 14 日，L 发送邮件告知，货物刚到达汉堡，预计明天（8 月 15 日）开始报关清关。2018 年 8 月 21 日，L 答复 ALD 公司询问邮件，告知货物已于昨日清关放行，现在调配卡车运往科隆。TLD 公司称以上 L 邮件答复的抵达时间有误，应以其举证的时间为准。

一审法院依照《中华人民共和国合同法》第 8 条、第 107 条，《中华人民共和国公司法》第 20 条第 1 款、第 3 款，《中华人民共和国民事诉讼法》第 64 条第 1 款规定，判决：TLD 公司应于判决生效之日起 10 日内赔偿 JL 有限公司损失 50 000 元。

三、TLD 公司认为判决结果有失公平

TLD 公司上诉请求：撤销原审判决，依法改判驳回 JL 公司全部诉讼请求；本案一、二审诉讼费均由 JL 公司承担。事实与理由：①根据双方签订的《国际展览代理运输协议》，TLD 公司仅是受托办理运输业务，并且 TLD 公司实质也并不负责运输业务，仅仅是基于 JL 公司的委托再委托第三方运输公司承担运输服务。原审法院认定的基础法律关系错误，JL 公司与 TLD 公司之间并非运输合同关系，而是货运代理合同关系。②TLD 公司在履行案涉代理运输协议过程中并不存在过错，依法不应承担赔偿责任。按照《中华人民共和国合同法》关于委托合同的相关规定，有偿的委托合同，因受托人的过错给委托人造成损失的，委托人可以要求赔偿损失。案涉协议签订后，TLD 公司于 2018 年 7 月 13 日通过中欧班列铁路平台订舱，运输时间为 2018 年 7 月 25 日从郑州发往汉堡。2018 年 7 月 27 日，案外人反馈称列车已经于 2018 年 7 月 25 日出发。2018 年 8 月 14 日，TLD 公司员工再次向案外人下属企业跟单人员确认货物到达汉堡时间，该名人员反馈称预计到达汉堡时间为 8 月 20 日或 21 日，此后就货物运送、清关等进度问题，TLD 公司均积极跟进并将相关情况反馈给 JL 公司，TLD 公司并不存在过错。而且货物延迟送达系因新疆地区特大暴雨导致货物需要在布列斯特换装，该等情形是签约时根本无法预见亦无法阻止的客观事实，且该等自然灾害已经新闻报道确认，属于众所周知的事实，应属于案涉协议所约定之"不可抗力"，一审法院认定 TLD 公司未能举证证明该项事实与货物延迟送达存在关联明显与事实不符。第三方德国铁路公司以非工作日不予拆箱为由导致货物最终延迟送至展会，该等延误的结果亦非 TLD 公司原因所导致，亦应属于协议约定的"第三方原因"。因此，货物最终延迟送达的原因系不可抗力及第三方原因共同导致，TLD 公司在履约过程中并不存在过错，不应承担赔偿责任。③JL 公司主张的赔偿金额并无事实及法律依据，且严重超过其实际损失金额。由案外人实际承运的货物系于 2018 年 9 月 3 日（德国当地时间）送达展会，货物送达时，展会尚未结束，诉争货物实际参与 JL 公司的展出，且诉争货物并未发生货损，故不存在货物损失金额。JL 公司已获得政府政策性补贴，实际并未发生较大损失，一审法院酌定 TLD 公司赔偿 JL 公司 50 000 元已明显超过 JL 公司实际损失的金额。除去关税、查验费等，TLD 公司实际收取的款项仅为 8 535.12 元，一审法院酌定赔偿损失 50 000 元，远远超过 TLD 公司获取的报酬，明显加重了 TLD 公司的义务，有违公平原则。综上，一审法院事实认定不清，适用法律错误，应依法改判。

四、JL 公司认为货物延迟送达是对方未能勤勉履行运输义务

JL 公司答辩称：①原审认定的运输合同法律关系是正确的。案涉合同虽然名为"代理运输协议"，但 TLD 公司的义务是负责将货物从接收地温州仓库运送至最终目的地德国科隆展会现场，虽然其中还有包括进出口报关、商检等委托事务，但主要的义务还是办理运输。从运输过程看，至少涉及温州到郑州、郑州到汉堡、汉堡到科隆等多个区段的公路、铁路等多种运输，TLD 公司向 JL 公司收取的是全程的包干运费而非代理费，并以自己的名义实施或者委托实施公路运输和铁路运输，是典型的多式联运合同。至于 TLD 公司采取何种方式运输、是自己实施运输还是分别组织各区段的实际承运人实施运输，均不影响 TLD 公司作为与 JL 公司发生多式联运合同关系的承运人的身份。基于此，原审法院适用《合同法》一般违约规定，而不适用委托合同的相关规定是正确的。②TLD 公司理应为 JL 公司的参展损失承担赔偿责任。TLD 公司迟延送达货物，已构成违约，应承担相应的违约责任，赔偿 JL 公司的损失。TLD 公司所谓的免责事由均不成立。双方为运输合同关系，其主张受托人无过错免责没有法律依据。TLD 公司在原审中一直没能证明"新疆大雨"事件对案涉货物运输的直接影响，也无法解释 2018 年 7 月 27 日驶离内蒙古集宁本应该是到二连浩特出关的班列，为何会荒谬地遭遇千里之外的新疆大雨，关于不可抗力事由没有事实依据。关于第三人原因免责问题，《合同法》第 121 条关于第三人过错导致的违约，明确规定此时违约的合同当事方是违约责任承担的主体。而案涉合同约定"因第三方原因导致迟延"的免责事由，系不正当免除 TLD 公司义务的格式条款，依法应当认为该条款无效。TLD 公司在合同履行过程中存在重大过错。首先，TLD 公司未勤勉履行运输义务。作为承运人，应对合同约定的运输全程负责，即便在前期及时完成了铁路订舱，但是在明知货物已经发生重大迟延的情况下，应当采取措施确保货物到港后及时、高效履行清关、提货义务。但根据庭审查明的情况，货物在 2018 年 8 月 27 日（星期一）已经到港，并取得了 ATB 文件，此时 TLD 公司至少有 4 个工作日的时间清关、提

货和运输，汉堡到科隆仅有 4 个多小时的车程，如果 TLD 公司真像其所说的及时、高效，是完全有能力将货物运输到位的。更何况，TLD 公司作为专业的国际物流从业机构，理应对德国当地周末无法提货的情况有所了解并加以避免，但显然 TLD 公司没有尽到勤勉义务。其次，TLD 公司直到展会前一天的 2018 年 9 月 1 日，在 JL 公司的参展人员发现货物没有送达展会现场时，才向 JL 公司反馈了货物无法按时送达的情况。TLD 公司有多年的展会物流运输经验，但在发现参展货物在前期的铁路运输过程中已经严重迟延送达之后，却根本没有提醒客户提前做好准备，导致 JL 公司无法及时采取措施减少损失。③JL 公司的赔偿金额合法有据。JL 公司的各项参展费用都有相应的票据加以证明，数额真实可靠，且实际参展仅最后一天，参展目的已经完全无法实现，为此投入的各项费用均已经是无效的投入，JL 公司的损失是真实存在的。JL 公司享有政府政策性补贴，系政府对 JL 公司参展行为给予的支持，与 TLD 公司应承担的合同责任并无关联，TLD 公司不能因此免除或减少违约赔偿责任。TLD 公司作为国际展会展品运输业务的专业机构，理应对其迟延送达货物可能对客户造成的损失和可能承担的责任有清晰的认识。在此基础上，TLD 公司自订运费价格和合同条款，与客户达成协议，若依据协议承担相应的赔偿责任，难言不公。综上，一审法院认定事实清楚，适用法律正确，应予以维持。JL 公司向一审法院提出的诉讼请求为 TLD 公司赔偿 JL 公司因参展延误造成的损失合计 117 006.72 元。

本案案情就介绍到此。对于原审法院的判决是否正确，二审法院将会如何判决，请同学们根据所学的知识结合相关法律规定开始分析和判断吧。

资料来源：佚名. ×××供应链管理有限公司、×××等合同纠纷民事二审民事判决书［EB/OL］.［2022-11-08］. https://wenshu.court.gov.cn/. 编者有修改。

【案例使用说明】

一、教学目的与用途

本案例适用于"国际贸易实务"、"国际货物运输"和"国际物流"等课程中关于国际铁路货物联运知识点的教学，编写目的是通过对案例中描述的各争议焦点的讨论，引导学生理解国际铁路运输中托运人、收货人的权利和义务的相关法律规定，培养学生处理国际铁路运输货物延迟到达索赔问题的实践能力。通过阅读、分析和讨论本案例资料，帮助学生思考和掌握下列具体问题：①TLD 公司在合同履行过程中是否存在违约，应否承担赔偿责任；②如果 TLD 公司应当承担赔偿责任，则赔偿数额是多少。本案例的概念难度、分析难度和陈述难度均适中，适用对象包括国际贸易、国际物流和国际商务专业的本科生。对于缺乏专业基础理论知识的本科生，可以根据教学大纲，有选择地引导阅读案例相关材料，重点熟悉《国际铁路货物联运协定》中承运人、托运人和收货人的权利和义务的概念与具体内容，掌握货物延迟送达索赔的基本法律依据和基本程序；对于缺乏实践经验的本科生，可以引导其将所掌握的理论知识运用于本案例中每一个具体问题的分析，对案例中争论的焦点问题，作出自己的是非判断，锻炼其解决实际问题的能力。

本案例规划的理论教学知识点包括：

（1）《国际货协》的基本内容。

（2）《国际货协》中关于铁路货物联运中托运人的主要权利和义务。

（3）《国际货协》中关于铁路货物联运中承运人的主要权利和义务。

（4）不可抗力条款与第三方原因导致的承运人免责条款。

二、讨论思考题

1.《国际货协》关于铁路货物联运中托运人的主要权利和义务规定有哪些？

2.《国际货协》关于铁路货物联运中承运人的主要权利和义务规定有哪些？

3.国际铁路联运运送费用是如何核收的？

4.本案中，TLD公司是否已经勤勉履行运输义务？如何体现？

三、分析思路

本案涉及国际铁路货物联运中货物延迟送达索赔的合理确定问题，因此，建议课堂讨论按照以下思路进行：首先，引导学生在一般意义上讨论国际铁路货物联运中托运人、承运人的权利和义务。具体地，TLD公司的真实身份是什么？是托运人还是承运人？在合同履行过程中是否存在违约，应否承担赔偿责任？如果TLD公司应当承担赔偿责任，则赔偿数额是多少。其次，引导学生讨论本案索赔性质的二重性，引导学生讨论本案例中，通常哪些事件可以让托运人免责？托运人如何体现勤勉履行运输义务？货物延送送达，应如何计算违约损失？最后，引导学生讨论索赔的技术性问题。可以采取何种索赔手段？如何搜集相关证据？

四、理论依据及分析

根据国际公约、规则和国内的相关法规以及《中华人民共和国铁路法》等相关规定，托运人的法定义务与权利如下：

1.托运人的义务

①准确填报相关文件。具体来说，应当按照《国际货协》的"货物运送规则"第2章的规定，准确填写并向承运人提交"国际货协运单"或"国际货约/国际货协运单"，对未准确填写运单产生的后果承担责任。

②按照货物运输合同约定的时间和要求向承运人交付托运的货物。

③应当妥善包装和标记货物。危险品应当按照《危险货物运送规则》的规定，妥善包装和标记，否则，承运人可以拒绝承运或中途处理货物，同时，托运人需要向承运人支付由此产生的损失。

④由托运人装车的，托运人应当按照装车技术要求妥善装载、加固和施封，并将货车送交交接地点。

⑤按照《国际铁路货物联运统一过境运价规程》（以下简称《统一货价》）和《铁路货物运价规则》的规定，及时支付运送费用。

⑥在运输中需要特殊照料的货物，须派人押运。

⑦将领取货物凭证及时交给收货人并通知其到站领取货物。

⑧国家规定必须保险的货物，托运人应在托运时投保货物运输险，对于每件价值在700元以上的货物，或每吨价值在500元以上的非成件货物，实行保险与负责运输相结合的补偿制度。

2.托运人的法定权利

①货物索赔权。《国际货协》第42~48条对铁路公司过失造成的货物灭失、损坏、短少、延迟交付，规定了托运人的索赔权、赔偿计算方法和赔偿限额、索赔请求、司法管辖和时效期间。

②合同变更权。《国际货协》第25条规定，托运人根据需要，可以向缔约承运人提出变更到站和收货人的申请，同时规定了具体实施办法。

3.承运人的免责权利和赔偿责任限制权

根据民法的一般性责任免除原则，考虑运输风险在承运人和货方之间的合理分摊，相关法律法规对国际铁路货物承运人的赔偿责任作出了免责和赔偿责任限制规定。

《国际货协》第39条规定，铁路公司对下列原因造成的货物损失免除责任：

①铁路无法预防和无法消除的情况导致的。

②货物、容器、包装质量不符合要求或由于货物、容器、包装的特殊自然和物理特性引起毁损（腐坏）的。

③发货人或收货人的过失或由于其要求而不能归咎于承运人的。

④发货人或收货人装车或卸车造成的。

⑤货物没有必要的运送所需容器或包装的。

⑥发货人在托运货物时使用不正确、不确切或不完全的名称，或未遵守本协定条件的。

⑦发货人将货物装入不当车辆或集装箱的。

⑧发货人错误地选择了易腐货物运送方法或车辆、集装箱种类的。

⑨发货人、收货人未执行或未适当执行海关或其他行政手续的。

⑩与承运人无关的原因，如国家机关检查、扣留、没收货物的。

本案主要争议焦点为：①TLD公司在合同履行过程中是否存在违约，应否承担赔偿责任；②如果TLD公司应当承担赔偿责任，则赔偿数额是多少？

焦点1：假如TLD公司在本案中的真实身份为运输合同中的承运人，那么JL公司与TLD公司签订的《国际展览代理运输协议》系双方当事人真实意思表示，合法有效。依该协议约定，TLD公司必须最晚于展会前一天将所有展品送至JL公司指定摊位，除非因不可抗力、JL公司原因或第三方原因导致延迟，TLD公司才不承担责任。TLD公司辩称因案涉班列遭遇新疆地区特大暴雨不可抗力以及实际承运的第三方原因导致到达延迟。关于是否属于不可抗力，TLD公司对所谓新疆暴雨并未举证证明，故该项抗辩理由不能成立。关于是否第三方原因，根据查明的事实，

TLD 公司的合同义务包含订舱、清关、提货以及将货物从德国铁路公司运送至展馆等。

首先，根据 TLD 公司在庭审中的陈述，正常情况下从郑州发往汉堡的郑欧班列 18 天左右可以到达。TLD 公司订舱后，2018 年 7 月 25 日从郑州发往汉堡的郑欧班列要参加 2018 年 9 月 2 日至 4 日的展览，正常情况下是可以及时到达的，故不存在订舱延误。其次，从 TLD 公司与实际承运人（案外人）及德国铁路公司相关工作人员的 QQ 聊天及电子邮件往来记录分析，TLD 公司在货物发出后有及时跟踪、询问班列到站信息，案涉参展货物迟延抵达的主要原因在于班列延迟到达导致后续提货、清关、运货的时间发生连锁问题。最后，虽然 TLD 公司并非主要的实际承运人，但其作为专门的代理承运人应当知道德国铁路公司在非工作日无法进行拆箱的事实，而 TLD 公司并未举证证明案涉货物于 2018 年 8 月 27 日（星期一）抵达汉堡后至 2018 年 8 月 31 日（星期五）期间其已经积极、及时、高效履行清关、提货义务，如果 TLD 公司未能举证证明货物迟延到达展馆全部系因班列迟延到达所造成的，故作为代理运输一方，其应当对案涉展品迟延到达展馆造成的损失承担相应的赔偿责任。

但是，同学们如果仔细阅读前面的背景介绍，不难发现本案件解决的重点是辨清 TLD 公司的真实身份应该为两种：一是货运代理人；二是货物运输合同中的托运人。具体来说，因案涉货物通过中欧班列运输，运输目的地位于德国，故本案纠纷具有涉外因素。双方当事人均系在中华人民共和国成立的企业法人，双方在诉讼过程中均援引中华人民共和国实体法且未提出法律适用异议，依照《中华人民共和国涉外民事关系法律适用法》第 41 条的规定，故确定以与该合同有最密切联系的中华人民共和国法律作为审理本案纠纷的准据法。案涉《国际展览代理运输协议》系双方当事人的真实意思表示，其内容不违反中华人民共和国法律、行政法规的强制性规定，应属合法有效，双方均应受约束。根据案涉协议约定，TLD 公司须将 JL 公司的所有展品货物从温州仓库送至德国科隆展会的指定摊位，JL 公司向 TLD 公司支付相应费用。可见，TLD 公司除办理相关的订舱、报关业务之外，还需要统筹安排全程运输、包装、清关、不同运输方式的衔接等，且 TLD 公司并非经过交通主管部门批准备案的、能自己出具提单等运输单证的运输主体，并非运输合同承运人，其实际为全程货运代理人，因此本案案由应变更为货运代理合同纠纷。

关于 TLD 公司是否应承担赔偿责任的问题，依案涉协议约定，TLD 公司必须最晚于展会前一天将所有展品货物送至 JL 公司指定摊位，因不可抗力、JL 公司原因或第三方原因导致延迟，TLD 公司不承担责任。关于货物延迟到达的原因，TLD 公司辩称因案涉班列遭遇新疆地区特大暴雨不可抗力以及实际承运的案外人和德国铁路公司等第三方原因导致到达延迟。关于是否属于不可抗力，TLD 公司对新疆特大暴雨与造成案涉班列延误之间的关联并未举证证明，一审法院不予支持，并无不当，应予以维持。关于是否第三方原因，根据本案查明的事实，TLD公司的合同义务包含订舱安排铁路运输、清关、提货以及将货物从德国铁路公司运送至展馆等。铁路运输方面，正常情况下从郑州发往汉堡的郑欧班列18天左右可以到达。2018年7月25日从郑州发往汉堡的郑欧班列参加2018年9月2日至4日的展览，正常情况下是可以及时到达的，故不存在订舱延误。TLD公司系向案外人进行铁路订舱，其自身并未直接参与、控制铁路运输，故就铁路运输延误并无过错。在处理货运代理其他事务如清关、提货以及将货物从德国铁路公司运送至展馆等过程中，从TLD公司与案外人及德国铁路公司相关工作人员的QQ聊天及电子邮件往来记录分析，TLD公司在货物发出后有及时跟踪、询问班列到站信息，且从2018年8月27日（星期一）上午收到案涉货物已经解除控货，当天晚上TLD公司向德国铁路公司询问货物及ATB文件并拿到ATB文件，做好清关的T1文件到8月31日（星期五）TLD公司安排货车提货但未提到货，后因德国铁路公司周末不给提货，TLD公司于2018年9月3日再次安排货车提货并完成所有展品递送。在此过程中，TLD公司与相关各方积极沟通协调办理清关、安排货车提货等事宜，其已经履行托运人（货物运输代理人）应尽的注意和勤勉义务。德国铁路公司非工作日不予拆箱的行为，非TLD公司所能左右和控制，也没有证据表明其在清关、提货过程中能避免却未能避免，就此TLD公司不存在过错。综上，TLD公司关于案涉货物迟延到达系因实际承运的案外人和德国铁路公司等第三方原因导致，其无须承担相应损害赔偿责任的主张，应予以支持。关于案涉合同约定的第三人原因免责问题，JL公司认为案涉合同约定"因第三方原因导致迟延"的免责事由，系不正当免除TLD公司义务的格式条款，依法应当认为该条款无效。因本案系货运代理合同纠纷，其类似于行纪合同，可参照适用行纪合同的相关规定。《合同法》规定：行纪人与第三人订立合同的，行纪人对该合同直接享有权利、承担义务。第三人不履行义务致使委托人受到损害的，行纪人应当承担赔偿责任，但是行纪人与委托人另有约定的除外。可见行纪合同中，当事人可以通过约定将第三人违约作为免责事由。本案案涉合同关于免责事由的规定不参照上述规定，因此本院对JL公司上述主张不予支持。

焦点2：在界定违约责任后，TLD公司的上诉请求及理由成立，应予以支持。原审法院事实认定有误，应予以相应改判，驳回JL公司的诉讼请求。一审案件受理费1 320元、二审案件受理费2 640元，均由JL公司负担。

五、关键要点

阅读本案例并正确回答讨论思考题，需要学生把握以下要点：

1.辨别同一个当事人在不同合同里的真实身份，该合同适用哪些法律条款及原则？

2.托运人如何举证在国际铁路货物联运中已履行勤勉的运输义务？

3.什么是不可抗力？不可抗力和第三方原因造成的货物延迟是否可以免责？

第8章 国际航空货物运输

开篇案例

【案例正文】

某年4月，中国的H海运公司在印度古吉拉特邦的一个拆船厂购买了一根二手船舶主机曲轴，价格为34 000美元，用于该公司正在委内瑞拉卡贝略港某船厂修理的G轮。经过询价，如果采用海运方式，运价只有不到1万美元，但需要50多天才能运抵目的地。由于时间紧迫，公司决定采用国际航空运输方式。因此，曲轴的购买合同采用了FCA贸易条件，目的地为委内瑞拉加拉加斯机场。但在安排该曲轴的航空托运事宜时，H发现，这可比海运货物托运复杂多了。第一，自己不了解对于重约7公吨、长约10米的曲轴而言，什么机型的飞机货舱能够装得下，需要采用什么特殊包装和起吊方式才能保证在装卸、运输中曲轴不发生弯曲变形？第二，在孟买，如何选用一家可靠的空运代理办理订舱和货物交接？第三，初步询价显示，该曲轴的空运运费9万多美元，接近曲轴价格的3倍，这合理吗？第四，如果在空运过程中发生曲轴变形或其他损坏怎么办？曲轴损坏导致的船期损失由谁承担？航空承运人承担什么责任？上述问题困扰了H许久，也走了不少弯路……

【涉及的问题】

本案中，H遇到的问题是国际航空货物运输中涉及的基本问题。H本身从事海上货物运输多年，具有比较丰富的海上货物运输经验，但对于国际航空货物运输的相关知识，由于从未涉猎，因而基本一无所知，导致在业务需要时无所适从，付出了经济代价。由此可见，从事国际业务的人士，应当了解和掌握国际航空货物运输的基本知识。

思政案例：民航局叫停"客改货"中的安全意识与社会责任

2021年年底，民航局召开"客改货"航班运行宣贯会，规范"客改货"航班客舱载货标准，要求客舱禁止载运非防疫物品。自2022年1月1日起，仅允许在客舱内装载防疫相关物品，具体由承运人建立货物的白名单制度，明确可载运的防疫物资品名。

同时，新规定还要求不能再拆除客舱座椅增加载货空间，已经拆除或正在进行改装项目的航司，应按原构型恢复。本次新规出台主要是出于安全运输考虑，避免因客舱内货物不能被有效固定引起的运输安全隐患。

自2020年新型冠状病毒感染暴发以来，出行管制下大量客机停飞，并采用"客改货"充当货运运力。目前国有三大航空公司已着手恢复拆除座椅的飞机原构型，本次新规将进一步缩减航空货运运力，加剧当前的航空运力紧张，叠加燃油价格仍处高位，短期看航空运价将进一步提升。

航空运输是货物运输的一个重要方式，它最大的优势是相对快捷和安全，但运输成本也是最高的。客货两用飞机是当前全球航空货运的重要方式，上方载客，腹部载货，航线密集，配货方便。在新型冠状病毒感染期间，由于防疫需要，停飞了部分飞机，导致货运舱位不足，于是出现了"客改货"现象。

其实，任何运输形式下，为了实现运输经济效益，都是将运输安全放在第一位的，许多运输事故都是不顾安全，片面追求经济效益造成的。因此，从事国际货物运输者，要具备社会责任感、安全运输意识、辩证思维意识。

8.1　国际航空货物运输法规

案例

按照国际公约，谁应该对货物遗失承担责任

【案例正文】

2020年3月，某市A货运代理公司空运部接受货主的委托，将一台重12千克的激光测距仪从某市空运至中国香港。该批货物价值6万余元人民币，但货物"声明价值"栏未填写。A货运代理公司按照正常的业务程序，向货主签发了航空分运单，并按普通货物的空运费率收取了运费。由于当时某市无直达中国香港的航班，所有空运货物必须在北京办理中转。为此A货运代理公司委托中国香港B货运代理公司驻北京办事处办理中转业务。但是，由于航空公司工作疏忽，致使该货物在北京至中国香港的运输途中遗失。

【讨论问题】

1.A货运代理公司和B货运代理公司的法律地位是什么？它们是否应对货物遗失承担责任？

2.本案是否适用国际航空货运公约？为什么？

3.货主认为应按货物的实际价值进行赔偿的主张是否有法律依据，为什么？

【参考答案】

1.A货运代理公司是集运商，B货运代理公司是A货运代理公司的代理人，对承运人航空公司而言，它们是托运人，对货物遗失不承担责任。

2.适用国际航空货运公约。因为货物从某市运至中国香港，属于国际运输。

3.没有法律依据。因为货物"声明价值"栏未填写，即未办理声明价值并支付声明价值附加费，所以航空公司按普通货物赔偿，最高限额为每千克20美元。

8.2　航空运单

------------------------------ 案例 ------------------------------

中国民航中性电子运单系统上线意味着什么

【案例正文】

根据中国民航官网消息，2021年12月6日至7日，中国民航中性电子运单系统分别在华夏航空G52719和G54862航班成功上线，重庆机场和天津机场作为中性电子运单首批试点机场同步投入运行。

据悉，航空货运中性电子运单是实现"物流一张单"的重要载体，主要业务包含运单电子化、货站信息系统和运费清结算系统，业务覆盖所有航空货运代理企业、机场货站和航空公司。中性电子运单为门户平台，下设三个管理平台：代理人授权管理平台、运单管理平台与运单清结算管理平台。平台将按照访问用户权限进行分类管理，将传统的8联纸质运单转化为普遍适用的标准化电子运单，通过计算机系统完成运单数据的自动检索、传输、转化、分析及储存，以实现国内航空货运单的电子化与运费清结算的电子化。

同时，以中性电子运单的实施为突破口，将无线射频识别（RFID）技术嵌入系统与传感技术结合，既能实现信息流与货物流的"双流合一"，做到对货物运输状态的实时跟踪与查询，破解航空货运长久以来"看不见、查不到、摸不着"的难题，又能通过对平台数据的整合与分析，及时发现问题、提升服务质量。

推出电子运单后，进出港环节货运代理无须再制作繁琐的纸质运单，只需通过信息系统将运单信息提前发送给当地机场货站和报送海关清关即可，货物实际到达后，因为提前获取了相关货物信息，货站操作人员便能快速进行收运与理货，海关也能同步实施放行，不必再像纸质运单使用场景时，必须等航班落地后，再根据随附运单进行相关操作，因此大幅提高了货物运输效率。

【讨论问题】

中国民航中性电子运单系统上线意味着什么？

【参考答案】

当前我国航空物流业信息化建设相对滞后，与实际消费需求间存在较大差距，中性电子运单的实施具有极大的现实意义。中性电子运单的实施则将打破信息壁垒，贯通航空货运软通道，在降低运营成本、提升运输效率的同时，满足用户个性化的需求，提高服务效率，推动传统航空货运向现代航空物流转型升级。该平台的使用对机场、机场货站、航空公司、代理人都极大地简化了流程，提高了效率，是推动"物流一张单"工作的重要载体，是提高航空物流业信息化水平的关键举措，对推动和实现中国民航高质量发展、深化民航供给侧结构性改革、转变民航发展方式、加快推进民航强国建设具有重要意义。

8.3 航空货物运价及运费

案例

什么因素推动航空运价持续上涨

【案例正文】

上海因疫情防控分区分批封控，2022年3月28日，卢森堡国际货运航空公司宣布暂停往返上海浦东机场的航班至少到4月2日。马士基28日发布的公告也提到，预计许多航空公司将评估取消航班的计划，而改道的货物将推高其他口岸的空运价格。根据空运费率数据提供商TAC Index的数据，中国空运价格在3月初从3个月低点回升，并保持一周稳定。该指数显示，中美空运价格为每公斤8.54美元，较2021年同比上涨0.2%，但与3月7日的6.97美元相比上涨了22%。中欧空运价格为7.27美元，下降1.5%，但比3周前的6美元有所上涨。

资料来源：佚名. 更多航班被取消，发货将延误，货物从上海分流或将推动运价上涨［EB/OL］.［2022-03-31］. https://www.sohu.com/a/534078983_99994729.编者有修改.

【讨论问题】

什么因素推动航空运价持续上涨？

【参考答案】

有两种定价机制在起作用：一方面，燃油价格大幅上涨，这推高了空运价格。现在，托运人被迫接受燃油附加费。另一方面，由于生产和国内运输受到影响，疫情防控正在给运价带来下行压力。防疫措施出台之际，航空货运业正在应对俄乌冲突导致的运输能力损失和燃料价格上涨。西方制裁将俄罗斯航空货运公司赶出市场，俄罗斯关闭领空，这延长了亚洲和欧洲之间的航线，因此，运输供应的损失加上更高的运营成本也推高了运价。

综合案例：JHC公司与TH公司国际航空货物运输合同纠纷

【案例正文】

一、背景

2018年9月，JHC与航空货运代理人TH通过QQ、微信联系达成货物运输合同关系。JHC委托TH将3箱U盘空运至加拿大，运输时限5天，货物申报价值7 860.03美元，货物送达后，JHC再向TH结算费用。之后，JHC按照约定将货物交付TH，TH确认已于2018年9月25日将JHC货物交付运输，但JHC指定的收货人未收到货物。TH经内部查询后，向JHC解释，由于TH操作失误，TH将他人货物的运输标签错误贴在了JHC的货物上，混淆了JHC托运货物及TH其他客户的货物，导致将JHC货物运输到美国亚马逊FBA仓库。但直至JHC起诉之日，TH并未提供其将JHC托运货物错误运至亚马逊FBA仓库的证据，也未将JHC货物从亚马逊仓库退回并重新交付给收货人，JHC托运货物至今下落不明。因货物至今无法交付指定收货人，远远超过TH承诺的5日时效及航空快递运输的行业惯例，导致JHC及JHC客户通过航空运输方式将托运货物快递运至目的地的合同目的落空。因此，JHC客户要求JHC按货物申报价值7 860.03美元赔偿损失，并已从应支付给JHC的运费中扣除该赔偿款。TH违反合同约定运丢货物导致JHC损失，在上述损失发生后，TH即应向JHC赔偿，但TH一直未付。后虽经JHC多次沟通，TH同意承担赔偿责任，但提出只能按运费的3倍标准赔偿。双方对赔偿金额无法达成一致，JHC遂诉至法院，请求判如所请。JHC向法院提出诉讼请求：①判令TH赔偿JHC损失7 860.03美元（按2018年9月25日中国外汇交易中心授权公布的人民币汇率中间价折合人民币53 794元）及支付利息（利息以人民币53 794元为基数，按中国人民银行发布的同期同类贷款利率标准，自2018年9月6日起，至付清之日止，暂计至2018年12月6日为人民币468.01元）；②判令TH承担本案诉讼费用。

二、以何依据来判定赔偿金额

针对上述诉讼请求，TH辩称：①本案系国际航空货物运输合同，应适用《统一国际航空运输某些规则的公约》（1999年《蒙特利尔公约》）。JHC委托TH将3箱U盘空运至加拿大，本案系以航空方式实施货物的跨国运输行为，形成的是国际航空货物运输合同法律关系。案涉货物从中国运至加拿大，部分法律事实发生在境外，根据相关法律，本案系涉外民事案件，应当优先适用与国际航空运输有关的公约。中国和加拿大均为《统一国际航空运输某些规则的公约》的当事国，案涉货物系《蒙特利尔公约》第1条适用范围内的"国际运输"。根据《最高人民法院关于适用若干问题的解释（一）》第4条、《中华人民共和国民法通则》第142条第2款、《中华人民共和国民用航空法》第184条的规定，本案应强制适用《蒙特利尔公约》。②本案货损应适用限额赔偿。《蒙特利尔公约》第22条第3款规定，在货物运输中造成毁灭、遗失、损坏或者延误的，承运人的责任以每公斤17个特别提款权为限，除非托运人在向承运人交运包件时，特别声明在目的地点交付时的利益，并在必要时支付附加费，之后每公斤货物的赔偿责任限额由17个特别提款权提高至19个特别提款权。案涉货物实重50.65公斤，TH的赔偿限额为962.35个特别提款权。JHC的速递单背面合同条款约定，为规避托运货物发生货损时所产生的损失，承运人建议托运人在托运货物时保价或为托运货物购买保险。承运人对托运人托运任何物件的遗失、毁损等其他有关运送索赔的最高赔偿责任都不超过货物实际现金价值，且不超过以下各项中的最高额，其中在空运条件下为20美元/公斤。该条款同样对JHC及其客户具有约束力，本案应适用限额赔偿。③JHC主张对客户赔偿7 860.06美元没有事实依据。JHC未提供证据表明速递单上载明的托运人与YP（香港）有限公司的关联性。YP（香港）有限公司出具的《证明书》未经中国委托公证人公证和中国法律服务（香港）有限公司转递，不具有证据效力。速递单背面条款载明限额赔偿的条款，并以黑体字载明《蒙特利尔公约》《华沙公约》及其修正案适用于本托运单项下货物的国际航空运输，该条款同样约束JHC及其客户，JHC对外赔偿金额不超过前述托运单条款的约定限额。无论是否发生客户扣减运费的情形，JHC均不能据此将该项费用完全转嫁给TH，TH仅应承担法定的限额赔偿责任。

JHC为证明其诉讼请求所依据的事实，依法提交了如下证据：①JHC法定代表人与TH业务员的微信聊天记录；②JHC法定代表人与TH客服的QQ聊天记录；③JHC法定代表人与TH业务员的QQ聊天记录；④公证书；⑤商业发票；⑥对账单；⑦证明书。

TH为证明其抗辩所依据的事实，依法提交了如下证据：编号80186396速递单。

三、原审法院查明并判决

案外人YP（香港）有限公司与JHC存在多次货运代理关系。

2018年9月19日，案外人YP（香港）有限公司委托JHC将3箱重50.65公斤、价值7 860.03美元的U盘产品通过UPS空运至加拿大魁北克，交付给收货人。2018年9月19日中国外汇交易中心受权公布的人民币汇率中间价，1美元对人民币6.8569元。

JHC向YP（香港）有限公司出具了编号为80186396的运单。该运单背面第8条记载，为规避托运货物发生货损时产生的损失，承运人建议托运人在托运货物时保价或为托运货物购买保险。托运人可自行购买保险，也可委托承运人代为购买。一旦发生保险事故，由保险公司负责赔偿。承运人对托运人托运任何货件的遗失、毁损等其他有关运送索赔的最高赔偿责任都不超过货物实际现金价值，且不超过以下各项中的最高额：每票100美元，或在空运条件下为20美元/公斤。

之后，JHC将自己编号为80186396的运单转让给了TH，TH在自己系统登记了转单号 1Z9W689V0446847401。JHC 将案涉货物转让给 TH 运输时，向 TH 申报了货物价值 7 860.03 美元。JHC 后将案涉货物交付给 TH 承运。至 2018 年 9 月 25 日，TH 已将案涉货物经中国香港发货。

2018 年 9 月底 10 月初，因加拿大的收货人未收到案涉货物，JHC 遂询问 TH 缘由。经查，TH 将涉案货物的收件地址标签与另一票货物的收件地址标签贴反了，案涉货物被运到美国进入了亚马逊 FBA 仓库，而另一票货物运到了加拿大。

JHC 要求 TH 尽快将案涉货物从亚马逊 FBA 仓库提取出来并运输到加拿大、交付给收货人。直至 2018 年 11 月 15 日，TH 也未能将案涉货物从美国亚马逊 FBA 仓库提出来运输到加拿大并交付收货人。

2018 年 11 月 16 日，TH 向 JHC 表示可以赔偿，但赔偿数额为运输费用的 3 倍，但 JHC 不同意。YP（香港）有限公司后从应付 JHC 的运输费用中抵扣了 7 860.03 美元。

至本案开庭之日，TH 仍未将案涉货物从美国亚马逊 FBA 仓库提出来。TH 表示，案涉货物已无法退还。

判决结果：TH 公司应于本判决发生法律效力之日起 10 日内向 JHC 公司赔偿损失人民币 53 794 元及支付逾期付款利息（利息以人民币 53 794 元为基数，从 2018 年 11 月 21 日起，按中国人民银行同期人民币贷款基准利率计算，至清偿之日止）；驳回 JHC 公司的其他诉讼请求。

四、TH 公司认为判决结果有失公平

TH 公司上诉请求：①撤销原审判决，并依法改判或发回重审；②判令 TH 公司以 100 美元为限向 JHC 公司承担损失赔偿责任；③判令 JHC 公司承担原审、二审诉讼费用。事实与理由如下：

（1）原审法院认定货物并非毁损、灭失于货运过程系事实认定错误。首先，2018 年 9 月 25 日，双方当事人就货物运输达成合意，由 JHC 公司将其承运的单号为 80186396 的运单项下 51 公斤重的 3 件货物转由 TH 公司进行运输。此后在运输过程中，发生未能按照约定将货物送达指定收货人的事件。货物毁损、灭失，是依据现阶段暂未送达亦未找到的状态推断出的。至于货物是否毁损、灭失，或者毁损、灭失于何处，本案并无直接证据予以证实，原审法院认定货物并非毁损、灭失于货运过程的事实认定显然存在事实认定错误。其次，货物运输是一个完整的过程，始于承运人接收货物，终结于交付收货人，在最终交付收货人前，货物均处于运输合同项下运输状态或者运输过程中。若 JHC 公司否认货物毁损、灭失于运输期间，即否认了其基于运输合同向 TH 公司追偿的合法性和合理性的基础。若如 JHC 公司主张，该货物由第三人占有，JHC 公司应向占有人主张物权，而非依据货运合同向 TH 公司主张货运赔偿损失。因此原审法院认定货物并非毁损、灭失于货运期间的事实认定有误，且对本案而言，认定此事实，亦无任何必要性。

（2）原审法院关于货物价值的认定错误。在货物运输的过程中JHC公司并未向TH公司提供关于货物价值的证明文件，TH公司并不知晓货物的真实价值。而且在货运时承运人亦没有义务对货物价值的真实性进行确认，从货物运输惯例来讲，货物价值并非由单方声明确认，而是由托运人声明价值并缴纳相应保价费用对产品进行保价，由此双方根据保价金额和所缴纳的保价费用协定一个货物的价值。本案中，JHC公司并未声明货物价值，亦未缴纳保价费用对产品价值进行确认，且在原审庭审中JHC公司并未提交直接证据证明产品价值的情况下，原审法院依据报关材料上所述价值确认产品价值的认定事实依据不足。

（3）原审法院适用法律错误。《蒙特利尔公约》第22条第3款规定：在货物运输中造成毁灭、遗失、损坏或者延误的，承运人的责任以每公斤19特别提款权为限，除非托运人在向承运人交运包件时，特别声明在目的地点交付时的利益，并在必要时支付附加费。在此种情况下，除承运人证明托运人声明的金额高于在目的地点交付时托运人的实际利益外，承运人在声明金额范围内承担责任。原审法院忽略承运人赔偿限额的规定、忽略超出赔偿限额需要支付保价附加费的规定，断章取义认为托运人表明货物价值的情况下即要求承运人按照托运人表明的价值承担赔偿责任属法律理解和适用错误。JHC公司并未支付保价费等相关费用，TH公司应依据《蒙特利尔公约》第22条的赔偿限额进行赔偿。

（4）TH公司承担赔偿责任的限额不应超过100美元。首先，TH公司承运的货物运输责任限额为100美元，TH公司就此限额多次告知JHC公司，JHC公司也知晓TH公司关于赔偿限额的规定，双方对此并无争议。依据《蒙特利尔公约》第25条的约定，双方可以议定赔偿限额。因此在双方议定的赔偿限额为100美元的情况下，TH公司不应超出此限额承担赔偿责任。即使JHC公司主张高于100美元的赔偿限额，亦不应高于TH公司网站对外公示的30美元/公斤赔偿限额。其次，JHC公司亦为专业货运公司，而且其提供给托运人的运单中显示"其对托运人的责任限额以100美元或航空条件下以20美元/公斤，二者之较高标准支付赔偿"，就此而言，JHC公司对货物毁损灭失的赔偿责任限制的认知要高于普通客户，因此，本案中关于赔偿责任限制的规定，TH公司无须再向JHC公司特别言明，本案最终赔偿不应超出双方约定的赔偿限额。最后，依据JHC公司向客户出具的运单可知，货物运输分为陆运、海运、空运，航空运输费用较高，因而赔偿标准亦高于其他运输方式。而《蒙特利尔公约》是针对航空货物运输的规定，本案中所涉主要运输方式为航空运输，正是基于此，本案才适用《蒙特利尔公约》。而《蒙特利尔公约》第18条第3款、第4款关于航空运输的推定，是为保护托运人权益提高赔偿限额而作的假设性推定。本案在运输期间货物无法证明何时毁损、灭失的情况下显然适用航空赔偿的限额标准对JHC公司更有利，若如原审法院认定，货物并非毁损、灭失于航空运输期间，本案不应由承运人即TH公司进行赔偿。

（5）JHC公司至今尚未支付本案所涉运输费用。

本案案情就介绍到此。对于原审法院的判决是否正确，二审法院将会如何判决，请同学们根据所学的知识结合相关法律规定开始分析和判断吧。

资料来源：佚名.深圳市航宇泰华货运代理有限公司、深圳市金海城国际货运代理有限公司货运代理合同纠纷二审民事判决书［EB/OL］.［2022-11-08］.https://wenshu.court.gov.cn/.编者有修改。

【案例使用说明】 ■━━━━━━━━━━━━━━━━━━━

一、教学目的与用途

本案例适用于"国际贸易实务"、"国际货物运输"和"国际物流"等课程中关于国际航空货物运输知识点的教学，编写目的是通过对案例中描述的各争议焦点的讨论，引导学生领会国际航空货物运输合同下有关承运人、托运人权利和义务的法律规定，培养学生处理国际航空货物运输错误送达索赔问题的实践能力。通过阅读、分析和讨论本案例资料，帮助学生思考和掌握下列具体问题：①案例中认定货物并非毁损、灭失于货运过程是否正确；②关于货物价值的认定，如果TH公司应当承担赔偿责任，则赔偿数额是多少；③适用法律问题：TH公司是否应依据《蒙特利尔公约》第22条的赔偿限额进行赔偿。本案例的概念难度、分析难度和陈述难度均适中，适用对象包括国际贸易、国际物流和国际商务专业的本科生。对于缺乏专业基础理论知识的本科生，可以根据教学大纲，有选择地引导阅读案例相关材料，重点熟悉《蒙特利尔公约》中承运人、托运人权利和义务的概念与具体内容以及承运人的赔偿责任限制，掌握货物错误送达索赔的基本法律依据和基本程序；对于缺乏实践经验的本科生，可以引导其将所掌握的理论知识运用于本案例中每一个具体问题的分析，对案例中争论的焦点问题，作出自己的是非判断，锻炼其解决实际问题的能力。

本案例规划的理论教学知识点包括：

（1）《蒙特利尔公约》的基本内容；

（2）《蒙特利尔公约》关于承运人的主要权利和义务；

（3）《蒙特利尔公约》关于承运人的赔偿责任限制；

（4）《蒙特利尔公约》关于托运人的主要权利和义务。

二、讨论思考题

1.《蒙特利尔公约》关于承运人的责任、归责原则及责任期间是如何规定的？

2.《蒙特利尔公约》关于承运人的赔偿责任限制是如何规定的？

3.案涉货损是不是发生在航空运输期间？请解释。

4.本案中，TH公司是否应按照货物的全部价值进行赔偿？请解释。

三、分析思路

本案涉及国际航空货物运输中货物错误送达索赔的合理确定问题，因此，建议课堂讨论按照以下思路进行：首先，引导学生在一般意义上讨论国际航空货物运输中托运人、承运人的权利和义务。具体地，TH公司的真实身份是什么？是托运人还是承运人？在合同履行过程中是否存在违约，应否承担赔偿责任？如果TH公司应当承担赔偿责任，则赔偿数额是多少？其次，引导学生讨论本案索赔性质的二重性。引导学生讨论本案例中货物错误送达，应如何计算违约损失？按照何种原则来计算？最后，引导学生讨论索赔的技术性问题。可以采取何种索赔手段？如何搜集相关证据？

四、理论依据及分析

1.适用法律问题

关于《蒙特利尔公约》适用范围的规定：公约适用于所有以航空器运送人员、行李或者货物而收取报酬的国际运输。国际运输的确定标准为：①出发地和目的地分别处于两个缔约国的领土内。②虽然出发地和目的地处于一个缔约国的领土内，但在另一个国家（无论该国是否是《蒙特利尔公约》的缔约国）的领土内有一个协议的经停点。

JHC委托TH将案涉货物从中国运至加拿大，部分法律事实发生在境外，根据《最高人民法院关于适用若干问题的解释（一）》第1条，本案具有涉外因素，本案为国际航空货物运输合同纠纷。因中国和加拿大均为《蒙特利尔公约》的当事国，而案涉货物系《蒙特利尔公约》第1条适用范围内的"国际运输"，根据《最高人民法院关于适用若干问题的解释（一）》第4条、《中华人民共和国民用航空法》第184条，本案应适用《蒙特利尔公约》。

其实，原审法院的判决存在技术性失误。《蒙特利尔公约》调整的是发生在航空运输期间的纠纷，根据公约规定航空运输期间系指货物处于承运人掌管之下的期间。本案货物发生损失的原因是货物被送至亚马逊FBA仓库后，TH公司未能将该货物取回，货物送至亚马逊FBA仓库后已脱离承运人掌管，故货物损失并非发生在航空运输期间，该损失与承运人的航空运输行为无关，故本案不适用《蒙特利尔公约》，TH公司无权援引公约第22条规定的赔偿限额。原审判决适用《蒙特利尔公约》第22条第3款认定TH公司的赔偿责任属于适用法律有误。

2.是否适用《蒙特利尔公约》所规定的赔偿限额

关于《蒙特利尔公约》所规定对货物运输中的毁灭、遗失、损坏或者延误，承运人的责任以每千克17特别提款权为限（2009年12月30日修改为19特别提款权），但托运人特别声明了货物在目的地点交付时的价值，承运人在声明金额范围内承担责任。《蒙特利尔公约》第22条第3款规定，在货物运输中造成毁灭、遗失、损坏或者延误的，承运人的责任以每公斤17特别提款权为限，除非托运人在向承运人交运包件时，除承运人证明托运人声明的金额高于在目的地点交付时托运人的实际利益外，承运人在声明金额范围内承担责任。第24条规定，上述责任限额每隔5年进行一次复审。2009年中国民航局发布的《国际民航组织发布1999年限额修订生效的通知》规定，公约第22条第3款，在货物运输中造成毁灭、遗失、损坏或者延误的，对每公斤货物的赔偿责任限额由 17 个特别提款权提高至 19 个特别提款权。2014 年 6 月 11 日国际民航组织第 202 届理事会第 2 次会议审议通过了对《1999 年蒙特利尔公约》责任限额的复审，即文书中固定的责任限额仍然维持在 2009 年进行第一次复审后确定的水平，即 19 个特别提款权（2014 年 5 月 1 日的 1 个特别提款权的价值等于 1.55 美元）。

案涉货损不是发生在航空运输期间，TH 主张限额赔偿，依据不足，不予采纳。首先，《蒙特利尔公约》规定的航空运输期间是指承运人按照合同约定将货物运输至正确目的地的航空运输期间，而不是非合同约定的错误目的地的航空运输期间。本案中，合同约定的目的地是加拿大，而 TH 却将案涉货物运至美国，TH 运输的目的地错误。其次，案涉货损发生是因为案涉货物被错误运入了美国亚马逊 FBA 仓库，无法退出来，不是发生在准备运输、运输和转运航空运输途中。再次，TH 将案涉货物的目的地弄错，存在重大过错。最后，《蒙特利尔公约》第 22 条第 3 款规定，托运人在向承运人交运包件时，除承运人证明托运人声明的金额高于在目的地点交付时托运人的实际利益外，承运人在声明金额范围内承担责任。本案中，JHC 在将案涉货物转给 TH 运输时，已向 TH 声明了价值。案涉货物重 50.65 公斤，TH 据此主张其赔偿的限额为 962.35 个特别提款权（50.65×19）。从《蒙特利尔公约》第 22 条第 3 款可以看出，援引该条主张限额赔偿的前提是案涉货损发生于航空运输期间。由于上述认定情况为本次案件的货物损失，货物送达错误并不是发生在航空运输期间，故 TH 主张的赔偿限额不予成立。

3. 关于赔偿限额的确定

TH 公司、JHC 公司均为我国法人，根据《中华人民共和国涉外民事关系法律适用法》第 41 条规定的最密切联系原则，本案应适用中华人民共和国法律作为准据法。根据《中华人民共和国合同法》第 107 条的规定，当事人一方不履行合同义务或者履行合同义务不符合约定的，应当承担继续履行、采取补救措施或者赔偿损失等违约责任。TH 公司未按合同约定将货物运至指定地点，无法向 JHC 公司交还货物，构成违约，其应按照货物实际价值赔偿 JHC 公司损失。

关于货物的实际价值，托运货物之前 JHC 公司已申报货物价值 7 860.03 美元，JHC 公司提交了涉案货物用于进出口报关的发票证明货物价值 7 860.03 美元，且 TH 公司并未提交相反证据证明 JHC 公司的申报价值显著低于货物实际价值，故采信 JHC 公司主张的货物实际价值为 7 860.03 美元。

TH 公司上诉称其承担赔偿责任的限额不应超过 100 美元。TH 公司于二审庭后提交了其给 JHC 公司的 EXCEL 报价单，其中载明"根据 UPS 的索赔规定，UPS 只会对整票货物中途遗失作出赔偿，其他（延误、湿货、少货和烂货）一律不给予赔偿，对于丢失货件最高赔偿不超过 100 美元，高价值的货物建议客户自行购买保险，请各客户知悉并提前跟客户说明此情况"。该索赔限额系 UPS 即实际承运人在运输途中发生货物损失的赔偿限额，如前所述，本案货物损失并不是由于承运人的国际航空运输行为导致，故该赔偿限额不适用于本案。且TH公司对报价单及网站上的赔偿限额未作出特别提示，不能视为JHC公司认可该赔偿限额。因此，TH公司该项上诉理由不能成立。

五、关键要点

阅读本案例并正确回答讨论思考题，需要学生把握以下要点：

1.辨别货物损失导致索赔纠纷时，应该引用哪些法律条款及原则？

2.在什么条件下应该按照货物实际价值进行赔偿？依据是什么？如何才能有效避免案例中将货物送错的情况再次发生？

3.承运人应如何证明才能体现已勤勉履行运输义务？

第9章　国际道路及其他形式货物运输

开篇案例

【案例正文】 ■

在经济全球化和贸易自由化背景下，货物的跨国交易日益频繁。在这一背景下，我国与周边接壤国家和地区的贸易量也日益增加。对这部分货物贸易，特别是边境贸易，除了传统的铁路运输外，公路运输也发挥着重要作用。那么应如何操作这类货物的运输呢？

随着互联网跨国销售的普及，小额跨国交易量越来越多，随之而来的是大量的小额包裹类货物的通关和运输问题。国际邮政包裹邮寄是解决这一问题的有效方法之一。那么，国际邮政包裹运输是如何进行的呢？

我国的原油和天然气资源不足，需大量进口。除了使用传统的油轮和液化气船运输外，我国还通过与边境接壤国家合作，铺设原油和天然气输送管道来完成远距离原油和天然气的进口，这种方式被称为管道运输。那么，管道运输是如何进行的呢？

【涉及的问题】 ■

案例中介绍的国际公路运输和国际邮政运输，过去在我国对外贸易货物运输中占比很小，因此不被重视。但今非昔比，边境贸易和跨国电商的迅速发展，逼迫我们不得不去学习、掌握这类货物运输方式和相关的法律问题。原油和天然气的管道运输量不断扩大，也要求我们掌握国际管道运输的基本知识。本章主要讲授这3种运输方式的基本知识。

思政案例：中亚五国与中国共同建设新丝绸之路的政治意义

中国和哈萨克斯坦比邻而居。自古以来，两国经贸交流活跃、文化合作深入，在促进两国关系稳定发展的同时，对亚欧政治文化交流也产生了重要的影响。认识到铁路和道路基础设施的局限性，哈萨克斯坦政府提出了一项全面的基础设施发展计划。该计划被称为"光明之路"，该计划与"一带一路"倡议密切对接，遥相呼应。

丝绸之路经济带建设比以往任何时候都更重要，对哈萨克斯坦等中亚国家和欧亚大陆来说都是非常重要的。加强道路联通，打通从太平洋到波罗的海的运输大通道，逐步形成连接东亚、西亚、南亚的交通运输网络，将会更加密切地区之间的经济和政治联系，为打造人类命运共同体贡献力量。习近平主席倡议，为了使亚欧各国经济联系更加紧密、相互合作更加深入、发展空间更加广阔，可以用创新的合作模式，共同建设"丝绸之路经济带"，以点带面，从线到片，逐步形成区域大合作。

中国是中亚国家的好邻居、好伙伴、好朋友、好兄弟。中国与中亚国家相互尊重、睦邻友好、同舟共济、互利共赢，不仅为中国与中亚、欧洲之间的货物运输开辟了大门，铺平了道路，更重要的是为国际地区间的政治合作、安全合作、经济合作、抗疫合作、国际协作树立了典范。经济合作是基础合作，政治合作，安全合作，为人类发展建设和平环境才是最高层次的合作，也是当今世界应该具备的全球观。

9.1 有关国际道路货物运输的法律法规

---- 案例 ----

TIR 对推进国际道路双向开放有什么重要影响

【案例正文】■————

从前，驾驶人员运货到中亚国家，每个海关都要开箱、验货、打铅封、排长队过关，每过一次海关需要3天，若中途海关不查验，速度是非常快的。《国际公路运输公约》（以下简称《TIR公约》）的启动使货物实现了"门到门"运输。

TIR系统是建立在联合国公约基础上的国际跨境货物运输领域的全球性海关便利通关系统，目前有73个缔约国，其中大多数位于丝绸之路经济带沿线。

为了推进"一带一路"建设，我国于2016年7月5日正式加入联合国《国际公路运输公约》。2019年5月，海关总署宣布，将全面实施《TIR公约》。有TIR运输资质的企业，仅凭一张单据就可以在60多个缔约国之间畅行，只用在始发地和目的地国家海关接受检查，途经国不再开箱查验。

《TIR公约》下的TIR系统是全球性跨境货物运输通关系统，涵盖公路、铁路、内陆河流、海运等多式联运，由国际道路运输联盟（IRU）管理。《TIR公约》对陆路运输发展的作用更大，特别适合货品单价高、时效要求高的企业。

【讨论问题】■————

《TIR公约》对推进国际道路双向开放有什么重要影响？

【参考答案】■

《TIR 公约》表明了中国推进国际道路双向开放的决心。"一带一路"倡议不仅让沿线各国迎来新的发展机遇，更让沿线各国民众收获了实惠。

《TIR 公约》落地中国，展现了中国对国际道路双向开放的支持，"一带一路"建设逐步深入，其魅力也在于此。

《TIR 公约》提高了我国与"一带一路"沿线各国海关的监管互认，促进双边、多边合作，给沿线国家地区带来新的发展机遇。随着中国与亚欧国家之间的贸易不断深入发展，中国与"一带一路"参与国家签署双边或多边运输协议进程加快，《TIR 公约》的作用将日益凸显，助推国内物流运输企业开展国际公路货运业务。TIR 系统将成为"一带一路"倡议的助推器，为"丝绸之路"沿线国家和地区的贸易发展提供强有力的支持。

9.2　出口道路货物运输合同的履行

案例

谁应先承担承运人运输错误的责任

【案例正文】■

2021 年 3 月，青岛 HY 公司委托原告 HQ 公司，承担外销手套的公路运输业务，原告转委托被告汽运公司运输，被告又委托 YF 公司运输，托运手套的集装箱为 G 箱。YF 公司派驾驶员吴某将集装箱拖至青岛 HY 公司装货时，错把同一个拖卡上面的 C 箱（该箱本应装一批皮革包运到美国）交给厂方装了手套，而在 G 箱中装入了皮革包。C 箱运到美国，而 G 箱则运到了鹿特丹。后经协商处理，手套从美国重新运到鹿特丹，但在美国产生滞留费用及转运费合计 47 836 美元。青岛 HY 公司则在支付给原告的运费中扣除了该笔费用。

【讨论问题】■

1. 本案中两票货物的法律关系应如何确定？

2. 被告是否应赔偿原告的损失？如果赔偿，之后应向谁追偿？

【参考答案】■

1. 本案两票货物涉及如下法律关系：青岛 HY 公司与 HQ 公司是公路运输合同关系、HQ 公司与汽运公司是转委托运输代理关系、汽运公司与 YF 公司是公路运输合同关系。

2. 应该赔偿原告损失，理由是未经委托人允许，擅自转委托，因此应对实际承运人的过失承担责任。赔偿后，应向实际承运人（YF 公司）追偿。

9.3　深港两地的快件报关进口的物品运输

------------------------------ 案例 ------------------------------

深港邮递包裹通关：如何上演"速度与激情"

【案例正文】 ▰━━━━━━━━━━━━━━━━━━━━━━━━━━━━━

过去，车、马、邮件都慢，现在跨境电商平台每天都在上演"速度与激情"。

1997年7月10日，随着中国香港的回归，深圳设立了国际邮件交换站，并开通深圳-中国香港汽车邮路，火车由每天一次运输改为汽车每天两次运递深港间的特快专递邮件，实现"次日投递"。

大潮起"小邮包"跑出开放"加速度"。随着改革开放和中国加入世界贸易组织，跨境邮件的需求量不断增加，货物类别也变得多样化。国际快递巨头和国内民营物流企业纷纷抓住这次机遇，快速进入新市场。科技的发展使国际快递实现了"从指尖到家门"，其渠道越来越广，包裹量激增，2015年首次全年破亿件。

"小邮包"开启美好"新生活"，时代画卷就此展开，时代的挑战也随之而来。传统的"人找货、货等人"、人工分拣、人工查验，已经远远无法满足邮件通关需要。邮递人再次大胆迈出了综合性改革的步伐。

2017年10月，历经半年多设计施工，升级改造后的深圳国际快件运营中心正式启用。邮件监管处理能力从70万件提升到200万件，低风险包裹快速自动通关。"关邮通""进出境邮递物品信息化管理系统""快件中心管理系统"逐一上线，快邮通关监管逐渐步入数字化时代。

受疫情影响，物流行业遇到了前所未有的困难。经济"动脉"的堵塞迅速传导到恢复中的产业链、供应链。邮递人又立即投入促进外贸保稳提质工作中，支持深圳机场国际全货机通航点从20个增加到35个，助力深圳机场国际货物吞吐量连续3年增长，历史性列入全球第20名。

深圳邮局海关实现了全国海关改革5个第一：全国首批开通跨境电商B2B监管，全国首批试点跨境电商退货复进口业务，搭建全国首条"海上邮路"，验放全国首票C类通关一体化货物，首个关区内全面推广快件审单"快放模式"。在深圳地区率先开通跨境电商直购进口"9610"业务，为跨境电商的蓬勃发展打下了坚实的基础。深港两地之间每天至少有200辆次的跨境电商车辆在日夜不停地运输货物，承载的正是企业"卖全球"的梦想。

如今，小小的包裹上，承载着一片沉甸甸的"邮关梦"——着力打造跨境电商改革样板、外贸便利化环境、全球跨境快邮集散中心"三大改革样板"，致力激发新兴产业效能，吸纳更多国际快递企业、电商企业落地深圳扩建快件枢纽站，形成集聚效应，叠加空港自贸区、综合保税区、B型保税区"三区"政策优势，助力深圳、香港立足大湾区优势，共同绽放出璀璨的光芒。

【讨论问题】◼━━━━━━━━━━━━━━━━━━━━━━━━━━━━━━━━━━━━

国际物流效率飞速发展给国际贸易带来了什么影响？

【参考答案】◼━━━━━━━━━━━━━━━━━━━━━━━━━━━━━━━━━━━━

国际贸易的发展必然离不开国际物流的支撑，国际物流是国际贸易的组成部分之一，因此，国际物流的发展对国际贸易的发展有着非常重要的促进作用。国际物流的不断发展和完善、物流产业的多元化和信息化体系构建、物流技术水平的不断提高有利于降低国际贸易成本，促进国际经济发展。要想使国际贸易有长足的发展，在现阶段条件下，必须要调整物流策略。在科技的推动下，物流信息技术更加具有创新性，应利用高校资源不断培养最先进的物流人才，突破国际物流发展的阻力，使国际物流有更长远的发展。

9.4 内河运输、管道运输基本知识

━━━━━━━━━━━━━━━━━━━━ 案例 1 ━━━━━━━━━━━━━━━━━━━━

与海洋运输相比，管道运输优势在哪

【案例正文】◼━━━━━━━━━━━━━━━━━━━━━━━━━━━━━━━━━━━━

中国是全球原油进口大国，但是我国原油产量世界第四，达到391.1万桶/日，排在第一位的是美国1 041.9万桶/日，俄罗斯第二956.2万桶/日，沙特第三897.2万桶/日。

几亿吨的原油如何运输？答案是通过海运或管道运输。就大宗货物而言，海运是首选，只需要出口国和进口国的港口设施建设完善。管道运输需要把出口国油田或者炼油厂跟进口国的炼油厂连接。还有运油列车，运量也很大，至于油罐车主要适用于短途运输，我国主要通过油轮海运和管道运输进口原油。

2020年我国原油进口前十的国家是沙特、俄罗斯、伊拉克、巴西、安哥拉、阿曼、阿联酋、科威特、美国、挪威。除了俄罗斯可直接管道输送，80%以上通过海运，剩下则是管道运输。

陆上管道与海运相比，更加快捷，成本更低，我国与俄罗斯和中亚几个产油国建有管道，如中缅油气管道和中巴瓜达尔港—喀什输油管道。除了油轮海运、管道运输外，俄罗斯还通过运油列车、罐车等向中国出口原油。在我国满洲里口岸比较常见，运油列车一次可运输4 200吨原油。

【讨论问题】■————————————————————————————

根据本案例内容，探讨一下管道运输相比海上运输有哪些劣势？

【参考答案】■————————————————————————————

管道运输相比海上运输的劣势包括：①专用性强，只能运输石油、天然气及固体料浆（如煤炭等），但是，在它占据的领域内，具有固定可靠的市场；②管道起输量与最高运输量间的幅度小，因此，在油田开发初期，采用管道运输困难时，还要以公路、铁路、水路运输作为过渡。

━━━━━━━━━━━━ 案例2 ━━━━━━━━━━━━

"牵一发而动全身"——管道运输的地缘政治对国际管道运输的影响

【案例正文】■————————————————————————————

"北溪"管道地位有多重要？作为从俄罗斯到欧洲的主要天然气供应线路，它是难以替代的。其每日总运力原本可达近1.7亿立方米，但俄乌冲突开始后，俄罗斯能源领域遭欧美制裁，2022年6月中旬以来，"北溪"管道运行受限，输气量跌至原本的20%，如今则完全停止输气。

据俄罗斯卫星通信社报道，当地时间2022年9月2日，俄罗斯天然气工业股份公司（俄气）表示，由于发现"北溪"输气管道唯一还在运转的发动机出现了故障，输气管道目前完全关闭，直到故障被完全排除。

俄气指出："收到来自俄联邦环境保护、技术和原子能监督局的警告，发现的故障和损坏无法保障燃气轮机的安全无故障运行。因此，有必要采取适当措施，暂停汲气机Trent 60的运行。在排除设备故障之前，向'北溪'管道输送天然气的工作已经完全停止。"

西门子能源公司的代表在文件上签字证实了漏油情况，但反对俄气作出的停气结论，认为漏油不能成为"北溪"管道停止运营的技术原因。

"作为涡轮机的生产商，我们只想声明一点，这种泄漏一般情况下不影响涡轮机的运转，很容易排除故障。"西门子说，"过去发生这种泄漏，也没有导致停运。而且，汲气机组拥有足够的备用涡轮机继续通过管道输气。"

"北溪"是俄欧间主要天然气供应线路，其中"北溪-1"天然气管道2011年建成，东起俄罗斯维堡，经由波罗的海海底通往德国。

6月中旬，俄气以西门子公司未及时交还俄气送修的涡轮机为由，将经由"北溪-1"管道输往德国的天然气供应量减少近60%，每天供气量不超过6 700万立方米。

7月11日，"北溪-1"管道暂停输气，展开年度例行维护，并于21日早晨恢复供气。

7月27日，"北溪-1"管道"波尔托瓦亚"压气站又一台涡轮机停止运行，"北溪-1"管道日供气量从 6 700 万立方米降至 3 300 万立方米。

8 月底，因对"波尔托瓦亚"压气站唯一仍在运行的涡轮机进行维修，"北溪-1"管道 8 月 31 日至 9 月 3 日暂停供气。

距离暂停日只剩最后一天之际，欧盟委员会主席冯德莱恩 9 月 2 日表示，欧洲需要对俄管道天然气设定价格上限。七国集团（G7）也在同日宣布将采取"紧急"行动，对俄罗斯石油实施价格上限。

俄联邦安全会议副主席梅德韦杰夫在社交媒体上反击称："那么以后欧洲都不会有俄罗斯的天然气了。"俄总统新闻秘书佩斯科夫回应称，俄罗斯将停止向支持限价的国家出售石油。相反，俄将向遵守市场规则的国家运送石油，这样的国家比支持限价的国家更多。

据悉，欧盟能源部长将于 9 日召开特别会议，讨论能源价格问题，包括对进口俄罗斯天然气制订价格上限方案。路透社认为，实施价格上限可能会适得其反，或导致全球能源价格进一步上涨。

"欧洲能源市场在发烧。"佩斯科夫说，欧洲反俄措施引发了非常深刻的危机，导致欧洲人花了大笔不合理的钱去购买美国的液化天然气，美国企业越来越富，欧洲纳税人越来越穷。

俄方多次强调，西方制裁导致管道输气出现问题。而乌克兰输气系统运营商此前认为，经过该国和波兰的替代走廊可弥补"北溪"运行中断的问题。

事实真的如此吗？伦敦外交政策研究所专家赫斯认为，在能源领域，这是欧洲第二次世界大战以来面临的最严重危机。过去一年，欧盟国家电价史无前例地飙升近 10 倍。而天然气、化肥、粮食等各方面生活成本也是涨声一片。英国《独立报》8 月 29 日援引咨询公司的报告称，由于高昂的能源价格，23% 的英国人今冬将不会打开暖气，69% 的居民计划减少取暖；法国"最坏情况"下，可能局部限电，即使是首都巴黎，也可能从"灯火之都"变成"黑暗之都"；德国则规定，政府大楼供暖不能超 19 摄氏度，并停止热水供应，而用于照亮纪念碑的灯光也将熄灭……

案例来源：佚名."北溪-1"天然气管道将完全停止输气，欧洲这个冬天还能好过吗？[EB/OL].[2022-11-08]. https://baijiahao.baidu.com/s? id=1742929628053623564&wfr=spider&for=pc.编者有修改。

【讨论问题】━━━━━━━━━━━━━━━━━━━━━━━━━━
1. 如何理解本案例中管道运输反映的地缘政治和地缘经济问题？
2. 地缘政治与地缘经济之间的关系是什么？

【参考答案】━━━━━━━━━━━━━━━━━━━━━━━━━━
1. 地缘政治指的是国家或地区的地理位置、领土、资源和文化等因素对国际政治、经济和军事行动的影响。它关注的是国际政治的物质基础和地理条件，以及如何利用这些因素实现国家的利益。

地缘经济是指国家或地区的地理位置、资源分布、贸易关系、市场规模、交通运输等因素对经济发展和贸易活动的影响。地缘经济分析考虑国际贸易、投资和生产的地理条件，研究经济政策、商业决策和贸易活动对国家间的影响以及地缘政治因素对经济的影响。

2.一个国家的资源丰富可以使其成为重要的出口国，具有地理位置优势的国家可以成为物流中心，拥有广阔市场的国家可以成为投资热点。此外，地缘经济因素还可以影响国际竞争力、经济发展和国家安全等方面，因此，地缘经济因素是国际经济和贸易中的重要因素之一。政治家、经济学家乃至普通老百姓都在关心地缘政治和地缘经济，是因为一个国家的国家利益在地缘政治和地缘经济中都占有非常重要的位置。在地缘政治领域，一个国家的利益往往涉及国家的安全、领土完整、国家形象等问题。在地缘经济领域，一个国家的利益往往涉及国家的经济发展、贸易关系、市场资源、技术水平等问题。因此，保护和发展国家利益需要从地缘政治和地缘经济两个维度来思考。

在地缘政治上，一个国家需要根据自身的利益和国际形势，制定一系列的政策和战略，保护自身的主权和利益。例如，发展友好关系或加强合作来确保自身的安全，参加国际组织或国际安全联盟等，积极维护国家的安全和利益。同时，在地缘经济上，一个国家需要通过改革开放、扩大市场、培育产业、提升技术水平等多种手段，来更好地参与国际经济合作和竞争，实现国家经济的发展和利益的最大化。

因此，保护和发展国家利益需要综合考虑地缘政治和地缘经济两个维度，制定具有国际竞争力和地缘优势的政策和战略，以实现国家利益的最大化和国家的长远发展。

综合案例：RB公司国际道路货物运输中货失的代位求偿纠纷

【案例正文】

一、背景

2019年5月7日，××通信股份公司（案涉货物的被保险人，以下简称××通信公司，甲方）与QD货运公司深圳分公司（以下简称QD公司，乙方）签订《国际货物运输合同》，约定甲方委托乙方承运甲方货物。同年11月8日，QD公司签发编号为ZXE0000XX01运单，载明货物为ZXEGRANDSFLEX（mobile/cell smartphone），共计一个包裹（34箱）、重量238kg。运单后所附××通信公司出具的发票（号码：ZXEDZ13110XXXX5）显示，货物为500台手机，单价202欧元，总价101 000欧元。同日，QD公司签发编号为ZXE0000XX02运单，载明货物为ZXEGRANDXIN-（handset），共计一个包裹（12箱）、重量207kg。运单后所附××通信公司出具的发票（号码：ZXEDZ13110XXXX4）显示，货物为500台手机，单价149欧元，总价74 500欧元。两张运单均载明托运人为××通信公司，起飞港为中国香港，目的港为阿姆斯特丹，处理事项为统一空运、门到门交付方式，货物从深圳转运，完税后交货斯洛伐克。同时，两张运单均载明所记载的货物在交付承运时具有符合合同约定条件的良好状态，货物可能会以包括陆运在内的其他方式承运，除非托运人对此作出相反指示。

案涉货物从深圳经陆路到中国香港机场，经空运到荷兰阿姆斯特丹机场，再从陆路运往目的地斯洛伐克。货物在荷兰清关后，经陆路运往斯洛伐克途中，于2013年11月14日在德国境内，运输卡车被撬，货物丢失。QD公司向××通信公司出具两份《情况说明》，载明"2013年11月9日，我司承运贵司1卡板货物从深圳至斯洛伐克，发票号：ZXEDZ13110XXXX5，品名：ZXEGRANDSFLEX（mobile/cell smartphone），空运分单号码：ZXE0000XX01，空运主单号码：157-80399432。依据贵司清关箱单、发票显示，货物为500台手机，单价202欧元，总价值为101 000欧元。""2013年11月9日，我司承运贵司1卡板货物从深圳至斯洛伐克，发票号：ZXEDZ13110XXXX4，品名：ZXEGRANDXIN-（handset），空运分单号码：ZXE0000XX02，空运主单号码：157-803XXXX2。依据贵司清关箱单、发票显示，货物为500台手机，单价149欧元，总价值为74 500欧元。"以上两份《情况说明》均载明"货物于2013年11月10日到达荷兰阿姆斯特丹机场，11月11日完成清关到达荷兰转运中心。在派送斯洛伐克途中，2013年11月14日凌晨1：00至4：00卡车司机在德国境内加油站休息时，卡车被人撬开货物被盗……同时被盗货物有7板，属于贵司货物2板，司机发现货物被盗后，马上在德国当地报警，警方到达现场勘查问询，并给出报警回执。卡车于11月15日下午到达斯洛伐克仓库，核对清单后报告贵司2板货物被盗，我司当天通知贵司海外同事。于11月16日上午报告贵司深圳同事货物全损。"

RB公司深圳市分公司向一审法院提起诉讼，请求判令：①QD货运公司深圳分公司、QD货运公司连带赔偿RB公司深圳市分公司保险赔偿款260 347.23美元，以及该款自起诉之日至实际支付之日的利息；②QD货运公司深圳分公司、QD货运公司连带承担本案诉讼费用。

二、以何依据来判定赔偿金额

针对上述诉讼请求，QD公司提出自己的观点：

第一，事实认定不清。RB公司深圳市分公司应当举证证明丢失的手机型号、金额、运输方式等，以便确定该批货物即本案的案涉货物。否则应当承担举证不能的法律后果。而RB公司深圳市分公司提供的证据，既未提及被盗货物的具体名称、型号、数量等，也未提及相关运输单据，无法确认被盗货物的具体内容。QD公司提供的《情况说明》，是在事发后向案外人××通信公司发送的函件。由于时间紧迫，事故尚未由警察进行全面调查，并未最终确定被盗的货物究竟是何种货物。此外，该函中也提到"同时被盗货物有7板，属于贵司货物有2板"，表明当时该批次运输的货物是多家公司拼箱装运的货物，而被盗的货物也不只涉及本案货物一批。在事故没有全面调查之前，QD公司函件中的表述也仅是对被盗货物可能性的一个推测。因此，该《情况说明》并不能证明 RB 公司深圳市分公司所称货物被盗的事实，更不足以构成 QD 公司的自认。此外，需要说明的是，"全损"是保险法下的概念，它包括实际全损和推定全损。在本案中，由于 RB 公司深圳市分公司在进行保险赔付时，尚没有见到货物的实际损失状态，也不知道货物的去向，至少不知道货物是否能够找到以及何时找到。因此，其保险赔付应当是基于"推定全损"，保险人的这一"认定"当然不能约束运输合同的当事人，其依然负有"运输货物已经灭失"的举证责任。原审判决仅根据 RB 公司深圳市分公司出具的两份《情况说明》就认定货物被盗的事实，依据不足，属于事实认定不清。

第二，原审判决法律适用错误。本案的准据法为中华人民共和国法律。根据《中华人民共和国合同法》第 321 条所确立的"网状责任制"，对于本案涉及的境外公路运输区段，应适用《国际公路货物运输合同公约》（以下简称"CMR 公约"），法院判决直接适用中国法律存在错误。首先，中国是否加入"CMR 公约"，与本案是否应当适用"CMR 公约"无关。根据《合同法》第 321 条的规定，我国对多式联运经营人的责任采用网状责任制，即当货物毁损、灭失发生的运输区段可以确定时，对于多式联运经营人的责任应适用事故发生区段的法律。本案中，货物被盗时的运输区段可以确定为自荷兰至斯洛伐克的公路运输区段，因此，应当适用调整该区段公路运输的相关法律规定，而"CMR 公约"作为调整欧洲国家之间公路运输的公约，应当适用本案。本案货物被盗并非发生在中国境内，因此我国是否加入了"CMR 公约"与本案的法律适用不存在任何关系。只有当货物毁损、灭失发生的运输区段不能确定时，才可以依据我国合同法的规定确定赔偿责任。其次，本案适用"CMR 公约"并非基于当事人的约定，而是基于我国合同法的直接规定。"CMR 公约"是为了统一公路运输所使用的单证和承运人的责任，由联合国所属欧洲经济委员会负责草拟，于 1956 年 5 月 19 日在日内瓦由欧洲 17 个国家参加的会议上一致通过并签订。"CMR 公约"适用于由公路以车辆运输货物而收取报酬的运输合同，接受货物和指定交货地点依据合同的规定在两个不同的国家，其中至少有一国是缔约国。本案中，接受货物的地点为荷兰，交货地点为斯洛伐克，两国均为"CMR 公约"的缔约国，"CMR 公约"强制适用本案涉及的境外公路运输，因此，"CMR 公约"强制适用于本案。"CMR 公约"第 23 条第 3 款规定：……但该短缺的赔偿额毛重每公斤不超过 25 法郎。"法郎"意指重 10/31 克、其黄金纯度为千分之 900 的金法郎。又根据联合国 1978 年 7 月 5 日在日内瓦订立的《国际公路货物运输合同公约议定书》第 2 条规定：公约第 23 条修改如下：（1）第 3 款由下文代替：该短缺的赔偿额毛重每公斤不超过 8.33 记账单位；（2）本条结尾处，增加如下第 7、8 和 9 条：7. 本公约所述"记账单位"为国际货币基金组织定义的特别提款权。本条第 3 款所述金额应当依据受理案件法院地国家依判决作出日或者依据当事人约定日折算为本国货币金额。本案中，按照 RB 公司深圳市分公司所称，被盗货物共计 445 千克，因此赔偿总额应为 3 706.85 特别提款权。按照货物被盗当日特别提款权兑换欧元的牌价 1SDR-EUR1.137810 计算，承运人对案涉货物可享受的责任限额为 4 217.69 欧元。

双方的争执进入白热化阶段。针对 QD 公司的观点，RB 公司也作出了回应。观点如下：第一，QD 公司自己出具的《关于货物丢失的确认与说明》以及德国警方报警回执能够清晰地证明案涉货物被盗。另外，QD 公司也委托了当地的公估公司对本次事故进行调查并出具了调查报告。QD 公司自己调查报告中也描述了本次的盗窃的事故，与 RB 公司深圳市分公司的证据能够相互印证。第二，根据我国《合同法》第 321 条所确立的"网状责任制"，是指对多式联运的不同期间适用该区段的法律。运输既有公路，又有海路，在我国法律作为准据法的前提下，公路运输部分适用我国公路相关法律运输，而海运部分则适用海路运输的相关法律。QD 公司将适用不同区段的法律理解为在不同地点适用不同的准据法是错误的。

三、原审法院查明并判决

2014 年 2 月 11 日，荷兰××××公司接受 QD 公司的委托，出具的检验报告摘要如下：司机检查卡车时发现，车上的防水油布被划开，部分货物被损坏。信封里的文件包括 CMR 运单和由 QD 公司签发的航空运单上面标注着"手机/智能手机"以及"手机"的文件。在塞内茨（斯洛伐克）由 GebruderXXXX 计数之后，发现 CMR 运单上显示的收货人的包装编号为 317XXXX636 和 317XXXX644 的货物丢失，另有 3 箱货物受损。尽管我们提出了相关要求，但是我们没有收到证明丢失的货箱编号与丢失的智能手机一致的证据。对方检验员声称上述两个智能手机货盘从未抵达过目的地。尽管我方提出过要求，但我方从未收到过书面确认。根据上述信息，不排除丢失的智能手机是在由 EuroXXXX 承运 RB 公司管货物时在 A2 高速路旁停车过夜期间被盗的。

2013 年 11 月 6 日，RB 公司深圳市分公司出具了保险单号为 PYIE2013XXXX9303E1971 的保险单一份，载明发票号为 ZXEDZ13110XXXX5，被保险人为××通信公司，货物为一个包裹 ZXEGRANDSFLEX（mobile/cell smartphone），保险金额为 111 100 欧元，承保险别为中国人民财产保险股份有限公司海运一切险条款（2009 年版本）。同日，RB 公司深圳市分公司出具了保险单号为 PYIE2013XXXX9303E1982 的保险单一份，载明发票号为 ZXEDZ13110XXXX4，被保险人为××通信公司，货物为一个包裹 ZXEGRANDXIN-（handset），保险金额为 81 950 欧元，承保险别为空运一切险条款（2009 年版本）。事故发生后，××通信公司向 RB 公司出具两份权益转让书，载明证实收到 RB 公司货运险第 PYIE2013XXXX9303E1971 号及货运险第 PYIE2013XXXX9303E1982 号保单下保险标的于 2013 年 11 月 6 日及 11 月 14 日因偷盗原因造成损失的赔偿，将已取得赔款部分的一切权益转让给 RB 公司深圳市分公司，并授权 RB 公司深圳市分公司以××通信公司或 RB 公司深圳市分公司的名义向责任方追偿或诉讼。2014 年 6 月 23 日，RB 公司深圳市分公司将案涉保险理赔款 149 829.46 美元及 11 0517.77 美元支付至××通信公司账号。

QD 货运公司系台港澳法人独资有限责任公司，于 2014 年 6 月 4 日名称变更为现名称。QD货运公司深圳分公司系台港澳法人独资企业分支机构，于2014年9月25日名称变更为现名称。

原审法院经审查认为，QD公司作为案涉货物的承运人，未能在合理期间将案涉货物送达目的地，亦未能说明货物之所在，其出具两份《情况说明》，载明了被盗货物的发票号、品名、价值等基本信息，与RB公司提交的运单、发票、保险单等证据相互印证，足以证实案涉货物属于保险事故中的全部灭失，且QD公司应对托运人承担责任。RB公司在对托运人承担保险责任后，依法取得代位求偿权，判决认定QD公司应对RB公司承担相应的赔偿损失的责任，并无不当。《合同法》第321条规定：货物的毁损、灭失发生于多式联运的某一运输区段的，多式联运经营人的赔偿责任和责任限额，适用调整该区段运输方式的有关法律规定。因我国未加入"CMR公约"，各方当事人亦未约定适用该公约，认定排除对该公约进行适用，未违背《中华人民共和国合同法》的上述规定。

本案案情就介绍到此。对于法院的判决是否正确，请同学们根据所学的知识结合相关法律规定开始分析和判断吧。

资料来源：佚名．×××有限公司深圳市分公司与×××有限公司保险代位求偿权纠纷二审民事判决书［EB/OL］．［2022-11-08］．https://wenshu.court.gov.cn/．编者有修改。

【案例使用说明】

一、教学目的与用途

本案例适用于"国际贸易实务""国际货物运输""国际物流"等课程中关于国际道路货物运输知识点的教学，编写目的是通过对案例中描述的各争议焦点的讨论，引导学生领会国际道路货物运输合同下承运人、托运人权利和义务的相关法律规定，培养学生处理国际道路运输货物错误送达索赔问题的实践能力。通过阅读、分析和讨论本案例资料，帮助学生思考和掌握下列具体问题：①实际全损和推定全损的定义是什么？两者之间的区别在哪里？在本案中被盗的货物是否可以认为是推定全损？②关于责任限额的认定。如果QD公司应当承担赔偿责任，则承运人对案涉货物可享受的责任限额是多少？③适用法律问题。QD公司应依据《国际公路货物运输合同公约》还是《合同法》第321条规定：货物的毁损、灭失发生于多式联运的某一运输区段的，多式联运经营人的赔偿责任和责任限额，适用调整该区段运输方式的有关法律规定。本案例的概念难度、分析难度和陈述难度均适中，适用对象包括国际贸易、国际物流和国际商务专业的本科生。对于缺乏专业基础理论知识的本科生，可以根据教学大纲，有选择地引导阅读案例相关材料，重点熟悉《国际公路货物运输合同公约》中承运人、托运人权利和义务的概念与具体内容以及承运人的赔偿责任限制，掌握货物丢失、被盗索赔的基本法律依据和基本程序；对于缺乏实践经验的本科生，可以引导其将所掌握的理论知识运用于本案例中每一个具体问题的分析，对案例中争论的焦点问题，作出自己的是非判断，锻炼其解决实际问题的能力。

本案例规划的理论教学知识点包括：

（1）《国际公路货物运输合同公约》的基本内容；

（2）《国际公路货物运输合同公约》关于承运人的主要权利和义务；

（3）《国际公路货物运输合同公约》以及我国《合同法》关于承运人的赔偿责任限制；

（4）保险概念里推定全损和实际全损在实际应用中的区别。

二、讨论思考题

1.《国际公路货物运输合同公约》中承运人的责任、归责原则及责任期间是如何规定的？

2.根据我国对国际道路货物运输的相关规定，托运人的主要义务有哪些？

3.案例涉及的境外公路运输区段，是否适用《国际公路货物运输合同公约》，请解释。

4.案例中，零担货物的索赔和诉讼流程是怎样的？

5.推定全损和实际全损的区别在哪里？案例中货物被盗属于哪一种？

三、分析思路

案例涉及国际道路货物运输中货物被盗丢失索赔的合理确定问题，因此，建议课堂讨论按照以下思路进行：首先，引导学生在一般意义上讨论国际道路货物运输中托运人、承运人的权利和义务。具体地，QD 公司的真实身份是什么？是托运人还是承运人？RB 公司为什么能行使代位求偿权？其真实身份可能是什么？QD 在合同履行过程中是否存在违约？应否承担赔偿责任？如果 QD 公司应当承担赔偿责任，则责任限额和赔偿数额分别是多少？其次，引导学生讨论案例索赔性质的二重性，引导学生讨论本案例中货物被盗丢失应如何计算违约损失？按照何种原则来计算？最后，引导学生讨论索赔的技术性问题。可以采取何种索赔手段？如何搜集相关证据？

四、理论依据及分析

1.适用法律问题

我们先来看看《国际公路货物运输合同公约》适用范围的规定。

为协调国际道路运输有关问题，联合国下属欧洲经济委员会负责起草了《国际公路货物运输合同公约》，并于 1956 年 5 月 19 日在日内瓦召开的由欧洲 17 个国家参加的会议上一致通过。该公约共有 12 章 51 条，主要就道路货物运输合同中的承运人责任、合同签订与履行、索赔和诉讼，以及续运承运人的责任等作出规定。

本案为保险人代位求偿权纠纷，××通信公司与 QD 公司签订的《国际货物运输合同》约定"本运输合同与甲、乙双方已签订的《国际运输保证协议》互为补充，共同具有法律效力"。依据《国际运输保证协议》第 6.11 条的规定"法律适用：本协议的管辖和解释遵照中华人民共和国法律。"故本案以中华人民共和国法律作为准据法。因中国并未加入《国际公路货物运输合同公约》，当事各方也并未特别约定适用《国际公路货物运输合同公约》，因此 QD 公司提出依据《合同法》第 321 条规定适用《国际公路货物运输合同公约》的主张，原审法院不予支持。

2. 承运人的责任

《国际公路货物运输合同公约》第 8 条规定：在承运货物时，承运人必须检查道路运单上关于货物描述的准确性，以及货物的外观和包装状况。如有不符，应当在道路运单上注明保留条款及其理由。但该项保留只有当发货人在运单上明确同意才对其产生约束力。该公约第 17 条规定，承运车辆应当适合运输。承运人在从收到货物时起到交付货物时止的期间内，应承担货物的全部或部分损失以及延期交付货物责任。但上述损失是由于索赔人本身的错误行为或疏忽造成的，或是由于承运人执行索赔人指令，而不是由于承运人错误行为或疏忽造成的，或是由于货物潜在缺陷造成的，或是因不可抗力造成的除外。

关于赔偿责任。RB 公司深圳市分公司提交的 QD 公司出具的两份《情况说明》，清楚载明了承运货物的发票号、品名、价值等，与 RB 公司深圳市分公司提交的运单、发票、保险单相互印证，可以认定 QD 公司承运的该两批货物被盗的事实。QD 公司作为承运人，因承运货物被盗，未能安全交付收货人，应当承担赔偿损失的责任。

3. 代位求偿权与推定全损

代位求偿权是保险常用名词。保险人在将保险赔款偿付被保险人时，被保险人依法转移给保险人的某些权利。此种权利仅限于财产保险。保险人的代位求偿权包括两种：①物上代位。保险人补偿保险标的损失后，即取得对该标的的所有权。物上代位仅存在于保险标的发生部分损失的情况中。②权利代位。保险标的发生保险事故而损失，如果根据法律或有关规定应由第三者负责赔偿的，保险人在先行赔偿后，即取得被保险人向第三者索赔的权利。但这种权利不能超过保险人赔付的金额。保险人追偿到的金额小于或等于赔付金额归保险人所有，若追回金额大于赔付金额，则超出部分应偿还给被保险人。

本案中，代位求偿权具体体现为权利代位。关于货损问题，QD 公司抗辩 RB 公司深圳市分公司不足以证明案涉货物发生全损，但一方面 RB 公司深圳市分公司提供了两份《情况说明》等证据，另一方面作为承运人，其在已经远远超过运输合理期间仍未能将货物交付收货人，因此，可以认定案涉货物发生全损。QD 公司作为案涉货物的承运人，未能在合理期间将案涉货物送达目的地，亦未能说明货物之所在，其出具两份《情况说明》，载明了被盗货物的发票号、品名、价值等基本信息，与 RB 公司提交的运单、发票、保险单等证据相互印证，足以证实案涉货物属于保险事故中的全部灭失，且 QD 公司应对托运人承担责任，RB 公司在对托运人承担保险责任后，依法取得代位求偿权，二审判决认定 QD 公司应对 RB 公司承担相应的赔偿损失责任，并无不当。

4.赔偿金额和责任限额的确定

我国保险法规定，因第三者对保险标的的损害而造成保险事故的，保险人自向被保险人赔偿保险金之日起，在赔偿金额范围内代位行使被保险人对第三者请求赔偿的权利。RB公司深圳市分公司提交了保险单、付款凭证、权益转让书等证据证明RB公司深圳市分公司作为案涉运输的保险人向××通信公司支付了保险赔款260 347.23美元，因此其在赔付范围内已取得合法的代位求偿权，有权向有责任的第三方进行追偿。

关于赔偿金额的问题。RB公司深圳市分公司作为保险人依保险合同的约定按照保险金额即货物实际损失价值的110%向××通信公司赔付保险金并无不当，但其取得保险代位求偿权后能主张的赔偿责任范围不能超出被代位人××通信公司的请求范围，故RB公司深圳市分公司有权按照案涉货物的实际价值即175 500欧元（101 000欧元+74 500欧元）主张赔偿，对于超出部分的请求，原审法院不予支持。因QD公司系QD货运公司的分支机构，不具有法人资格，故QD货运公司应对QD公司的上述债务不能清偿部分承担补充清偿责任。根据《中华人民共和国保险法》第60条，《中华人民共和国合同法》第107条、第321条以及《中华人民共和国民事诉讼法》第64条第一款、第142条之规定，判决：①QD公司应于判决生效之日起10日内赔偿RB公司深圳市分公司175 500欧元及利息（按中国人民银行同期欧元活期存款利率自2014年9月26日起计算至款项实际支付之日止）。

关于赔偿的责任限额问题。双方均认同本案适用中华人民共和国法律，均认可本案因多式联运合同的货损而导致纠纷。关于多式联运经营人承担赔偿责任的问题，《合同法》第321条规定：货物的毁损、灭失发生于多式联运的某一运输区段的，多式联运经营人的赔偿责任和责任限额，适用调整该区段运输方式的有关法律规定。货物毁损、灭失发生的运输区段不能确定的，依照本章规定承担损害赔偿责任。从上述内容看，对于调整"该区段运输方式的有关法律规定"，原审法院以发生货损时我国并未加入《国际公路货物运输合同公约》、当事各方也并未特别约定适用《国际公路货物运输合同公约》为由，排除《国际公路货物运输合同公约》的适用正确，本院予以认同。故本案货损的责任限额，应当按我国关于公路运输的法律规定处理。

五、关键要点

阅读本案例并正确回答讨论思考题，需要学生把握以下要点：

1.货物被盗应被认定为实际全损还是推定全损？谁能行使代位求偿权？

2.辨别货物被盗损失导致索赔纠纷时，应该引用哪些法律条款及原则？

3.承运人的责任区间是发生在哪个阶段？是否应承担赔偿责任？

4.承运人责任限额以及赔偿金额应如何确定？

第10章 国际多式联运合同

【案例正文】

某年3月，中国大连H公司与乌克兰基辅的K公司签订了成套设备出口合同，价值1 500万美元。合同约定，H公司应将货物运抵基辅某安装场地，并负责安装调试。H公司在出口报价时，除了核算全套设备的制造成本和利润外，还对大连到敖德萨的海运费和敖德萨到基辅的陆路运输成本进行了核算，核算结果为全部运费不超过380万美元，为保险起见，在对外报价时，运费按照400万美元计算。合同签订后，H公司加紧组织设备的生产，到次年3月底，全套设备生产完毕，公司的进出口部也开始租船询价。当公司收到数家船东报价时发现，海运费已经比一年前上涨了30%。货物运抵敖德萨后发现，在当地找不到足够大的大型卡车转运货物（由于设备超大，无法通过铁路运输），在陆运线路上又有数座桥梁因超重无法通过，需要绕道，由此产生了大笔的计划外陆运费用。当费尽周折将全部设备运到基辅的安装场地后，不仅交货期超过1个月，购买方索赔大笔待工费用，H公司还比计划多支出运输费用160多万美元。

【涉及的问题】

本案例中H公司遇到的问题主要产生在设备的运输问题上。由于设备超大，无法通过铁路运输，只好先采用海运方式从大连运到敖德萨，再通过大型卡车分批运到目的地。在这种运输方式下，货物运输涉及租船、装船、绑扎、卸船、在目的港的堆存、租车、装车、绑扎、陆上通过能力、卸车等多个环节的安排和费用支出，而对国外涉及的那些运输环节的可操作性信息和费用信息的搜集又是一项艰难的工作。H公司遇到的问题主要源于对这些信息及其变化的搜集不够。那么，在国际货物运输中涉及两种或两种以上运输方式时，应当怎样处理呢？本章的内容就来回答这个问题。

思政案例：创新海铁联运模式彰显合作共赢之道

PSA国际是由新加坡港务局发展而来的一家世界领先的港口集团，在全球26个国家的 60 多个海上、铁路和内陆码头，以及仓库和海事服务拥有投资。

1996 年 PSA 国际参股大连港，之后陆续在福州、广州、天津、东莞、连云港和广西北部湾等 11 个沿海集装箱码头投资。2017 年，PSA 国际进入中国多式联运市场，持有中铁联合国际集装箱有限公司（China United International Rail Container，CUIRC）15% 的股权，后者是唯一拥有中国铁路集装箱码头控股权的全球码头运营商。PSA 国际还在目前已投入运营的中联重科 10 个码头进行投资，进军中国集装箱铁路运输行业。

欧洲的海铁联运经验表明，海铁多式联运的价值在于该种运输方式可以缩短运输时间、简化通关手续和降低运输成本，尤其是库存成本。因此，中国政府、运输企业、货运代理、货主都在积极尝试这种运输方式，中国海关也为此进行通关改革，促进海铁联运业务发展。货物联运成功经验也说明，创新运输方式、采用多式联运合作可以提高运输效率和经济效益，合作是共赢的必经之路。

10.1　国际多式联运概述

案例

中吉乌"公铁联运"国际货运班列正式发运

2022 年 7 月 28 日，中吉乌"公铁联运"国际货运班列从乌鲁木齐国际陆港区正式发运，该趟班列采用"铁路-公路"国际多式联运方式。

"公铁联运"是指根据一个公铁联运合同，采取公路及铁路两种方式联合运输，运输经营人把货物从接管地点运至指定地点，通常以集装箱为运输单元，由公路、铁路区段承运人共同完成货物的全程运输。

中吉乌"公铁联运"可将铁路运输和公路运输的优势结合，提升运输时效，比传统铁路联运节约 3~5 天，乌昌海关也予以大力支持，全程简化通关流程。为了使中吉乌"公铁联运"在疆常态化发运，乌鲁木齐海关不断提高通关效率，提升疆内跨境物流运输能力。

"中吉乌"公铁联运国际货运班列将会加强乌鲁木齐在丝绸之路经济带的核心地位。

【讨论问题】

公铁联运的优势有哪些？

【参考答案】

公铁联运作为一个单独的运输过程而被安排和协调运作，能减少在运转地的时间损失和货物灭失、损坏、被盗的风险。公铁联运经营人通过联络和协调，可实现在运转地各种运输方式的交接，使货物更快速地运输，从而弥补了与市场距离远和资金积压的缺陷，节省了运杂费用，降低了运输成本。公铁联运还可以提高运输的组织水平，实现货物的连续运输，可以把货物从发货人的工厂或仓库运到收货人的仓库或工厂，做到了门到门运输，使合理运输成为现实。

10.2　多式联运经营人

案例 1

多式联运经营人的代理人是否需要承担货损赔偿责任

【案例正文】

原告：佛山市南海区 DT 贸易有限公司

被告：MSJ（中国）航运公司广州分公司

2004年5月7日原告与YB签订销售合同，原告负责出口运输，6月6日前运抵洛杉矶，YB支付定金3万美元。5月14日原告向被告订舱，被告开出确认单，一个冷藏集装箱，装运船"MSJ斯文堡"轮，5月23日开航，起运港盐田，卸货港洛杉矶，堆场至堆场交接，温度为1摄氏度。订舱确认单还印有"MSJ公司联运提单的条款、条件、免除、例外明示并入本订舱单"的字样。5月17日从茂名到盐田港，5月20日被告告知：5月23日开船，预计6月5日到达美国，无法提前3天下载15天温度数据，建议改5月26日开航的MSJ公司另一船，原告同意。5月25日告知温度数据无法在船到时获得美国批准，建议改5月30日开航的船，原告拒绝让其5月26日装船，7月11日退回茂名，温度为36.7度左右，荔枝已变质，原告向YB赔付6万美元。

2005年1月11日原告向广州海事法院起诉MSJ中国公司和MSJ广州分公司，称MSJ广州分公司作为承运人，应赔偿货款损失、定金3万美元。MSJ广州分公司是MSJ中国公司的分支，二者应承担连带责任，但二者辩称，MSJ公司是本案货物运输的承运人，MSJ中国公司和MSJ广州分公司是承运人的代理人，对货损不负赔偿责任。

【讨论问题】

本案中，多式联运经营人的代理人是否需要承担货损赔偿责任？

【参考答案】

广州海事法院经审理认为，5月17日，MSJ广州分公司指派拖车至茂名装货，实际履行了将货物从茂名运至盐田港堆场的陆路运输，MSJ广州分公司的这一行为，将原来约定的方式由堆场至堆场改为门至堆场，本案货物运输合同相应地由原来的海上货物运输合同变更为多式联运合同。根据我国《海商法》的规定，多式联运经营人对全程运输负责。原告与联运经营人订立了多式联运合同并实际交付了货物，有权以托运人身份就货物在多式联运经营人责任期间内遭受的损失向多式联运经营人要求赔偿。MSJ广州分公司向原告签发的订舱确认单上方印有MSJ公司的公司标志和商号，正文印有"MSJ公司联运提单的条款、条件、免除、例外明示并入本订舱单"的字样，还明确承运船为"MSJ斯文堡"轮，MSJ广州分公司在订舱确认单中通过以上方式对MSJ公司作为本案多式联运经营人的身份进行了披露。事后，MSJ公司出具证明函，进一步证明了MSJ广州分公司的代理人身份。据此，判决驳回原告对MSJ中国公司和MSJ广州分公司的诉讼请求。

综上所述，根据我国《海商法》的规定，受托人以自己的名义与第三人订立合同时，第三人不知道受托人与委托人之间的代理关系的，受托人因第三人的原因对委托人不履行义务，受托人应当向委托人披露第三人，委托人因此可以行使受托人对第三人的权利，但第三人与受托人订立合同时如果知道该委托人就不会订立合同的除外。受托人因委托人的原因对第三人不履行义务，受托人应当向第三人披露委托人，第三人因此可以选择受托人或者委托人作为相对人主张其权利，但第三人不得变更选定的相对人。委托人行使受托人对第三人的权利的，第三人可以向委托人主张其对受托人的抗辩。第三人选定委托人作为其相对人的，委托人可以向第三人主张其对受托人的抗辩以及受托人对第三人的抗辩。

---- 案例 2 ----
属于海上运输索赔还是多式联运索赔

【案例正文】 ■
一批货物由荷兰的鹿特丹港装船经马来西亚转船运往加拿大，承运人签发了全程运输提单。在马来西亚转船时，货物在码头等候第二程，在露天仓库因被雨淋受损。货主向承运人索赔，船方以货物不在船上而是在陆地上受损，不属于海上运输为由拒赔。

【讨论问题】 ■
承运人拒赔理由是否充分？为什么？

【参考答案】 ■
承运人拒赔的理由不充分。《联合国国际货物多式联运公约》规定，国际多式联运使用一份包括全程的多式联运单据，由多式联运经营人对全程运输负总的责任。一旦在运输过程中发生货物灭失或损坏时，由多式联运经营人对全程运输负责。该批货物是在马来西亚转船过程中等候第二程运输时遭损的，所以承运人不能以货物不在船上而是在陆地上受损，不属于海上运输为由拒赔。

---- 案例 3 ----
赔偿责任的确定原则是什么

【案例正文】 ■
2017年2月6日，A货主与B货代公司签订一份全程运输的协议，由B货代公司承运 A 货主的货物，包括从 A 货主所在地汽车运输至澳门、澳门至马来西亚的海上船舶运输，A 货主一次性支付全程运费。该协议并无关于运输危险品的约定，且 B 货代公司的经营范围仅为普通货物运输服务。在 A 货主处装车时，B 货代公司发现所运货物为 17 000 箱易燃品后表示拒绝运输，但 A 货主坚持要 B 公司承运，B 货代公司遂接受了运输任务。在汽运中，由于司机违章与火车相撞，导致货物发生爆炸全损。A、B 双方当事人就有关责任和索赔发生纠纷并诉至法院。

【讨论问题】

1.本案是否属于国际多式联运合同纠纷？为什么？

2.A 货主对此是否有责任？为什么？

3.B 货代公司是否有责任？为什么？

【参考答案】

1.属于。一个经营人、一份运输合同、支付全程运费、两种运输方式、两国之间的运输，这些使得此运输合同具备了国际多式联运合同的要件。

2.有责任。在 A 货主未与 B 货代公司协商修改运输协议条款的情况下，直接指示 B 货代公司运输易燃品，违反了双方运输协议的规定，违约并违法。

3.有责任。第一，本身的经营范围仅为普通货物运输服务，但在客观获知该批货物的危险特性后仍接受托运；第二，运输过程中，司机违章导致货损。

10.3 多式联运单据

---- 案例 ----

厦门开展多式联运"一单制"将会面临什么困难

【案例正文】

2021 年 8 月，厦门市创新签发了福建首张多式联运"一单制"出口提单，2021 年 10 月，签发首票从"海丝"共建国家——泰国进口的多式联运"一单制"提单，实现厦门与"海丝"共建国家的港口在物流环节上的双向流通。厦门多式联运"一单制"物流通道的顺利打通，有效减少了贸易往来的交易成本，提高了整体流通效率，减少了交易风险，促进国内国际贸易畅通，在严峻的国际贸易形势下，助力厦门对外贸易的进一步发展，将有效提升厦门在"一带一路"建设中的重要作用。

【讨论问题】

"一单制"在实行阶段会遇到什么困难呢？

【参考答案】

（1）运输业务数据衔接存在障碍。

多式联运"一单制"要实现的是业务全程"一单制"，要做到业务全程"一单制"就是要推动数字化多式联运业务的发展。但是，我国不同运输方式的数据交互存在较大的困难。水运、公路、铁路、航空等不同运输部门都设立和使用了自身的业务数据标准，而且不同运输方式之间的数据标准不统一，使得整个多式联运业务流程没法实现真正的互联互通，同一运输方式的数据传输和不同运输方式之间数据和信息的传输，基本还都是靠传统的人工作业，整个流程业务传输效率和准确率都较低。

（2）运输服务标准不统一。

多式联运"一单制"是要实现多式联运经营人向货主签发一份运输单证，以同一标准向货主提供运输服务，而无论具体运输路线如何、使用怎样的运输方式组合。但是我国多式联运业务尚无法达到各种运输方式服务标准的统一。不同运输方式在货类的品名代码、票据单证的具体格式、运价的计费规则、保价保险费用缴纳及理赔标准、货物交接服务规范、包装与装载要求、安全管理制度、责任划分等方面都有不同的标准和要求，很难达到多式联运"一单制"的要求。

（3）多式联运"一单制"下经营人法律责任不明确。

首先，法律对多式联运合同当事人权利义务规定不明确，我国《海商法》和《合同法》对多式联运经营人采用网状责任制，使其在订立多式联运合同时无法确定其可能承担的法律责任，同时有关多式联运合同的法律规范存在许多空白之处，导致多式联运经营人法律责任处于高度不确定状态，有较高的风险，对签发多式联运全程提单有较大的顾虑。其次，争议解决中，货主、多式联运经营人或者区段承运人获得他人持有的证据材料有较大难度，导致难以清晰界定全程运输的法律责任。最后，司法实践的现实进一步强化多式联运经营人的法律困境。在发生运输纠纷后，若案件管辖权归属基层法院，整个处理流程较复杂和不顺畅；若案件管辖权归属国外法院，则涉及适用法律、法律程序、语言、律师等问题，使得纠纷解决难度更大。

综合案例：SW针织厂与DC货代公司多式联运合同纠纷

【案例正文】

一、背景

2012年5月16日，SW针织厂（甲方）与DC公司（乙方）签订《2012年温州—乌克兰包运国际货运代理合同》，约定乙方接受甲方的委托，由DC公司将SW针织厂生产的袜子运输到乌克兰并根据甲方的要求办理如下业务：①国内的托卡、报关、海运、货物的监装；②国外的清关、监卸；③将货物运抵乌克兰境内指定地点。全包干费用4.8万美元；甲方提供接货人详细准确的资料（如所在城市、护照号码、姓名、地址以及电话）；甲方提供承运人运输货物的品名、数量（包括体积、重量、件数、质地、货值等）；货物计算单位以甲乙双方现场测量数为准，不能同时到场时以乙方实测为准；货物运输时间从离岸开始计算为 40~45 天，如超过 45 天，从第 46 天起每超一天则每柜赔偿 100 美元，如果超过 70 天，甲方有权要求拒收货物。如甲方货物在运输途中发生意外，乙方必须按甲方货物报关金额赔偿；货物运费（包括国内运费、海运费，国外清关费，货物运送到国外客户仓库等一切费用），以双方出具的运单为准，与本合同具有同等法律效力；甲方须向乙方提供所承运货物的真实准确资料，并承诺不运输违禁品及违反中乌两国海关有关规定的货物。如因隐瞒或提供资料不实造成延误或罚没等损失，乙方有权向甲方追索，所造成的损失由甲方全部承担等。合同约定未尽事宜，双方协商解决，协商不成任何一方均有权向乙方所在地有管辖权的人民法院提起诉讼，以及合同的订立、效力、解释、履行、争议的解决均适用中华人民共和国法律。合同第 16 条约定，乙方出具的运单作为本合同组成部分一并生效。同日，蔡某、贾某（DC 公司工作人员）在合同尾部乙方栏与 DC 公司法定代表人王某共同签名并加盖 DC 公司业务专用章。同时，双方确认货柜箱号为 EISU8021205、铅封号为 EMCAZN4601，总件数 1 015 件，其中单包 510 件、双包 505 件。案涉货物由 SW 针织厂委托 XC 进出口贸易有限公司（以下简称 XC 公司）代理出口，并由 XC 公司出具国内报关单据，由案外人宁波 MZ 报关有限公司代办宁波港出口申报手续，货物报关价值 150 000 美元，由长荣海运（英国）有限公司（Evergreen Marine（UK）Limited，以下简称长荣公司）的船舶代理人于 2012 年 5 月 26 日签发凭指示正本海运提单。提单记载的托运人为 XC 公司、通知方为捷克共和国的 LYR、卸货港和交付地均记载为汉堡，箱号和铅封号以及货物数量与前述合同记载一致。

　　2012 年 6 月 22 日，DC 公司将 XC 公司背书后的案涉货物正本提单邮寄捷克共和国的 LYR。而后，SW 针织厂因其在乌克兰的销售网点一直未收到案涉货物，与 DC 公司交涉无果后，于 2013 年 5 月 3 日以其可能遭受诈骗为由，向 110 报案，要求侦查。瑞安市公安局 SW 派出所接警后，于当日调查发现不涉嫌诈骗，认为是经济纠纷。SW 针织厂于 2013 年 8 月 15 日向当地人民法院提起本案诉讼。SW 针织厂起诉称：2012 年 5 月 16 日，SW 针织厂与 DC 公司共同签署了一份货运代理合同，由 DC 公司将 SW 针织厂生产的袜子运输到乌克兰。SW 针织厂将货物交付运输后，因 DC 公司、贾某、蔡某的原因，至今未运到目的地，且没有货物的任何消息，应是在运输途中已经灭失。上述货物报关金额为 150 000 美元。SW 针织厂多次与 DC 公司协商赔偿，均无果，故 SW 针织厂提起诉讼，请求判令 DC 公司赔偿 SW 针织厂货物损失计人民币 945 000 元（150 000 美元已按 1 美元兑换 6.3 元人民币汇率折算），并赔偿自离岸时间 2012 年 6 月 7 日后第 46 天起计算至 2013 年 8 月 8 日共计 280 天的违约金人民币 239 400 元，以及承担本案诉讼费用。

　　二、DC 公司与 SW 针织厂、XC 公司的法律关系有待确认

　　DC 公司认为有几个法律关系需要厘清，提起上诉称：（1）DC 公司与 SW 针织厂之间签订合同的属性。DC 公司与 SW 针织厂签订的《2012 年温州—乌克兰包运

国际货运代理合同》规定 SW 针织厂委托 DC 公司办理如下业务：①国内托卡、报关、海运、货物的监装；国外清关、监卸；将货物运抵乌克兰境内指定地点。②费用：全包干费用 4.8 万美元。③SW 针织厂提供接货人详细准确的资料（如所在城市、护照号码、姓名、地址以及电话）。但事实上 SW 针织厂违反了合同约定，将有关业务报关、托卡、海运委托、国外清关、运输业务均交给了 XC 公司办理。从证据上看，销售确认书、装箱单、报关单、发票反映出是 XC 公司办理出口，海运提单上托运方是 XC 公司，该批货由该公司作为发货方已发往德国汉堡。因 SW 针织厂的违约，造成仅将国内货物运输业务交给 DC 公司来代理办理。DC 公司在本案中仅仅是货代的角色，而不是多式联运经营人的角色。由于 SW 针织厂的违约，DC 公司至今未收到包干费用。且本案的正本海运提单是由 DC 公司送到 XC 公司盖章背书后，根据指示邮寄提单记载的通知人 LYR。该货已被提，从长荣公司电脑资料可以证实提单已归档。原审法院认为提单控制在 DC 公司手中，所以认为其是多式联运经营人，系认定事实错误，而造成误判，DC 公司在本案中仅是货运代理，本案应定为货运代理合同纠纷。（2）适用法律错误。SW 针织厂将合同约定的报关、海运委托、国外清关等均交由 XC 公司办理，DC 公司的义务仅仅是将货运到船上，且货已运到德国汉堡。SW 针织厂与 XC 公司签订购销合同，XC 公司对外签订外贸合同，并将货发往国外，故涉案货物的所有权已转为 XC 公司所有，应由 XC 公司负责将货运到乌克兰，与 DC 公司无关。如果判决适用《中华人民共和国海商法》第 104 条、第 106 规定认定 DC 公司系多式联运经营人系适用法律错误。

另外，DC 公司在原审庭审中答辩称：①本案诉讼时效已超过 1 年。②SW 针织厂诉讼对象有误。SW 针织厂将涉案货物出售 XC 公司，且提单显示 XC 公司是发货人，SW 针织厂应当起诉 XC 公司支付货款。此外，双方当事人之间的合同第 1 条约定国内报关等业务由 DC 公司代理，但 SW 针织厂中途变更将该报关业务交给 XC 公司办理，SW 针织厂违约后果自负。

三、原审法院查明并判决

第一，关于本案法律关系认定。

SW 针织厂在某市人民法院提起诉讼时，选择以货运代理合同关系提起诉讼，并同时主张案涉货物迟延交付的违约金以及货物灭失损失的赔偿请求权。案件移送原审法院后，该院以海上货物运输合同纠纷立案。庭审中，经原审法院释明，SW 针织厂当庭表示其主张 DC 公司承担承运人的义务。DC 公司庭审中表示，按照双方签订的合同约定条款理解，DC 公司是承运人身份，但同时认为本案具有特殊性，因国内报关未委托 DC 公司办理，DC 公司在案涉货物运输中的实际身份是货运代理人。

据本案海运提单记载，案涉货物在宁波港已装船并出运德国汉堡港。DC 公司庭审中陈述其收到船代公司快递交付的正本提单后，交给提单记载的托运人 XC 公司，再由 XC 公司交付国外收货人，但其庭后提交的《情况说明》载明，案涉正本海运提单由 DC 公司送到 XC 公司盖章背书后，再由 DC 公司直接邮寄提单记载的通知人 LYR。

第二，关于 SW 针织厂起诉主体资格是否合格问题。

SW 针织厂和 DC 公司等均提交了各自持有的《2012 年温州—乌克兰包运国际货运代理合同》，合同为 DC 公司格式制作。两份合同上均一致手写载明案涉货柜的箱号和铅封号，以及货物件数和两种包装规格，不同之处在于 SW 针织厂持有合同上的案涉货柜箱号和铅封号加盖了 DC 公司业务章，DC 公司持有合同上的全包干费用手写笔误为 4.8 元美元。显而易见，本案合同项下的货物在合同签订之日已确定为案涉货物，且合同的双方当事人亦明确无误，不存在歧义，即 DC 公司接受 SW 针织厂委托，办理 SW 针织厂的货物运输，具体业务包括国内内陆运输、海运段运输和货物的监装，以及国外的清关和监卸，并将货物运抵乌克兰境内指定地点等。

SW 针织厂依前述《2012 年温州—乌克兰包运国际货运代理合同》，以涉案货物的货主身份提起本案的诉讼。DC 公司等认为 SW 针织厂起诉主体不合格，案外人 XC 公司系发货人，SW 针织厂与 XC 公司之间存在国内销售合同关系，SW 针织厂应向 XC 公司主张货款，不应向 DC 公司等主张货物赔偿。庭审中，SW 针织厂明确 XC 公司系其外贸代理，并非实际货主，并在庭后补充提交双方的外贸代理合同佐证。

第三，SW 针织厂的货物赔偿请求权有无超过法定时效以及有无时效中断事由。

DC 公司抗辩 SW 针织厂对案涉货物灭失赔偿请求权已超过 1 年的时效，请求驳回 SW 针织厂的诉讼请求。SW 针织厂认为其于 2012 年 9 月才知道货物没有运到乌克兰，2013 年 8 月提起本案的诉讼，已在一年内向 DC 公司等提出赔偿。期间，SW 针织厂于 2013 年 4 月、5 月还向公安经侦部门报案，时效存在中断，并提供证据佐证。

本案中，SW 针织厂与 DC 公司之间的基础法律关系实际上包含了国际多式联运合同和目的港清关代理关系两种，其中的国际多式联运合同关系因包含海上运输方式，当然适用《中华人民共和国海商法》第四章中有关多式联运合同的特别规定。DC 公司认为本案适用 1 年特殊诉讼时效的依据即《海商法》中就海上货物运输向承运人要求赔偿的请求权时效。《海商法》第 257 条第 1 款规定："就海上货物运输向承运人要求赔偿的请求权，时效期间为一年，自承运人交付或者应当交付货物之日起计算。"本案合同中约定的"自货物离岸之日起 45 天内运到指定目的地"条款内容，已载明承运人运输货物时间以 45 天为限，逾期，承运人承担迟延交付货物的违约责任并给予托运人相应的救济权利。由于本案货物是多式联运，不是单一的海上运输方式，《海商法》第 105 条规定："货物的灭失或者损坏发生于多式联运的某一运输区段的，多式联运经营人的赔偿责任和责任限额，适用调整该区段运输方式的有关法律规定"。SW 针织厂和 DC 公司均已确认案涉货柜已运抵德国汉堡港，显然，本案多式联运中的海上运输区段已经完成。之后货物在汉堡港有无完成清关以及货物有无转运情况，DC 公司均无法说明，且其亦未举证证明本案货物实际灭失发生在海运区段。《海商法》第 257 条第 1 款对国际多式联运下的非海运区段毁损货物赔偿请求权并无明确规定亦适用 1 年的特别诉讼时效，DC 公司提出本案货物赔偿适用 1 年诉讼时效的抗辩理由缺乏法律依据，不予采纳。

综上，原审法院认为：SW 针织厂与 DC 公司之间的国际多式联运合同关系真实、有效。DC 公司对多式联运货物的责任期间，自接收货物时起至交付货物时止，并对全程运输负责。DC 公司不能证明其与 SW 针织厂已协商变更交货地点或已完成交付货物义务，其应按合同约定向 SW 针织厂在乌克兰的指定收货人交付货物。案涉货物自 2012 年 6 月 7 日离岸之日起第 45 天即 2012 年 7 月 21 日尚未交付 SW 针织厂的国外收货人，根据合同约定，DC 公司已构成迟延交付货物，应承担违约责任。根据《海商法》第 50 条第 4 款规定，自 2012 年 7 月 22 日起届满 60 日，即自 2012 年 9 月 20 日，SW 针织厂可以认定本案货物灭失，有权向 DC 公司提出赔偿请求。DC 公司有关其在案涉货物运输中作为货运代理人的抗辩，缺乏事实依据，不予采信。案涉货物在中国宁波港至德国汉堡港的海上运输完成后，下落不明，且 DC 公司不能证明货物之后实际灭失的具体运输区段，应当按照我国《海商法》关于承运人赔偿责任和责任限额的规定负赔偿责任。《海商法》第 55 条规定：货物灭失的赔偿额，按照货物的实际价值计算；货物的实际价值，按照货物装船时的价值加保险费加运费计算。鉴于 SW 针织厂尚未支付 DC 公司案涉货物的运输费用，SW 针织厂也未证明货物已经投保，故 SW 针织厂按双方在合同中约定的货物出口报关金额向 DC 公司主张赔偿，合法有据，应予支持。DC 公司对本案诉讼时效和 SW 针织厂诉权所作的抗辩均无事实和法律依据，不予采纳。依照《中华人民共和国海商法》第 55 条，第 104 条第 1 款，第 106 条，第 267 条第 1、3 款和《最高人民法院关于审理民事案件适用诉讼时效制度若干问题的规定》第 13 条第（9）项、第 15 条以及《中华人民共和国民事诉讼法》第 64 条第 1 款的规定，原审法院于 2014 年 2 月 12 日判决：①DC 公司应在判决生效后 10 日内赔偿 SW 针织厂货物灭失损失 150 000 美元，折合人民币 945 000 元（按 1 美元兑换 6.3 元人民币折算）；②驳回 SW 针织厂的其他诉讼请求。如果未按判决指定的期限履行给付金钱义务，应当依照《中华人民共和国民事诉讼法》第 253 条的规定，加倍支付迟延履行期间的债务利息。本案案件受理费 15 460 元，减半收取 7 730 元，由 SW 针织厂承担 1 105 元，DC 公司承担 6 625 元。

资料来源：佚名. ×××海上、通海水域货物运输合同纠纷二审民事判决书［EB/OL］.［2022-11-08］. https://wenshu.court.gov.cn/. 编者有修改。

【案例使用说明】

一、教学目的与用途

本案例适用于"国际贸易实务"、"国际货物运输"和"国际物流"等课程中关于国际道路货物运输知识点的教学，编写目的是通过对案例中描述的各争议焦点的讨论，引导学生领会多式联运合同下承运人、托运人权利和义务的相关法律规定，培养学生处理多式联运中货物损失索赔的实践能力。通过阅读、分析和讨论本案例资料，帮助学生思考和掌握下列具体问题：①关于本案法律关系认定，是属于多式联运合同关系还是海上货物运输合同关系？②SW针织厂起诉主体资格是否合格？③本案例中DC货代公司在合同中的身份确认，是属于货运代理还是多式联运经营人？④SW针织厂的货物赔偿请求权有无超过法定时效以及有无时效中断事由？本案例的概念难度、分析难度和陈述难度均适中，适用对象包括国际贸易、国际物流和国际商务专业的本科生。对于缺乏专业基础理论知识的本科生，可以根据教学大纲，有选择地引导阅读案例相关材料，重点熟悉《联合国国际货物多式联运公约》中承运人、托运人权利和义务的概念与具体内容以及多式联运经营人的赔偿责任限制，掌握货物丢失索赔的基本法律依据和基本程序；对于缺乏实践经验的本科生，可以引导其将所掌握的理论知识运用于本案例中每一个具体问题的分析，对案例中争论的焦点问题，作出自己的是非判断，锻炼其解决实际问题的能力。

本案例规划的理论教学知识点包括：

（1）《联合国国际货物多式联运公约》的基本内容；

（2）《联合国国际货物多式联运公约》关于承运人的主要权利和义务；

（3）多式联运经营人和国际货运代理的区别；

（4）货物赔偿请求权的法定时效和时效中断事由。

二、讨论思考题

1.国际多式联运中有哪些法律关系？它们之间的关系是怎样的？

2.多式联运经营人应具备哪些条件？

3.《联合国国际货物多式联运公约》规定的"经修订的统一责任制"的基本内容是什么？

4.本案中，DC公司的真实身份是货运代理人还是多式联运经营人？原因何在？

5.本案中，SW针织厂可以同时主张迟延交付货物的损失和货物灭失赔偿吗？

三、分析思路

本案例涉及国际多式联运中货物丢失索赔的合理确定问题，因此，建议课堂讨论按照以下思路进行：首先，引导学生在一般意义上讨论国际多式联运中托运人、承运人的权利和义务。具体地，引导学生讨论DC公司的真实身份是什么？是多式联运经营人还是国际货物代理？SW针织厂可以同时主张迟延交付货物的损失和货物灭失赔偿吗？本案例中SW针织厂和DC公司之间的合同纠纷属于海上货物运输合同纠纷还是多式联运合同纠纷？DC在合同履行过程中是否存在违约？应否承担赔偿责任？如果DC公司应当承担赔偿责任，则责任限额和赔偿数额分别是多少？其次，引导学生讨论本案索赔性质的二重性；引导学生讨论本案例中货物丢失，应如何计算违约损失？按照何种原则来计算？最后，引导学生讨论索赔的技术性问题。可以采取何种索赔手段？如何搜集相关证据？

四、理论依据及分析

第一，关于本案法律关系认定以及 DC 公司身份确认。

所谓多式联运合同，是指多式联运经营人以两种以上的不同运输方式，其中一种是海上运输方式，负责将货物从接收地运至目的地交付收货人，并收取全程运费的合同。多式联运经营人是指本人或者委托他人以本人名义与托运人订立多式联运合同的人。本案例中，虽然 SW 针织厂与 DC 公司签订的合同名称为《2012 年温州—乌克兰包运国际货运代理合同》，但从合同约定内容看，案涉合同约定：乙方（DC 公司）接受甲方（SW 针织厂）委托并根据甲方要求办理如下业务：①国内的托卡、报关、海运、货物的监装；②国外的清关、监卸；③将货物运抵乌克兰境内指定地点。全包干费用 4.8 万美元。同时，合同还对货物的运输时间、运输方的责任期间和托运人的义务等作了约定。可见，合同约定的运输方式既有内陆运输，又有海上运输，符合多式联运合同须具备两种以上运输方式的构成要件。根据合同约定，DC 公司应按合同约定履行货物监装、国外清关等合同义务，同时需组织并负责将 SW 针织厂的货物自国内厂家仓库运至乌克兰境内指定地点交付给收货人，并有权收取合同约定的包干费用，DC 公司对涉案货物的全程运输负责，符合多式联运经营人的特征。在实际履行中，除国内内陆运输 DC 公司认可由其负责完成外，对其余合同约定义务，DC 公司认为：SW 针织厂违反合同约定，将报关、海运、国外清关业务、国外运输等均交由 XC 公司办理，DC 公司的义务仅是将涉案货物运到船上且货已运至德国汉堡。对此本院认为，虽然涉案货物的出口报关由 SW 针织厂委托 XC 公司办理，且涉案提单载明的托运人亦为 XC 公司，但根据查明的事实，涉案合同的下方空白部分手写有"箱号：EISU8021205EMCAZN4601"，并盖有 DC 公司业务专用章，双方确认上述号码分别为箱号和铅封号，在本院二审庭审时 DC 公司认为上述手写部分内容表示其已收到货物并已装船。DC 公司在原审时提供的海运提单、ENS 信息表、三联单（预配）/舱单数据等证据显示的货物箱封号均与上述合同记载一致，因此，签订合同时 DC 公司知道箱封号下的货物即为 SW 针织厂委托其运输的货物，SW 针织厂系涉案货物的所有权人。DC 公司提供的三联单（预配）/舱单数据注明："请按以上数据发送电子装箱单、三联单、发送预配及舱单"，而涉案装箱单显示是 XC 公司的装箱单，故作为专门从事国际货运代理业务的 DC 公司就涉案货物委托他人订舱时，应当知晓 SW 针织厂就涉案货物已以 XC 公司名义办理相关出口报关手续。且 DC 公司亦未提供证据证明对 SW 针织厂就涉案货物委托 XC 公司办理出口报关事宜提出异议。此外，DC 公司提交的《情况说明》载明：DC 公司于 2012 年 6 月 22 日将正本提单送至 XC 公司背书并邮寄给提单上的通知人 LYR。DC 公司虽称其是凭指示邮寄提单，但未提供证据证明。上述提单流转过程说明正本海运提单均由 DC 公司控制，而非 XC 公司，XC 公司仅是海运提单上的名义托运人，SW 针织厂系实际托运人。因此，无论是从合同的约定内容还是从合同的履行情况看，DC公司与SW针织厂之间构成多式联运合同关系，DC公司系多式联运经营人，SW针织厂将涉案货物的出口报关事宜委托XC公司办理并不影响本案双方当事人之间的法律关系。原审据此适用《中华人民共和国海商法》第104条、第106条的相关规定，判决DC公司承担货物灭失的民事责任并无不当。

不论是SW针织厂的主张，还是DC公司等抗辩的法律关系，毋庸置疑，本案属于合同纠纷。案涉合同虽冠名《2012年温州—乌克兰包运国际货运代理合同》，但从合同约定的具体内容看，合同双方应构成多式联运合同关系，DC公司是多式联运经营人，组织并负责SW针织厂货物自国内厂家仓库至指定国外交付地的多式联运，至于DC公司有无负责办理国内报关业务，不影响其作为多式联运经营人的地位认定。据本案海运提单记载，案涉货物在宁波港已装船并出运德国汉堡港。DC公司庭审中陈述其收到船代公司快递交付的正本提单后，交给提单记载的托运人XC公司，再由XC公司交付国外收货人，但其庭后提交的《情况说明》载明，案涉正本海运提单由DC公司送到XC公司盖章背书后，再由DC公司直接邮寄提单记载的通知人LYR。前后不一的陈述内容，应作不利于DC公司的认定，且后者已由快递单印证，显然证明力高于DC公司的庭审陈述。上述正本海运提单流转过程恰恰证明DC公司一直控制案涉正本海运提单的事实，DC公司的行为显然与其抗辩为本案货物的货运代理人身份不符合，反而印证SW针织厂所主张的DC公司为本案货物多式联运经营人事实。因此，DC公司等抗辩本案应为海上货运代理合同关系，缺乏事实依据，不予采信。因此，本案应认定为海上货物运输合同法律关系。

第二，关于SW针织厂起诉主体资格是否合格问题。

SW针织厂和DC公司等均提交了各自持有的《2012年温州—乌克兰包运国际货运代理合同》，合同为DC公司格式制作。两份合同上均一致手写载明案涉货柜的箱号和铅封号，以及货物件数和两种包装规格，不同之处在于SW针织厂持有合同上的案涉货柜箱号和铅封号加盖了DC公司业务章，DC公司等持有合同上的全包干费用手写笔误为4.8元美元。显而易见，本案合同项下的货物在合同签订之日已确定为案涉货物，且合同的双方当事人亦明确无误，不存在歧义，即DC公司接受SW针织厂委托，办理SW针织厂的货物运输，具体业务包括国内内陆运输、海运段运输和货物的监装，以及国外的清关和监卸，并将货物运抵乌克兰境内指定地点等等。此外，合同还约定了包干费用以及货物运输时间、运输方的责任期间和托运人的义务等条款，符合货物运输合同的特征，SW针织厂是将案涉货物交付DC公司运输的实际托运人，至于合同履行中，SW针织厂将国内报关业务另行委托XC公司办理，并不影响案涉货物的多式联运法律关系认定。根据DC公司提供的证据中的三联单记载内容，DC公司办理订舱委托时也应当清楚SW针织厂自身并不具备外贸经营权，而是以XC公司名义将SW针织厂自产商品予以出口的客观事实，这可从DC公司从船代公司处收到案涉正本海运提单并送到XC公司要求背书的行为予以印证。因此，XC公司仅是海运提单上记名的托运人。SW针织厂和XC公司之间的外贸代理合同关系与 SW 针织厂和 DC 公司之间的运输合同关系是相互独立的法律关系，SW 针织厂现依据其与 DC 公司之间的货物运输合同主张货物赔偿请求权，SW 针织厂诉讼主体适格。DC 公司等对 SW 针织厂诉权的抗辩理由，缺乏事实和法律依据，不予采纳。

第三，SW 针织厂的货物赔偿请求权有无超过法定时效以及有无时效中断事由。

根据前文分析，依据最高人民法院 2011 年修订的《民事案件案由规定》，本案案由认定为海上货物运输合同纠纷，《中华人民共和国海商法》第四章"海上货物运输合同"中，将含有海上运输方式的多式联运合同纳入该章调整范围。SW 针织厂主张案涉货物自 2012 年 6 月 7 日离岸之日后第 46 天起构成迟延交付，结合本案中海关出口货物报关单记载，2012 年 6 月 7 日为宁波海关审单批注及放行日期，而 DC 公司对合同约定的运输时间自 2012 年 6 月 7 日离岸之日起计算 45 天并无异议，故合同双方当事人对本案货物约定的最晚交付时间应认定为 2012 年 7 月 21 日，该日期亦是海商法规定的承运人应当交付货物之日。本案 SW 针织厂向 DC 公司主张迟延交付货物损失赔偿的请求权时效应自 2012 年 7 月 22 日起计算。SW 针织厂主张本案诉讼时效起算点自其 2012 年 9 月知道权利被侵害时间开始计算，无相应证据佐证，不予采信。自案涉货物应当交付之日起至 SW 针织厂提起诉讼之日已逾 1 年，SW 针织厂也已举证证明其于 2013 年 5 月 3 日曾向 110 报警，因而构成时效中断。《中华人民共和国海商法》第 267 条规定：时效因请求人提起诉讼、提交仲裁或者被请求人同意履行义务而中断，自中断时起，时效期间重新计算。2008 年 9 月 1 日起施行的《最高人民法院关于审理民事案件适用诉讼时效制度若干问题的规定》规定"人民法院应当认定与提起诉讼具有同等诉讼时效中断的效力"的几种事项，且该司法解释明确规定：权利人向公安机关、人民检察院、人民法院报案或者控告，请求保护其民事权利的，诉讼时效从其报案或者控告之日起中断；上述机关决定不立案、撤销案件、不起诉的，诉讼时效期间从权利人知道或者应当知道不立案、撤销案件或者不起诉之日起重新计算。故 SW 针织厂于 2013 年 5 月 3 日向公安机关报警的行为构成时效中断，且自该日起诉讼时效重新计算。

五、关键要点

阅读本案例并正确回答讨论思考题，需要学生把握以下要点：

《海商法》第 102 条的规定："本法所称多式联运合同，是指多式联运经营人以两种以上的不同运输方式，其中一种是海上运输方式，负责将货物从接收地运至目的地交付收货人，并收取全程运费的合同。前款所称多式联运经营人，是指本人或者委托他人以本人名义与托运人订立多式联运合同的人。"本法条是定义式规范，明确了多式联运合同与多式联运经营人的法律属性特征，是判断与识别多式联运经营人的法律依据。

多式联运经营人，是指本人或者委托他人以本人名义与托运人订立多式联运合同的人。但在很多情况下当事人并未签订多式联运合同，在此情况下，判断承运人是否为多式联运经营人，关键在于其是否负责履行或者组织履行多式联运合同，并对全程运输享有承运人的权利，承担承运人的义务。

多式联运经营人的认定不受合同名称的影响。在当事人订有合同的情况下，签订案涉合同的名称不同，并不影响多式联运合同法律关系的成立与确认。在本案例中，法院认为，虽然 SW 针织厂与 DC 公司签订的《2012年温州—乌克兰包运国际货运代理合同》，名为国际货运代理合同，但根据合同记载内容可见，双方对货物的运输时间，运输方的责任期间和托运人的义务等作出了约定；而合同约定的运输方式既有内陆运输，也有海上运输，符合多式联运合同须具备两种以上运输方式的构成要件。尤其是 DC 公司有权收取合同约定的包干费用，并对涉案货物的全程运输负责，符合多式联运经营人的特征。故认定其为多式联运经营人，应履行多式联运合同义务。

第11章 货物运输索赔

【案例正文】

Z公司（以下简称Z）与C公司（以下简称C）签订了一份豆粕采购合同，主要条款如下：11 000吨（增减10%）散装印度片状黄豆粕，蛋白质含量为45%，最大含水量为12.5%，砂石含量不超过2.5%。价格为CFR南通每公吨278.5美元，结算方式为不可撤销的即期信用证，装货港为印度维沙卡帕特南，卸货港为中国南通，交货期为次年的1月15日至2月15日。其他条款以GAFTA 100格式合同为准，仲裁规则以GAFTA 125规则为准。事实上，C销售的豆粕是从其母公司旗下的印度子公司P公司（以下简称P）购买的，后者是这笔交易的真正发货人。12月8日，Z按照合同约定通过国内某银行向C开出了金额为3 063 500美元的即期信用证。

C与Z签订合同后，于次年1月与H海运公司签订了该批货物运输合同，承运船舶为H运输公司所属的D轮，受载期为当年的1月15日至2月10日。2月9日，D轮抵达维沙卡帕特南港并靠泊装货，至2月16日16时，全部货物装船完毕。其后，P向D轮大副出具了倒签提单和清洁提单保函，后者签发了装运日期为2月15日的清洁大副收据，并委托当地船舶代理人依据大副收据签发提单。

D轮于3月6日在中国南通港靠泊开始卸货。Z的代表在卸货过程中发现，大比例的豆粕呈现褐色而非提单中描述的黄色，有部分货物结块变黑，呈现碳化，可能已经丧失了使用价值。Z马上邀请当地进出口商品检验管理机构派员对D轮所载豆粕进行检验。据该机构出具的货物残损检验证书，D轮卸货时发现的货物受损情况如下：1舱2层舱和底舱后部货物出现严重碳化现象，所载720吨货物有389吨碳化、变黑，有64.5吨变色并与炭化货物相混，有266.5吨变色；2舱所载2 145吨货物全部变色；3舱所载2 799吨货物全部变色；4舱所载2 226吨货物全部变色；5舱所载2 589吨货物全部变色。检验人员分析认为，上述货物受损系卸货前就已存在，受损货物已不能正常使用和销售。

于是，Z向海事法院申请扣押了D轮，向承运人索赔损失。H海运公司则抗辩称，在货物的运输过程中，船舶处于适航状态，承运人尽到了妥善、谨慎地管理货物义务，没有任何过失。货物损坏系货物本身含水量过高导致的，与承运人无关，故拒绝赔偿。双方在3年多的时间里，在初审法院、上诉法院进行了反复较量。

【涉及的问题】

这是一桩比较复杂的海上货物索赔案件。本案纠纷的焦点是运输合同下的货损由谁承担责任问题，案情中还涉及货损程度认定、损失金额认定标准、转售合同损失赔偿等具体问题。那么，收货人在遇到承运人承担责任的货物损失时，具体应当怎样准备和进行索赔呢？本章来回答这个问题。

思政案例：承运人原因导致进口钢材延迟抵港是要负责赔偿的

在货物进口业务中，因为货损和迟期交付从而引发收货人向承运人索赔的事例层出不穷，本案例描述的正是这样一个事件。一切看起来都很顺利，2013年4月，W采购的12 700多吨不同规格的钢材在罗马尼亚装上M轮，正常情况下5月初即可抵达中国的黄埔港。可天有不测风云，M轮因主机故障，拖延至2013年11月10日才抵达黄埔港，比正常抵达时间足足晚了半年时间。其间，公司李总和他的同事如坐针毡，原有的喜悦早已荡然无存，因为国内市场钢材价格在不断下跌，而载货M轮的抵达却遥遥无期。照这样下去，W的这笔生意不仅赚不到钱，还必定要赔钱，并且还可能因无法交货而面临国内购货商的索赔。整个公司笼罩在低气压的氛围中，李总和公司主要负责人的办公室经常彻夜灯火通明，烟灰缸满了又倒、倒了又满，苦思冥想却又一时无计可施。公司法律顾问给出了建议，W贸易公司运用法律手段对当事船舶采取证据保全、诉前扣押船舶，在法庭上慷慨陈词地向承运人索赔巨额损失，船东积极应战，但在法律面前败下阵来。

买卖合同中买方有按时交付货物义务，运输合同中有承运人恪尽职责保证船舶适航尽快交付货物义务。本案例中，如果承运人能够履行合同义务，如果在事件发生后，能够有契约精神，与收货人协商，积极补偿，都不会导致大笔的诉讼成本和信誉损失。

11.1 海上损失索赔

------------------------ **案例 1** ------------------------

采取扣押船舶的海事请求保全措施是否错误

【案例正文】

2009年6月12日，张某在青岛海事法院起诉利远公司、ZX公司及邹某非法留置船载设备，6月22日，张某申请该院扣押ZX公司所属的"ZX壹号"轮。邹某以其经营的烟台开发区某宾馆为张某提供担保。该院同日裁定扣押船舶，后应张某申请变更保全措施为"活扣"。6 月 29 日，ZX 公司申请复议，该院于 7 月 10 日作出了复议决定书，认为 ZX 公司的异议理由成立，决定解除对"ZX 壹号"轮的"活扣"。11 月 23 日，该院经审查认为该案系机械租赁合同关系，因此裁定将其移送至烟台经济技术开发区人民法院，该院予以受理。2010 年 5 月 31 日，张某向烟台经济技术开发区人民法院提出撤诉申请，该院裁定予以准许。

与上述案件同时，2009 年 6 月 21 日，ZX 公司与 MT 公司签订《购船合同》，约定"ZX 壹号"轮转让价为 355 万元，交船期为同年 7 月 1 日。合同签订后，MT 公司依约支付了 30 万元购船定金。因"ZX 壹号"轮于 6 月 22 日被青岛海事法院扣押，ZX 公司认为无法如约交船，于 2009 年 7 月 5 日向 MT 公司退还 30 万元购船定金。MT 公司遂在海口海事法院起诉 ZX 公司，要求解除购船合同并要求其双倍返还定金，即要求再支付 30 万元。2009 年 8 月 21 日海口海事法院经审理，判令解除《购船合同》并且 ZX 公司向 MT 公司支付 30 万元及承担诉讼费 5 800 元。2009 年 9 月 18 日，ZX 公司履行该判决项下的义务即向 MT 公司支付人民币 305 800 元。另外，在船舶扣押期间，ZX 公司为解除扣押一事进行复议及听证花费了 12 006 元差旅费。

ZX 公司认为海口海事法院判决其向 MT 公司支付 30 万元及承担诉讼费 5 800 元以及其为解除扣押一事进行复议及听证花费的 12 006 元差旅费，均因张某错误申请扣船所致，把张某、邹某告上青岛海事法院，请求判令张某赔偿其损失 317 806 元及诉讼费用；因邹某为张某的财产保全申请提供担保，请求判令邹某承担连带责任。

【讨论问题】 ■
张某申请采取扣押船舶的海事请求保全措施是否错误？

【参考答案】 ■
张某以利远公司非法留置挖掘机为由申请扣押 ZX 公司所有的船舶不符合《海诉法》第二十一条的规定。张某申请撤诉，证明 ZX 公司在该案中并不承担民事责任。张某申请扣押并不承担任何民事责任的当事人船舶，其申请存在错误。申请保全错误的判断标准以被申请人在案件判决后是否承担与其保全措施数额相当的责任为依据。此案中，张某在诉讼中申请保全，并且在法院依其申请采取保全措施后又撤回诉讼，其行为即构成申请保全错误。但是张某提出的是海事请求保全，保全措施为扣押船舶，我国《海诉法》第二十一条对于扣押船舶列出了 22 项规定，对于申请人申请扣押船舶的，海事法院负有审查的义务。根据复议决定书以及移送管辖民事裁定书的结果，张某提出扣押船舶申请，船舶的所有人并非其海事请求的同一人，甚至张某的请求也不属于海事请求，因此，张某的非海事请求得以扣押船舶，错误并非在张某一人。

实践中，随着扣船案件的增多，错误扣船现象时有发生。我国《海诉法》第二十条规定：海事请求人申请海事请求保全错误的，应当赔偿被请求人或者利害关系人因此所遭受的损失。法律虽然规定了错误扣船的赔偿责任，却没有规定错误扣船认定标准，司法解释对此也没有明确。各国法院在审理错误扣船案件时，主要采取两种标准：一是主观归责标准说。主观标准是指申请人的行为是否构成错误扣船，并赔偿被申请人因此所受的损失，取决于申请扣船人是否具有主观上的过错，即恶意或是重大过失，而非根据申请人在本诉中的实体海事请求能够成立来确定。二是客观规则标准说。客观标准指不符合"扣船的实质要件"而申请扣船。

案例 2

如何把握当事人申请保全错误的裁判尺度

【案例正文】

　　FH渔业公司与ZS货运公司因海上货物运输损害赔偿纠纷一案，于2004年3月3日向大连海事法院起诉ZS货运公司并提出诉讼保全申请，请求扣押ZS货运公司所有的"SF"轮并责令其提供120万元人民币的可靠担保。2004年3月7日，大连海事法院扣押了"SF"轮，责令"SF"轮所有人ZS货运公司（实为经营人及共有人）提供120万元的可靠担保。因为ZS货运公司没有提供可靠担保，6月12日FH渔业公司向大连海事法院提出拍卖船舶申请。6月21日，大连海事法院对停泊在舟山港的"SF"轮予以拍卖。"SF"轮拍卖所得款项扣除相关费用（评估费、公告费、差旅费）后，未进行债权分配，余款8 214 006.50元一直存放于大连海事法院账户。

　　关于以上案件的裁判情况，大连海事法院于2005年8月11日作出一审判决：ZS货运公司向FH渔业公司支付赔偿款770 200元。ZS货运公司不服提出上诉。辽宁省高级人民法院发回重审。大连海事法院经重审认为FH渔业公司索要鱼货款不属于请求赔偿，无须适用诉讼时效，遂判决：ZS货运公司于本判决生效之日起30日内向FH渔业公司交付119.7吨鱼货的拍卖款167 837 141印尼盾，折合人民币131 564元。ZS货运公司不服提起上诉。2010年3月17日，辽宁省高级人民法院作出（2008）辽民三终字第215号判决，认为FH渔业公司与ZS货运公司之间法律关系为海上货物运输合同关系，适用一年的诉讼时效，FH渔业公司起诉已过诉讼时效，遂撤销一审判决，驳回FH渔业公司的诉讼请求。但该判决中认定"ZS货运公司对FH渔业公司的货损应承担赔偿责任"。

　　ZS货运公司认为FH渔业公司错误申请法院扣押、拍卖船舶的行为，造成ZS货运公司扣船期间船期损失，遂向大连海事法院起诉请求FH渔业公司赔偿其相关损失及本案诉讼费用。

　　一审法院于2011年12月20日作出（2011）大海长事外初字第1号判决，驳回ZS货运公司的诉讼请求；二审法院于2018年6月7日作出（2018）辽民终332号判决，驳回上诉，维持原判。

判决生效后，ZS货运公司向最高人民法院申请再审，请求撤销一审、二审判决，依法改判FH渔业公司赔偿ZS货运公司相关损失。

【讨论问题】 ■——————————————————————

FH渔业公司申请扣押、拍卖涉案船舶的诉讼保全行为是否存在错误？

【参考答案】 ■——————————————————————

最高人民法院经审查认为，对于因申请财产保全错误侵害他人合法权益的，因为该行为属于一般侵权行为，应当适用过错责任原则。依据"谁主张，谁举证"之举证责任分配规则，保全损害赔偿请求人应就申请保全行为具备一般侵权行为构成要件进行充分举证。（2008）辽民三终字第215号案件经过一审、二审法院各两次审理，历经多年方作出终审判决。其争议的核心问题即FH渔业公司的诉讼请求权是否超过了诉讼时效期间。对于该问题，专业法官尚且有争议，如要求申请人在案件审结之前即知晓该争议法律问题的结论无疑是对申请人提出了过于严格的注意义务要求。根据辽宁省高级人民法院（2008）辽民三终字第215号判决的认定，ZS货运公司应承担赔偿责任。从主观方面来看，FH渔业公司提出保全申请系基于ZS货运公司对涉案海事请求负有责任的认识，该认识得到了法院生效判决的认可，系具备一定证据和法律支持的合理认识。FH渔业公司基于合理的认识，为了维护其自身合法权益申请法院扣押、拍卖涉案船舶，已尽到了一般人应尽到的合理、谨慎的注意义务，无故意或重大过失。从客观方面来看，FH渔业公司依据《海事诉讼特别程序法》第21条、第29条、第30条的规定，提出保全申请，符合法律规定，未有证据证明FH渔业公司提出保全申请存在明显违法或程序不当。因FH渔业公司申请保全没有错误，ZS货运公司称二审判决未采信证明其损失的证据材料属事实认定不清，不能成立。因此，裁定驳回ZS货运公司的再审申请。

上文分析了申请保全错误行为的性质及其构成要件等问题，这些问题投射于审判实践中体现于法官对两个问题的把握：其一，是否能以保全申请人的诉讼请求有无得到支持作为判断申请保全是否错误的唯一依据？其二，保全错误的举证责任分配问题。

1. 申请保全错误的认定依据

第一个问题在审判实践中分歧很大。如通过检索最高人民法院的类案，黔东南州兴源建筑工程有限责任公司诉张某某案（（2017）最高法民申3673号裁定）、宜兴市建工建筑安装有限责任公司诉张某等案（（2018）最高法民申2027号裁定），认为不能仅以保全申请人的诉讼请求是否得到法院支持作为申请保全是否错误的依据，而应审查申请是否符合侵权责任的一般构成要件，否则会影响诉讼保全制度功能的发挥。但天津市乐业房地产开发有限公司诉天津千宇房地产开发有限公司案（（2015）最高法民申517号裁定）则认为，申请人的诉请没有得到法院支持，可以认定其保全申请是错误的。本文所列ZS货运公司一案经过最高人民法院审委会讨论，得出结论认为：因申请人在提出财产保全时，并不知晓也无从知晓案件的最终判决结果，当事人对诉争事实和权利义务的判断未必与法院的裁判结果一致，如果仅以保全申请人的诉讼请求是否得到支持作为判断申请保全是否错误的依据，则对当事人申请保全所应尽到的注意义务要求过于严苛，将有碍善意当事人依法通过诉讼保全程序维护自己的合法权益。该案中，辽宁省高级人民法院（2008）辽民三终字第215号判决认定FH渔业公司的诉讼请求超过了诉讼时效期间，驳回其诉讼请求。ZS货运公司因此认为FH渔业公司的赔偿请求权已超过法定诉讼时效期间却坚持申请扣押、拍卖涉案船舶构成申请保全错误。辽宁省高级人民法院（2008）辽民三终字第215号案件经过一审、二审法院各两次审理，历经多年方作出终审判决。其争议的核心问题即FH渔业公司的诉讼请求权是否超过了诉讼时效期间。对于该问题，专业法官尚且有争议，如要求申请人在案件审结之前即知晓该争议的结论无疑要求申请人具备和一般法官一样甚至超过一般法官的法律素养，是对申请人苛以了过于严格的注意义务要求。因此，不能仅以保全申请人的诉讼请求是否得到法院支持作为申请保全是否错误的唯一依据。

2.保全错误的举证责任分配

保全错误的举证责任分配问题在司法实践中亦存在不同声音。通过类案检索，最高人民法院的相关案例中，大部分均认为受害方应承担证明申请错误的举证责任。也有个别案例持不同观点认为，申请人负有证明其在申请财产保全时尽到了合理注意义务的举证责任。因该案中申请人未提供有效证据予以证明，故该裁定书认定申请人应当承担申请财产保全错误赔偿责任。举证责任看似是法官在诉讼程序中对证据相关问题的把握，实则是归责原则这一实体问题在诉讼过程中的实践性应用。过错责任原则要求受害人承担证明侵权人的行为具备一般侵权行为构成要件的举证责任；过错推定责任原则并未改变责任构成要件的数量，只是发生了举证责任倒置的效果。在过错推定的情况下，受害人须就加害行为、损害结果、因果关系承担举证责任，一旦受害人证明客观要件具备，即可推定侵权人具有过错。侵权人可通过证明己方无过错以免责。无过错责任原则不以侵权人的过错为要件，受害人同样须就加害行为、损害结果、因果关系承担举证责任，一旦受害人证明客观要件具备，侵权人即应承担侵权责任。侵权人可通过证明损害结果是由受害人的故意或重大过失造成的，来减免己方责任；公平责任下，受害人依然须就加害行为、损害结果、因果关系承担举证责任，至于责任如何分配，则由法官自由裁量。申请保全错误行为属于一般侵权行为，应适用过错责任原则，举证责任应由受害人承担。受害人应就申请人实施了加害行为，存在损害结果，加害行为与损害结果存在因果关系及申请人对损害结果具有故意或重大过失进行举证。本文列举案例中，ZS货运公司举证证明了FH渔业公司实施了申请法院扣押、拍卖案涉船舶的行为，因该行为造成了ZS货运公司一定损失，但未能举出足够证据证明FH渔业公司对ZS货运公司的损失具有主观故意或者重大过失。与该案关联的另案中，FH渔业公司起诉请求 ZS 货运公司对其鱼货损失承担赔偿责任，根据辽宁省高级人民法院（2008）辽民三终字第 215 号判决的认定，ZS 货运公司应承担该赔偿责任。从主观方面来看，FH 渔业公司提出保全申请系基于 ZS 货运公司对涉案海事请求负有责任的认识，该认识得到了法院生效判决的认可，系具备一定证据和法律支持的合理认识。FH 渔业公司基于合理的认识，为了维护其自身合法权益申请法院扣押、拍卖涉案船舶，已尽到了一般人应尽到的合理、谨慎的注意义务，无故意或重大过失。从客观方面来看，FH 渔业公司提出海事请求保全申请，符合《海事诉讼特别程序法》的相关规定，未有证据证明 FH 渔业公司提出海事请求保全申请存在明显违法或程序不当。故最高人民法院基于受害人应承担对保全错误的举证责任，认定 ZS 货运公司的举证不足以证明 FH 渔业公司具有主观过错，不认为 FH 渔业公司应承担侵权责任，最终驳回了 ZS 货运公司的再审申请。

综合案例：M 贸易公司的提单下货物索赔权困惑

本案例描述和分析的是提单项下提单持有人的货物索赔权问题。几年前，综合性贸易公司 M 在其玉米、电风扇和脐橙的出口中，遇到承运人无单放货和因货物运输途中严重损坏收货人拒收货物的问题。M 贸易公司随后分别向相关承运人提起提单下的货物索赔诉讼，但却要么遭到了法院驳回，要么遇到了承运人的强烈抵抗。斗争的焦点是，发货人作为提单持有人，是否拥有向承运人索赔的权利。

【案例正文】◀━━━━━━━━━━━━━━━

一、背景

M 贸易公司（下文简称 M）是一家在大连依法注册的综合性进出口公司，设有多个业务部门从事多种商品的进出口业务，客户遍及世界各地，其中包括农产品和轻工品的出口业务。尽管多年来公司业务做得风生水起，但也承受了国际市场上的不同风险，少数国外进口商因为各种情况违约给 M 带来了不少麻烦。下文介绍的 3 个案例是 M 遇到麻烦的典型代表：一是公司农产品出口部在玉米出口中因为信用证交单延迟，超过了信用证规定的交单期，全套单据被退回，在货款没有收回的情况下，承运人却无单放货。在 M 凭提单向法院提起诉讼时，却被裁定没有诉权而败诉。二是在公司轻工品出口部的电风扇出口中，买方在 D/P 托收中拒绝付款，全套单据被退回，但承运人却凭收货人保函将电风扇交给了收货人，导致 M 货、款两空。当 M 凭提单向承运人起诉时，承运人却以 M 没有诉权为由拒绝赔偿。三是在公司农产品部脐橙出口业务中，脐橙抵达目的港时严重腐烂变质，收货人拒绝接受货物和支付货款。在 M 向当地法院凭提单对承运人提起诉讼时，承运人拒绝承认 M 提单下的索赔权，初审法院也不支持 M 的主张。尽管在这 3 个案件的处理过程中公司做了积极应对，但还是付出了不小的经济和精神代价。让 M 感到困惑的是，作为提单持有人，其究竟有没有向承运人提起诉讼的权利呢？

二、玉米出口中无单放货索赔遇到的障碍

让我们首先对案件全过程做个简要概括。几年前，M 与印度尼西亚买方签订了一笔玉米出口合同，贸易条件为 FOB。根据买卖合同的约定，M 将货物交付给买方指定的 H 轮运输。根据运输合同的约定和信用证的要求，承运人的代理签发了托运人为买方的指示提单。后来包括提单在内的全套运输单据因在结算过程中信用证过期而被退回 M。H 轮抵达目的港后，承运人在未收回正本提单的情况下，依据印度尼西亚买方出示的提单副本和保函将货交给了收货人。因为没有收回货款，M 凭正本提单到法院起诉向承运人主张货物赔偿，但法院以原告对被告无诉权为由驳回了M 的起诉。法院认为：原告虽持有正本提单，但该提单为指示提单，托运人是买方，提单未经托运人（买方）背书，原告未能证明其具有提单合法当事人的地位，因此，原、被告之间不存在权利义务关系，原告对被告没有诉权。以下是案件的详情：

某年 1 月，M 与印度尼西亚买方约定，由 M 向买方出口一批玉米作为饲料加工原料，贸易条件为 FOB 中国新港。买方通过银行开出信用证，受益人为 M，但要求提单上注明托运人为印度尼西亚的买方。M 按照买卖合同约定将货物交给承运人指定的天津货运代理公司 T。5 月 4 日，T 向 M 开出收货单，收货单上载明托运人为M。此外，涉案货物的装箱单、货物原产地证书、植物检疫证书上均将 M 记载为托运人。5 月 13 日，T 向 M 签发了 3 份正本提单，提单载明：托运人为印度尼西亚的买方，收货人一栏为"凭指示"，装货港为中国新港，卸货港为雅加达。印度尼西亚买方银行开来的信用证时效日为 5 月 17 日，由于忙于其他业务，M 于 5 月 29 日才将全套装运单据向信用证规定的北京议付银行交单，M 在提单背面以自己的名义作了空白背书。该议付银行在对该套装运单据进行审核时发现，部分单据存在不符点，重要的是交单日期超过信用证到期日，于是将全套单据退回 M。货物运抵目的港后，由于港口的码头没有空闲仓库，只能安排车船直取运走。于是 H 轮的承运人在卸货港的代理人未收回正本提单的情况下，凭收货人提供的提单副本和收货人保函将货物交给了收货人，致使 M 在没有收到货款的情况下丧失了对该批货物的控制权。于是 M 向海事法院起诉承运人，要求承运人赔偿全部货物及其他损失。

海事法院审理后认为，原告 M 虽持有正本提单，但该提单为指示提单，托运人是案外人——印度尼西亚的买方，提单未经该托运人背书，原告又未能证明其具有提单合法当事人的地位。据此判定，原、被告之间不存在权利义务关系，原告对被告没有诉权，驳回 M 的诉讼请求。

M 不服一审法院判决提起上诉。上诉法院审理后认为，M 虽持有承运人代理人签发的正本指示提单，但依国际货物买卖和国际航运惯例，此种类型的指示提单须经提单载明的托运人背书转让给合法的持有人，该持有人方可向承运人主张提单下的权利。M 持有未经托运人背书的正本指示提单，只能构成形式上的持有。因此判定 M 对承运人无起诉权，维持原判。

M 不服上诉法院的判决，向中华人民共和国最高人民法院提出申诉。最高人民法院经审理认为，本案是国际海上货物运输中的无单放货纠纷。M 将货物交给承运人的代理人，该代理人向 M 签发了正本提单，M 通过正当途径取得提单，而且在结汇之前，M 仍持有全套正本提单，其诉权应予以保护，于是将案件发回重审。

海事法院重审认为，本案所涉提单是指示提单，该提单必须经提单托运人背书才能确定收货人，即该提单必须经印度尼西亚买方的背书方可作为结汇和提取货物的有效单证。而 M 自行在提单背面背书，被银行退回，证明了 M 不是提单载明的托运人，不具有在该提单上背书的资格和权利。其背书违背了提单流转的程序和通常做法，是无效的背书。因此，M 货款未能收回，与承运人没有法律上的利害关系。承运人将货物运抵目的港后，在无人凭正本提单提货，而卸货港当局又不允许货物存放于码头仓库内的情况下，将货物交给提单上载明的托运人并无不当。M 同意买方的要求，将买方填写在提单的托运人一栏内，此种做法使 M 丧失了在提单上背书的资格和权利，由此导致的风险及损失应由 M 自行承担。因此，判决维持原判。

M 不服海事法院的重审判决又提起了上诉。上诉法院重审认为：本案系海上货物运输合同无单放货纠纷，提单载明的当事人包括托运人、承运人和收货人。M 在本案的指示提单中既非托运人，也非收货人，在该提单上没有背书的资格和权利。M 虽然通过正当途径取得提单，并在结汇之前持有全套正本提单，但因其非提单关系的当事人，不享有向承运人主张交付货物或主张物权的实体权利。M 未能在信用证规定的有效期内向议付银行交单，又按买方的要求将提单托运人记为买方，对此产生的风险，作为外贸企业的 M 是应当知道的，故上述行为产生的风险和损失应由 M 自负。承运人将货物运抵目的港后，无人凭正本提单提货，而将货物放给提单载明的托运人之行为，与 M 不能收回货款无直接因果关系。因此判决维持原审法院的重审判决，驳回上诉。

两审法院的四次庭审判决和最高人民法院意见相左令 M 陷入矛盾和困惑之中。自己手中的各种证据显示，自己就是货真价实的向承运人交付货物的一方，全套正本提单也在自己手中，几乎所有的教科书都明明白白地写着，提单是物权凭证，谁持有提单谁就控制着提单记载的货物的物权，《海商法》也明文规定正本提单是承运人凭以交付货物的凭证。可是，承运人无单放货，导致自己在没有收回货款的情况下丧失了对货物的控制权，四次庭审中法院又都判自己败诉，难道在涉案提单托运人记为买方的情况下，自己作为向承运人交付货物的人，在提单下就真的没有对承运人主张货物的权利了吗？自己的损失找谁说理呢？

三、电风扇出口的提单索赔再遇麻烦

就在玉米出口提单下索赔一案给 M 带来的困惑尚未解决的次年 4 月，公司轻工品出口部向中东出口的电风扇业务又遇到了麻烦。这真应验了那句老话：国际市场风险无时不有，无处不在。

让我们先来了解一下案件的基本情况。M轻工品出口部与沙特阿拉伯的Z公司签订了一笔电风扇出口合同，贸易条件为CFR，结算方式为跟单D/P托收。货物装运后，业务员通过某银行向买方Z公司托收货款，但Z公司以种种理由拒绝付款赎单，在多次提示付款未果的情况下，银行将包括提单在内的全套托收单据退回M。货物抵达目的港后，承运人在未收回正本提单的情况下，凭提单记载的指示人的银行担保，将货物交给提单记载的通知人，造成M货款两空。于是M凭全套正本提单在地方法院起诉承运人要求赔偿货物损失。承运人在庭审中辩称，原告不是提单记载的托运人、收货人或通知人，而且，该提单是记名指示提单，没有记名指示人的指示，原告无权向被告主张该提单项下的货物或依据该提单主张任何权利，原告对被告不享有诉权。以下是案件演进的主要过程。

某年4月，M轻工品出口部根据与沙特阿拉伯Z公司签订的买卖合同，与某海运公司签订了货物运输合同，由该海运公司作为承运人从赤湾港将一批电风扇运到沙特阿拉伯吉达港。M开具的商业发票显示，该批电风扇共4560箱，价格条款是CFR吉达，FOB价值为109 440美元，运费为12 600美元，CFR总值122 040美元，货款通过银行D/P托收。4月28日，M安排货物装船后，承运人签发了一式三份正本提单，M根据买卖合同要求，将提单上托运人记为Z公司，收货人为"凭A银行指示"，通知人为B公司。

4月30日，M将包括上述提单在内的全套装运单据交给大连某银行，委托其托收货款，托收条件是"D/P AT SIGHT"，付款人为Z公司。由于多种原因，6月10日货物才运抵吉达港，承运人在没有收回正本提单的情况下，于同月16日凭提单记载的指示人A银行的担保，将货物交给提单记载的通知人B。

9月2日，由于买方Z公司一直没有付款赎单，代收行凭托收行的指示，将全套托收单据退回托收行，托收行随后将其退还M。案发后的次年1月9日，M向承运人提交了一份索赔函，要求赔偿无单放货导致的损失。4月3日，承运人致函M，保证提单在当年9月之前仍具有法律效力，但一直以各种理由与M纠缠，却始终未对M作出赔偿。

M无奈于吉达港卸货后的第3年3月5日向当地人民法院起诉，请求判令承运人偿付其货款122 040美元及其利息损失。

当地人民法院受理该案后，根据承运人在提交答辩状期间对管辖权提出的异议申请，依法裁定将案件移送海事法院审理。案件于这年的6月6日移交给了海事法院，后者依法受理了案件。

承运人在庭审中答辩称：M不是其签发的提单所涉及的托运人、收货人或通知人，该提单是记名指示提单，因此，没有记名指示人的指示，M无权向其主张交付该提单项下货物，或依据该提单主张任何权利，M对其不享有诉权。本案提单于前年4月29日签发，货物于当年6月16日被买方的收货代理人B凭A银行的担保提走，M在货物交付的两年多之后起诉，已超过《中华人民共和国海商法》规定的1

年诉讼时效。请求法院驳回 M 的诉讼请求。

海事法院审理认为，M 将货物交给承运人承运，虽然提单上记载的托运人不是 M，但按《海商法》第 42 条第 2 款的规定，M 仍然是该批货物的托运人。承运人认为 M 不是提单上的托运人、收货人或通知人，因而不具有诉权的理由不能成立。该批货物于前年的 6 月 10 日运抵吉达港，承运人应当在此时交付货物。根据《海商法》第 257 条的规定，本案诉讼时效应从前年的 6 月 10 日开始起算。M 目前的起诉已经超过法律规定的诉讼时效，故驳回 M 的诉讼请求。

收到海事法院的判决后，M 再次陷入困惑之中。电风扇出口案中遇到的问题从本质上说与公司的玉米出口案中遇到的问题是相同的，但在性质相同的两个案件中，法院对提单下发货人是否对承运人具有货物索赔权的立场为什么截然不同呢？到底哪个立场是正确的呢？如果这次法院的立场是正确的，那又为什么判我们败诉呢？

四、脐橙出口的提单货损索赔权纠纷

国际市场就是一个充满风险的市场，对此 M 可谓体会深刻。电风扇案件过去没多久，公司农产品出口部就又一次尝到了"苦头"。

事情是这样的：M 与孟加拉国的买方保持了多年的农产品供货关系。2012 年 10 月，孟加拉国的买方致函 M 询问可否提供一批中国脐橙。在向广西南宁产地询价后，M 回复称可以按照要求供货。按照买方的具体要求，M 与南宁的 X 公司（以下简称 X）签订了脐橙购买合同并委托远洋公司（以下简称 G）承运货物至孟加拉国 CHITTAGONG（吉大港）。不料，脐橙抵达吉大港后，收货人发现脐橙严重腐烂，拒绝收货和付款，于是 M 向 G 提出索赔，但遭到后者的拒绝。具体案情如下：M 在取得孟加拉国客户的确认后于 2012 年 10 月 10 日与 X 签订了"成交确认书"，约定 M 向 X 购买脐橙 939 吨，价格每吨 350 美元，FOB 防城港，总价款 328 650 美元，单个套入发泡网后竹篓包装。2012 年 11 月 5 日，M 开出购买上述货物共 328 650 美元货款的发票。

2012 年 10 月 30 日，M 购买的脐橙在防城港装上了 G 所属的 Y 轮，同日 G 签发的编号为 F21-A 的提单（全套 2 份）显示，托运人为 M，收货人为凭孟加拉国 A 银行指示，装货港为防城港，卸货港为 CHITTAGONG（吉大港），包装件数及吨数为共 20 000 竹篓，毛重 503.7 吨，净重 500 吨，2012 年 10 月 30 日装船，运费已付，货物表面状况良好；次日签发的编号为 F22-B 的提单（全套 2 份）显示，托运人为 M，收货人为凭孟加拉国 T 银行指示，装货港为防城港，卸货港为 CHITTAGONG（吉大港），包装件数及吨数为 4 053 竹篓，毛重 100.365 吨，净重 96.312 吨，2012 年 10 月 30 日装船，运费已付，货物表面状况良好；11 月 1 日签发的编号为 F21-B 的提单（全套 2 份）显示，托运人为 M，收货人为凭孟加拉国 A 银行指示，装货港为防城港，卸货港为 CHITTAGONG（吉大港），包装件数及吨数为 9 676 竹篓，毛重 243.69 吨，净重 241.9 吨，2012 年 11 月 1 日装船，运费已付，货物表面状况良好；于 11 月 1 日签发的编号为 F22-A 的提单（全套 2 份）显示，托运人为 M，收货人为凭孟加拉国 U 银行指示，装货港为防城港，卸货港为 CHITTAGONG（吉大港），包装件数及吨数为 3 846 竹箩，毛重 103.842 吨，净重 99.996 吨，2012 年 11 月 1 日装船，运费已付，货物表面状况良好。四份提单项下的货物总毛重 951.597 吨，净重 938.208 吨，上述四份提单均由承运人 G 提供其空白提单给 M 填写后，交由 G 核实并签发，提单承运人签名一栏所注"G 为承运人"亦由 M 自行填写，事先未经 G 同意或授权。

货物装上 Y 轮后，M 向 G 支付了 44 725.06 美元运费，G 于 2012 年 11 月 2 日向 M 开具了运费发票。2012 年 11 月 13 日，Y 轮抵达孟加拉国吉大港，11 月 16 日开始卸货。卸货时，发现脐橙腐烂。经孟加拉国三家检验公司对受损货物进行检验后发现，F21-A 号提单项下的脐橙除已在检验前被提走的 12 181 竹箩外，有 6 800 竹箩腐烂特别严重，并且散发出难闻的气味，另有 1 109 竹箩有 79% 腐烂，但因烂脐橙无法与好脐橙分离，检验公司认为上述脐橙应视为全部腐烂（净重共 195.475 吨）；F22-B 号提单项下的 4 053 竹箩脐橙 100% 的竹箩均有约 79% 腐烂，检验公司认为上述烂脐橙无法与好脐橙分离（净重共 96.312 吨）；F21-B 号提单项下的 9 676 竹箩脐橙大部分腐烂并散发出难闻的气味，因烂脐橙无法与好脐橙分离，检验公司认为上述脐橙应视为全部腐烂（净重共 241.9 吨）；F22-A 号提单项下的 3 846 竹箩脐橙中有 3 570 竹箩腐烂 79%，检验公司认为分离这些脐橙是不可能的（净重共 92.82 吨）。上述四份提单项下的脐橙共损失 626.507 吨。检验公司认为脐橙腐烂的原因是：①在运输过程中货舱不通风，空气缺乏流通；②不适合的过紧的储藏；③货舱没有用应该用的垫舱物料。Y 轮的代理也参与了检验。M 与孟加拉国买方商定的价格为每吨 350 美元，但由于货物腐烂变质严重，买方拒绝接收货物和支付货款。于是，M 在某海事法院向承运人 G 提起诉讼，要求其赔偿全部损失。

M 在起诉书中称：M 于 2012 年 10 月从南宁购买了 939 吨脐橙，价值 328 650 美元。该批货物由 G 承运，后者指派 Y 轮装货后，签发了编号为 F21-A、F22-B、F21-B、F22-A 四份提单，并注明 G 为承运人。2012 年 11 月 13 日，Y 轮抵孟加拉国吉大港卸货时，发现脐橙腐烂，收货人拒绝收货。经检验公司进行联合检验，共腐烂脐橙 626.507 吨。为处理腐烂脐橙，M 支付了处理费用 15 000 美元。卸货港检验人对脐橙腐烂的原因作出鉴定，具体见向法庭提交的鉴定报告。根据该项鉴定报告，被告作为承运人未能使船舱处于适合收受、运载和保管货物的状态，以致运载的脐橙腐烂变质。根据上述原因，请求法院判令被告赔偿 M 经济损失人民币 2 191 541.69 元。

G 辩称，M 提起诉讼的四票提单项下的货物，已于孟加拉国吉大港交付给收货人，M 无权对货物主张权利。Y 轮水密性良好，处于适航状态，而且航行过程中船方合理谨慎地照料、保管货物，并无过错。M 提出的索赔金额人民币 2 191 541.69 元不实，夸大了损失程度。根据 M 提供的卸货港货物检验报告计算，货损总计为

468.02 吨。Y 轮在防城港装货时，大副提出要留通风道，发货人不同意；货物包装不好，并有腐烂，装货前又未经动植物检验，为此应船方要求，南宁的发货人出具了担保函，请求法院依法追加保函出具人为第三人。

海事法院审理认为，本案是远洋货物运输货损赔偿纠纷，货损事故是由于 G 的过失造成的。G 作为承运人，已收取了运费，又签发了清洁提单，本应妥善、谨慎地装载、搬移、积载、运输、保管、照料和卸载所运货物，但 Y 轮装载货物不当，储藏过紧，没有使用垫舱物料，运输中又未做好通风工作，以致仓内缺乏空气流通，造成脐橙腐烂，因此 G 应承担全部责任。M 虽然不是提单注明的收货人，但是该批货物的托运人，并且持有全套正本提单。在货物发生损坏，提单经转让后又退回的情况下，托运人 M 是提单的合法持有人，依法对提单项下的货物拥有所有权。因此，有权向承运人 G 要求赔偿。根据《海商法》第 55 条的规定，货物灭失的赔偿额，按照货物的实际价值计算。货物的实际价值，按照货物装船时的价值加保险费加运费计算。

据此，M 的经济损失应以防城港 2012 年 10 月至 11 月的脐橙市场批发价每公斤人民币 2.90 元加保险费加运费每吨 47.67 美元计算。但因 M 未支付该批货物的保险费，故保险费不予计算。M 的货物腐烂 626.507 吨，经济损失为人民币 1 816 870 元、美元 29 865.59 元，G 应予赔付。M 索赔购买价每吨 350 元，应该是 M 在南宁的合同购买价，不能反映货物装船时的实际价值，故不予认定。M 请求 15 000 美元处理腐烂脐橙的处理费，也因证据不足，不予认定。本院依照《中华人民共和国海商法》第 46 条第 1 款、第 48 条、第 55 条的规定，判决如下：G 赔付 M 经济损失人民币 1 816 870.30 元、美元 29 865.59 元。

G 不服海事法院的判决，向高级人民法院上诉。上诉书辩称：第一，M 不具有诉权，它只是本案提单所涉的托运人及订舱人，不是提单项下货物的收货人。按照国际贸易惯例，托运人把货物交给承运人并取得清洁提单后，通过信用证结汇取得全部货款，即使在卸货港发现货物损坏或短少，受到损失的是收货人而不是托运人，只有收货人才有权对承运人提出货损索赔。第二，脐橙是易腐烂货物，承运人签发的清洁提单只能证明货物表面状况良好，不能保证货物的内在质量完好。事实上这批货物在装船前已存放了很长时间，故广西防城港某公司出具保函保证可以免除船方对货物的数量和质量的任何责任。因此，我们有理由认为这批货物在装货前已存在潜在缺陷，质量并非完好。另外，在卸货港，由于收货人拖延卸货且没有及时把变质货物分开，加剧了货损。根据法律规定，承运人对货物的自然特性或固有缺陷造成的损失不负责任；承运人的责任期间只是从货物装上船时起至卸下船时止，对于承运人责任期间以外发生的货损或损失的扩大，承运人不负责任。第三，原审法院以货物完好市场价格每公斤 2.90 元计算受损货物价值不合理，应依照《海商法》第 55 条规定计算赔偿额，即按货物受损前后实际价值的差额计赔。故应责令 M 提供货物在装货港的商检报告后重新估算其受损前的价值。综上，请求二审法院重新审核，改正原审不合理判决，维护上诉人的合法权益。

M答辩称：第一，M虽然不是提单注明的收货人，但是该批货物的托运人。在未结汇、提单经转让又被退回的情况下，M持有全套正本提单，是提单的合法持有人，依法对提单项下的货物享有所有权。现货物在承运人的责任期间内发生货损，因此，M有权向承运人要求赔偿。第二，G以本案存在质量问题及防城港某公司的保函为由，要求减轻责任，毫无道理。因为没有证据证明货物装船前存在质量问题，相反，G签发的清洁提单说明装船时货物表面状况良好，但卸货港鉴定报告表明，货物在卸货前就已腐烂，很明显货损发生在承运人的责任期间。第三，我国《海商法》规定，货物损坏的赔偿额按照货物受损前后实际价值的差额或货物的修复费用计算。货物的实际价值，按照货物装船时的价值加保险费加运费计算。从货物检验报告可知，本案货损为全损，赔偿额应为货物装船时的价值。原审法院以装货港同种商品的市场批发价（2.90元/公斤）来确定受损货物价值完全符合《海商法》的规定。第四，请求重新审核本案货物货损后的检验费和处理费，支持M要求G承担该项费用的请求。

本案案情就介绍到此。原审法院的判决是否正确？二审法院将会如何判决？请同学们根据所学的知识结合相关法律规定开始分析和判断吧。

资料来源：李勤昌.海上货物索赔教学案例［M］.大连：东北财经大学出版社，2016.编者有修改。

【案例使用说明】 ▰━━━━━━━━━━━━━━━━━━━━━━

一、教学目的与用途

本案例适用于国际货物买卖合同和国际货物运输合同中关于提单持有人向承运人索赔部分的教学。通过案例讨论，使学生掌握提单的运输合同属性、承运人在提单下的正确交货义务、实际托运人在提单下的诉讼权利、承运人无单放货被起诉的贸易原因等知识，以便学生在未来的实际工作中能够正确运用相关法律准则维护提单下的权利。

本案例适用于"国际贸易实务""国际货物运输""国际物流"课程中关于提单下货物索赔权知识点的教学。案例的编写目的是通过案例中描述的各争议焦点的讨论，引导学生领会提单下货物索赔权的相关法律规定，培养学生处理提单下货物索赔的实践能力。通过阅读、分析和讨论本案例资料，帮助学生思考和掌握下列具体问题：一是提单持有人的货物索赔权的确定；二是承运人提单下正确交付货物的义务；三是实际托运人提单下的索赔权利；四是承运人无单放货的法律后果；五是提单下货物索赔的技巧。本案例的概念难度、分析难度和陈述难度均适中，适用对象包括国际贸易专业、国际物流专业和国际商务专业的本科生、研究生和国际商务专业学位研究生。对缺乏专业基础理论知识的本科生，可以根据教学大纲，有选择地引导阅读案例相关材料，重点掌握提单持有人货物索赔权确定的法律依据和承运人无单放货的法律后果；对缺乏实践经验的研究生，可以引导其将所掌握的理论知识运用于本案例每一个具体问题的分析，对案例中争论的焦点问题，作出自己的是非判断，锻炼其处理实际问题的能力。

本案例规划的理论教学知识点包括：

（1）提单运输合同的属性；

（2）确定不同提单持有人货物索赔权的法律依据；

（3）承运人无单放货责任确定的法律依据；

（4）货物索赔金额确定的法律依据。

本案例规划的能力训练教学内容包括：

（1）不同提单持有人提单下货物索赔权的判定能力；

（2）对承运人无单放货索赔依据的判断能力和实践能力；

（3）货物索赔的范围和金额确定能力；

（4）整体索赔的筹划与组织能力。

二、讨论思考题

1.收货人作为提单持有人是否具有诉权？

2.实际托运人在指示提单下是否具有诉权？

3.实际托运人在记名提单下是否具有诉权？

4.承运人无单放货被起诉的法律基础是什么？

5.提单下货物索赔的范围和金额应如何确定？

三、分析思路

表面上看，本案例中 M 贸易公司遇到的 3 个事件中，有两个是承运人无单放货，另一个是承运人责任货损，但案件争议的核心问题都是 M 公司作为发货人在提单下是否具有对承运人的索赔权，这也是本案例教学的核心知识点。围绕这一核心知识点，建议案例的课堂讨论按照下列思路和顺序展开：

第一，讨论一个一般性的问题：提单及其当事人的诉权。作为提单合同的当事人，托运人和承运人依法都具有对对方违约的诉权，但本案例主要讨论托运人的诉权及其法律依据。引导学生具体讨论下列问题：提单是运输合同吗？如果答案是肯定的，那么，承运人和托运人的主要义务是什么？相应地，托运人的诉权也就产生了。明确了这个一般性问题，M 公司的诉权问题讨论就有了法律基础。

第二，讨论收货人持有提单的诉权问题。围绕这一问题，引导学生按照顺序讨论下列问题：（1）收货人作为托运人时具有诉权吗？（2）收货人非托运人时具有诉权吗？（3）托运人持有未被背书提单具有诉权吗？（4）收货人持有记名提单时，需要背书才具有诉权吗？

第三，讨论发货人持有指示提单时的诉权问题。围绕这一问题，引导学生按照顺序讨论下列问题：（1）发货人持有指示提单索赔情形是怎样产生的？（2）发货人为非提单载明的托运人时具有诉权吗？（3）发货人持有已经由其背书的提单时仍具有诉权吗？

第四，讨论发货人持有记名提单时的诉权问题。围绕这一问题，引导学生按照顺序讨论下列问题：（1）发货人持有记名提单索赔情形是怎样产生的？（2）发货人为非提单载明的托运人时具有诉权吗？（3）此种情形下确定发货人诉权的法律基础应当是什么？

第五，讨论承运人无单放货问题。围绕这一问题，引导学生按照顺序讨论下列问题：（1）什么是无单放货？产生的原因是什么？（2）为什么说此行为既构成违约又构成侵权？（3）无单放货的法律后果是什么？

第六，讨论承运人无单放货和责任货损的赔偿范围和金额认定问题。这是两种不同性质的赔偿责任，赔偿责任范围和金额是不同的，应当分开讨论。在通过上述问题讨论完成本案例知识点教学任务后，还可以引导学生深入讨论一下两个延伸问题：一是单证不符是否构成发货人违约，从而导致买方的销约权？二是在买方作为提单托运人背书了提单的情况下，发货人是否对承运人具有诉权？

四、理论依据及分析

1.实际托运人在指示提单下的权利

（1）《海商法》关于托运人的界定及问题

1924年的《海牙规则》和1967年的《维斯比规则》都没有托运人的定义，在FOB条件下，如果卖方向承运人交付了货物，并且提单签发给卖方，卖方是否为托运人，规则的规定并不明确。托运人的概念第一次出现在1978年的《汉堡规则》中。该规则第1条第3款规定：托运人，是指由其本人或以其名义或代其与承运人订立海上货物运输合同的任何人，或是由其本人或以其名义或代其将海上货物运输合同所载货物实际提交承运人的任何人。其中，前半句讲的是契约托运人，而后半句指的是实际托运人，即买卖合同中的卖方。《海商法》借鉴《汉堡规则》，也作出类似的规定。

《汉堡规则》和《海商法》对托运人的规定也存在不完善之处，主要是在涉及FOB价格条件下存在两个托运人时应如何处理的问题。在FOB价格条件下，与承运人订立运输合同的是买方，而将货物交给承运人的是卖方，这就会同时出现两个托运人，即买方和卖方。那么，这两种托运人在提单下的权利义务是怎样的呢？上述两个法律都未作深入规定，这就可能产生两种托运人权利义务的不确定性，不论对当事人还是对处理争议的法官或仲裁员，尤其是卖方对承运人是否享有提单项下的诉权问题，都会带来很大困惑。这需要根据上述法律基本规定，结合贸易实践和提单记载来具体确定。

本案例中，M在3个不同案件中遇到的困惑就源于此，不同的法院对同一性质的问题作出截然相反的判决。

（2）指示提单下实际托运人的法律地位

根据前述法律规定，不论何种贸易术语下，卖方只要向承运人交付了货物，就是法定的托运人，该托运人提单下的权利（请求签发提单权、运输指示权、提取货物权、诉权）与契约托运人的权利并列存在，但是该权利的行使却需要以占有提单为条件，而与提单托运人和收货人的记载无关。

从法理上说，合同的成立要求合同双方必须有订立合同的意思表示并且就此取得意思一致；合同的相对性要求合同只能在表达订立合同意思的双方之间达成。据此，在 FOB 条件下，运输合同下就只能有买方这一个托运人。但是，运输是为贸易服务的，提单法律又是一门特别法律，为了有利于贸易的发展，完全可以在运输法律规定中考虑贸易因素，就如同英国提单法强制规定非运输合同订立人的提单持有人具有诉权一样。但是，为了避免两个托运人的权利竞合问题，托运人实施提单权利时，必须占有提单。FOB 条件下卖方主张提单下权利的充要条件有两个：第一个是向承运人实际交付了货物；第二个条件是实际占有提单。

在贸易实务中，提单常因为买卖合同违约或银行审单发现不符或托收条件下买方不付款等被退回发货人。那么，在卖方非为提单记载之托运人，但仍持有全套正本提单的情况下，其能否以提单持有人的身份享有对承运人提单项下的诉权？这是一个在法律上必须解决的问题。实际托运人是否可以成为提单持有人，还需从提单转让过程或时间的角度加以分析。在实际托运人取得提单后，其通常按买卖双方的约定或法律规定，发送提单，使提单开始进入流转过程。由于单证不符或收货人拒绝付款赎单而招致退单时，托运人常持有全套正本提单。由于上述提单具有物权凭证的功能，托运人自然享有提单项下的诉权。在实践中，托运人持有提单行使针对承运人诉权的案由通常为无单放货，倘若不赋予该种托运人提单持有人的法律地位，该托运人的合法权益势必难以保护，显属不公。此外，该种托运人作为提单持有人是指提单转让前持有提单的人还是提单转让后由于其他原因提单又辗转回到该托运人手中的提单持有人？应当承认，《海商法》虽有第 79 条的规定，但对于上述问题，并无规定。此种情况下应当借鉴英国 1992 年《海上货物运输法》第 2 条第 2 款的规定：（除非）由于他人拒绝按照任何此类安排从该持有人处接收货物或单证成为提单持有人，该提单持有人（合法的提单持有人），能够获得本条（1）款规定的任何权利的转让。

2.实际托运人在记名提单下的权利

（1）实际托运人作为提单持有人与一般意义上提单持有人的区别。

《海商法》第 78 条规定：承运人同收货人、提单持有人之间的权利、义务关系，依据提单的规定确定。其中，提单持有人与承运人的关系依提单记载确定的规定，明显是为维护提单的流转性而设置的，就此意义而言，即使持有提单的托运人能够成为提单持有人，其和其他提单持有人也应该区别对待。德国《商法典》第 656 条规定：承运人与托运人之间的法律关系受运输合同的制约。因此，在托运人持有提单时，即使也被称为"提单持有人"，其地位也是不同的，仍应单独对待。

（2）托运人行使提单合同权利必须是提单持有人。

托运人针对承运人行使权利的前提条件是托运人持有正本提单。这是由于提单是流通证券，具有流通功能的缘故。在承运人签发提单后，提单是否仍由托运人持有，或已转让背书或交付第三人，承运人实在无法得知。如果允许托运人不持有提单，应依海上货物运输合同的法律关系向承运人主张权利，请求返还承运货物或请求损害赔偿，一旦将来"真正"的提单持有人出现，承运人显然将遭受不测之损害，既然凭单交付货物是承运人的一项义务，与之相对应，凭单提取货物以及凭正本提单主张权利也应是托运人、收货人等的一项义务。所以，托运人只有合法持有正本提单，并依此向承运人主张权利时，其才享有真正意义上针对承运人的诉权。

（3）实际托运人记名提单下诉权的行使。

对于指示提单和不记名提单，承运人须凭正本提单交货，否则应对提单持有人承担赔偿责任，这已经是普遍认可的原则。然而，对于记名提单，承运人是否仍应凭正本提单向记名收货人交付货物，还是一个有争议的问题，原因在于记名提单已经确认了收货人，并且法律规定记名提单不能转让。在记名提单情况下，承运人未凭正本提单向记名收货人交付货物，在交货对象上是正确的，但在交货方式上是否正确，应从提单的法律属性和提单在贸易上的作用等方面进行考察。

法律之所以要求承运人凭正本提单交付货物，一方面是为了保证交货对象正确，另一方面是为了保护提单持有人依据提单对货物享有的权利，保障国际货物买卖合同的履行以及贸易合同因故不能履行时卖方有补救的办法。承运人未凭正本提单交货，尽管交货对象正确，但却使卖方失去了收取货款的保障，同时失去了对货物的控制和处分权利。因此，《海商法》要求即使是在记名提单下，承运人也应在收回正本提单的条件下才能交付货物。《海商法》第71条规定："提单，是指用以证明海上货物运输合同和货物已经由承运人接收或者装船，以及承运人保证据以交付货物的单证。"该条接着又规定："提单中载明的向记名人交付货物，或者按照指示人的指示交付货物，或者向提单持有人交付货物的条款，构成承运人据以交付货物的保证。"该规定应理解为，承运人必须向记名人交付货物是承运人正确交付货物的一个必要条件，而不是充分条件。承运人应当保证向记名收货人交付货物，同时还必须凭正本提单交付货物。由此可见，对于记名提单，交货条件是比指示提单和不记名提单更为严格，而不是更宽松。

确定记名提单下托运人或卖方持有提单的合法性是赋予记名提单下托运人或卖方诉权的前提条件，此种合法性的标准并不以背书是否连续为必要条件，在银行审单因单证不符或买方拒绝付款赎单下，而致使包括提单在内的单证被退回时，托运人或卖方持有正本提单即属正当合法，属于合法的提单持有人，享有针对承运人提单项下的诉权。

本案例的玉米出口索赔中，M是实际托运人，又同时持有全套正本提单，根据上述分析可知，M应当具有提单下向承运人的货物索赔权，然而四次庭审中法院均剥夺了 M 的这项诉权，其做法是不恰当的，也与最高人民法院的意见相左。在电风扇出口的索赔中，法院对 M 诉权的判决是正确的，对其错过了诉讼时效而丧失了诉权的判断也是正确的。在脐橙出口索赔中，初审法院的判决与上述分析结论一致，也是正确的。可以断定，二审法院的审理依据和最终判决也应当与一审法院一致。

3.承运人无单放货的贸易原因

承运人无正本提单交货（简称"无单放货"）是海事诉讼争议中最主要的诉由之一，绝大多数无单放货或多或少地涉及贸易合同的纠纷，甚至有不少贸易合同当事人是因为贸易合同中存在过失无法在贸易诉讼中胜诉才转而以承运人无单放货为由进行海事诉讼的。运输合同与贸易合同因素交织在一起形成了错综复杂的法律关系，仅仅判决承运人承担赔偿责任不足以公平恰当地解决由此产生的所有问题。

（1）单证延迟抵达收货人的原因。

提单等运输单证最终送至买方手中的时间迟于船货抵港日期时，往往会导致无单放货的产生。引起单证延迟的原因多种多样，其中涉及贸易合同的概括起来主要有以下 3 种情况：

一是结汇时单证不符退单或换单。现今国际贸易采用跟单信用证付款方式十分普遍。信用证下，开证行有严格审核单据以确定单证是否相符的义务。它如果发现卖方提供的提单、发票、装箱单等单据有任何一处与信用证具体规定不符，都会将全套单据退回，责令卖方在信用证有效期内重新提供一套符合要求的单据。这样势必造成单据流转的延迟，而当换单不能时提单等全套单据则滞留在卖方手中。

二是买方须以处理或转售货物的收益付款赎单。贸易合同中规定付款方式为 D/P、L/C 或者是汇付中的"先付款后寄单"时，买方必须付款后方能取得运输单据。如果买方本身没有多少资金或正处于财政困境，或者时值市场看好，为了抓住有利时机早日提取货物进行转售或使用，往往会要求承运人凭买方提供的副本提单加保函先行交付货物。

三是贸易原因修改提单。提单中收货人等栏目的记载，承运人是依据托运人的要求进行，每一套提单制成指示提单还是记名提单，也是托运人根据贸易需要决定的，承运人并不了解这些与之无关的贸易背景。当预期的贸易需要发生变化，例如，贸易合同中关于运费支付方式的规定有变，托运人会要求承运人修改提单或重新签发一套提单以满足贸易的新需求，为此承运人需要收回已签发提单，新提单流转送达目的港的时间因而拖长。

（2）无单放货纠纷产生的贸易原因。

目的港收货人凭保函提货后将正本提单交给承运人换回保函，承运人的无单放货则会有惊无险，不会遭起诉之患。无单放货纠纷主要源于以下三种情况：一是收货人欺诈，凭保函提货后不付款赎单，或者将正本提单转卖善意第三人，之后逃之夭夭。持有正本提单的卖方、银行或第三人买方无法找到该提货人，遂向承运人提起诉讼。

二是收货人提货后发觉货物质量或规格等与买卖合同中的约定不符，遂以质量瑕疵为由不同意支付全部货款。双方对应付价格协商不成，卖方无法凭正本提单实际控制与处分货物，货款两空，于是选择承运人为被诉对象。

三是出于方便诉讼或判决执行的考虑，不论其根据贸易合同能否胜诉，正本提单持有人了解到承运人无单放货这一事实后，往往选择依据运输合同起诉承运人。

4.贸易风险向承运人转嫁的不稳定性

以提单为证明的运输合同中货方为一方当事人，它同时又是提单项下货物的买卖合同的当事人或相关方（开证行、提单质权人等）。"货方"在运输与贸易等合同中身兼不同的当事人身份，依不同合同法律关系分别承担不同的合同义务、享受不同的合同权利。而作为贸易合同履行必不可少的环节，运输合同与贸易合同存在着密切联系，当由于提单环节出现的问题使货方遭受损失时，它往往既可凭贸易合同诉贸易合同中的对方当事人违反贸易合同，也可依据提单诉承运人违反运输合同。因为货方依不同法律关系针对不同被告拥有可选择诉权，如果它在贸易合同履行中本身犯有过失，它就会设法抓住承运人的过错以运输纠纷起诉，无单放货纠纷中这种现象较为普遍。

但是，法律的使命是维护公平交易的顺利进行。海事法院在审判时除了考虑运输合同下当事人的权利义务外，还会考虑到货方的风险转嫁意图。如果提单持有人为获取正本提单已支付货价或对价，因承运人的无单放货行为致使其无法获取预期货物，此时货方的起诉没有贸易风险转嫁的成分，承运人应承担无单放货的全部责任，这也是保护提单流转性的需要。如提单持有人（特别是托运人）在贸易合同履行过程中犯有过错，这种过错与持有人无单放货之诉中所称的损失部分甚至全部存在联系，那么法院审理过程中将会考虑驳回托运人的诉讼请求。

五、关键要点

阅读本案例并正确回答讨论思考题，需要学生把握以下要点：

（1）实际托运人在指示提单下拥有诉权，但必须持有提单。

（2）实际托运人在记名提单下也拥有诉权，但也必须持有提单。

（3）尽管承运人无单放货源于贸易合同履行中的多种原因，但承运人必须对无单放货承担法律后果。

（4）贸易风险向承运人转嫁并不永远是一剂良药。

第12章　国际货物运输代理

【案例正文】

Z国际货物运输代理公司（以下简称Z）发展迅速，在国内主要港口均设有分公司，业务规模也从传统的帮助船东揽货扩大到租船、集装箱业务和港口服务业务。某年4月，Z与H海运公司签订了航次租船合同，为后者的D轮配载整船不同类型的货物，装货港为天津港，卸货港为雅加达和泗水。Z为了实现航次利润最大化，以承运人的名义与20多家托运人签订了货物运输合同。D轮在天津港装满船后发现，有4个托运人的货物无法装运，不得不退关，导致贸易合同违约。这4个托运人分别与Z交涉损失赔偿，但Z却声称，自己只是货运代理人，无义务保证货物按时装运。此外，有部分已装船货物外表不良，D轮大副在装货单上加注了不良批注，H不同意签发清洁提单。为这部分货物的托运人能够顺利收汇，Z签发了自己的清洁提单。货物抵达目的港后，这个部分货物的收货人凭清洁提单向D轮提出索赔，H拒绝赔偿。

【涉及的问题】

本案涉及的核心问题是Z的法律地位问题。随着运输业的专业化发展，国际货物运输代理业蓬勃发展，有的为货主寻找合适的承运人，或为承运人承揽货物，从事着真正的代理人业务；有的则逐渐演化为无船承运人，以独立承运人的身份为货主提供国际货物运输综合性服务。国际货物运输代理人常常从事两种不同性质的货物运输服务，但其中的法定义务又截然不同，于是在发生运输事故时就很容易产生纠纷。正确解决国际货运代理业务中的各种纠纷，必须掌握国际货运代理人的法律地位问题，顺利实现国际货物运输，也有必要了解国际货运代理的业务知识。本章就来讲授这方面的知识。

思政案例：中国货代（海运）企业世界领先地位从哪里来

2021年12月，物流业权威杂志《Transport Topics》公布了"2021年全球货代企业50强榜单"，其中包括海运50强和空运50强。

2021年全球货代（海运）企业50强累计服务箱量3 897.9万箱，有9家货代公司海运服务量超过百万箱，上年排名前十的Fr.Meyer's Sohn本年下滑2个名次，排名第12，瑞士的基华物流从第14名跃居到了第7名，跻身本年度前十，其他9家公司基本稳定在前十的排名，德迅、中外运、DHL再度蝉联榜单前三。

上榜货代公司总部主要分布在全球18个国家，中国（包含中国香港6家和中国台湾1家）共有16家货代企业上榜，比上榜数处于第二梯队的德国（6家）、美国（5家）、日本（5家）高出了近10家企业，中国有2家企业跻身前十。

货运代理是为货主和承运人服务的物流企业，其业务量从哪里来？来自客户至上理念和精益求精的服务意识与行为。中国货运代理业务量的世界领先地位从哪里来？来自中国大国地位的崛起、中国经济的崛起、中国物流企业全球服务观念提升和服务质量的提升，为中国国际物流企业点赞。

12.1　国际货物运输代理概述

案例

如何判别国际货运代理的法律身份

【案例正文】

B公司（以下简称B）作为卖方与M公司（以下简称M）签订男式皮鞋的合同，交易条件为CIF纽约，付款方式为银行托收。该年4月1日，B将价值50 000美元的货物装入20尺集装箱交付给D公司（以下简称D），并出具托运单，委托D办理货物运输事宜。D是一家内地和中国香港合作经营企业，有权承办海运进出口货物的国际运输代理业务。D接受委托后，将装船运输事宜交由P船务有限公司（以下简称P船务）承运。同年4月1日P船务在宁波签发了本公司格式的提单，载明托运人为B，承运人是P船务，收货人为M。承运船舶为"HX"轮，起运港为宁波，目的地为纽约。货物交付方式为"堆场至堆场"（CY–CY），运费预付。D取得提单后，将其交给B。同年4月8日，D向B出具发票，载明运费2 500美元，B通过中国香港银行电汇至D，P船务应收取运费已经由D结清。同年4月25日货到目的港。由于B与M约定卖方收到货款后才寄正本提单，而M一直未付款，故B一直持有正本提单。M曾提出为了避免高额仓租费，要求B先发电放通知书放货，遭到B拒绝。同年8月中旬，因收货人迟迟不付货款，B请求将货物转运，才得知收货人在没有取得正本提单的情况下已经将货物提走。于是就货款损失问题，B向法院起诉D并提出索赔。

B的理由是将货物交给D承运，并且一再向D强调其与美国买方的交易是收到货款后才寄正本提单。虽然D又将该批货物交给P船务运输并由P船务在卸货港的代理无单放货，但是因为其与 D 之间存在运输合同关系，所以 D 应当承担赔偿责任。

而 D 的抗辩理由是二者之间不存在货物运输合同关系，虽然二者之间就委托事宜没有订立书面的合同，但是 B 手中持有的提单明确载明托运人是 B，承运人是 P 船务，可见 D 仅作为代理人以 B 的名义向承运人订舱。另外 D 从 B 处收取了运费并出具收费单，但是该费用实际上包括代理费和转交给 P 船务的运费。收费单不能证明 D 的承运人身份，也不能证明其与 B 之间存在货物运输合同关系。

【讨论问题】■───────────────────────

D 究竟是 B 的代理人还是海上货物运输合同的承运人？

【参考答案】■───────────────────────

第一，B 与 D 虽然有委托关系，但是没有订立书面合同，这是产生纠纷的主要原因之一，因此无法从合同的内容来判断 D 的身份，这时要分析其他因素。

第二，从签发提单人来看，是由实际承运人 P 船务签发的提单，而 D 没有签发自己公司的提单，此时 D 并非无船承运人，只是代理人，代理 B 寻找船方订舱。

第三，从实际承运人 P 船务签发的提单情况看，实际承运人 P 船务签发了本公司格式的提单，并在提单上载明托运人为 B，承运人是 P 船务，收货人为 M。这就说明：①D 是以 B 的名义向 P 船务办理货物托运；②提单证明的货物运输合同的当事人是货主 B 和实际承运人 P 船务。D 只是 B 的代理人，而非当事人。

第四，从 D 向 B 收取的费用的性质来看，该费用载明"运费 2 500 美元"，这笔费用是代理费和转交给 P 船务的运费，也就是说，D 只收取了从事代理事务所得的代理费，没有作为当事人收取 B 任何费用，运费是转交给实际承运人 P 船务的，D 没有收取运费。所以，这笔费用的实质是 D 给 B 的代理费。

第五，本案中 D 实际上没有用自己的雇员或运输工具从事运输，这至少说明 D 不是实际承运人，从另一个角度说明了 D 只是作为代理人，而不是当事人。

综合以上原因，此案中 D 为代理人，而不是承运人。

从本案可以看出，判断国际货运代理人的身份时不能只分析一种因素，而要综合分析多种因素；不能只看合同的内容，还要看合同各方实际的行为，这样才能得出合理的判断。

12.2　国际货物运输代理的代理业务

───── 案例 ─────

货代作为代理人是否可以不承担支付运费义务

【案例正文】■───────────────────────

某年 5 月 2 日某运输仓储有限公司（简称运输公司）与某国际货运代理公司

（简称货代公司）签订了《办理陆海联运业务协议书》，协议约定：货代公司代表C市经贸系统各出口公司及工贸公司同意将经中国香港中转货物的陆海联运业务全部委托运输公司办理，双方同意正式建立货运代理关系，并将继续根据运输公司对本公司陆海联运联系工作所作出的内部规定《陆海联运联系暂行办法》的分工原则，履行职责。货代公司作为运输公司在C市的代理应积极发展陆海联运业务，组织安排运输，统一联系订舱并负责签发运输公司的陆海联运提单，缮制运费清单及其他运输单证。

次年10月18日，运输公司、货代公司双方签订了《陆海联运补充协议》，协议内容主要约定经中国香港（包括深圳）等运往欧美等五条航线的货物的装箱费、速遣费及优惠，约定出运茶叶的托盘费等。《办理陆海联运业务协议书》和《陆海联运补充协议》签订后，运输公司将若干份空白"多式联运提单或港至港提单"交给货代公司代理其签发。签订协议书第10年的年底期间，某货主公司作为托运人先后向货代公司提交出口货物代运委托单若干份。委托单载明：经营人、托运人为货主公司，装货港C市，卸货港国外某港口，以及货物名称、件数、重量、运费等。在特约事项栏内均盖有货主公司和写有"运输公司"字样。货代公司接到货主公司出口货物代运委托单后，据此制作提单副本，并向运输公司提出订舱，原告运输公司接受订舱后，货代公司根据授权，代表运输公司向货主公司签发提单。提单载明：托运人是货主公司，收货人凭指示装货港C市，卸货港国外某港口，货代公司作为运输公司的代理签发运输公司的提单。运输公司承运货物后产生运费123 781.77美元和800港元。签订协议书的第10年6月2日到第11年的12月28日，运输公司与货代公司按双方之间的运费结算惯例，先由运输公司向货代公司开出中国香港至国外某港口运费发票，发票上印有"LESS…2.5%HKD"字样。货代公司在收到该发票后以自己的名义按运输公司的运费原价并附上该发票向货主公司开出中国香港至国外各港口运费发票。待货主公司支付运费后，货代公司可按约定扣减2.5%港元费用，余下运费给付运输公司。但货主公司未向货代公司支付该批所欠运费123 781.77美元和800港元。

签订协议书第12年的1月9日，运输公司、货代公司双方签订《关于陆海联运货物运费结算协议》，约定：运输公司按照双方有关陆海联运协议办理货代公司委托的经中国香港陆海联运货物中转业务，待货物实际装运后，运输公司即出具运费发票向货代公司收取中国香港中转费、二程运费及其他应向货代公司收取的费用，货代公司承诺按协议向运输公司支付运费；协议有效期从签订协议书第12年的1月1日货到中国香港起开始计算，本协议生效前双方的债权债务将仍按原协商办法处理。协议签订后，运输公司按约履行了义务，货代公司尚欠运费278.97美元未付。

签订协议书第13年的2月25日，运输公司向货主公司发出催收运费函。4月17日，运输公司、货代公司以及货主公司三方签订《协议书》，指出：货主公司拖欠货代公司（运输公司）运费。签订协议书第14年的4月7日，货主公司向运输公司发出函件承认拖欠运费。签订协议书第15年的5月25日运输公司、货代公司双方签订《协议书》约定：货主公司拖欠货代公司（运输公司）运费127 207.14美元，至今未支付给货代公司，致使货代公司无法汇付运输公司；双方多次向货主公司催收未果；双方同意联手通过法律途径向货主公司催讨欠款。10月12日，运输公司向货代公司发出《关于联手起诉"货主公司"欠款事宜》的函。而后运输公司以货代公司拖欠海上货物运输合同运费为由以货代公司为被告诉至C市第一中级人民法院要求货代公司支付拖欠的运费，该案于签订协议书第17年的7月17日移送至w市海事法院。

资料来源：李贺.国际货物运输与保险［M］.上海：上海财经大学出版社，2016.编者有修改。

【讨论问题】■
货代作为代理人是否可以不承担支付运费义务？

【参考答案】■
原告运输公司诉称：根据《办理陆海联运业务协议书》和《陆海联运联系暂行办法》的分工原则以及《陆海联运补充协议》，在签订协议书的第10年6月到第11年的11月期间，被告货代公司一直委托原告运输公司为其办理货物在中国香港的转运及二程海运的业务，原告按约履行了义务，但被告拖欠运费共计123 781.77美元及800港元；原告开给被告的上述运费发票上有"LESS…2.5%HKD"表明扣减的是运费差价，被告收取运费差价是国际海上货物运输合同的当事人。根据签订协议书的第12年1月9日双方签订的《关于陆海联运货物运费结算协议》，被告承诺向原告支付运费，但一直未付。原告继续为被告办理有关运输业务，至签订协议书的第15年11月被告又拖欠原告运费658.97美元，原告请求法院判令被告支付上述拖欠的运费共计124 440.74美元和800港元。

被告货代公司辩称：根据原、被告双方的约定，被告作为原告的代理，在C市地区为其办理揽货业务，并代其签发多式联运提单或港至港提单。发票上的"LESS…2.5%HKD"为扣除佣金，被告不是合同当事人，被告同原告之间是代理与被代理关系，委托单、提单记载的真正托运人是货主公司。被告混淆了托运人、承运人以及代理人之间的关系，被告不是托运人不承担向原告支付运费的义务。请求法院驳回原告的诉讼请求。

针对签订协议书的第12年1月1日前发生的运费，海事法院认为：原告运输公司与被告货代公司签订的《办理陆海联运业务协议书》《陆海联运补充协议》依法成立、合法有效。根据上述协议，原告运输公司与被告货代公司之间建立的是海上货物运输委托代理关系。另外根据货主公司的委托单和原告提单，均证明被告货代公司为原告运输公司的运输业务代理、原告运输公司是承运人、货主公司是托运人。原告运输公司以海上货物运输合同关系起诉被告货代公司给付运费，没有事实和法律依据，且被告并未承诺承担支付所欠运费的责任。因此原告运输公司只能依据海上货物运输合同关系向货主及托运人货主公司索取。其理由如下：①从双方签订的协议来看，双方约定被告货代公司是原告运输公司在C市的运输业务代理，没有约定被告货代公司是承担向原告运输公司支付运费义务的托运人，而只是根据运输公司的委托有向托运人货主公司代收运费的职责，在法律上被告货代公司不具有强制托运人货主公司向其支付运费的权利。即使被告货代公司为履行代收运费的职责，依据委托代理协议关系承担违约责任，但不能成为支付运费的主体。②从原告运输公司的《陆海联运联系暂行办法》来看，该办法不是合同。双方将此办法中有关代理分工原则纳入双方签订的《办理陆海联运业务协议书》中，是对该协议书中代理分工事项的补充。该办法并未涉及货代公司是托运人或总承运人的问题。③从实际办理运输的证据即委托单、提单来看，委托单所记载的经营人、托运人为货主公司，承运人为货主公司指定的运输公司，托运人和承运人均非被告货代公司。委托单是货主向承运人订舱运输提交的重要法律文件，被告货代公司根据与原告的代理协议，接受办理货物手续，再根据原告运输公司的授权向货主公司签发原告运输公司提单，原告运输公司根据该提单进行运输，将货物交给收货人。另外，提单作为承托双方建立海上货物运输合同的证明。被告货代公司在该提单上的地位是原告运输公司的代理签单人，不是托运人。在没有订立书面的海上货物运输合同的情况下委托单和提单是确立海上货物运输合同关系的重要证据。④根据《海商法》规定结合本案来看，多式联运经营人相对托运人而言就是承运人，一方面要与托运人订立多式联运合同（至少要有自己的联运提单证明）负责全程运输，收取全程运费；另一方面要与各区段承运人订立各区段运输合同组织全程运输，向各区段承运人支付运费。本案中被告货代公司一方面既未与托运人货主公司订立多式联运合同也未用自己的联运提单，更没有收取全程运费；另一方面未与各区段承运人订立各区段运输合同，也未向各区段承运人支付运费。所以该货物运输的法律关系是，托运人为货主公司，承运人是运输公司，被告在提单上是原告运输公司的代理签发人。⑤从开出的运费发票看，被告货代公司是根据与原告运输公司的协议，由原告开出运费发票后，被告货代公司以原告确定的价格向货主公司开具运费发票，并附上原告的运费发票，符合《中华人民共和国国际货物运输代理业管理规定》。"LESS…2.5%HKD"并未说明扣除的是运费差价还是佣金，不能证明被告是该国际海上货物运输合同的当事人。因此，原告认为被告在该业务中获得运费差价的主张没有事实依据，不予采信。鉴于上述理由，原告要求被告向其支付签订协议书第12年1月1日前的运费没有法律依据，应驳回其诉讼请求。

签订协议书第12年1月9日双方签订《关于陆海联运货物运费结算协议》，确认签订协议书第12年1月1日后发生的运费，应由被告货代公司向原告支付，托运人拖欠的运费也应由被告支付，被告在庭审中也同意支付签订协议书第12年1月1日以后的运费。因此，原告要求被告支付签订协议书第12年1月1日以后的运费，应予以支持。

依据规定，W市海事法院于签订协议书第19年的1月10日作出判决：被告货代公司给付原告运输公司运费278.97美元；驳回原告要求被告给付运费123 781.77美元及800港元的诉讼请求；案件费用人民币19 731元，原告运输公司承担人民币19 687元，被告货代公司负担人民币44元。

综合案例：BL公司和DSW国际货运代理公司海上货物运输合同纠纷

【案例正文】▶

一、背景

2019年5月20日，BL公司与DSW公司签订了国际货运代理服务协议，建立了海上货物运输合同关系。该协议约定DSW公司为BL公司提供进出口运输、报关报检、道路运输等业务的服务。协议第11条约定，DSW公司应当尽合理的努力执行并完成约定的服务。第8条约定，DSW公司应对在货物交接给DSW公司到DSW公司交付货物期间由于DSW公司的疏忽造成的货物损失、损害或延迟负责。BL公司在2020年10月5日、6日收到巴西收货人关于DSW公司运输的3批货物到货迟延的投诉。经与DSW公司联系，方得知本应于2020年10月4日、10月11日、10月18日到货的3批货物均延迟到2020年10月30日到货。在此之前，DSW公司并未通知收货人和BL公司到货迟延的情况。因DSW公司到货迟延，导致收货人面临致大众停产的风险。为避免收货人巨额的经济损失和相应的违约责任，在收货人的强烈要求下，BL公司紧急空运18箱货物，以满足客户的需求，并支付了空运费人民币1 358 972元。随后，BL公司向DSW公司提出了索赔。综上，请求原审法院判令DSW公司赔偿BL公司空运费损失1 358 972元。

DSW公司一审辩称：第一，BL公司诉因为海上货物运输合同纠纷，但DSW公司不是承运人，仅是货运代理人，BL公司将DSW公司识别为承运人属于主体识别错误。第二，DSW公司作为货运代理人在履行货运代理合同、提供货运代理服务过程中，不存在过失，不应承担任何赔偿责任。第三，即使BL公司主张海上货物运输合同关系成立，DSW公司认为：①迟延交付不能成立，BL公司与DSW公司从未明确约定交付时间。②货物晚到是因台风引起中转港釜山拥堵所致，并非由于DSW公司疏忽或过失，且DSW公司也尽到了通知义务。③货物晚到与BL公司空运货物之间没有必然的因果关系，BL公司自行安排空运，是其商业选择，应自行承担费用。④BL公司安排空运未尽减损义务，空运费远远超出了正常水平。⑤涉案协议明确约定，即使DSW公司就货物迟延向BL公司承担责任，也不应超过涉案货物的运费17 108.16元。

二、原审法院查明并判决

2019年5月20日，BL公司与DSW公司签订一份《国际货运代理服务协议》，约定BL公司委托DSW公司提供国际物流服务。具体条款为：BL公司指定DSW公司作为其进出口运输、报关报检、道路运输以及 BL 公司指定的其他服务的非独家代理。本协议下业务将由 DSW 公司或其各分公司根据 BL 公司委托或需要进行办理，除非双方另有确认，相关业务所产生的费用也将分别由 DSW 公司或其分公司开具发票和 BL 公司按照本协议约定进行结算。协议有效期自 2019 年 5 月 1 日至 2022 年 4 月 30 日。BL 公司应按照双方每次确认的报价支付费用。DSW 公司应对在货物交接给 DSW 公司到 DSW 公司交付货物期间由于 DSW 公司的疏忽造成的货物损失、损害或延迟负责。DSW 公司对如下情况造成的货物损失、损害或延迟不承担责任：①BL 公司或货主或代其行事方的行为或疏忽；②DSW 公司按照 BL 公司或货主或者代其行事方的指令操作；③货物不良包装或标记，除非该项服务由 DSW 公司提供；④由 BL 公司或货主或代其行事方进行操作、装货、积载或卸货；⑤货物内部缺陷……⑦火灾、洪水、风暴、爆炸或盗窃；⑧DSW 公司在尽了勤勉注意的情况下不可避免的情况。协议同时还约定，如果 DSW 公司提供的服务没有相应的国际公约、法律或属于多种方式的联运且无法确认货物损坏、损失或延迟发生在哪种运输方式的，DSW 公司有关运输、物流、仓储、报关或其他附加服务的责任则不超过 2SDR（特别提款权）每公斤，以损坏或丢失货物毛重为计量单位。因 DSW 公司的责任造成的延迟，DSW 公司的责任应不超过延迟货物相应的运费。DSW 公司对货物灭失、损害的责任限于 EUR100 000 每次事故。有关延迟的索赔或者货物灭失及损坏以外的索赔，BL 公司应在知道或应当知道该损失是源于 DSW 公司的责任之时起 14 天内向 DSW 公司发出索赔通知。如果该索赔通知未及时向 DSW 公司发出，BL 公司将丧失索赔权。涉案协议条款由 DSW 公司拟定，交由 BL 公司签字盖章。

2020 年 8 月，BL 公司根据 DSW 公司提供的船期表，发送邮件向 DSW 公司订舱，三票货物编号分别为 L××××××2、L××××××3、L××××××4，均要求订出口巴西的海运船期，釜山中转，目的港巴西桑托斯港。其中 L××××××2 写明要求的预计到达日期为 2020 年 10 月 5 日，大连开船时间为 2020 年 8 月 14 日，预计到达时间为 2020 年 10 月 2 日。L××××××3 写明要求的预计到达日期为 2020 年 10 月 12 日，大连开船时间为 2020 年 8 月 21 日，预计到达时间为 2020 年 10 月 9 日。L××××××4 写明要求的预计到达日期为 2020 年 10 月 19 日，大连开船时间为 2020 年 8 月 28 日，预计到达时间为 2020 年 10 月 17 日。DSW 公司回复邮件并附配载单予以确认。

DSW 公司大连分公司作为承运人 DSVOCEANTRANSPORTA／S 的代理签发了涉案三票货物的无船承运人提单，并交给 BL 公司。提单编号分别为 D××××××××6、D××××××××1、D××××××××7，签发日期分别为 2020 年 8 月 16 日、8 月 22 日及 8 月 30 日，船名航次分别为 D×××2E、D×××3E 和 D×××2E，货物数量分别为 14 箱、17 箱和 14 箱，集装箱号分别为 B×××××××78、C×××××××81、D×××××××46。三票提单记载的其他信息均相同，即 DSVOCEANTRANSPORTA／S 为承运人，托运人为

BL公司，收货人为Z，起运港大连，卸货港巴西桑托斯港，运费预付，货物名称为后卡钳和主缸，拼箱货，运输方式为集装箱货运站到集装箱货运站。

涉案货物实际由DSW公司委托VJ物流有限公司（以下简称VJ公司）作为拼箱承运人签发提单出运，VJ公司提单编号分别为D×××××××××673V、D×××××××××963V、D×××××××××215V，记载的签发日期及货物信息同上述无船承运人提单，托运人为DSW公司大连分公司，收货人为D。

2020年9月15日，DSW公司收到VJ公司邮件通知，称L×××××××3货物"因为釜山台风，原来定的二程船，临时决定不挂釜山了，船公司统一给换了另一个船，但是船公司昨天下午通知也拖班了，请见附件代理给的船公司的文件。麻烦和客人解释下吧，因为釜山台风，造成釜山压港，船期也有所变动"。邮件附件为海洋网联船务（韩国）有限公司的迟延通知及二程船变更通知。迟延通知载明迟延原因为前面码头泊位拥挤造成持续延迟，原预计在釜山港的到达时间为9月12日，变更后到达时间为9月19日，原预计从釜山港的出发时间为9月13日，变更后的出发时间为9月20日。二程船变更通知载明原承运船舶因釜山港发生台风"海神"，釜山港口拥堵和工作时间受限而被更换。运输将由下一趟二程船S××××××E完成。同日，DSW公司将上述邮件内容及附件发给BL公司，告知上述情况。BL公司庭审陈述其收到上述延误通知后，将延误情况告知了收货人。关于L×××××××2及L×××××××4两票货物，DSW公司称没有接到VJ公司的通知，故未于当时通知BL公司。

2020年10月5日及6日，收货人与BL公司多次邮件往来。收货人告知BL公司，收货人刚得到通知货物晚到，为确保工厂不会断线，要求BL公司空运一定数量的货物，否则断线费用会比空运费贵，如BL公司不空运零件，收货人将会向BL公司收取费用。BL公司回复称货物晚到原因系受台风影响，导致釜山港货物积压，实际预计10月28日到达，并告知收货人延误是"不可抗力原因，我们不能承担空运的费用，因为我们按时发货了"。BL公司收到收货人通知后，随即邮件告知DSW公司上述情况，并要求DSW公司承担因未及时通知而产生的空运费用，DSW公司认为延误是台风所致，其无法控制，并称"事实上，我们也对承运人没有及时通知我们晚货有抱怨。一般这种有异常情况，承运人都会给我们提前通知，但这次由于承运人的人员变动没有及时做到这一点"。DSW公司庭审陈述上述邮件中其所称"承运人"指的是VJ公司。

其后，DSW公司曾协助BL公司寻找空运解决方案，费率是48元/公斤，但因舱位不足，未能满足BL公司要求。2020年10月10日，BL公司委托GH国际航运（上海）有限公司（以下简称GH公司）分别空运8箱及10箱货物给收货人，两份空运单编号分别为M××××-×××××××6、M××××-×××××××1，均记载起运地为北京机场，目的地为巴西圣保罗机场，货物名称均为后卡钳及主缸，重量分别为4 110公斤和5 002公斤，费率分别为170元/公斤及130元/公斤，费用为698 700元及650 260元。8箱货物于10月12日到达，10箱货物于10月13日到达。10月19日，

BL公司向GH公司支付了空运费1 358 972元。

2020年10月15日，BL公司企业总部向DSW公司发函索赔，称涉案货物晚到，但收货人没有及早得到通知，现收货人要求BL公司空运，空运总成本为137 000欧元，因DSW公司有义务尽早告知客户，故DSW公司应对空运费负责。次日，DSW公司回复称会与BL公司大连工厂当面讨论此事并反馈。

涉案三票货物实际装载于同一航次，于2020年9月27日离开釜山港，2020年10月30日抵达巴西桑托斯港。

DSW公司就涉案三票货物收取的费用项目包括清关费、制单费、拼箱费、海运费，金额分别为5 356.36元、6 395.44元、5 356.36元，合计17 108.16元。BL公司已将上述费用支付给DSW公司大连分公司。DSW公司大连分公司开具给BL公司的发票记载费用名称为代理运杂费。

DSVOCEANTRANSPORTA/S在涉案提单签发之时作为无船承运人业务经营者在交通主管部门登记备案。DSW公司诉讼中确认DSVOCEANTRANSPORTA/S注册在丹麦，与DSW公司（英文名称为DSVAIR&SEACO.，LTD）系关联公司。

2020年8月27日上午8点30分前后，台风"巴威"在……交界附近的朝鲜平安北道沿海登陆，登陆时中心附近最大风力12级（35米／秒），中心最低气压970百帕。上午10点钟减弱为强热带风暴级，其中心仍位于朝鲜平安北道境内，就是北纬40.10度，东经124.80度，最大风力有10级（28米／秒），中心最低气压为985百帕。据韩联社2020年8月27日报道，"巴威"对韩国的海港、铁路、航空运输造成了严重影响，全罗南道木浦、丽水等地54条客轮航线停运，光州、务安、丽水机场的航班被迫取消，部分地区的铁路运输也受到影响。台风"海神"于9月7日7时30分前后在韩国庆尚南道沿海登陆，登录时中心最大风力有13级（40米／秒）。中国驻釜山总领事馆于2020年9月6日转发韩国气象厅预报，台风"海神"为超强台风，预计7日9时抵达釜山附近，15时经庆尚北道浦项附近海域并继续北上，釜山市和庆尚南道位于台风中心路径，届时将出现狂风暴雨天气，瞬间最大风速145公里／时，降雨量400毫米以上。截至9月8日，受"海神"影响，大部分韩国国内航班和海上交通暂停。

一审法院认为：涉案货物运输系从中国大连运往巴西桑托斯，纠纷具有涉外因素。根据我国法律规定，涉外案件当事人可以选择适用处理纠纷的准据法，诉讼中，双方均选择适用中华人民共和国法律处理本案，因此本案适用中华人民共和国法律审理。对于海上货物运输合同，应受《海商法》调整。BL公司主张DSW公司迟延交付涉案货物，《海商法》第50条第1款规定："货物未能在明确约定的时间内，在约定的卸货港交付的，为迟延交付。"故认定是否构成迟延交付，以"明确约定"货物交付时间为前提。DSW公司对货物延误不存在过失，不应承担《海商法》所规定的承运人对迟延交付的赔偿责任。依据相关法律规定，判决对BL公司的诉讼请求不予支持。

三、DSW 在本合同中的真实身份仍有待考究

BL 公司上诉请求撤销一审判决，改判支持其一审诉请。BL 公司认为一审法院事实查明与法律适用方面存在错误：①错误认定 DSW 公司已告知 BL 公司涉案货物预计于 10 月 28 到达。事实上，DSW 公司作为承运人对货物及船舶动态处于完全不知情、不过问、不关心的状态，在 BL 公司的一再追问下，才于 10 月中旬去了解船舶动态，直至 11 月 2 日才告知 DSW 公司到货时间。②在 DSW 公司未提供任何直接证据证明台风对涉案货物承运船舶造成何种影响的情况下，仅依据百度搜索结果对台风"巴威"及"海神"的描述，认定涉案货物运输遭受不可抗力影响，进而判决 DSW 公司免责。③忽视 DSW 公司自认实际承运人存在严重过失，未判令其对实际承运人的过失负责。④错误认定 BL 公司与 DSW 公司之间没有关于到货时间的明确约定。DSW 公司发布的船期表经 BL 公司订舱、DSW 公司确认，已经成为双方之间的明确约定，且双方均确认此前业务均按船期表履行，从未逾期。⑤BL 公司诉请依据是 DSW 公司未履行勤勉义务，未及时通知 BL 公司，以致 BL 公司为避免损失扩大，支出了额外的空运费，一审法院却在货物是否迟延运输上立论，并以不可抗力为由驳回了 BL 公司的诉请，系适用法律错误。⑥DSW 公司在本案中既是契约承运人也是货运代理人，且已经按约收取了运费和货运代理费用，却未按期将货物运送至目的地，也未尽勤勉义务，未及时通知涉案货物运输动态，应承担 BL 公司因此遭受的空运费损失。

DSW 公司辩称一审法院认定事实清楚，适用法律正确。①DSW 公司于 10 月 6 日即通过邮件方式告知 BL 公司货物预计到达时间为 10 月 28 日，并非如 BL 公司所述完全不掌握情况。②关于台风对涉案货物的影响，一审法院并未完全依赖百度搜索结果，而是结合另行查明的两次台风对大部分韩国航班、海上交通、铁路造成的影响所得出的高度盖然性结论。③DSW 公司并未主张台风不可抗力免责，一审法院也未以不可抗力为由免除 DSW 公司责任，而是基于 DSW 公司不存在履行过失，认定 DSW 公司不应承担责任。④实际承运人对货物晚到没有通知义务，且亦早于 9 月 15 日即通过邮件方式告知 DSW 公司台风对涉案货物运输造成的影响，故其不存在过失，亦无须由 DSW 公司对其行为承担责任。相反，BL 公司在收到 DSW 公司转发的通知后未及时与收货人沟通相关事宜，由此产生的空运费应由 BL 公司自行承担。⑤BL 公司主张 DSW 公司在运输合同项下的责任，故亦应依据《海商法》判定 DSW 公司是否具有过失。双方当事人并未约定货物到达时间，涉案运输不存在迟延交付。涉案运输没有异常情形，DSW 公司作为承运人并无通知义务，即使有这样的义务，DSW 公司也已经向 BL 公司通知了相关情况，因此 DSW 公司不应承担任何赔偿责任。综上，BL 公司的上诉请求应予驳回。

本案案情就介绍到此。法院的判决是否正确，请同学们根据所学的知识结合相关法律规定开始分析和判断吧。

资料来源：佚名. 上诉人×××有限公司与被上诉人×××有限公司海上货物运输合同纠纷二审民事判决书［EB/OL］.［2022-11-08］. https://wenshu.court.gov.cn/. 编者有修改。

【案例使用说明】

一、教学目的与用途

本案例适用于"国际货物运输"和"国际物流"等课程中关于国际道路货物运输知识点的教学，编写目的是通过对案例中描述的各争议焦点的讨论，引导学生领会从事委托性质的货运代理人和从事独立经营人的货运代理人之间权利和义务的相关法律规定，培养学生处理从事居间和委托性质货运代理人面对货损被索赔问题的实践能力。通过阅读、分析和讨论本案例资料，帮助学生思考和掌握下列具体问题：①关于本案法律关系认定，是属于国际货运代理服务协议还是海上货物运输合同关系？②本案例中DSW货代公司在合同中的身份确认，是属于居间和委托性质的货运代理还是独立经营人的货运代理？③本案是否构成BL公司所主张的迟延交付，DSW公司是否需要为此赔偿？本案例的概念难度、分析难度和陈述难度均适中，适用对象包括国际贸易、国际物流和国际商务专业的本科生。对于缺乏专业基础理论知识的本科生，可以根据教学大纲，有选择地引导阅读案例相关材料，重点熟悉国际货物运输代理的定义、法律地位、代理业务和独立经营人业务的概念与具体内容，掌握货物延迟交付索赔的基本法律依据和基本程序；对于缺乏实践经验的研究生，可以引导其将所掌握的理论知识运用于本案例中每一个具体问题的分析，对案例中争论的焦点问题，作出自己的是非判断，锻炼其解决实际问题的能力。

本案例规划的理论教学知识点包括：

（1）国际货物运输代理的定义、法律地位；

（2）国际货物运输代理的代理业务；

（3）国际货物运输代理的独立经营人业务；

（4）契约承运人的义务。

二、讨论思考题

1. 独立经营人货运业务与货运代理业务的主要区别是什么？

2. 我国相关法律是如何定义国际货运代理的？

3. 从事委托性质和居间性质的货运代理人的法律地位如何？

4. 从事独立经营人的货运代理人的法律地位如何？

5. 本案中，BL公司与DSW公司所签订的协议名为国际货运代理服务协议，其实质是什么？

三、分析思路

本案涉及国际货运代理服务中货物延迟交付索赔的合理确定问题，因此，建议课堂讨论按照以下思路进行：首先，引导学生在一般意义上讨论什么是国际货运代理人，它的两个主要业务有什么区别？具体地，DSW公司在本案中真实身份是什么？是独立经营人还是办理居间代理业务的货运代理？DSW有没有尽到合同项下的义务，履行合同的过程是否存在违约？是否需要为货物延迟交付负责？本案中

BL公司和DSW公司之间的合同纠纷属于海上货物运输合同纠纷还是货运服务协议纠纷？如果DSW公司应当承担赔偿责任，则责任限额和赔偿数额分别是多少？其次，引导学生讨论本案索赔性质的二重性，引导学生讨论本案例中货物延迟交付，应如何计算违约损失？按照何种原则来计算？最后，引导学生讨论索赔的技术性问题。可以采取何种索赔手段？如何搜集相关证据？

四、理论依据及分析

第一，BL公司与DSW公司之间的法律关系定性问题。

涉案货物运输系从中国大连运往巴西桑托斯，纠纷具有涉外因素。根据我国法律规定，涉外案件当事人可以选择适用处理纠纷的准据法，诉讼中，双方均选择适用中华人民共和国法律处理本案，因此本案适用中华人民共和国法律审理。

本案在起诉时案由为海上货运代理合同纠纷，后BL公司明确诉因为海上货物运输合同纠纷，DSW公司认为双方还是货运代理合同关系，故本案争议首先在于BL公司与DSW公司之间的法律关系定性问题，该争议关系到涉案纠纷的法律适用以及权利义务分配和责任承担。BL公司与DSW公司签署了一份《国际货运代理服务协议》，但合同性质除以合同名称加以识别外，更主要是依其约定的权利义务内容从实质上作出认定。涉案《国际货运代理服务协议》约定了托运人义务、DSW公司责任期间、货物损坏及延迟的赔偿责任、除外责任及赔偿限额、损失通知、共同海损等条款，这与海上货运代理合同中委托人与受托人的权利义务存在明显区别。上述条款均符合海上货物运输合同项下承托双方的主要权利义务特征及构成，因此，BL公司与DSW公司所签订的协议名为国际货运代理服务协议，实为海上货物运输合同。从涉案业务履行过程中产生的运输单证来看，DSW公司将由其大连分公司代为签发、关联公司DSVOCEANTRANSPORTA／S作为无船承运人的提单交予BL公司，但同时DSW公司实际又将货物交由拼箱承运人VJ公司运输，在VJ公司提单上，DSW公司大连分公司作为托运人，其巴西关联主体作为收货人，即DSW公司大连分公司以自己名义与VJ公司订立拼箱运输的合同，其又符合组织运输的契约承运人特征。VJ公司提单所证明的运输合同与上述无船承运人提单所证明的运输合同并不衔接，相互矛盾，DSW公司也未举证证明DSVOCEANTRANSPORTA／S实际从事了组织运输等履行运输合同的行为，故不能单凭上述无船承运人提单来识别承运人身份，从而否定DSW公司承运人地位。从DSW公司实际履行内容来看，DSW公司接受BL公司委托，为货物出运办理订舱、报关、拼箱等事宜，向BL公司收取了清关费、制单费、拼箱费、海运费等费用，以自己的名义委托海上运输，同时就货物交付等运输合同项下事宜与VJ公司、BL公司及收货人进行联系通知，可见其对接收货物后的各个运输环节负责，承担责任的期间是全程运输期间，承担责任的性质是组织运输的承运责任。因此DSW公司地位应是契约承运人，BL公司与DSW公司之间为海上货物运输合同关系，本案纠纷应定性为海上货物运输合同纠纷。

第二，对于延迟交付的认定。

对海上货物运输合同，应受《海商法》调整。DSW公司提交北京市政府网站、中国气象局网站、海外网等网站于2020年8月24日至2020年9月7日期间转发的公告、报道等合计6份证据材料，以证明2020年8月下旬和9月上旬，台风"巴威"和台风"海神"先后影响我国东北地区和韩国，尤其是釜山港，我国各级气象台均进行了预警，当地政府也采取了应急响应等防台措施，故两次台风均属于公共事件，BL公司作为位于辽宁大连地区的贸易主体，理应知晓该等台风对贸易和航运产生的影响，对航期的延误有合理预见，而不应单纯依赖DSW公司的通知。同时，结合DSW公司于一审中提交的关于两台风的证据，进一步证明一审法院另行查明的相关情况符合客观实际，在BL公司未提交任何相反证据的情况下，对事实的认定并无不当。BL公司认可上述证据材料的真实性，但否认其关联性，认为这些证据材料仅可证明台风的存在，而不能证明台风对涉案货物造成的影响。上述证据材料真实性经BL公司确认且来源可查，法院对其真实性亦予以确认，该组证据结合一审法院查明的相关事实可证明两台风对涉案货物运输造成的影响。BL公司主张DSW公司迟延交付涉案货物，根据《海商法》第五十条第一款规定："货物未能在明确约定的时间内，在约定的卸货港交付的，为迟延交付"，故认定是否构成迟延交付，以"明确约定"货物交付时间为前提。如果BL公司与收货人就货物交付时间有特殊约定的，或者收货人对货物交付时间有特别要求的，BL公司在委托DSW公司承运货物时，应提出明确的货物交付时间要求。而本案中，DSW公司发给BL公司的船期表是固定的班轮船期，BL公司在其中选择合适船期向DSW公司进行订舱，DSW公司进行确认，其中所载明的时间也仅是货物预计到达的时间，不能构成《海商法》第五十条规定的构成迟延交付的明确约定的时间，故本案不构成BL公司所主张的迟延交付。且即使承托双方明确约定了货物交付时间，根据《海商法》第五十条第三款"除依照本章规定承运人不负赔偿责任的情形外，由于承运人的过失，致使货物因迟延交付而遭受经济损失的，即使货物没有灭失或者损坏，承运人仍然应当负赔偿责任"的规定以及涉案协议的约定，BL公司主张DSW公司作为承运人承担迟延交付责任的，还须证明承运人对货物迟延交付具有过失。BL公司未提供证据证明DSW公司在延误问题上存在过失。相反DSW公司举证可以证明，货物延误是因中转港釜山受台风影响导致船舶压港所致，故一审法院认为，DSW公司对货物延误不存在过失，不应承担《海商法》所规定的承运人对迟延交付的赔偿责任。

BL公司还主张DSW公司就货物延误未及时通知也是导致其空运费损失的原因，DSW公司于2020年9月15日通知发生延误的仅为其中一票货物，且通知的延迟时间仅一周，不符合实际延迟情况。对此，一审法院认为，DSW公司作为谨慎从业的契约承运人，在发生台风所致中转港船舶压港的突发事件时，已经及时将这一突发事件如实通知了BL公司，至于货物晚到多长时间系台风影响，难以准确预估，也并非契约承运人可以控制的范畴。关于另两票货物，其虽未得到 VJ 公司通知，故未及时告知 BL 公司，但现有证据表明，收货人最晚于 10 月 5 日或 6 日即已得知货物延迟。由于 BL 公司订舱时并未对货物到达期限提出明确的特殊要求或告知 DSW 公司货物晚到的严重后果，货物性质本身也非容易腐败变质类货物，承运人对此无法预见，故不能对承运人的通知义务在时效性和准确性上提出过苛的要求。且从本案的实际情况分析，即使实际承运人及时就三票货物延迟情况告知 DSW 公司，DSW 公司亦及时向 BL 公司通报，但中转港连续受两个台风影响，船舶压港导致的延迟时间客观上难以判断，BL 公司也不能证明其可采取其他措施确保涉案货物于原定日期前到达目的港交给收货人，BL 公司是否可以进行减损，以及可采取何种减损措施并无证据证明。

第三，DSW 公司是否需要赔偿 BL 公司空运费损失。

双方当事人间存在海上货物运输合同法律关系，其中 BL 公司为托运人，DSW 公司为契约承运人。涉案货物已安全运抵目的港交付收货人，双方当事人未明确约定货物运抵目的港时间，BL 公司亦明确其并非基于货物运输迟延而要求 DSW 公司赔偿损失，故本案主要争议焦点为，托运人 BL 公司是否有权以契约承运人 DSW 公司未及时向其通知货物运输动态为由，要求 DSW 公司承担其为履行与案外人间买卖合同，应买方要求采用空运方式另行运送替代货物而额外支出的空运费用。

关于 BL 公司空运费损失，BL 公司未能举证证明其与收货人之间存在货物到达时间的约定，或举证证明所产生的空运费是船期延误的必然结果。BL 公司在 10 月 6 日发送给收货人的邮件中也认为延误原因是不可抗力，故不同意承担空运费用。事实上，BL 公司庭审亦陈述收货人在 BL 公司承担空运费的两票货物之外，还自负费用空运了大量货物，可见空运费的产生不能排除收货人安排生产不周，对海运特殊风险认识及估计不足等原因，BL 公司所承担空运费不能排除商业因素，故即使 DSW 公司在履行涉案运输合同过程中存在违约，亦不能证明该违约行为与 BL 公司空运费损失之间存在因果关系。

DSW 公司因未履行对涉案货物运输动态进行及时通知的约定或法定义务而使 BL 公司遭受损失，是 BL 公司主张成立的必要条件。本案中，BL 公司与 DSW 公司之间并未就通知义务作出约定，故该义务的存在取决于法律的规定。从法律规定层面而言，首先，除在确知收货人情形下应进行到货通知外，《海商法》《合同法》均未就承运人的通知义务作出明确规定。其次，依据《合同法》的规定，当事人除明确约定外，还可能因遵循诚实信用原则，有根据合同的性质、目的和交易习惯履行通知、协助、保密等的义务。据此，为实现合同目的或保护相对方之固有利益，承运人或相关货运代理人在必要时负有向相关方通知的义务。虽然如此，从本案来看，就前者而言，涉案货物已如约安全运抵目的港交付收货人，海上货物运输合同的目的已完全实现，DSW 公司通知与否均无损 BL 公司之履行利益。就后者而言，且不论 BL 公司空运费支出是否系出于法律上之必要而与商业考量无关，在 BL 公司未与 DSW 公司就货物到港时间进行明确约定，未强调及时通知货物运输动态的必要性，双方之间也无此类交易习惯，且 DSW 公司亦已尽其通常所能向包括 BL 公司在内的相关方通知或应询告知了涉案货物海上运输动态的情况下，难以认定 DSW 公司对讼争费用之发生具有过错。因此，BL 公司的主张依据不足，难予支持。

五、关键要点

阅读本案例并正确回答讨论思考题，需要学生把握以下要点：

1. 从何可以判断双方当事人之间属于运输服务合同纠纷而不是一般代理纠纷？

2. 从何可以判断 DSW 公司是契约承运人，它在合同中的主要义务和权利是哪些？

3. 承运人是否负有通知的义务，在海上货物运输中，承运人的义务主要是什么？

4. 货物延迟交付承运人免责的原因是什么？

主要参考文献

［1］李勤昌. 国际货物运输［M］. 6版. 大连：东北财经大学出版社，2022.

［2］李勤昌. 海上货物索赔教学案例［M］. 大连：东北财经大学出版社，2016.

［3］李勤昌. 海上货运合同的法律问题研究［M］. 北京：科学出版社，2010.

［4］李贺. 国际货物运输与保险［M］. 上海：上海财经大学出版社，2013.

［5］王淑梅. 海上货物运输合同纠纷案件裁判规则［M］. 北京：法律出版社，2021.

［6］杨良宜. 期租合约［M］. 大连：大连海事大学出版社，1997.

［7］杨大明. 期租合同［M］. 大连：大连海事大学出版社，2007.

［8］杨良宜. 装卸时间与滞期费.［M］. 大连：大连海事大学出版社，2006.

［9］王为. 国际铁路货物联运［M］. 北京：中国商务出版社，2007.

［10］孟祥茹. 国际集装箱多式联运［M］. 北京：人民交通出版社，2017.

［11］周亚光. 国际航空运输垄断行为法律规制研究［M］. 北京：法律出版社，2017.

［12］宇德明. 国际铁路项目风险管理［M］. 英文版. 长沙：中南大学出版社，2017.

［13］杨志刚，杜小磊，孙志强. 国际物流实务、法规与案例［M］. 北京：人民交通出版社，2006.

［14］TIBERG. The Law on demurrage［M］. 4th ed. London：Sweet & Maxwell，1995.

［15］WILFORD，COGHLIN，KIMBALL. Time charters［M］. 4th ed. London：LLP limited，1995.

［16］BOOLS. The bill of lading［M］. London：LLP limited，1997.

［17］COOKE，KIMBALL，YOUNG，et al. Voyage Charters［M］. 3th ed. London：LLP limited，2007.

后记：教学中的开拓与创新

向黄埔军校中的共产党人学习

黄埔军校全称"中国国民党陆军军官学校"，是中国国民党和中国共产党第一次合作时期，孙中山在中国共产党和苏联帮助下创办的军事学校。中国共产党与黄埔军校有着密切联系，大批共产党人参与黄埔军校建校、建军及校内外各项重要事务，迈出了开展军事教育工作、掌握军队从事武装斗争的重要一步，是中国共产党历史上一次具有深刻意义的开拓与创新。从黄埔军校走出的共产党人投身到土地革命、抗日战争和人民解放战争中，用鲜血和誓言谱写了黄埔精神，用青春和生命展示了战争年代中国共产党人的先进性。

学习模范：周恩来

周恩来（1898—1976），伟大的马克思主义者，伟大的无产阶级革命家、政治家、军事家、外交家，党和国家主要领导人之一，中国人民解放军主要创建人之一，中华人民共和国的开国元勋，是以毛泽东同志为核心的党的第一代中央领导集体的重要成员。1924年周恩来任黄埔军校第三任政治部主任。任职期间周恩来参照苏联红军建军经验，重新部署政治部工作，健全政治部组织机构，开设大量政治课程，指导教导团的工作，开创了黄埔军校政治工作的新局面，使整个黄埔军校的政治教育很快为之一变，学员思想活跃，奋发向上，大有欣欣向荣蓬勃发展的朝气。

2019年10月1日，是新中国70华诞，在天安门举行盛大的阅兵式，时至今日，我们记忆犹新，震撼！自豪！朋友圈纷纷留言：70年前的开国大典，总理说："飞机不够，我们就飞两遍"。70年，弹指一挥间，新时代的中国，我们的飞机再也不用飞第二遍了。告慰您，不仅以"今日盛世，如您所愿"，也以一个更好的中国。人民总理爱人民，人民总理人人爱。

现在，飞机在国际货物运输中发挥着重要作用，我们身为一线教师，不能忘记一代代的革命家是如何艰苦奋斗、开拓创新的，未来应让中国参与到国际市场分工中，更好地发挥角色，完成国际货物运输重要使命。